- PARTI PRIS -

Guido'Lu

LA LETTRE VOLÉE

à notre fille Cerise Désir Colline

de 1954 à 1955
de 1955 à 1956
de 1956 à 1957
de 1957 à 1958
de 1958 à 1959
de 1959 à 1960
de 1960 à 1961
de 1961 à 1962
de 1962 à 1963
de 1963 à 1964
de 1964 à 1965
de 1965 à 1966
de 1966 à 1967
de 1967 à 1968
de 1968 à 1969
de 1969 à 1970
de 1970 à 1971
de 1971 à 1972
de 1972 à 1973
de 1973 à 1974
de 1974 à 1975
de 1975 à 1976
de 1976 à 1977
de 1977 à 1978
de 1978 à 1979
de 1979 à 1980
de 1980 à 1981
de 1981 à 1982
de 1982 à 1983
de 1983 à 1984
de 1984 à 1985
de 1985 à 1986
de 1986 à 1987
de 1987 à 1988
de 1988 à 1989
de 1989 à 1990
de 1990 à 1991
de 1991 à 1992
de 1992 à 1993
de 1993 à 1994
de 1994 à 1995
de 1995 à 1996
de 1996 à 1997
de 1997 à 1998
de 1998 à 1999
de 1999 à 2000
de 2000 à 2001
de 2001 à 2002
de 2002 à 2003
de 2003 à 2004
de 2004 à 2005
de 2005 à 2006
de 2006 à 2007
de 2007 à 2008
de 2008 à 2009
de 2009 à 2010
de 2010 à 2011
de 2011 à 2012
de 2012 à 2013
de 2013 à 2014
de 2014 à 2015
de 2015 à 2016
de 2016 à 2017

de 2017 à 2018
de 2018 à 2019
de 2019 à 2020
de 2020 à 2021
de 2021 à 2022
de 2022 à 2023
de 2023 à 2024
de 2024 à 2025
de 2025 à 2026
de 2026 à 2027
de 2027 à 2028
de 2028 à 2029
de 2029 à 2030
de 2030 à 2031
de 2031 à 2032
de 2032 à 2033
de 2033 à 2034
de 2034 à 2035
de 2035 à 2036
de 2036 à 2037
de 2037 à 2038
de 2038 à 2039
de 2039 à 2040
de 2040 à 2041
de 2041 à 2042
de 2042 à 2043
de 2043 à 2044
de 2044 à 2045
de 2045 à 2046
de 2046 à 2047
de 2047 à 2048
de 2048 à 2049
de 2049 à 2050
de 2050 à 2051
de 2051 à 2052
de 2052 à 2053
de 2053 à 2054
de 2054 à 2055
de 2055 à 2056
de 2056 à 2057
de 2057 à 2058
de 2058 à 2059
de 2059 à 2060
de 2060 à 2061
de 2061 à 2062
de 2062 à 2063
de 2063 à 2064
de 2064 à 2065
de 2065 à 2066
de 2066 à 2067
de 2067 à 2068
de 2068 à 2069
de 2069 à 2070
de 2070 à 2071
de 2071 à 2072
de 2072 à 2073
de 2073 à 2074
de 2074 à 2075
de 2075 à 2076
de 2076 à 2077
de 2077 à 2078
de 2078 à 2079
de 2079 à 2080

parti pris parti pris parti pris parti pris parti pris parti pris parti pris parti pris parti pris parti pris parti
pris parti pris parti pris parti pris parti pris parti pris parti pris parti pris parti pris parti pris parti pris
parti pris parti pris parti pris parti pris parti pris parti pris parti pris parti pris parti pris parti pris parti
pris parti pris parti pris parti pris parti pris parti pris parti pris parti pris parti pris parti pris parti pris
parti pris parti pris parti pris parti pris parti pris parti pris parti pris parti pris parti pris parti pris parti
pris parti pris parti pris parti pris parti pris parti pris parti pris parti pris parti pris parti pris parti pris
parti pris parti pris parti pris parti pris parti pris parti pris parti pris parti pris parti pris parti pris parti
pris parti pris parti pris parti pris parti pris parti pris parti pris parti pris parti pris parti pris parti pris
parti pris parti pris parti pris parti pris parti pris parti pris parti pris parti pris parti pris parti pris parti
pris parti pris parti pris parti pris parti pris parti pris parti pris parti pris parti pris parti pris parti pris
parti pris parti pris parti pris parti pris parti pris parti pris parti pris parti pris parti pris parti pris parti
pris parti pris parti pris parti pris parti pris parti pris parti pris parti pris parti pris parti pris parti pris
parti pris parti pris parti pris parti pris parti pris parti pris parti pris parti pris parti pris parti pris parti
pris parti pris parti pris parti pris parti pris parti pris parti pris parti pris parti pris parti pris parti pris
parti pris parti pris parti pris parti pris parti pris parti pris parti pris parti pris parti pris parti pris parti
pris parti pris parti pris parti pris parti pris parti pris parti pris parti pris parti pris parti pris parti pris
parti pris parti pris parti pris parti pris parti pris parti pris parti pris parti pris parti pris parti pris parti
pris parti pris parti pris parti pris parti pris parti pris parti pris parti pris parti pris parti pris parti pris
parti pris parti pris parti pris parti pris parti pris parti pris parti pris parti pris parti pris parti pris parti
pris parti pris parti pris parti pris parti pris parti pris parti pris parti pris parti pris parti pris parti pris
parti pris parti pris parti pris parti pris parti pris parti pris parti pris parti pris parti pris parti pris parti
pris parti pris parti pris parti pris parti pris parti pris parti pris parti pris parti pris parti pris parti pris
parti pris parti pris parti pris parti pris parti pris parti pris parti pris parti pris parti pris parti pris parti
pris parti pris parti pris parti pris parti pris parti pris parti pris parti pris parti pris parti pris parti pris
parti pris parti pris parti pris parti pris parti pris parti pris parti pris parti pris parti pris parti pris parti
pris parti pris parti pris parti pris parti pris parti pris parti pris parti pris parti pris parti pris parti pris
parti pris parti pris parti pris parti pris parti pris parti pris parti pris parti pris parti pris parti pris parti
pris parti pris parti pris parti pris parti pris parti pris parti pris parti pris parti pris parti pris parti pris
parti pris parti pris parti pris parti pris parti pris parti pris parti pris parti pris parti pris parti pris parti
pris parti pris parti pris parti pris parti pris parti pris parti pris parti pris parti pris parti pris parti pris
parti pris parti pris parti pris parti pris parti pris parti pris parti pris parti pris parti pris parti pris parti
pris parti pris parti pris parti pris parti pris parti pris parti pris parti pris parti pris parti pris parti pris
parti pris parti pris parti pris parti pris parti pris parti pris parti pris parti pris parti pris parti pris parti
pris parti pris parti pris parti pris parti pris parti pris parti pris parti pris parti pris parti pris parti pris
parti pris parti pris parti pris parti pris parti pris parti pris parti pris parti pris parti pris parti pris parti
pris parti pris parti pris parti pris parti pris parti pris parti pris parti pris parti pris parti pris parti pris
parti pris parti pris parti pris parti pris parti pris parti pris parti pris parti pris parti pris parti pris parti
pris parti pris parti pris parti pris parti pris parti pris parti pris parti pris parti pris parti pris parti pris
parti pris parti pris parti pris parti pris parti pris parti pris parti pris parti pris parti pris parti pris parti
pris parti pris parti pris parti pris parti pris parti pris parti pris parti pris parti pris parti pris parti pris
parti pris parti pris parti pris parti pris parti pris parti pris parti pris parti pris parti pris parti pris parti
pris parti pris parti pris parti pris parti pris parti pris parti pris parti pris parti pris parti pris parti pris
parti pris parti pris parti pris parti pris parti pris parti pris parti pris parti pris parti pris parti pris parti
pris parti pris parti pris parti pris parti pris parti pris parti pris parti pris parti pris parti pris parti pris
parti pris parti pris parti pris parti pris parti pris parti pris parti pris parti pris parti pris parti pris parti
pris parti pris parti pris parti pris parti pris parti pris parti pris parti pris parti pris parti pris parti pris
parti pris parti pris parti pris parti pris parti pris parti pris parti pris parti pris parti pris parti pris parti
pris parti pris parti pris parti pris parti pris parti pris parti pris parti pris parti pris parti pris parti pris
parti pris parti pris parti pris parti pris parti pris parti pris parti pris parti pris parti pris parti pris parti
pris parti pris parti pris parti pris parti pris parti pris parti pris parti pris parti pris parti pris parti pris
parti pris parti pris parti pris parti pris parti pris parti pris parti pris parti pris parti pris parti pris parti
pris parti pris parti pris parti pris parti pris parti pris parti pris parti pris parti pris parti pris parti pris
parti pris parti pris parti pris parti pris parti pris parti pris parti pris parti pris parti pris parti pris parti
pris parti pris parti pris parti pris parti pris parti pris parti pris parti pris parti pris parti pris parti pris
parti pris parti pris parti pris parti pris parti pris parti pris parti pris parti pris parti pris parti pris parti
pris parti pris parti pris parti pris parti pris parti pris parti pris parti pris parti pris parti pris parti pris
parti pris parti pris parti pris parti pris parti pris parti pris parti pris parti pris parti pris parti pris parti
pris parti pris parti pris parti pris parti pris parti pris parti pris parti pris parti pris parti pris parti pris
parti pris parti pris parti pris parti pris parti pris parti pris parti pris parti pris parti pris parti pris parti
pris parti pris parti pris parti pris parti pris parti pris parti pris parti pris parti pris parti pris parti pris
parti pris parti pris parti pris parti pris parti pris parti pris parti pris parti pris parti pris parti pris parti

et la tête brusquement fatale et la tête brusquement fatale et la tête brusquement fatale
et la tête brusquement fatale et la tête brusquement fatale et la tête brusquement fatale
et la tête brusquement fatale et la tête brusquement fatale et la tête brusquement fatale
et la tête brusquement fatale et la tête brusquement fatale et la tête brusquement fatale
et la tête brusquement fatale et la tête brusquement fatale et la tête brusquement fatale
et la tête brusquement fatale et la tête brusquement fatale et la tête brusquement fatale
et la tête brusquement fatale et la tête brusquement fatale et la tête brusquement fatale
et la tête brusquement fatale et la tête brusquement fatale et la tête brusquement fatale
et la tête brusquement fatale et la tête brusquement fatale et la tête brusquement fatale
et la tête brusquement fatale et la tête brusquement fatale et la tête brusquement fatale
et la tête brusquement fatale et la tête brusquement fatale et la tête brusquement fatale
et la tête brusquement fatale et la tête brusquement fatale et la tête brusquement fatale
et la tête brusquement fatale et la tête brusquement fatale et la tête brusquement fatale
et la tête brusquement fatale et la tête brusquement fatale et la tête brusquement fatale
et la tête brusquement fatale et la tête brusquement fatale et la tête brusquement fatale
et la tête brusquement fatale et la tête brusquement fatale et la tête brusquement fatale
et la tête brusquement fatale et la tête brusquement fatale et la tête brusquement fatale
et la tête brusquement fatale et la tête brusquement fatale et la tête brusquement fatale
et la tête brusquement fatale et la tête brusquement fatale et la tête brusquement fatale
et la tête brusquement fatale et la tête brusquement fatale et la tête brusquement fatale
et la tête brusquement fatale et la tête brusquement fatale et la tête brusquement fatale
et la tête brusquement fatale et la tête brusquement fatale et la tête brusquement fatale
et la tête brusquement fatale et la tête brusquement fatale et la tête brusquement fatale
et la tête brusquement fatale et la tête brusquement fatale et la tête brusquement fatale
et la tête brusquement fatale et la tête brusquement fatale et la tête brusquement fatale
et la tête brusquement fatale et la tête brusquement fatale et la tête brusquement fatale
et la tête brusquement fatale et la tête brusquement fatale et la tête brusquement fatale
et la tête brusquement fatale et la tête brusquement fatale et la tête brusquement fatale
et la tête brusquement fatale et la tête brusquement fatale et la tête brusquement fatale
et la tête brusquement fatale et la tête brusquement fatale et la tête brusquement fatale
et la tête brusquement fatale et la tête brusquement fatale et la tête brusquement fatale
et la tête brusquement fatale et la tête brusquement fatale et la tête brusquement fatale **et la**
tête brusquement fatale et la tête brusquement fatale et la tête brusquement fatale et la **tête**
brusquement fatale et la tête brusquement fatale et la tête brusquement fatale et la tête
brusquement fatale et la tête brusquement fatale et la tête brusquement fatale et la tête
brusquement fatale et la tête brusquement fatale et la tête brusquement fatale et la tête
brusquement fatale et la tête brusquement fatale et la tête brusquement fatale et la tête
brusquement fatale et la tête brusquement fatale et la tête brusquement fatale et la tête
brusquement fatale et la tête brusquement fatale et la tête brusquement fatale et la tête
brusquement fatale et la tête brusquement fatale et la tête brusquement fatale et la tête
brusquement fatale et la tête brusquement fatale et la tête brusquement fatale et la tête
brusquement fatale et la tête brusquement fatale et la tête brusquement fatale et la tête
brusquement fatale et la tête brusquement fatale et la tête brusquement fatale et la tête
brusquement fatale et la tête brusquement fatale et la tête brusquement fatale et la tête
brusquement fatale et la tête brusquement fatale et la tête brusquement fatale et la tête
brusquement fatale et la tête brusquement fatale et la tête brusquement fatale et la tête
brusquement fatale et la tête brusquement fatale et la tête brusquement fatale et la tête
brusquement fatale et la tête brusquement fatale et la tête brusquement fatale et la tête
brusquement fatale et la tête brusquement fatale et la tête brusquement fatale et la tête
brusquement fatale et la tête brusquement fatale et la tête brusquement fatale et la tête
brusquement fatale et la tête brusquement fatale et la tête brusquement fatale et la tête
brusquement fatale et la tête brusquement fatale et la tête brusquement fatale et la tête
brusquement fatale et la tête brusquement fatale et la tête brusquement fatale et la tête
brusquement fatale et la tête brusquement fatale et la tête brusquement fatale et la tête
brusquement fatale et la tête brusquement fatale et la tête brusquement fatale et la tête
brusquement fatale et la tête brusquement fatale et la tête brusquement fatale et la tête
brusquement fatale et la tête brusquement fatale et la tête brusquement fatale et la tête
brusquement fatale et la tête brusquement fatale et la tête brusquement fatale et la tête
brusquement fatale et la tête brusquement fatale et la tête brusquement fatale et la tête
brusquement fatale et la tête brusquement fatale et la tête brusquement fatale et la tête
brusquement fatale et la tête brusquement fatale et la tête brusquement fatale et la tête
brusquement fatale et la tête brusquement fatale et la tête brusquement fatale et la tête
brusquement fatale et la tête brusquement fatale et la tête brusquement fatale et la tête

Tendue Astrale, Trace de fuite Pétale, Tendue

geste rond, une évasion au sein des nœuds geste rond, une évasion au sein des nœuds geste
rond, une évasion au sein des nœuds geste rond, une évasion au sein des nœuds geste rond,
une évasion au sein des nœuds geste rond, une évasion au sein des nœuds geste rond, une
évasion au sein des nœuds geste rond, une évasion au sein des nœuds, une évasion au sein des
nœuds, geste rond, une évasion au sein des nœuds geste rond, une évasion au sein des nœuds
geste rond, une évasion au sein des nœuds geste rond, une évasion au sein des nœuds geste
rond, une évasion au sein des nœuds geste rond, une évasion au sein des nœuds geste rond,
une évasion au sein des nœuds geste rond, une évasion au sein des nœuds geste rond, une
évasion au sein des nœuds geste rond, une évasion au sein des nœuds geste rond, une évasion
au sein des nœuds geste rond, une évasion au sein des nœuds, une évasion au sein des nœuds,
geste rond, une évasion au sein des nœuds geste rond, une évasion au sein des nœuds geste
rond, une évasion au sein des nœuds geste rond, une évasion au sein des nœuds geste rond,
une évasion au sein des nœuds geste rond, une évasion au sein des nœuds geste rond, une
évasion au sein des nœuds geste rond, une évasion au sein des nœuds geste rond, une évasion
au sein des nœuds geste rond, une évasion au sein des nœuds geste rond, une évasion au sein
des nœuds geste rond, une évasion au sein des nœuds, une évasion au sein des nœuds, geste
rond, une évasion au sein des nœuds geste rond, une évasion au sein des nœuds geste rond,
une évasion au sein des nœuds geste rond, une évasion au sein des nœuds geste rond, une
évasion au sein des nœuds geste rond, une évasion au sein des nœuds geste rond, une évasion
au sein des nœuds geste rond, une évasion au sein des nœuds geste rond, une évasion au sein
des nœuds geste rond, une évasion au sein des nœuds geste rond, une évasion au sein des
nœuds geste rond, une évasion au sein des nœuds, une évasion au sein des nœuds, geste rond,
une évasion au sein des nœuds geste rond, une évasion au sein des nœuds geste rond, une
évasion au sein des nœuds geste rond, une évasion au sein des nœuds geste rond, une évasion
au sein des nœuds geste rond, une évasion au sein des nœuds geste rond, une évasion au sein
des nœuds geste rond, une évasion au sein des nœuds geste rond, une évasion au sein des
nœuds geste rond, une évasion au sein des nœuds geste rond, une évasion au sein des nœuds
geste rond, une évasion au sein des nœuds, une évasion au sein des nœuds, geste rond, une
évasion au sein des nœuds geste rond, une évasion au sein des nœuds geste rond, une évasion
au sein des nœuds geste rond, une évasion au sein des nœuds geste rond, une évasion au sein
des nœuds geste rond, une évasion au sein des nœuds geste rond, une évasion au sein des
nœuds geste rond, une évasion au sein des nœuds geste rond, une évasion au sein des nœuds
geste rond, une évasion au sein des nœuds geste rond, une évasion au sein des nœuds geste
rond, une évasion au sein des nœuds, une évasion au sein des nœuds, geste rond, une évasion
au sein des nœuds geste rond, une évasion au sein des nœuds geste rond, une évasion au sein
des nœuds geste rond, une évasion au sein des nœuds geste rond, une évasion au sein des
nœuds geste rond, une évasion au sein des nœuds geste rond, une évasion au sein des nœuds
geste rond, une évasion au sein des nœuds geste rond, une évasion au sein des nœuds geste
rond, une évasion au sein des nœuds geste rond, une évasion au sein des nœuds geste rond,
une évasion au sein des nœuds, une évasion au sein des nœuds, geste rond, une évasion au
sein des nœuds geste rond, une évasion au sein des nœuds geste rond, une évasion au sein des
nœuds geste rond, une évasion au sein des nœuds geste rond, une évasion au sein des nœuds
geste rond, une évasion au sein des nœuds geste rond, une évasion au sein des nœuds geste
rond, une évasion au sein des nœuds geste rond, une évasion au sein des nœuds geste rond,
une évasion au sein des nœuds geste rond, une évasion au sein des nœuds geste rond, une
évasion au sein des nœuds, une évasion au sein des nœuds, geste rond, une évasion au sein
des nœuds geste rond, une évasion au sein des nœuds geste rond, une évasion au sein des
nœuds geste rond, une évasion au sein des nœuds geste rond, une évasion au sein des nœuds
geste rond, une évasion au sein des nœuds geste rond, une évasion au sein des nœuds geste
rond, une évasion au sein des nœuds geste rond, une évasion au sein des nœuds geste rond,
une évasion au sein des nœuds geste rond, une évasion au sein des nœuds geste rond, une
évasion au sein des nœuds, une évasion au sein des nœuds, geste rond, une évasion au sein
des nœuds geste rond, une évasion au sein des nœuds geste rond, une évasion au sein des
nœuds geste rond, une évasion au sein des nœuds geste rond, une évasion au sein des nœuds
geste rond, une évasion au sein des nœuds geste rond, une évasion au sein des nœuds geste
rond, une évasion au sein des nœuds geste rond, une évasion au sein des nœuds geste rond,
une évasion au sein des nœuds geste rond, une évasion au sein des nœuds geste rond, une
évasion au sein des nœuds, une évasion au sein des nœuds, geste rond, une évasion au sein
des nœuds geste rond, une évasion au sein des nœuds geste rond, une évasion au sein des
nœuds geste rond, une évasion au sein des nœuds geste rond, une évasion au sein des nœuds
geste rond, une évasion au sein des nœuds geste rond, une évasion au sein des nœuds geste
rond, une évasion au sein des nœuds geste rond, une évasion au sein des nœuds geste rond,
une évasion au sein des nœuds geste rond, une évasion au sein des nœuds, une évasion

au profil des dunes, l’élimination et au profit des dunes, l’élimination et au profil des dunes, l’élimination et au profit des dunes, l’élimination et au profil des dunes, l’élimination et au profit des dunes, l’élimination et au profil des dunes, l’élimination et au profit des dunes, l’élimination et au profil des dunes, l’élimination et au profit des dunes, l’élimination et au profil des dunes, l’élimination et au profit des dunes, l’élimination et au profil des dunes, l’élimination et au profit des dunes, l’élimination et au profil des dunes, l’élimination et au profit des dunes, l’élimination et au profil des dunes, l’élimination et au profit des dunes, l’élimination et au profil des dunes, l’élimination et au profit des dunes, l’élimination et au profil des dunes, l’élimination et au profit des dunes, l’élimination et au profil des dunes, l’élimination et au profit des dunes, l’élimination et au profil des dunes, l’élimination et au profit des dunes, l’élimination et au profil des dunes, l’élimination et au profit des dunes, l’élimination et au profil des dunes, l’élimination et au profit des dunes, l’élimination et au profil des dunes, l’élimination et au profit des dunes, l’élimination et au profil des dunes, l’élimination et au profit des dunes, l’élimination et au profil des dunes, l’élimination et au profit des dunes, l’élimination et au profil des dunes, l’élimination et au profit des dunes, l’élimination et au profil des dunes, l’élimination et au profit des dunes, l’élimination et au profil des dunes, l’élimination et au profit des dunes, l’élimination et au profil des dunes, l’élimination et au profit des dunes, l’élimination et au profil des dunes, l’élimination et au profit des dunes, l’élimination et au profil des dunes, l’élimination et au profit des dunes, l’élimination et au profil des dunes, l’élimination et au profit des dunes, l’élimination et au profil des dunes, l’élimination et au profit des dunes, l’élimination et au profil des dunes, l’élimination et au profit des dunes, l’élimination et au profil des dunes, l’élimination et au profit des dunes, l’élimination et au profil des dunes, l’élimination et au profit des dunes, l’élimination et au profil des dunes, l’élimination et au profit des dunes, l’élimination et au profil des dunes, l’élimination et au profit des dunes, l’élimination et au profil des dunes, l’élimination et au profit des dunes, l’élimination et au profil des dunes, l’élimination et au profit des dunes, l’élimination et au profil des dunes, l’élimination et au profit des dunes, l’élimination et au profil des dunes, l’élimination et au profit des dunes, l’élimination et au profil des dunes, l’élimination et au profit des dunes, l’élimination et au profil des dunes, l’élimination et au profit des dunes, l’élimination et au profil des dunes, l’élimination et au profit des dunes, l’élimination et au profil des dunes, l’élimination et au profit des dunes, l’élimination et au profil des dunes, l’élimination et au profit des dunes, l’élimination et au profil des dunes, l’élimination et au profit des dunes, l’élimination et au profil des dunes, l’élimination et au profit des dunes, l’élimination et au profil des dunes, l’élimination et au profit des dunes, l’élimination et au profil des dunes, l’élimination et au profit des dunes, l’élimination et au profil des dunes, l’élimination et au profit des dunes, l’élimination et au profil des dunes, l’élimination et au profit des dunes, l’élimination et au profil des dunes, l’élimination et au profit des dunes, l’élimination et au profil des dunes, l’élimination et au profit des dunes, l’élimination et au profil des dunes, l’élimination et au profit des dunes, l’élimination et au profil des dunes, l’élimination et au profit des dunes, l’élimination et au profil des dunes, l’élimination et au profit des dunes, l’élimination et au profil des dunes, l’élimination et au profit des dunes, l’élimination et au profil des dunes, l’élimination et au profit des dunes, l’élimination et au profil des dunes, l’élimination et au profit des dunes, l’élimination et au profil des dunes, l’élimination et au profit des dunes, l’élimination et au profil des dunes, l’élimination et au profit des dunes, l’élimination et au profil des dunes, l’élimination et au profit des dunes, l’élimination et au profil des dunes, l’élimination et au profit des dunes, l’élimination et au profil des dunes, l’élimination et au profit des dunes, l’élimination et au profil des dunes, l’élimination et au profit des dunes, l’élimination et au profil des dunes, l’élimination et au profit des dunes, l’élimination et au profil des dunes, l’élimination et au profit des dunes, l’élimination et au profil des dunes, l’élimination et au profit des dunes, l’élimination et au profil des dunes, l’élimination et au profit des dunes, l’élimination et au profil des dunes, l’élimination et au profit des dunes, l’élimination et au profil des dunes, l’élimination et au profit des dunes, l’élimination et au profil des dunes, l’élimination et au profit des dunes, l’élimination et au profil des dunes, l’élimination et au profit des dunes, l’élimination et au profil des dunes, l’élimination et au profit des dunes, l’élimination et au profil des dunes, l’élimination et au profit des dunes, l’élimination et au profil des dunes, l’élimination et au profit des dunes, l’élimination et au profil des dunes, l’élimination et au profit des dunes, l’élimination et au profil des dunes, l’élimination et au profit des dunes, l’élimination et au profil des dunes, l’élimination et au profit des dunes, l’élimination et au profil des dunes, l’élimination et au profit des dunes, l’élimination et au profil des dunes, l’élimination et au profit des dunes, l’élimination et au profil des dunes, l’élimination et au profit des dunes, l’élimination et au profil des dunes, l’élimination et au profit des dunes, l’élimination et au profil des dunes, l’élimination et au profit des dunes, l’élimination et au profil des dunes, l’élimination et au profit des dunes, l’élimination et au profil des dunes, l’élimination et au profit des dunes, l’élimination et

de vague en vague la nuit de vague en vague la nuit de vague en vague la nuit de vague en
vague la nuit de vague en vague la nuit de vague en vague la nuit de vague en vague la nuit de
vague en vague la nuit de vague en vague la nuit de vague en vague la nuit de vague en vague
la nuit de vague en vague la nuit de vague en vague la nuit de vague en vague la nuit de vague
en vague la nuit de vague en vague la nuit de vague en vague la nuit de vague en vague la nuit
de vague en vague la nuit de vague en vague la nuit de vague en vague la nuit de vague en
vague la nuit de vague en vague la nuit de vague en vague la nuit de vague en vague la nuit de
vague en vague la nuit de vague en vague la nuit de vague en vague la nuit de vague en vague
la nuit de vague en vague la nuit de vague en vague la nuit de vague en vague la nuit de vague
en vague la nuit de vague en vague la nuit de vague en vague la nuit de vague en vague la nuit
de vague en vague la nuit de vague en vague la nuit de vague en vague la nuit de vague en
vague la nuit de vague en vague la nuit de vague en vague la nuit de vague en vague la nuit de
vague en vague la nuit de vague en vague la nuit de vague en vague la nuit de vague en vague
la nuit de vague en vague la nuit de vague en vague la nuit de vague en vague la nuit de vague
en vague la nuit de vague en vague la nuit de vague en vague la nuit de vague en vague la nuit
de vague en vague la nuit de vague en vague la nuit de vague en vague la nuit de vague en
vague la nuit de vague en vague la nuit de vague en vague la nuit de vague en vague la nuit de
vague en vague la nuit de vague en vague la nuit de vague en vague la nuit de vague en vague
la nuit de vague en vague la nuit de vague en vague la nuit de vague en vague la nuit de vague
en vague la nuit de vague en vague la nuit de vague en vague la nuit de vague en vague la nuit
de vague en vague la nuit de vague en vague la nuit de vague en vague la nuit de vague en
vague la nuit de vague en vague la nuit de vague en vague la nuit de vague en vague la nuit de
vague en vague la nuit de vague en vague la nuit de vague en vague la nuit de vague en vague
la nuit de vague en vague la nuit de vague en vague la nuit de vague en vague la nuit de vague
en vague la nuit de vague en vague la nuit de vague en vague la nuit de vague en vague la nuit
de vague en vague la nuit de vague en vague la nuit de vague en vague la nuit de vague en
vague la nuit de vague en vague la nuit de vague en vague la nuit de vague en vague la nuit de
vague en vague la nuit de vague en vague la nuit de vague en vague la nuit de vague en vague
la nuit de vague en vague la nuit de vague en vague la nuit de vague en vague la nuit de vague
en vague la nuit de vague en vague la nuit de vague en vague la nuit de vague en vague la nuit
de vague en vague la nuit de vague en vague la nuit de vague en vague la nuit de vague en
vague la nuit de vague en vague la nuit de vague en vague la nuit de vague en vague la nuit de
vague en vague la nuit de vague en vague la nuit de vague en vague la nuit de vague en vague
la nuit de vague en vague la nuit de vague en vague la nuit de vague en vague la nuit de vague
en vague la nuit de vague en vague la nuit de vague en vague la nuit de vague en vague la nuit
de vague en vague la nuit de vague en vague la nuit de vague en vague la nuit de vague en
vague la nuit de vague en vague la nuit de vague en vague la nuit de vague en vague la nuit de
vague en vague la nuit de vague en vague la nuit de vague en vague la nuit de vague en vague
la nuit de vague en vague la nuit de vague en vague la nuit de vague en vague la nuit de vague
en vague la nuit de vague en vague la nuit de vague en vague la nuit de vague en vague la nuit
de vague en vague la nuit de vague en vague la nuit de vague en vague la nuit de vague en
vague la nuit de vague en vague la nuit de vague en vague la nuit de vague en vague la nuit de
vague en vague la nuit de vague en vague la nuit de vague en vague la nuit de vague en vague
la nuit de vague en vague la nuit de vague en vague la nuit de vague en vague la nuit de vague
en vague la nuit de vague en vague la nuit de vague en vague la nuit de vague en vague la nuit
de vague en vague la nuit de vague en vague la nuit de vague en vague la nuit de vague en
vague la nuit de vague en vague la nuit de vague en vague la nuit de vague en vague la nuit de
vague en vague la nuit de vague en vague la nuit de vague en vague la nuit de vague en vague
la nuit de vague en vague la nuit de vague en vague la nuit de vague en vague la nuit de vague
en vague la nuit de vague en vague la nuit de vague en vague la nuit de vague en vague la nuit
de vague en vague la nuit de vague en vague la nuit de vague en vague la nuit de vague en
vague la nuit de vague en vague la nuit de vague en vague la nuit de vague en vague la nuit de
vague en vague la nuit de vague en vague la nuit de vague en vague la nuit de vague en vague
la nuit de vague en vague la nuit de vague en vague la nuit de vague en vague la nuit de vague
en vague la nuit de vague en vague la nuit de vague en vague la nuit de vague en vague la nuit
de vague en vague la nuit de vague en vague la nuit de vague en vague la nuit de vague en
vague la nuit de vague en vague la nuit de vague en vague la nuit de vague en vague la nuit de
vague en vague la nuit de vague en vague la nuit de vague en vague la nuit de vague en vague
la nuit de vague en vague la nuit de vague en vague la nuit de vague en vague la nuit de vague
en vague la nuit de vague en vague la nuit de vague en vague la nuit de vague en vague la nuit
de vague en vague la nuit de vague en vague la nuit de vague en vague la nuit de vague en
vague la nuit de vague en vague la nuit de vague en vague la nuit de vague en vague la nuit de
vague en vague la nuit de vague en vague la nuit de vague en vague la nuit de vague en vague

l'.o.r.g.u.e décharge ses c r o y a n c e s sourdes l'orgue décharge ses
croyances sourdes l'orgue décharge ses croyances sourdes l'orgue
décharge ses croyances sourdes l'orgue décharge ses croyances sourdes
l'orgue décharge ses croyances sourdes l'.o.r.g.u.e décharge ses
croyances sourdes l'orgue décharge ses croyances sourdes l'orgue
décharge ses croyances sourdes l'orgue décharge ses croyances sourdes
l'orgue décharge ses croyances sourdes l'orgue décharge ses croyances
sourdes l'orgue décharge ses croyances sourdes l'orgue décharge ses
croyances sourdes l'orgue décharge ses c r o y a n c e s sourdes l'orgue
décharge ses croyances sourdes l'orgue décharge ses croyances sourdes
l'orgue décharge ses c r o y a n c e s sourdes l'orgue décharge ses
croyances sourdes l'orgue décharge ses croyances sourdes l'orgue
décharge ses croyances sourdes l'orgue décharge ses croyances sourdes
l'orgue décharge ses croyances sourdes l'orgue décharge ses croyances
sourdes l'orgue décharge ses croyances sourdes l'orgue décharge ses c r o
y a n c e s sourdes l'orgue décharge ses croyances sourdes l'.o.r.g.u.e
décharge ses croyances sourdes l'orgue décharge ses croyances sourdes
l'orgue décharge ses croyances sourdes l'orgue décharge ses croyances
sourdes l'orgue décharge ses croyances sourdes l'orgue décharge ses
croyances sourdes l'.o.r.g.u.e décharge ses croyances sourdes l'orgue
décharge ses croyances sourdes l'orgue décharge ses croyances sourdes
l'orgue décharge ses croyances sourdes l'orgue décharge ses c r o y a n c
e s e s sourdes sourdes l'orgue décharge ses croyances sourdes l'orgue
décharge ses croyances sourdes l'orgue décharge ses croyances sourdes
l'orgue décharge ses croyances sourdes l'orgue décharge ses croyances
sourdes l'orgue décharge ses croyances sourdes l'orgue décharge ses
croyances sourdes l'orgue décharge ses croyances sourdes l'orgue décharge
ses croyances sourdes l'orgue décharge ses croyances sourdes l'orgue
décharge ses croyances sourdes l'orgue décharge ses c r o y a n c e s
sourdes l'orgue décharge ses croyances sourdes l'orgue décharge ses
croyances sourdes l'orgue décharge ses croyances sourdes l'orgue
décharge ses croyances sourdes l'orgue décharge ses croyances sourdes
l'orgue décharge ses croyances sourdes l'orgue décharge ses croyances
sourdes l'orgue décharge ses croyances sourdes l'orgue décharge ses
croyances sourdes l'orgue décharge ses croyances sourdes l'orgue
décharge ses c r o y a n c e s sourdes l'orgue décharge ses croyances
sourdes l'orgue décharge ses croyances sourdes l'orgue décharge ses
croyances sourdes l'orgue décharge ses croyances sourdes l'orgue décharge
ses croyances sourdes l'orgue décharge ses croyances sourdes l'.o.r.g.u.e
décharge ses croyances sourdes l'orgue décharge ses croyances sourdes
l'orgue décharge ses c r o y a n c e s sourdes l'orgue décharge ses croyances
sourdes l'orgue décharge ses croyances sourdes l'orgue décharge ses
croyances sourdes l'orgue décharge ses croyances sourdes l'orgue décharge
ses croyances sourdes l'orgue décharge ses croyances sourdes l'orgue
décharge ses croyances sourdes l'orgue décharge ses croyances sourdes
l'orgue décharge ses croyances sourdes l'orgue décharge ses c r o y a n c e s
sourdes l'orgue décharge ses croyances sourdes l'orgue décharge ses
croyances sourdes l'orgue décharge ses croyances sourdes l'orgue décharge
ses croyances sourdes l'orgue décharge ses croyances sourdes l'orgue
décharge ses croyances sourdes l'orgue décharge ses croyances sourdes
l'orgue décharge ses croyances sourdes l'orgue décharge ses croyances
sourdes l'orgue décharge ses c r o y a n c e s sourdes l'orgue décharge ses
croyances sourdes l'orgue décharge ses croyances sourdes l'.o.r.g.u.e
décharge ses croyances sourdes l'orgue décharge ses croyances sourdes l'orgue
décharge ses croyances sourdes l'orgue décharge ses croyances sourdes
l'orgue décharge ses croyances sourdes l'orgue décharge ses croyances
sourdes l'orgue décharge ses croyances sourdes l'orgue décharge ses
croyances sourdes l'orgue décharge ses croyances sourdes l'orgue
décharge ses croyances sourdes l'orgue décharge ses croyances sourdes
l'orgue décharge ses croyances sourdes l'orgue décharge ses croyances
sourdes l'.o.r.g.u.e décharge ses croyances sourdes l'orgue décharge ses
croyances sourdes l'orgue décharge ses croyances sourdes l'orgue
décharge ses croyances sourdes l'orgue décharge ses croyances

Comète vertige entame la raison, défonce la stricte muraille **C**omète vertige entame la raison,
défonce la stricte muraille **C**omète vertige entame la raison, défonce la stricte muraille **C**omète
vertige entame la raison, défonce la stricte muraille **C**omète vertige entame la raison, défonce la
stricte muraille **C**omète vertige entame la raison, défonce la stricte muraille **C**omète vertige
entame la raison, défonce la stricte muraille **C**omète vertige entame la raison, défonce la stricte
muraille **C**omète vertige entame la raison, défonce la stricte muraille **C**omète vertige entame la
raison, défonce la stricte muraille **C**omète vertige entame la raison, défonce la stricte muraille
Comète vertige entame la raison, défonce la stricte muraille **C**omète vertige entame la raison,
défonce la stricte muraille **C**omète vertige entame la raison, défonce la stricte muraille **C**omète
vertige entame la raison, défonce la stricte muraille **C**omète vertige entame la raison, défonce la
stricte muraille **C**omète vertige entame la raison, défonce la stricte muraille **C**omète vertige
entame la raison, défonce la stricte muraille **C**omète vertige entame la raison, défonce la stricte
muraille **C**omète vertige entame la raison, défonce la stricte muraille **C**omète vertige entame la
raison, défonce la stricte muraille **C**omète vertige entame la raison, défonce la stricte muraille
Comète vertige entame la raison, défonce la stricte muraille **C**omète vertige entame la raison,
défonce la stricte muraille **C**omète vertige entame la raison, défonce la stricte muraille **C**omète
vertige entame la raison, défonce la stricte muraille **C**omète vertige entame la raison, défonce la
stricte muraille **C**omète vertige entame la raison, défonce la stricte muraille **C**omète vertige
entame la raison, défonce la stricte muraille **C**omète vertige entame la raison, défonce la stricte
muraille **C**omète vertige entame la raison, défonce la stricte muraille **C**omète vertige entame la
raison, défonce la stricte muraille **C**omète vertige entame la raison, défonce la stricte muraille
Comète vertige entame la raison, défonce la stricte muraille **C**omète vertige entame la raison,
défonce la stricte muraille **C**omète vertige entame la raison, défonce la stricte muraille **C**omète
vertige entame la raison, défonce la stricte muraille **C**omète vertige entame la raison, défonce la
stricte muraille **C**omète vertige entame la raison, défonce la stricte muraille **C**omète vertige
entame la raison, défonce la stricte muraille **C**omète vertige entame la raison, défonce la stricte
muraille **C**omète vertige entame la raison, défonce la stricte muraille **C**omète vertige entame la
raison, défonce la stricte muraille **C**omète vertige entame la raison, défonce la stricte muraille
Comète vertige entame la raison, défonce la stricte muraille **C**omète vertige entame la raison,
défonce la stricte muraille **C**omète vertige entame la raison, défonce la stricte muraille **C**omète
vertige entame la raison, défonce la stricte muraille **C**omète vertige entame la raison, défonce la
stricte muraille **C**omète vertige entame la raison, défonce la stricte muraille **C**omète vertige
entame la raison, défonce la stricte muraille **C**omète vertige entame la raison, défonce la stricte
muraille **C**omète vertige entame la raison, défonce la stricte muraille **C**omète vertige entame la
raison, défonce la stricte muraille **C**omète vertige entame la raison, défonce la stricte muraille
Comète vertige entame la raison, défonce la stricte muraille **C**omète vertige entame la raison,
défonce la stricte muraille **C**omète vertige entame la raison, défonce la stricte muraille **C**omète
vertige entame la raison, défonce la stricte muraille **C**omète vertige entame la raison, défonce la
stricte muraille **C**omète vertige entame la raison, défonce la stricte muraille **C**omète vertige
entame la raison, défonce la stricte muraille **C**omète vertige entame la raison, défonce la stricte
muraille **C**omète vertige entame la raison, défonce la stricte muraille **C**omète vertige entame la
raison, défonce la stricte muraille **C**omète vertige entame la raison, défonce la stricte muraille
Comète vertige entame la raison, défonce la stricte muraille **C**omète vertige entame la raison,
défonce la stricte muraille **C**omète vertige entame la raison, défonce la stricte muraille **C**omète
vertige entame la raison, défonce la stricte muraille **C**omète vertige entame la raison, défonce la
stricte muraille **C**omète vertige entame la raison, défonce la stricte muraille **C**omète vertige
entame la raison, défonce la stricte muraille **C**omète vertige entame la raison, défonce la stricte
muraille **C**omète vertige entame la raison, défonce la stricte muraille **C**omète vertige entame la
raison, défonce la stricte muraille **C**omète vertige entame la raison, défonce la stricte muraille
Comète vertige entame la raison, défonce la stricte muraille **C**omète vertige entame la raison,
défonce la stricte muraille **C**omète vertige entame la raison, défonce la stricte muraille **C**omète
vertige entame la raison, défonce la stricte muraille **C**omète vertige entame la raison, défonce la
stricte muraille **C**omète vertige entame la raison, défonce la stricte muraille **C**omète vertige
entame la raison, défonce la stricte muraille **C**omète vertige entame la raison, défonce la stricte
muraille **C**omète vertige entame la raison, défonce la stricte muraille **C**omète vertige entame la
raison, défonce la stricte muraille **C**omète vertige entame la raison, défonce la stricte muraille
Comète vertige entame la raison, défonce la stricte muraille **C**omète vertige entame la raison,
défonce la stricte muraille **C**omète vertige entame la raison, défonce la stricte muraille **C**omète
vertige entame la raison, défonce la stricte muraille **C**omète vertige entame la raison, défonce la
stricte muraille **C**omète vertige entame la raison, défonce la stricte muraille **C**omète vertige
entame la raison, défonce la stricte muraille **C**omète vertige entame la raison, défonce la stricte
muraille **C**omète vertige entame la raison, défonce la stricte muraille **C**omète vertige entame la
raison, défonce la stricte muraille **C**omète vertige entame la raison, vertige entame la raison

en croix, arme ethnique : **réalité de remords approximatifs, rêve démantelé /** tibias en croix,
arme ethnique : **réalité de remords approximatifs, rêve démantelé /** tibias en croix, arme
ethnique : **réalité de remords approximatifs, rêve démantelé /** tibias en croix, arme ethnique :
réalité de remords approximatifs, rêve démantelé / tibias en croix, arme ethnique :
en croix, arme ethnique : **réalité de remords approximatifs, rêve démantelé /** tibias en croix,
arme ethnique : **réalité de remords approximatifs, rêve démantelé /** tibias en croix, arme
ethnique : **réalité de remords approximatifs, rêve démantelé /** tibias en croix, arme ethnique :
réalité de remords approximatifs, rêve démantelé / tibias en croix, arme ethnique :
en croix, arme ethnique : **réalité de remords approximatifs, rêve démantelé /** tibias en croix,
arme ethnique : **réalité de remords approximatifs, rêve démantelé /** tibias en croix, arme
ethnique : **réalité de remords approximatifs, rêve démantelé /** tibias en croix, arme ethnique :
réalité de remords approximatifs, rêve démantelé / tibias en croix, arme ethnique :
en croix, arme ethnique : **réalité de remords approximatifs, rêve démantelé /** tibias en croix,
arme ethnique : **réalité de remords approximatifs, rêve démantelé /** tibias en croix, arme
ethnique : **réalité de remords approximatifs, rêve démantelé /** tibias en croix, arme ethnique :
réalité de remords approximatifs, rêve démantelé / tibias en croix, arme ethnique :
en croix, arme ethnique : **réalité de remords approximatifs, rêve démantelé /** tibias en croix,
arme ethnique : **réalité de remords approximatifs, rêve démantelé /** tibias en croix, arme
ethnique : **réalité de remords approximatifs, rêve démantelé /** tibias en croix, arme ethnique :
réalité de remords approximatifs, rêve démantelé / tibias en croix, arme ethnique :
en croix, arme ethnique : **réalité de remords approximatifs, rêve démantelé /** tibias en croix,
arme ethnique : **réalité de remords approximatifs, rêve démantelé /** tibias en croix, arme
ethnique : **réalité de remords approximatifs, rêve démantelé /** tibias en croix, arme ethnique :
réalité de remords approximatifs, rêve démantelé / tibias en croix, arme ethnique :
en croix, arme ethnique : **réalité de remords approximatifs, rêve démantelé /** tibias en croix,
arme ethnique : **réalité de remords approximatifs, rêve démantelé /** tibias en croix, arme
ethnique : **réalité de remords approximatifs, rêve démantelé /** tibias en croix, arme ethnique :
réalité de remords approximatifs, rêve démantelé / tibias en croix, arme ethnique :
en croix, arme ethnique : **réalité de remords approximatifs, rêve démantelé /** tibias en croix,
arme ethnique : **réalité de remords approximatifs, rêve démantelé /** tibias en croix, arme
ethnique : **réalité de remords approximatifs, rêve démantelé /** tibias en croix, arme ethnique :
réalité de remords approximatifs, rêve démantelé / tibias en croix, arme ethnique :
en croix, arme ethnique : **réalité de remords approximatifs, rêve démantelé /** tibias en croix,
arme ethnique : **réalité de remords approximatifs, rêve démantelé /** tibias en croix, arme
ethnique : **réalité de remords approximatifs, rêve démantelé /** tibias en croix, arme ethnique :
réalité de remords approximatifs, rêve démantelé / tibias en croix, arme ethnique :
en croix, arme ethnique : **réalité de remords approximatifs, rêve démantelé /** tibias en croix,
arme ethnique : **réalité de remords approximatifs, rêve démantelé /** tibias en croix, arme
ethnique : **réalité de remords approximatifs, rêve démantelé /** tibias en croix, arme ethnique :
réalité de remords approximatifs, rêve démantelé / tibias en croix, arme ethnique :
en croix, arme ethnique : **réalité de remords approximatifs, rêve démantelé /** tibias en croix,
arme ethnique : **réalité de remords approximatifs, rêve démantelé /** tibias en croix, arme
ethnique : **réalité de remords approximatifs, rêve démantelé /** tibias en croix, arme ethnique :
réalité de remords approximatifs, rêve démantelé / tibias en croix, arme ethnique :
en croix, arme ethnique : **réalité de remords approximatifs, rêve démantelé /** tibias en croix,
arme ethnique : **réalité de remords approximatifs, rêve démantelé /** tibias en croix, arme
ethnique : **réalité de remords approximatifs, rêve démantelé /** tibias en croix, arme ethnique :
réalité de remords approximatifs, rêve démantelé / tibias en croix, arme ethnique :
en croix, arme ethnique : **réalité de remords approximatifs, rêve démantelé /** tibias en croix,
arme ethnique : **réalité de remords approximatifs, rêve démantelé /** tibias en croix, arme
ethnique : **réalité de remords approximatifs, rêve démantelé /** tibias en croix, arme ethnique :
réalité de remords approximatifs, rêve démantelé / tibias en croix, arme ethnique :
en croix, arme ethnique : **réalité de remords approximatifs, rêve démantelé /** tibias en croix,
arme ethnique : **réalité de remords approximatifs, rêve démantelé /** tibias en croix, arme
ethnique : **réalité de remords approximatifs, rêve démantelé /** tibias en croix, arme ethnique :
réalité de remords approximatifs, rêve démantelé / tibias en croix, arme ethnique :
en croix, arme ethnique : **réalité de remords approximatifs, rêve démantelé /** tibias en croix,
arme ethnique : **réalité de remords approximatifs, rêve démantelé /** tibias en croix, arme
ethnique : **réalité de remords approximatifs, rêve démantelé /** tibias en croix, arme ethnique :
réalité de remords approximatifs, rêve démantelé / tibias en croix, arme ethnique :
en croix, arme ethnique : **réalité de remords approximatifs, rêve démantelé /** tibias en croix,
arme ethnique : **réalité de remords approximatifs, rêve démantelé /** tibias en croix, arme
ethnique : **réalité de remords approximatifs, rêve démantelé /** tibias en croix, arme ethnique :

ce sont des fins utiles ce sont des fins civiles ce sont des fins utiles ce sont des fins civiles ce
sont des fins utiles ce sont des fins civiles ce sont des fins utiles ce sont des fins civiles ce sont
des fins utiles ce sont des fins civiles ce sont des fins utiles ce sont des fins civiles ce sont des
fins utiles ce sont des fins civiles ce sont des fins utiles ce sont des fins civiles ce sont des fins
utiles ce sont des fins civiles ce sont des fins utiles ce sont des fins civiles ce sont des fins utiles
ce sont des fins civiles ce sont des fins utiles ce sont des fins civiles ce sont des fins utiles ce
sont des fins civiles ce sont des fins utiles ce sont des fins civiles ce sont des fins utiles ce sont
des fins civiles ce sont des fins utiles ce sont des fins civiles ce sont des fins utiles ce sont des
fins civiles ce sont des fins utiles ce sont des fins civiles ce sont des fins utiles ce sont des fins
civiles ce sont des fins utiles ce sont des fins civiles ce sont des fins utiles ce sont des fins civiles
ce sont des fins utiles ce sont des fins civiles ce sont des fins utiles ce sont des fins civiles ce
sont des fins utiles ce sont des fins civiles ce sont des fins utiles ce sont des fins civiles ce sont
des fins utiles ce sont des fins civiles ce sont des fins utiles ce sont des fins civiles ce sont des
fins utiles ce sont des fins civiles ce sont des fins utiles ce sont des fins civiles ce sont des fins
utiles ce sont des fins civiles ce sont des fins utiles ce sont des fins civiles ce sont des fins utiles
ce sont des fins civiles ce sont des fins utiles ce sont des fins civiles ce sont des fins utiles ce
sont des fins civiles ce sont des fins utiles ce sont des fins civiles ce sont des fins utiles ce sont
des fins civiles ce sont des fins utiles ce sont des fins civiles ce sont des fins utiles ce sont des
fins civiles ce sont des fins utiles ce sont des fins civiles ce sont des fins utiles ce sont des fins
civiles ce sont des fins utiles ce sont des fins civiles ce sont des fins utiles ce sont des fins civiles
ce sont des fins utiles ce sont des fins civiles ce sont des fins utiles ce sont des fins civiles ce
sont des fins utiles ce sont des fins civiles ce sont des fins utiles ce sont des fins civiles ce sont
des fins utiles ce sont des fins civiles ce sont des fins utiles ce sont des fins civiles ce sont des
fins utiles ce sont des fins civiles ce sont des fins utiles ce sont des fins civiles ce sont des fins
utiles ce sont des fins civiles ce sont des fins utiles ce sont des fins civiles ce sont des fins utiles
ce sont des fins civiles ce sont des fins utiles ce sont des fins civiles ce sont des fins utiles ce
sont des fins civiles ce sont des fins utiles ce sont des fins civiles ce sont des fins utiles ce sont
des fins civiles ce sont des fins utiles ce sont des fins civiles ce sont des fins utiles ce sont des
fins civiles ce sont des fins utiles ce sont des fins civiles ce sont des fins utiles ce sont des fins
civiles ce sont des fins utiles ce sont des fins civiles ce sont des fins utiles ce sont des fins civiles
ce sont des fins utiles ce sont des fins civiles ce sont des fins utiles ce sont des fins civiles ce
sont des fins utiles ce sont des fins civiles ce sont des fins utiles ce sont des fins civiles ce sont
des fins utiles ce sont des fins civiles ce sont des fins utiles ce sont des fins civiles ce sont des
fins utiles ce sont des fins civiles ce sont des fins utiles ce sont des fins civiles ce sont des fins
utiles ce sont des fins civiles ce sont des fins utiles ce sont des fins civiles ce sont des fins utiles
ce sont des fins civiles ce sont des fins utiles ce sont des fins civiles ce sont des fins utiles ce
sont des fins civiles ce sont des fins utiles ce sont des fins civiles ce sont des fins utiles ce sont
des fins civiles ce sont des fins utiles ce sont des fins civiles ce sont des fins utiles ce sont des
fins civiles ce sont des fins utiles ce sont des fins civiles ce sont des fins utiles ce sont des fins
civiles ce sont des fins utiles ce sont des fins civiles ce sont des fins utiles ce sont des fins civiles
ce sont des fins utiles ce sont des fins civiles ce sont des fins utiles ce sont des fins civiles ce
sont des fins utiles ce sont des fins civiles ce sont des fins utiles ce sont des fins civiles ce sont
des fins utiles ce sont des fins civiles ce sont des fins utiles ce sont des fins civiles ce sont des
fins utiles ce sont des fins civiles ce sont des fins utiles ce sont des fins civiles ce sont des fins
utiles ce sont des fins civiles ce sont des fins utiles ce sont des fins civiles ce sont des fins utiles
ce sont des fins civiles ce sont des fins utiles ce sont des fins civiles ce sont des fins utiles ce
sont des fins civiles ce sont des fins utiles ce sont des fins civiles ce sont des fins utiles ce sont
des fins civiles ce sont des fins utiles ce sont des fins civiles ce sont des fins utiles ce sont des
fins civiles ce sont des fins utiles ce sont des fins civiles ce sont des fins utiles ce sont des fins
civiles ce sont des fins utiles ce sont des fins civiles ce sont des fins utiles ce sont des fins civiles
ce sont des fins utiles ce sont des fins civiles ce sont des fins utiles ce sont des fins civiles ce
sont des fins utiles ce sont des fins civiles ce sont des fins utiles ce sont des fins civiles ce sont
des fins utiles ce sont des fins civiles ce sont des fins utiles ce sont des fins civiles ce sont des
fins utiles ce sont des fins civiles ce sont des fins utiles ce sont des fins civiles ce sont des fins
utiles ce sont des fins civiles ce sont des fins utiles ce sont des fins civiles ce sont des fins utiles
ce sont des fins civiles ce sont des fins utiles ce sont des fins civiles ce sont des fins utiles ce
sont des fins civiles ce sont des fins utiles ce sont des fins civiles ce sont des fins utiles ce sont
des fins civiles ce sont des fins utiles ce sont des fins civiles ce sont des fins utiles ce sont des
fins civiles ce sont des fins utiles ce sont des fins civiles ce sont des fins utiles ce sont des fins
civiles ce sont des fins utiles ce sont des fins civiles ce sont des fins utiles ce sont des fins civiles
ce sont des fins utiles ce sont des fins civiles ce sont des fins utiles ce sont des fins civiles ce
sont des fins utiles ce sont des fins civiles ce sont des fins utiles ce sont des fins civiles ce sont
des fins utiles ce sont des fins civiles ce sont des fins utiles ce sont des fins civiles ce sont des fins

être ou ne pas être photographié, ceci est le premier cas d'autophagie là-bas, une route de carte postale... 3 tas de cailloux blancs,

proie la vie proie la vie proie la vie proie la vie proie la vie proie la vie proie la vie proie la vie proie
la vie proie la vie proie la vie proie la vie proie la vie proie la vie proie la vie proie la vie proie la vie
proie la vie proie la vie proie la vie proie la vie proie la vie proie la vie proie la vie proie la vie proie
la vie proie la vie proie la vie proie la vie proie la vie proie la vie proie la vie proie la vie proie la vie
proie la vie proie la vie proie la vie proie la vie proie la vie proie la vie proie la vie proie la vie proie
la vie proie la vie proie la vie proie la vie proie la vie proie la vie proie la vie proie la vie proie la vie
proie la vie proie la vie proie la vie proie la vie proie la vie proie la vie proie la vie proie la vie proie
la vie proie la vie proie la vie proie la vie proie la vie proie la vie proie la vie proie la vie proie la vie
proie la vie proie la vie proie la vie proie la vie proie la vie proie la vie proie la vie proie la vie proie
la vie proie la vie proie la vie proie la vie proie la vie proie la vie proie la vie proie la vie proie la vie
proie la vie proie la vie proie la vie proie la vie proie la vie proie la vie proie la vie proie la vie proie
la vie proie la vie proie la vie proie la vie proie la vie proie la vie proie la vie proie la vie proie la vie
proie la vie proie la vie proie la vie proie la vie proie la vie proie la vie proie la vie proie la vie proie
la vie proie la vie proie la vie proie la vie proie la vie proie la vie proie la vie proie la vie proie la vie
proie la vie proie la vie proie la vie proie la vie proie la vie proie la vie proie la vie proie la vie proie
la vie proie la vie proie la vie proie la vie proie la vie proie la vie proie la vie proie la vie proie la vie
proie la vie proie la vie proie la vie proie la vie proie la vie proie la vie proie la vie proie la vie proie
la vie proie la vie proie la vie proie la vie proie la vie proie la vie proie la vie proie la vie proie la vie
proie la vie proie la vie proie la vie proie la vie proie la vie proie la vie proie la vie proie la vie proie
la vie proie la vie proie la vie proie la vie proie la vie proie la vie proie la vie proie la vie proie la vie
proie la vie proie la vie proie la vie proie la vie proie la vie proie la vie proie la vie proie la vie proie
la vie proie la vie proie la vie proie la vie proie la vie proie la vie proie la vie proie la vie proie la vie
proie la vie proie la vie proie la vie proie la vie proie la vie proie la vie proie la vie proie la vie proie
la vie proie la vie proie la vie proie la vie proie la vie proie la vie proie la vie proie la vie proie la vie
proie la vie proie la vie proie la vie proie la vie proie la vie proie la vie proie la vie proie la vie proie
la vie proie la vie proie la vie proie la vie proie la vie proie la vie proie la vie proie la vie proie la vie
proie la vie proie la vie proie la vie proie la vie proie la vie proie la vie proie la vie proie la vie proie
la vie proie la vie proie la vie proie la vie proie la vie proie la vie proie la vie proie la vie proie la vie
proie la vie proie la vie proie la vie proie la vie proie la vie proie la vie proie la vie proie la vie proie
la vie proie la vie proie la vie proie la vie proie la vie proie la vie proie la vie proie la vie proie la vie
proie la vie proie la vie proie la vie proie la vie proie la vie proie la vie proie la vie proie la vie proie
la vie proie la vie proie la vie proie la vie proie la vie proie la vie proie la vie proie la vie proie la vie
proie la vie proie la vie proie la vie proie la vie proie la vie proie la vie proie la vie proie la vie proie
la vie proie la vie proie la vie proie la vie proie la vie proie la vie proie la vie proie la vie proie la vie
proie la vie proie la vie proie la vie proie la vie proie la vie proie la vie proie la vie proie la vie proie
la vie proie la vie proie la vie proie la vie proie la vie proie la vie proie la vie proie la vie proie la vie
proie la vie proie la vie proie la vie proie la vie proie la vie proie la vie proie la vie proie la vie proie
la vie proie la vie proie la vie proie la vie proie la vie proie la vie proie la vie proie la vie proie la vie
proie la vie proie la vie proie la vie proie la vie proie la vie proie la vie proie la vie proie la vie proie
la vie proie la vie proie la vie proie la vie proie la vie proie la vie proie la vie proie la vie proie la vie
proie la vie proie la vie proie la vie proie la vie proie la vie proie la vie proie la vie proie la vie proie
la vie proie la vie proie la vie proie la vie proie la vie proie la vie proie la vie proie la vie proie la vie
proie la vie proie la vie proie la vie proie la vie proie la vie proie la vie proie la vie proie la vie proie
la vie proie la vie proie la vie proie la vie proie la vie proie la vie proie la vie proie la vie proie la vie
proie la vie proie la vie proie la vie proie la vie proie la vie proie la vie proie la vie proie la vie proie
la vie proie la vie proie la vie proie la vie proie la vie proie la vie proie la vie proie la vie proie la vie
proie la vie proie la vie proie la vie proie la vie proie la vie proie la vie proie la vie proie la vie proie
la vie proie la vie proie la vie proie la vie proie la vie proie la vie proie la vie proie la vie proie la vie
proie la vie proie la vie proie la vie proie la vie proie la vie proie la vie proie la vie proie la vie proie
la vie proie la vie proie la vie proie la vie proie la vie proie la vie proie la vie proie la vie proie la vie
proie la vie proie la vie proie la vie proie la vie proie la vie proie la vie proie la vie proie la vie proie
la vie proie la vie proie la vie proie la vie proie la vie proie la vie proie la vie proie la vie proie la vie
proie la vie proie la vie proie la vie proie la vie proie la vie proie la vie proie la vie proie la vie proie
la vie proie la vie proie la vie proie la vie proie la vie proie la vie proie la vie proie la vie proie la vie
proie la vie proie la vie proie la vie proie la vie proie la vie proie la vie proie la vie proie la vie proie
la vie proie la vie proie la vie proie la vie proie la vie proie la vie proie la vie proie la vie proie la vie
proie la vie proie la vie proie la vie proie la vie proie la vie proie la vie proie la vie proie la vie proie
la vie proie la vie proie la vie proie la vie proie la vie proie la vie proie la vie proie la vie proie la vie
proie la vie proie la vie proie la vie proie la vie proie la vie proie la vie proie la vie proie la vie proie
la vie proie la vie proie la vie proie la vie proie la vie proie la vie proie la vie proie la vie proie la vie
proie la vie proie la vie proie la vie proie la vie proie la vie proie la vie proie la vie proie la vie proie
la vie proie la vie proie la vie proie la vie proie la vie proie la vie proie la vie proie la vie proie la vie
proie la vie proie la vie proie la vie proie la vie proie la vie proie la vie proie la vie proie la vie proie

mortelle sur l'aile restante - à fleur **mortelle sur l'aile** restante - à fleur **mortelle sur l'aile**
restante - à fleur **mortelle sur l'aile** restante - à fleur **mortelle sur l'aile** restante - à fleur
mortelle sur l'aile restante - à fleur **mortelle sur l'aile** restante - à fleur **mortelle sur l'aile**
restante - à fleur **mortelle sur l'aile** restante - à fleur **mortelle sur l'aile** restante - à fleur
mortelle sur l'aile restante - à fleur **mortelle sur l'aile** restante - à fleur **mortelle sur l'aile**
restante - à fleur **mortelle sur l'aile** restante - à fleur **mortelle sur l'aile** restante - à fleur
mortelle sur l'aile restante - à fleur **mortelle sur l'aile** restante - à fleur **mortelle sur l'aile**
restante - à fleur **mortelle sur l'aile** restante - à fleur **mortelle sur l'aile** restante - à fleur
mortelle sur l'aile restante - à fleur **mortelle sur l'aile** restante - à fleur **mortelle sur l'aile**
restante - à fleur **mortelle sur l'aile** restante - à fleur **mortelle sur l'aile** restante - à fleur
mortelle sur l'aile restante - à fleur **mortelle sur l'aile** restante - à fleur **mortelle sur l'aile**
restante - à fleur **mortelle sur l'aile** restante - à fleur **mortelle sur l'aile** restante - à fleur
mortelle sur l'aile restante - à fleur **mortelle sur l'aile** restante - à fleur **mortelle sur l'aile**
restante - à fleur **mortelle sur l'aile** restante - à fleur **mortelle sur l'aile** restante - à fleur
mortelle sur l'aile restante - à fleur **mortelle sur l'aile** restante - à fleur **mortelle sur l'aile**
restante - à fleur **mortelle sur l'aile** restante - à fleur **mortelle sur l'aile** restante - à fleur
mortelle sur l'aile restante - à fleur **mortelle sur l'aile** restante - à fleur **mortelle sur l'aile**
restante - à fleur **mortelle sur l'aile** restante - à fleur **mortelle sur l'aile** restante - à fleur
mortelle sur l'aile restante - à fleur **mortelle sur l'aile** restante - à fleur **mortelle sur l'aile**
restante - à fleur **mortelle sur l'aile** restante - à fleur **mortelle sur l'aile** restante - à fleur
mortelle sur l'aile restante - à fleur **mortelle sur l'aile** restante - à fleur **mortelle sur l'aile**
restante - à fleur **mortelle sur l'aile** restante - à fleur **mortelle sur l'aile** restante - à fleur
mortelle sur l'aile restante - à fleur **mortelle sur l'aile** restante - à fleur **mortelle sur l'aile**
restante - à fleur **mortelle sur l'aile** restante - à fleur **mortelle sur l'aile** restante - à fleur
mortelle sur l'aile restante - à fleur **mortelle sur l'aile** restante - à fleur **mortelle sur l'aile**
restante - à fleur **mortelle sur l'aile** restante - à fleur **mortelle sur l'aile** restante - à fleur
mortelle sur l'aile restante - à fleur **mortelle sur l'aile** restante - à fleur **mortelle sur l'aile**
restante - à fleur **mortelle sur l'aile** restante - à fleur **mortelle sur l'aile** restante - à fleur
mortelle sur l'aile restante - à fleur **mortelle sur l'aile** restante - à fleur **mortelle sur l'aile**
restante - à fleur **mortelle sur l'aile** restante - à fleur **mortelle sur l'aile** restante - à fleur
mortelle sur l'aile restante - à fleur **mortelle sur l'aile** restante - à fleur **mortelle sur l'aile**
restante - à fleur **mortelle sur l'aile** restante - à fleur **mortelle sur l'aile** restante - à fleur
mortelle sur l'aile restante - à fleur **mortelle sur l'aile** restante - à fleur **mortelle sur l'aile**
restante - à fleur **mortelle sur l'aile** restante - à fleur **mortelle sur l'aile** restante - à fleur
mortelle sur l'aile restante - à fleur **mortelle sur l'aile** restante - à fleur **mortelle sur l'aile**
restante - à fleur **mortelle sur l'aile** restante - à fleur **mortelle sur l'aile** restante - à fleur
mortelle sur l'aile restante - à fleur **mortelle sur l'aile** restante - à fleur **mortelle sur l'aile**
restante - à fleur **mortelle sur l'aile** restante - à fleur **mortelle sur l'aile** restante - à fleur
mortelle sur l'aile restante - à fleur **mortelle sur l'aile** restante - à fleur **mortelle sur l'aile**
restante - à fleur **mortelle sur l'aile** restante - à fleur **mortelle sur l'aile** restante - à fleur
mortelle sur l'aile restante - à fleur **mortelle sur l'aile** restante - à fleur **mortelle sur l'aile**
restante - à fleur **mortelle sur l'aile** restante - à fleur **mortelle sur l'aile** restante - à fleur
mortelle sur l'aile restante - à fleur **mortelle sur l'aile** restante - à fleur **mortelle sur l'aile**
restante - à fleur **mortelle sur l'aile** restante - à fleur **mortelle sur l'aile** restante - à fleur
mortelle sur l'aile restante - à fleur **mortelle sur l'aile** restante - à fleur **mortelle sur l'aile**
restante - à fleur **mortelle sur l'aile** restante - à fleur **mortelle sur l'aile** restante - à fleur
mortelle sur l'aile restante - à fleur **mortelle sur l'aile** restante - à fleur **mortelle sur l'aile**
restante - à fleur **mortelle sur l'aile** restante - à fleur **mortelle sur l'aile** restante - à fleur
mortelle sur l'aile restante - à fleur **mortelle sur l'aile** restante - à fleur **mortelle sur l'aile**
restante - à fleur **mortelle sur l'aile** restante - à fleur **mortelle sur l'aile** restante - à fleur
mortelle sur l'aile restante - à fleur **mortelle sur l'aile** restante - à fleur **mortelle sur l'aile**
restante - à fleur **mortelle sur l'aile** restante - à fleur **mortelle sur l'aile** restante - à fleur
mortelle sur l'aile restante - à fleur **mortelle sur l'aile** restante - à fleur **mortelle sur l'aile**
restante - à fleur **mortelle sur l'aile** restante - à fleur **mortelle sur l'aile** restante - à fleur
mortelle sur l'aile restante - à fleur **mortelle sur l'aile** restante - à fleur **mortelle sur l'aile**
restante - à fleur **mortelle sur l'aile** restante - à fleur **mortelle sur l'aile** restante - à fleur
mortelle sur l'aile restante - à fleur **mortelle sur l'aile** restante - à fleur **mortelle sur l'aile**
restante - à fleur **mortelle sur l'aile** restante - à fleur **mortelle sur l'aile** restante - à fleur
mortelle sur l'aile restante - à fleur **mortelle sur l'aile** restante - à fleur **mortelle sur l'aile**
restante - à fleur **mortelle sur l'aile** restante - à fleur **mortelle sur l'aile** restante - à fleur
mortelle sur l'aile restante - à fleur **mortelle sur l'aile** restante - à fleur **mortelle sur l'aile**
restante - à fleur **mortelle sur l'aile** restante - à fleur **mortelle sur l'aile** restante - à fleur
mortelle sur l'aile restante - à fleur **mortelle sur l'aile** restante - à fleur **mortelle sur l'aile**

une force un désir un sillon pour quelque chose d’ailleurs une force un désir un sillon pour quelque chose d’ailleurs une
force un désir un sillon pour quelque chose d’ailleurs une force un désir un sillon pour quelque chose d’ailleurs une force
un désir un sillon pour quelque chose d’ailleurs une force un désir un sillon pour quelque chose d’ailleurs une force un
désir un sillon pour quelque chose d’ailleurs une force un désir un sillon pour quelque chose d’ailleurs une force un désir
un sillon pour quelque chose d’ailleurs une force un désir un sillon pour quelque chose d’ailleurs une force un désir un
sillon pour quelque chose d’ailleurs une force un désir un sillon pour quelque chose d’ailleurs une force un désir un sillon
pour quelque chose d’ailleurs une force un désir un sillon pour quelque chose d’ailleurs une force un désir un sillon
une force un désir un sillon pour quelque chose d’ailleurs une force un désir un sillon pour quelque chose d’ailleurs une
force un désir un sillon pour quelque chose d’ailleurs une force un désir un sillon pour quelque chose d’ailleurs une force
un désir un sillon pour quelque chose d’ailleurs une force un désir un sillon pour quelque chose d’ailleurs une force un
désir un sillon pour quelque chose d’ailleurs une force un désir un sillon pour quelque chose d’ailleurs une force un désir
un sillon pour quelque chose d’ailleurs une force un désir un sillon pour quelque chose d’ailleurs une force un désir un
sillon pour quelque chose d’ailleurs une force un désir un sillon pour quelque chose d’ailleurs une force un désir un sillon
pour quelque chose d’ailleurs une force un désir un sillon pour quelque chose d’ailleurs une force un désir un sillon
une force un désir un sillon pour quelque chose d’ailleurs une force un désir un sillon pour quelque chose d’ailleurs une
force un désir un sillon pour quelque chose d’ailleurs une force un désir un sillon pour quelque chose d’ailleurs une force
un désir un sillon pour quelque chose d’ailleurs une force un désir un sillon pour quelque chose d’ailleurs une force un
désir un sillon pour quelque chose d’ailleurs une force un désir un sillon pour quelque chose d’ailleurs une force un désir
un sillon pour quelque chose d’ailleurs une force un désir un sillon pour quelque chose d’ailleurs une force un désir un
sillon pour quelque chose d’ailleurs une force un désir un sillon pour quelque chose d’ailleurs une force un désir un sillon
pour quelque chose d’ailleurs une force un désir un sillon pour quelque chose d’ailleurs une force un désir un sillon
une force un désir un sillon pour quelque chose d’ailleurs une force un désir un sillon pour quelque chose d’ailleurs une
force un désir un sillon pour quelque chose d’ailleurs une force un désir un sillon pour quelque chose d’ailleurs une force
un désir un sillon pour quelque chose d’ailleurs une force un désir un sillon pour quelque chose d’ailleurs une force un
désir un sillon pour quelque chose d’ailleurs une force un désir un sillon pour quelque chose d’ailleurs une force un désir
un sillon pour quelque chose d’ailleurs une force un désir un sillon pour quelque chose d’ailleurs une force un désir un
sillon pour quelque chose d’ailleurs une force un désir un sillon pour quelque chose d’ailleurs une force un désir un sillon
pour quelque chose d’ailleurs une force un désir un sillon pour quelque chose d’ailleurs une force un désir un sillon
une force un désir un sillon pour quelque chose d’ailleurs une force un désir un sillon pour quelque chose d’ailleurs une
force un désir un sillon pour quelque chose d’ailleurs une force un désir un sillon pour quelque chose d’ailleurs une force
un désir un sillon pour quelque chose d’ailleurs une force un désir un sillon pour quelque chose d’ailleurs une force un
désir un sillon pour quelque chose d’ailleurs une force un désir un sillon pour quelque chose d’ailleurs une force un désir
un sillon pour quelque chose d’ailleurs une force un désir un sillon pour quelque chose d’ailleurs une force un désir un
sillon pour quelque chose d’ailleurs une force un désir un sillon pour quelque chose d’ailleurs une force un désir un sillon
pour quelque chose d’ailleurs une force un désir un sillon pour quelque chose d’ailleurs une force un désir un sillon
une force un désir un sillon pour quelque chose d’ailleurs une force un désir un sillon pour quelque chose d’ailleurs une
force un désir un sillon pour quelque chose d’ailleurs une force un désir un sillon pour quelque chose d’ailleurs une force
un désir un sillon pour quelque chose d’ailleurs une force un désir un sillon pour quelque chose d’ailleurs une force un
désir un sillon pour quelque chose d’ailleurs une force un désir un sillon pour quelque chose d’ailleurs une force un désir
un sillon pour quelque chose d’ailleurs une force un désir un sillon pour quelque chose d’ailleurs une force un désir un
sillon pour quelque chose d’ailleurs une force un désir un sillon pour quelque chose d’ailleurs une force un désir un sillon
pour quelque chose d’ailleurs une force un désir un sillon pour quelque chose d’ailleurs une force un désir un sillon
une force un désir un sillon pour quelque chose d’ailleurs une force un désir un sillon pour quelque chose d’ailleurs une
force un désir un sillon pour quelque chose d’ailleurs une force un désir un sillon pour quelque chose d’ailleurs une force
un désir un sillon pour quelque chose d’ailleurs une force un désir un sillon pour quelque chose d’ailleurs une force un
désir un sillon pour quelque chose d’ailleurs une force un désir un sillon pour quelque chose d’ailleurs une force un désir
un sillon pour quelque chose d’ailleurs une force un désir un sillon pour quelque chose d’ailleurs une force un désir un
sillon pour quelque chose d’ailleurs une force un désir un sillon pour quelque chose d’ailleurs une force un désir un sillon
pour quelque chose d’ailleurs une force un désir un sillon pour quelque chose d’ailleurs une force un désir un sillon
une force un désir un sillon pour quelque chose d’ailleurs une force un désir un sillon pour quelque chose d’ailleurs une
force un désir un sillon pour quelque chose d’ailleurs une force un désir un sillon pour quelque chose d’ailleurs une force
un désir un sillon pour quelque chose d’ailleurs une force un désir un sillon pour quelque chose d’ailleurs une force un
désir un sillon pour quelque chose d’ailleurs une force un désir un sillon pour quelque chose d’ailleurs une force un désir
un sillon pour quelque chose d’ailleurs une force un désir un sillon pour quelque chose d’ailleurs une force un désir un
sillon pour quelque chose d’ailleurs une force un désir un sillon pour quelque chose d’ailleurs une force un désir un sillon
pour quelque chose d’ailleurs une force un désir un sillon pour quelque chose d’ailleurs une force un désir un sillon
une force un désir un sillon pour quelque chose d’ailleurs une force un désir un sillon pour quelque chose d’ailleurs une
force un désir un sillon pour quelque chose d’ailleurs une force un désir un sillon pour quelque chose d’ailleurs une force
un désir un sillon pour quelque chose d’ailleurs une force un désir un sillon pour quelque chose d’ailleurs une force un
désir un sillon pour quelque chose d’ailleurs une force un désir un sillon pour quelque chose d’ailleurs une force un désir
un sillon pour quelque chose d’ailleurs une force un désir un sillon pour quelque chose d’ailleurs une force un désir un
sillon pour quelque chose d’ailleurs une force un désir un sillon pour quelque chose d’ailleurs une force un désir un sillon
pour quelque chose d’ailleurs une force un désir un sillon pour quelque chose d’ailleurs une force un désir un sillon

comme comme comme comme comme comme comme comme comme comme comme comme
l'aura l'aura l'aura l'aura l'aura l'aura l'aura l'aura l'aura l'aura l'aura l'aura l'aura l'aura l'aura l'aura
des des des des des des des des des des des des des des des des des des des des des des
pierres pierres pierres pierres pierres pierres pierres pierres pierres pierres pierres pierres pierres
corps corps corps corps corps corps corps corps corps corps corps corps corps corps corps corps
inerte inerte inerte inerte inerte inerte inerte inerte inerte inerte inerte inerte inerte inerte inerte
pendu pendu pendu pendu pendu pendu pendu pendu pendu pendu pendu pendu pendu
et et et et et et et et et et et et et et et et et et et et et et et et et et et et et et et et et et et et et
au au au au au au au au au au au au au au au au au au au au au au au au au au au au au au
bout bout bout bout bout bout bout bout bout bout bout bout bout bout bout bout bout bout
quelques quelques quelques quelques quelques quelques quelques quelques quelques
raisons raisons raisons raisons raisons raisons raisons raisons raisons raisons raisons raisons
obscures obscures obscures obscures obscures obscures obscures obscures obscures obscures
parfaites parfaites parfaites parfaites parfaites parfaites parfaites parfaites parfaites parfaites
comme comme comme comme comme comme comme comme comme comme comme comme
l'aura l'aura l'aura l'aura l'aura l'aura l'aura l'aura l'aura l'aura l'aura l'aura l'aura l'aura l'aura l'aura
des des des des des des des des des des des des des des des des des des des des des des
pierres pierres pierres pierres pierres pierres pierres pierres pierres pierres pierres pierres pierres
corps corps corps corps corps corps corps corps corps corps corps corps corps corps corps corps
inerte inerte inerte inerte inerte inerte inerte inerte inerte inerte inerte inerte inerte inerte inerte
pendu pendu pendu pendu pendu pendu pendu pendu pendu pendu pendu pendu pendu
et et et et et et et et et et et et et et et et et et et et et et et et et et et et et et et et et et et et et
au au au au au au au au au au au au au au au au au au au au au au au au au au au au au au
bout bout bout bout bout bout bout bout bout bout bout bout bout bout bout bout bout bout
quelques quelques quelques quelques quelques quelques quelques quelques quelques
raisons raisons raisons raisons raisons raisons raisons raisons raisons raisons raisons raisons
obscures obscures obscures obscures obscures obscures obscures obscures obscures obscures
parfaites parfaites parfaites parfaites parfaites parfaites parfaites parfaites parfaites parfaites
comme comme comme comme comme comme comme comme comme comme comme comme
l'aura l'aura l'aura l'aura l'aura l'aura l'aura l'aura l'aura l'aura l'aura l'aura l'aura l'aura l'aura l'aura
des des des des des des des des des des des des des des des des des des des des des des
pierres pierres pierres pierres pierres pierres pierres pierres pierres pierres pierres pierres pierres
corps corps corps corps corps corps corps corps corps corps corps corps corps corps corps corps
inerte inerte inerte inerte inerte inerte inerte inerte inerte inerte inerte inerte inerte inerte inerte
pendu pendu pendu pendu pendu pendu pendu pendu pendu pendu pendu pendu pendu
et et et et et et et et et et et et et et et et et et et et et et et et et et et et et et et et et et et et et
au au au au au au au au au au au au au au au au au au au au au au au au au au au au au au
bout bout bout bout bout bout bout bout bout bout bout bout bout bout bout bout bout bout
quelques quelques quelques quelques quelques quelques quelques quelques quelques
raisons raisons raisons raisons raisons raisons raisons raisons raisons raisons raisons raisons
obscures obscures obscures obscures obscures obscures obscures obscures obscures obscures
parfaites parfaites parfaites parfaites parfaites parfaites parfaites parfaites parfaites parfaites
comme comme comme comme comme comme comme comme comme comme comme comme
l'aura l'aura l'aura l'aura l'aura l'aura l'aura l'aura l'aura l'aura l'aura l'aura l'aura l'aura l'aura l'aura
des des des des des des des des des des des des des des des des des des des des des des
pierres pierres pierres pierres pierres pierres pierres pierres pierres pierres pierres pierres pierres
corps corps corps corps corps corps corps corps corps corps corps corps corps corps corps corps
inerte inerte inerte inerte inerte inerte inerte inerte inerte inerte inerte inerte inerte inerte inerte
pendu pendu pendu pendu pendu pendu pendu pendu pendu pendu pendu pendu pendu
et et et et et et et et et et et et et et et et et et et et et et et et et et et et et et et et et et et et et
au au au au au au au au au au au au au au au au au au au au au au au au au au au au au au
bout bout bout bout bout bout bout bout bout bout bout bout bout bout bout bout bout bout
quelques quelques quelques quelques quelques quelques quelques quelques quelques
raisons raisons raisons raisons raisons raisons raisons raisons raisons raisons raisons raisons
obscures obscures obscures obscures obscures obscures obscures obscures obscures obscures
parfaites parfaites parfaites parfaites parfaites parfaites parfaites parfaites parfaites parfaites
comme comme comme comme comme comme comme comme comme comme comme comme
l'aura l'aura l'aura l'aura l'aura l'aura l'aura l'aura l'aura l'aura l'aura l'aura l'aura l'aura l'aura l'aura
des des des des des des des des des des des des des des des des des des des des des des
pierres pierres pierres pierres pierres pierres pierres pierres pierres pierres pierres pierres pierres
corps corps corps corps corps corps corps corps corps corps corps corps corps corps corps corps
inerte inerte inerte inerte inerte inerte inerte inerte inerte inerte inerte inerte inerte inerte inerte
pendu pendu pendu pendu pendu pendu pendu pendu pendu pendu pendu pendu pendu

la terre l’angoisse H A U T L E S M A I N S ! se fraye en quête d’une fin la terre l’angoisse H A
U T L E S M A I N S ! la terre l’angoisse H A U T L E S M A I N S ! se fraye en quête d’une
fin la terre l’angoisse H A U T L E S M A I N S ! la terre l’angoisse H A U T L E S M A I N S !
se fraye en quête d’une fin la terre l’angoisse H A U T L E S M A I N S ! la terre l’angoisse H A
U T L E S M A I N S ! se fraye en quête d’une fin la terre l’angoisse H A U T L E S M A I N
S ! la terre l’angoisse H A U T L E S M A I N S ! se fraye en quête d’une fin la terre l’angoisse
H A U T L E S M A I N S ! la terre l’angoisse H A U T L E S M A I N S ! se fraye en quête
d’une fin la terre l’angoisse H A U T L E S M A I N S ! la terre l’angoisse H A U T L E S M A I
N S ! se fraye en quête d’une fin la terre l’angoisse H A U T L E S M A I N S ! la terre
l’angoisse H A U T L E S M A I N S ! se fraye en quête d’une fin la terre l’angoisse H A U T L
E S M A I N S ! la terre l’angoisse H A U T L E S M A I N S ! se fraye en quête d’une fin la
terre l’angoisse H A U T L E S M A I N S ! la terre l’angoisse H A U T L E S M A I N S ! se
fraye en quête d’une fin la terre l’angoisse H A U T L E S M A I N S ! la terre l’angoisse H A U
T L E S M A I N S ! se fraye en quête d’une fin la terre l’angoisse H A U T L E S M A I N S !
la terre l’angoisse H A U T L E S M A I N S ! se fraye en quête d’une fin la terre l’angoisse H A
U T L E S M A I N S ! la terre l’angoisse H A U T L E S M A I N S ! se fraye en quête d’une
fin la terre l’angoisse H A U T L E S M A I N S ! la terre l’angoisse H A U T L E S M A I N S !
se fraye en quête d’une fin la terre l’angoisse H A U T L E S M A I N S ! la terre l’angoisse H A
U T L E S M A I N S ! se fraye en quête d’une fin la terre l’angoisse H A U T L E S M A I N
S ! la terre l’angoisse H A U T L E S M A I N S ! se fraye en quête d’une fin la terre l’angoisse
H A U T L E S M A I N S ! la terre l’angoisse H A U T L E S M A I N S ! se fraye en quête
d’une fin la terre l’angoisse H A U T L E S M A I N S ! la terre l’angoisse H A U T L E S M A I
N S ! se fraye en quête d’une fin la terre l’angoisse H A U T L E S M A I N S ! la terre
l’angoisse H A U T L E S M A I N S ! se fraye en quête d’une fin la terre l’angoisse H A U T L
E S M A I N S ! la terre l’angoisse H A U T L E S M A I N S ! se fraye en quête d’une fin la
terre l’angoisse H A U T L E S M A I N S ! la terre l’angoisse H A U T L E S M A I N S ! se
fraye en quête d’une fin la terre l’angoisse H A U T L E S M A I N S ! la terre l’angoisse H A U
T L E S M A I N S ! se fraye en quête d’une fin la terre l’angoisse H A U T L E S M A I N S !
la terre l’angoisse H A U T L E S M A I N S ! se fraye en quête d’une fin la terre l’angoisse H A
U T L E S M A I N S ! la terre l’angoisse H A U T L E S M A I N S ! se fraye en quête d’une
fin la terre l’angoisse H A U T L E S M A I N S ! la terre l’angoisse H A U T L E S M A I N S !
se fraye en quête d’une fin la terre l’angoisse H A U T L E S M A I N S ! la terre l’angoisse H A
U T L E S M A I N S ! se fraye en quête d’une fin la terre l’angoisse H A U T L E S M A I N
S ! la terre l’angoisse H A U T L E S M A I N S ! se fraye en quête d’une fin la terre l’angoisse
H A U T L E S M A I N S ! la terre l’angoisse H A U T L E S M A I N S ! se fraye en quête
d’une fin la terre l’angoisse H A U T L E S M A I N S ! la terre l’angoisse H A U T L E S M A I
N S ! se fraye en quête d’une fin la terre l’angoisse H A U T L E S M A I N S ! la terre
l’angoisse H A U T L E S M A I N S ! se fraye en quête d’une fin la terre l’angoisse H A U T L
E S M A I N S ! la terre l’angoisse H A U T L E S M A I N S ! se fraye en quête d’une fin la
terre l’angoisse H A U T L E S M A I N S ! la terre l’angoisse H A U T L E S M A I N S ! se
fraye en quête d’une fin la terre l’angoisse H A U T L E S M A I N S ! la terre l’angoisse H A U
T L E S M A I N S ! se fraye en quête d’une fin la terre l’angoisse H A U T L E S M A I N S !
la terre l’angoisse H A U T L E S M A I N S ! se fraye en quête d’une fin la terre l’angoisse H A
U T L E S M A I N S ! la terre l’angoisse H A U T L E S M A I N S ! se fraye en quête d’une
fin la terre l’angoisse H A U T L E S M A I N S ! la terre l’angoisse H A U T L E S M A I N S !
se fraye en quête d’une fin la terre l’angoisse H A U T L E S M A I N S ! la terre l’angoisse H A
U T L E S M A I N S ! se fraye en quête d’une fin la terre l’angoisse H A U T L E S M A I N
S ! la terre l’angoisse H A U T L E S M A I N S ! se fraye en quête d’une fin la terre l’angoisse
H A U T L E S M A I N S ! la terre l’angoisse H A U T L E S M A I N S ! se fraye en quête
d’une fin la terre l’angoisse H A U T L E S M A I N S ! la terre l’angoisse H A U T L E S M A I
N S ! se fraye en quête d’une fin la terre l’angoisse H A U T L E S M A I N S ! la terre
l’angoisse H A U T L E S M A I N S ! se fraye en quête d’une fin la terre l’angoisse H A U T L
E S M A I N S ! la terre l’angoisse H A U T L E S M A I N S ! se fraye en quête d’une fin la
terre l’angoisse H A U T L E S M A I N S ! la terre l’angoisse H A U T L E S M A I N S ! se
fraye en quête d’une fin la terre l’angoisse H A U T L E S M A I N S ! la terre l’angoisse H A U
T L E S M A I N S ! se fraye en quête d’une fin la terre l’angoisse H A U T L E S M A I N S !
la terre l’angoisse H A U T L E S M A I N S ! se fraye en quête d’une fin la terre l’angoisse H A
U T L E S M A I N S ! la terre l’angoisse H A U T L E S M A I N S ! se fraye en quête d’une
fin la terre l’angoisse H A U T L E S M A I N S ! la terre l’angoisse H A U T L E S M A I N S !
se fraye en quête d’une fin la terre l’angoisse H A U T L E S M A I N S ! la terre l’angoisse H A
U T L E S M A I N S ! se fraye en quête d’une fin la terre l’angoisse H A U T L E S M A I N
S ! la terre l’angoisse H A U T L E S M A I N S ! se fraye en quête d’une fin la terre l’angoisse
H A U T L E S M A I N S ! la terre l’angoisse H A U T L E S M A I N S ! se fraye

langue précipitée +++++++++++++++++++++++++++ proie perforée attire encor'
langue précipitée +++++++++++++++++++++++++++ proie perforée attire encor'
langue précipitée +++++++++++++++++++++++++++ proie perforée attire encor'
langue précipitée +++++++++++++++++++++++++++ proie perforée attire encor'
langue précipitée +++++++++++++++++++++++++++ proie perforée attire encor'
langue précipitée +++++++++++++++++++++++++++ proie perforée attire encor'
langue précipitée +++++++++++++++++++++++++++ proie perforée attire encor'
langue précipitée +++++++++++++++++++++++++++ proie perforée attire encor'
langue précipitée +++++++++++++++++++++++++++ proie perforée attire encor'
langue précipitée +++++++++++++++++++++++++++ proie perforée attire encor'
langue précipitée +++++++++++++++++++++++++++ proie perforée attire encor'
langue précipitée +++++++++++++++++++++++++++ proie perforée attire encor'
langue précipitée +++++++++++++++++++++++++++ proie perforée attire encor'
langue précipitée +++++++++++++++++++++++++++ proie perforée attire encor'
langue précipitée +++++++++++++++++++++++++++ proie perforée attire encor'
langue précipitée +++++++++++++++++++++++++++ proie perforée attire encor'
langue précipitée +++++++++++++++++++++++++++ proie perforée attire encor'
langue précipitée +++++++++++++++++++++++++++ proie perforée attire encor'
langue précipitée +++++++++++++++++++++++++++ proie perforée attire encor'
langue précipitée +++++++++++++++++++++++++++ proie perforée attire encor'
langue précipitée +++++++++++++++++++++++++++ proie perforée attire encor'
langue précipitée +++++++++++++++++++++++++++ proie perforée attire encor'
langue précipitée +++++++++++++++++++++++++++ proie perforée attire encor'
langue précipitée +++++++++++++++++++++++++++ proie perforée attire encor'
langue précipitée +++++++++++++++++++++++++++ proie perforée attire encor'
langue précipitée +++++++++++++++++++++++++++ proie perforée attire encor'
langue précipitée +++++++++++++++++++++++++++ proie perforée attire encor'
langue précipitée +++++++++++++++++++++++++++ proie perforée attire encor'
langue précipitée +++++++++++++++++++++++++++ proie perforée attire encor'
langue précipitée +++++++++++++++++++++++++++ proie perforée attire encor'
langue précipitée +++++++++++++++++++++++++++ proie perforée attire encor'
langue précipitée +++++++++++++++++++++++++++ proie perforée attire encor'
langue précipitée +++++++++++++++++++++++++++ proie perforée attire encor'
langue précipitée +++++++++++++++++++++++++++ proie perforée attire encor'
langue précipitée +++++++++++++++++++++++++++ proie perforée attire encor'
langue précipitée +++++++++++++++++++++++++++ proie perforée attire encor'
langue précipitée +++++++++++++++++++++++++++ proie perforée attire encor'
langue précipitée +++++++++++++++++++++++++++ proie perforée attire encor'
langue précipitée +++++++++++++++++++++++++++ proie perforée attire encor'
langue précipitée +++++++++++++++++++++++++++ proie perforée attire encor'
langue précipitée +++++++++++++++++++++++++++ proie perforée attire encor'
langue précipitée +++++++++++++++++++++++++++ proie perforée attire encor'
langue précipitée +++++++++++++++++++++++++++ proie perforée attire encor'
langue précipitée +++++++++++++++++++++++++++ proie perforée attire encor'
langue précipitée +++++++++++++++++++++++++++ proie perforée attire encor'
langue précipitée +++++++++++++++++++++++++++ proie perforée attire encor'
langue précipitée +++++++++++++++++++++++++++ proie perforée attire encor'
langue précipitée +++++++++++++++++++++++++++ proie perforée attire encor'
langue précipitée +++++++++++++++++++++++++++ proie perforée attire encor'
langue précipitée +++++++++++++++++++++++++++ proie perforée attire encor'
langue précipitée +++++++++++++++++++++++++++ proie perforée attire encor'
langue précipitée +++++++++++++++++++++++++++ proie perforée attire encor'
langue précipitée +++++++++++++++++++++++++++ proie perforée attire encor'
langue précipitée +++++++++++++++++++++++++++ proie perforée attire encor'
langue précipitée +++++++++++++++++++++++++++ proie perforée attire encor'
langue précipitée +++++++++++++++++++++++++++ proie perforée attire encor'
langue précipitée +++++++++++++++++++++++++++ proie perforée attire encor'
langue précipitée +++++++++++++++++++++++++++ proie perforée attire encor'
langue précipitée +++++++++++++++++++++++++++ proie perforée attire encor'
langue précipitée +++++++++++++++++++++++++++ proie perforée attire encor'
langue précipitée +++++++++++++++++++++++++++ proie perforée attire encor'
langue précipitée +++++++++++++++++++++++++++ proie perforée attire encor'
langue précipitée +++++++++++++++++++++++++++ proie perforée attire encor'

hachure le cri la peau déjà en infraction et la bouche fière amère hachure le cri la peau déjà en
infraction et la bouche fière amère hachure le cri la peau déjà en infraction et la bouche fière
amère hachure le cri la peau déjà en infraction et la bouche fière amère hachure le cri la peau
déjà en infraction et la bouche fière amère hachure le cri la peau déjà en infraction et la bouche
fière amère hachure le cri la peau déjà en infraction et la bouche fière amère hachure le cri la
peau déjà en infraction et la bouche fière amère hachure le cri la peau déjà en infraction et la
bouche fière amère hachure le cri la peau déjà en infraction et la bouche fière amère hachure le
cri la peau déjà en infraction et la bouche fière amère hachure le cri la peau déjà en infraction et
la bouche fière amère hachure le cri la peau déjà en infraction et la bouche fière amère hachure
le cri la peau déjà en infraction et la bouche fière amère hachure le cri la peau déjà en infraction
et la bouche fière amère hachure le cri la peau déjà en infraction et la bouche fière amère
hachure le cri la peau déjà en infraction et la bouche fière amère hachure le cri la peau déjà en
infraction et la bouche fière amère hachure le cri la peau déjà en infraction et la bouche fière
amère hachure le cri la peau déjà en infraction et la bouche fière amère hachure le cri la peau
déjà en infraction et la bouche fière amère hachure le cri la peau déjà en infraction et la bouche
fière amère hachure le cri la peau déjà en infraction et la bouche fière amère hachure le cri la
peau déjà en infraction et la bouche fière amère hachure le cri la peau déjà en infraction et la
bouche fière amère hachure le cri la peau déjà en infraction et la bouche fière amère hachure le
cri la peau déjà en infraction et la bouche fière amère hachure le cri la peau déjà en infraction et
la bouche fière amère hachure le cri la peau déjà en infraction et la bouche fière amère hachure
le cri la peau déjà en infraction et la bouche fière amère hachure le cri la peau déjà en infraction
et la bouche fière amère hachure le cri la peau déjà en infraction et la bouche fière amère
hachure le cri la peau déjà en infraction et la bouche fière amère hachure le cri la peau déjà en
infraction et la bouche fière amère hachure le cri la peau déjà en infraction et la bouche fière
amère hachure le cri la peau déjà en infraction et la bouche fière amère hachure le cri la peau
déjà en infraction et la bouche fière amère hachure le cri la peau déjà en infraction et la bouche
fière amère hachure le cri la peau déjà en infraction et la bouche fière amère hachure le cri la
peau déjà en infraction et la bouche fière amère hachure le cri la peau déjà en infraction et la
bouche fière amère hachure le cri la peau déjà en infraction et la bouche fière amère hachure le
cri la peau déjà en infraction et la bouche fière amère hachure le cri la peau déjà en infraction et
la bouche fière amère hachure le cri la peau déjà en infraction et la bouche fière amère hachure
le cri la peau déjà en infraction et la bouche fière amère hachure le cri la peau déjà en infraction
et la bouche fière amère hachure le cri la peau déjà en infraction et la bouche fière amère
hachure le cri la peau déjà en infraction et la bouche fière amère hachure le cri la peau déjà en
infraction et la bouche fière amère hachure le cri la peau déjà en infraction et la bouche fière
amère hachure le cri la peau déjà en infraction et la bouche fière amère hachure le cri la peau
déjà en infraction et la bouche fière amère hachure le cri la peau déjà en infraction et la bouche
fière amère hachure le cri la peau déjà en infraction et la bouche fière amère hachure le cri la
peau déjà en infraction et la bouche fière amère hachure le cri la peau déjà en infraction et la
bouche fière amère hachure le cri la peau déjà en infraction et la bouche fière amère hachure le
cri la peau déjà en infraction et la bouche fière amère hachure le cri la peau déjà en infraction et
la bouche fière amère hachure le cri la peau déjà en infraction et la bouche fière amère hachure
le cri la peau déjà en infraction et la bouche fière amère hachure le cri la peau déjà en infraction
et la bouche fière amère hachure le cri la peau déjà en infraction et la bouche fière amère
hachure le cri la peau déjà en infraction et la bouche fière amère hachure le cri la peau déjà en
infraction et la bouche fière amère hachure le cri la peau déjà en infraction et la bouche fière
amère hachure le cri la peau déjà en infraction et la bouche fière amère hachure le cri la peau
déjà en infraction et la bouche fière amère hachure le cri la peau déjà en infraction et la bouche
fière amère hachure le cri la peau déjà en infraction et la bouche fière amère hachure le cri la
peau déjà en infraction et la bouche fière amère hachure le cri la peau déjà en infraction et la
bouche fière amère hachure le cri la peau déjà en infraction et la bouche fière amère hachure le
cri la peau déjà en infraction et la bouche fière amère hachure le cri la peau déjà en infraction et
la bouche fière amère hachure le cri la peau déjà en infraction et la bouche fière amère hachure
le cri la peau déjà en infraction et la bouche fière amère hachure le cri la peau déjà en infraction
et la bouche fière amère hachure le cri la peau déjà en infraction et la bouche fière amère
hachure le cri la peau déjà en infraction et la bouche fière amère hachure le cri la peau déjà en
infraction et la bouche fière amère hachure le cri la peau déjà en infraction et la bouche fière
amère hachure le cri la peau déjà en infraction et la bouche fière amère hachure le cri la peau
déjà en infraction et la bouche fière amère hachure le cri la peau déjà en infraction et la bouche
fière amère hachure le cri la peau déjà en infraction et la bouche fière amère hachure le cri la
peau déjà en infraction et la bouche fière amère hachure le cri la peau déjà en infraction et la
bouche fière amère hachure le cri la peau déjà en infraction et la bouche fière amère hachure le
cri la peau déjà en infraction et la bouche fière amère hachure le cri la peau déjà en infraction et

simplement posée contre le f l a n c de la montagne la tête simplement posée contre le f l a n c
de la montagne la tête simplement posée contre le f l a n c de la montagne la tête simplement
posée contre le f l a n c de la montagne la tête simplement posée contre le f l a n c de la
montagne la tête simplement posée contre le f l a n c de la montagne la tête simplement posée
contre le f l a n c de la montagne la tête simplement posée contre le f l a n c de la montagne la
tête simplement posée contre le f l a n c de la montagne la tête simplement posée contre le f l a
n c de la montagne la tête simplement posée contre le f l a n c de la montagne la tête
simplement posée contre le f l a n c de la montagne la tête simplement posée contre le f l a n c
de la montagne la tête simplement posée contre le f l a n c de la montagne la tête simplement
posée contre le f l a n c de la montagne la tête simplement posée contre le f l a n c de la
montagne la tête simplement posée contre le f l a n c de la montagne la tête simplement posée
contre le f l a n c de la montagne la tête simplement posée contre le f l a n c de la montagne la
tête simplement posée contre le f l a n c de la montagne la tête simplement posée contre le f l a
n c de la montagne la tête simplement posée contre le f l a n c de la montagne la tête
simplement posée contre le f l a n c de la montagne la tête simplement posée contre le f l a n c
de la montagne la tête simplement posée contre le f l a n c de la montagne la tête simplement
posée contre le f l a n c de la montagne la tête simplement posée contre le f l a n c de la
montagne la tête simplement posée contre le f l a n c de la montagne la tête simplement posée
contre le f l a n c de la montagne la tête simplement posée contre le f l a n c de la montagne la
tête simplement posée contre le f l a n c de la montagne la tête simplement posée contre le f l a
n c de la montagne la tête simplement posée contre le f l a n c de la montagne la tête
simplement posée contre le f l a n c de la montagne la tête simplement posée contre le f l a n c
de la montagne la tête simplement posée contre le f l a n c de la montagne la tête simplement
posée contre le f l a n c de la montagne la tête simplement posée contre le f l a n c de la
montagne la tête simplement posée contre le f l a n c de la montagne la tête simplement posée
contre le f l a n c de la montagne la tête simplement posée contre le f l a n c de la montagne la
tête simplement posée contre le f l a n c de la montagne la tête simplement posée contre le f l a
n c de la montagne la tête simplement posée contre le f l a n c de la montagne la tête
simplement posée contre le f l a n c de la montagne la tête simplement posée contre le f l a n c
de la montagne la tête simplement posée contre le f l a n c de la montagne la tête simplement
posée contre le f l a n c de la montagne la tête simplement posée contre le f l a n c de la
montagne la tête simplement posée contre le f l a n c de la montagne la tête simplement posée
contre le f l a n c de la montagne la tête simplement posée contre le f l a n c de la montagne la
tête simplement posée contre le f l a n c de la montagne la tête simplement posée contre le f l a
n c de la montagne la tête simplement posée contre le f l a n c de la montagne la tête
simplement posée contre le f l a n c de la montagne la tête simplement posée contre le f l a n c
de la montagne la tête simplement posée contre le f l a n c de la montagne la tête simplement
posée contre le f l a n c de la montagne la tête simplement posée contre le f l a n c de la
montagne la tête simplement posée contre le f l a n c de la montagne la tête simplement posée
contre le f l a n c de la montagne la tête simplement posée contre le f l a n c de la montagne la
tête simplement posée contre le f l a n c de la montagne la tête simplement posée contre le f l a
n c de la montagne la tête simplement posée contre le f l a n c de la montagne la tête
simplement posée contre le f l a n c de la montagne la tête simplement posée contre le f l a n c
de la montagne la tête simplement posée contre le f l a n c de la montagne la tête simplement
posée contre le f l a n c de la montagne la tête simplement posée contre le f l a n c de la
montagne la tête simplement posée contre le f l a n c de la montagne la tête simplement posée
contre le f l a n c de la montagne la tête simplement posée contre le f l a n c de la montagne la
tête simplement posée contre le f l a n c de la montagne la tête simplement posée contre le f l a
n c de la montagne la tête simplement posée contre le f l a n c de la montagne la tête
simplement posée contre le f l a n c de la montagne la tête simplement posée contre le f l a n c
de la montagne la tête simplement posée contre le f l a n c de la montagne la tête simplement
posée contre le f l a n c de la montagne la tête simplement posée contre le f l a n c de la
montagne la tête simplement posée contre le f l a n c de la montagne la tête simplement posée
contre le f l a n c de la montagne la tête simplement posée contre le f l a n c de la montagne la
tête simplement posée contre le f l a n c de la montagne la tête simplement posée contre le f l a
n c de la montagne la tête simplement posée contre le f l a n c de la montagne la tête
simplement posée contre le f l a n c de la montagne la tête simplement posée contre le f l a n c
de la montagne la tête simplement posée contre le f l a n c de la montagne la tête simplement
posée contre le f l a n c de la montagne la tête simplement posée contre le f l a n c de la
montagne la tête simplement posée contre le f l a n c de la montagne la tête simplement posée
contre le f l a n c de la montagne la tête simplement posée contre le f l a n c de la montagne la
tête simplement posée contre le f l a n c de la montagne la tête simplement posée contre le f l a
n c de la montagne la tête simplement posée contre le f l a n c de la montagne la tête

. au travers les ténèbres sur le **b l e u** à ne pas toucher, **l’ e m p r e i n t e d é r i s o i r e .**
. . au travers les ténèbres sur le **b l e u** à ne pas toucher, **l’ e m p r e i n t e d é r i s o i r e**
. . . au travers les ténèbres sur le **b l e u** à ne pas toucher, **l’ e m p r e i n t e d é r i s o i r**
e . . . au travers les ténèbres sur le **b l e u** à ne pas toucher, **l’ e m p r e i n t e d é r i s o i**
r e . . . au travers les ténèbres sur le **b l e u** à ne pas toucher, **l’ e m p r e i n t e d é r i s o**
i r e . . . au travers les ténèbres sur le **b l e u** à ne pas toucher, **l’ e m p r e i n t e d é r i s**
o i r e . . . au travers les ténèbres sur le **b l e u** à ne pas toucher, **l’ e m p r e i n t e d é r i**
s o i r e . . . au travers les ténèbres sur le **b l e u** à ne pas toucher, **l’ e m p r e i n t e d é r**
i s o i r e . . . au travers les ténèbres sur le **b l e u** à ne pas toucher, **l’ e m p r e i n t e d é**
r i s o i r e . . . au travers les ténèbres sur le **b l e u** à ne pas toucher, **l’ e m p r e i n t e d**
é r i s o i r e . . . au travers les ténèbres sur le **b l e u** à ne pas toucher, **l’ e m p r e i n t e**
d é r i s o i r e . . . au travers les ténèbres sur le **b l e u** à ne pas toucher, **l’ e m p r e i n t e**
au travers les ténèbres sur le **b l e u** à ne pas toucher, **l’ e m p r e i n t e d é r i s o i r e . .**
. au travers les ténèbres sur le **b l e u** à ne pas toucher, **l’ e m p r e i n t e d é r i s o i r e .**
. . au travers les ténèbres sur le **b l e u** à ne pas toucher, **l’ e m p r e i n t e d é r i s o i r e**
. . . au travers les ténèbres sur le **b l e u** à ne pas toucher, **l’ e m p r e i n t e d é r i s o i r**
e . . . au travers les ténèbres sur le **b l e u** à ne pas toucher, **l’ e m p r e i n t e d é r i s o i**
r e . . . au travers les ténèbres sur le **b l e u** à ne pas toucher, **l’ e m p r e i n t e d é r i s o**
i r e . . . au travers les ténèbres sur le **b l e u** à ne pas toucher, **l’ e m p r e i n t e d é r i s**
o i r e . . . au travers les ténèbres sur le **b l e u** à ne pas toucher, **l’ e m p r e i n t e d é r i**
s o i r e . . . au travers les ténèbres sur le **b l e u** à ne pas toucher, **l’ e m p r e i n t e d é r**
i s o i r e . . . au travers les ténèbres sur le **b l e u** à ne pas toucher, **l’ e m p r e i n t e d é**
r i s o i r e . . . au travers les ténèbres sur le **b l e u** à ne pas toucher, **l’ e m p r e i n t e d**
é r i s o i r e . . . au travers les ténèbres sur le **b l e u** à ne pas toucher, **l’ e m p r e i n t e**
d é r i s o i r e . . . au travers les ténèbres sur le **b l e u** à ne pas toucher, **l’ e m p r e i n t e**
au travers les ténèbres sur le **b l e u** à ne pas toucher, **l’ e m p r e i n t e d é r i s o i r e . .**
. au travers les ténèbres sur le **b l e u** à ne pas toucher, **l’ e m p r e i n t e d é r i s o i r e .**
. . au travers les ténèbres sur le **b l e u** à ne pas toucher, **l’ e m p r e i n t e d é r i s o i r e**
. . . au travers les ténèbres sur le **b l e u** à ne pas toucher, **l’ e m p r e i n t e d é r i s o i r**
e . . . au travers les ténèbres sur le **b l e u** à ne pas toucher, **l’ e m p r e i n t e d é r i s o i**
r e . . . au travers les ténèbres sur le **b l e u** à ne pas toucher, **l’ e m p r e i n t e d é r i s o**
i r e . . . au travers les ténèbres sur le **b l e u** à ne pas toucher, **l’ e m p r e i n t e d é r i s**
o i r e . . . au travers les ténèbres sur le **b l e u** à ne pas toucher, **l’ e m p r e i n t e d é r i**
s o i r e . . . au travers les ténèbres sur le **b l e u** à ne pas toucher, **l’ e m p r e i n t e d é r**
i s o i r e . . . au travers les ténèbres sur le **b l e u** à ne pas toucher, **l’ e m p r e i n t e d é**
r i s o i r e . . . au travers les ténèbres sur le **b l e u** à ne pas toucher, **l’ e m p r e i n t e d**
é r i s o i r e . . . au travers les ténèbres sur le **b l e u** à ne pas toucher, **l’ e m p r e i n t e**
d é r i s o i r e . . . au travers les ténèbres sur le **b l e u** à ne pas toucher, **l’ e m p r e i n t e**
au travers les ténèbres sur le **b l e u** à ne pas toucher, **l’ e m p r e i n t e d é r i s o i r e . .**
. au travers les ténèbres sur le **b l e u** à ne pas toucher, **l’ e m p r e i n t e d é r i s o i r e .**
. . au travers les ténèbres sur le **b l e u** à ne pas toucher, **l’ e m p r e i n t e d é r i s o i r e**
. . . au travers les ténèbres sur le **b l e u** à ne pas toucher, **l’ e m p r e i n t e d é r i s o i r**
e . . . au travers les ténèbres sur le **b l e u** à ne pas toucher, **l’ e m p r e i n t e d é r i s o i**
r e . . . au travers les ténèbres sur le **b l e u** à ne pas toucher, **l’ e m p r e i n t e d é r i s o**
i r e . . . au travers les ténèbres sur le **b l e u** à ne pas toucher, **l’ e m p r e i n t e d é r i s**
o i r e . . . au travers les ténèbres sur le **b l e u** à ne pas toucher, **l’ e m p r e i n t e d é r i**
s o i r e . . . au travers les ténèbres sur le **b l e u** à ne pas toucher, **l’ e m p r e i n t e d é r**
i s o i r e . . . au travers les ténèbres sur le **b l e u** à ne pas toucher, **l’ e m p r e i n t e d é**
r i s o i r e . . . au travers les ténèbres sur le **b l e u** à ne pas toucher, **l’ e m p r e i n t e d**
é r i s o i r e . . . au travers les ténèbres sur le **b l e u** à ne pas toucher, **l’ e m p r e i n t e**
d é r i s o i r e . . . au travers les ténèbres sur le **b l e u** à ne pas toucher, **l’ e m p r e i n t e**
au travers les ténèbres sur le **b l e u** à ne pas toucher, **l’ e m p r e i n t e d é r i s o i r e . .**
. au travers les ténèbres sur le **b l e u** à ne pas toucher, **l’ e m p r e i n t e d é r i s o i r e .**
. . au travers les ténèbres sur le **b l e u** à ne pas toucher, **l’ e m p r e i n t e d é r i s o i r e**
. . . au travers les ténèbres sur le **b l e u** à ne pas toucher, **l’ e m p r e i n t e d é r i s o i r**
e . . . au travers les ténèbres sur le **b l e u** à ne pas toucher, **l’ e m p r e i n t e d é r i s o i**
r e . . . au travers les ténèbres sur le **b l e u** à ne pas toucher, **l’ e m p r e i n t e d é r i s o**
i r e . . . au travers les ténèbres sur le **b l e u** à ne pas toucher, **l’ e m p r e i n t e d é r i s**
o i r e . . . au travers les ténèbres sur le **b l e u** à ne pas toucher, **l’ e m p r e i n t e d é r i**
s o i r e . . . au travers les ténèbres sur le **b l e u** à ne pas toucher, **l’ e m p r e i n t e d é r**
i s o i r e . . . au travers les ténèbres sur le **b l e u** à ne pas toucher, **l’ e m p r e i n t e d é**
r i s o i r e . . . au travers les ténèbres sur le **b l e u** à ne pas toucher, **l’ e m p r e i n t e d**
é r i s o i r e . . . au travers les ténèbres sur le **b l e u** à ne pas toucher, **l’ e m p r e i n t e**

de la maigreur atomique noire, conscience cartographiée saucée de chairs+ + + + + + + + + + + +
de la maigreur atomique noire, conscience cartographiée saucée de chairs+ + + + + + + + + + + +
de la maigreur atomique noire, conscience cartographiée saucée de chairs+ + + + + + + + + + + +
de la maigreur atomique noire, conscience cartographiée saucée de chairs+ + + + + + + + + + + +
de la maigreur atomique noire, conscience cartographiée saucée de chairs+ + + + + + + + + + + +
de la maigreur atomique noire, conscience cartographiée saucée de chairs+ + + + + + + + + + + +
de la maigreur atomique noire, conscience cartographiée saucée de chairs+ + + + + + + + + + + +
de la maigreur atomique noire, conscience cartographiée saucée de chairs+ + + + + + + + + + + +
de la maigreur atomique noire, conscience cartographiée saucée de chairs+ + + + + + + + + + + +
de la maigreur atomique noire, conscience cartographiée saucée de chairs+ + + + + + + + + + + +
de la maigreur atomique noire, conscience cartographiée saucée de chairs+ + + + + + + + + + + +
de la maigreur atomique noire, conscience cartographiée saucée de chairs+ + + + + + + + + + + +
de la maigreur atomique noire, conscience cartographiée saucée de chairs+ + + + + + + + + + + +
de la maigreur atomique noire, conscience cartographiée saucée de chairs+ + + + + + + + + + + +
de la maigreur atomique noire, conscience cartographiée saucée de chairs+ + + + + + + + + + + +
de la maigreur atomique noire, conscience cartographiée saucée de chairs+ + + + + + + + + + + +
de la maigreur atomique noire, conscience cartographiée saucée de chairs+ + + + + + + + + + + +
de la maigreur atomique noire, conscience cartographiée saucée de chairs+ + + + + + + + + + + +
de la maigreur atomique noire, conscience cartographiée saucée de chairs+ + + + + + + + + + + +
de la maigreur atomique noire, conscience cartographiée saucée de chairs+ + + + + + + + + + + +
de la maigreur atomique noire, conscience cartographiée saucée de chairs+ + + + + + + + + + + +
de la maigreur atomique noire, conscience cartographiée saucée de chairs+ + + + + + + + + + + +
de la maigreur atomique noire, conscience cartographiée saucée de chairs+ + + + + + + + + + + +
de la maigreur atomique noire, conscience cartographiée saucée de chairs+ + + + + + + + + + + +
de la maigreur atomique noire, conscience cartographiée saucée de chairs+ + + + + + + + + + + +
de la maigreur atomique noire, conscience cartographiée saucée de chairs+ + + + + + + + + + + +
de la maigreur atomique noire, conscience cartographiée saucée de chairs+ + + + + + + + + + + +
de la maigreur atomique noire, conscience cartographiée saucée de chairs+ + + + + + + + + + + +
de la maigreur atomique noire, conscience cartographiée saucée de chairs+ + + + + + + + + + + +
de la maigreur atomique noire, conscience cartographiée saucée de chairs+ + + + + + + + + + + +
de la maigreur atomique noire, conscience cartographiée saucée de chairs+ + + + + + + + + + + +
de la maigreur atomique noire, conscience cartographiée saucée de chairs+ + + + + + + + + + + +
de la maigreur atomique noire, conscience cartographiée saucée de chairs+ + + + + + + + + + + +
de la maigreur atomique noire, conscience cartographiée saucée de chairs+ + + + + + + + + + + +
de la maigreur atomique noire, conscience cartographiée saucée de chairs+ + + + + + + + + + + +
de la maigreur atomique noire, conscience cartographiée saucée de chairs+ + + + + + + + + + + +
de la maigreur atomique noire, conscience cartographiée saucée de chairs+ + + + + + + + + + + +
de la maigreur atomique noire, conscience cartographiée saucée de chairs+ + + + + + + + + + + +
de la maigreur atomique noire, conscience cartographiée saucée de chairs+ + + + + + + + + + + +
de la maigreur atomique noire, conscience cartographiée saucée de chairs+ + + + + + + + + + + +
de la maigreur atomique noire, conscience cartographiée saucée de chairs+ + + + + + + + + + + +
de la maigreur atomique noire, conscience cartographiée saucée de chairs+ + + + + + + + + + + +
de la maigreur atomique noire, conscience cartographiée saucée de chairs+ + + + + + + + + + + +
de la maigreur atomique noire, conscience cartographiée saucée de chairs+ + + + + + + + + + + +
de la maigreur atomique noire, conscience cartographiée saucée de chairs+ + + + + + + + + + + +
de la maigreur atomique noire, conscience cartographiée saucée de chairs+ + + + + + + + + + + +
de la maigreur atomique noire, conscience cartographiée saucée de chairs+ + + + + + + + + + + +
de la maigreur atomique noire, conscience cartographiée saucée de chairs+ + + + + + + + + + + +
de la maigreur atomique noire, conscience cartographiée saucée de chairs+ + + + + + + + + + + +
de la maigreur atomique noire, conscience cartographiée saucée de chairs+ + + + + + + + + + + +
de la maigreur atomique noire, conscience cartographiée saucée de chairs+ + + + + + + + + + + +
de la maigreur atomique noire, conscience cartographiée saucée de chairs+ + + + + + + + + + + +
de la maigreur atomique noire, conscience cartographiée saucée de chairs+ + + + + + + + + + + +
de la maigreur atomique noire, conscience cartographiée saucée de chairs+ + + + + + + + + + + +
de la maigreur atomique noire, conscience cartographiée saucée de chairs+ + + + + + + + + + + +
de la maigreur atomique noire, conscience cartographiée saucée de chairs+ + + + + + + + + + + +
de la maigreur atomique noire, conscience cartographiée saucée de chairs+ + + + + + + + + + + +
de la maigreur atomique noire, conscience cartographiée saucée de chairs+ + + + + + + + + + + +
de la maigreur atomique noire, conscience cartographiée saucée de chairs+ + + + + + + + + + + +
de la maigreur atomique noire, conscience cartographiée saucée de chairs+ + + + + + + + + + + +
de la maigreur atomique noire, conscience cartographiée saucée de chairs+ + + + + + + + + + + +
de la maigreur atomique noire, conscience cartographiée saucée de chairs+ + + + + + + + + + + +
de la maigreur atomique noire, conscience cartographiée saucée de chairs+ + + + + + + + + + + +

DES TRACES AU SOL EN RÉPONSE PAR CORPS GÉMIT - RÉPONSE PAR CORPS GÉMIT -
DES TRACES AU SOL EN RÉPONSE PAR CORPS GÉMIT - RÉPONSE PAR CORPS GÉMIT -
DES TRACES AU SOL EN RÉPONSE PAR CORPS GÉMIT - RÉPONSE PAR CORPS GÉMIT -
DES TRACES AU SOL EN RÉPONSE PAR CORPS GÉMIT - RÉPONSE PAR CORPS GÉMIT -
DES TRACES AU SOL EN RÉPONSE PAR CORPS GÉMIT - RÉPONSE PAR CORPS GÉMIT -
DES TRACES AU SOL EN RÉPONSE PAR CORPS GÉMIT - RÉPONSE PAR CORPS GÉMIT -
DES TRACES AU SOL EN RÉPONSE PAR CORPS GÉMIT - RÉPONSE PAR CORPS GÉMIT -
DES TRACES AU SOL EN RÉPONSE PAR CORPS GÉMIT - RÉPONSE PAR CORPS GÉMIT -
DES TRACES AU SOL EN RÉPONSE PAR CORPS GÉMIT - RÉPONSE PAR CORPS GÉMIT -
DES TRACES AU SOL EN RÉPONSE PAR CORPS GÉMIT - RÉPONSE PAR CORPS GÉMIT -
DES TRACES AU SOL EN RÉPONSE PAR CORPS GÉMIT - RÉPONSE PAR CORPS GÉMIT -
DES TRACES AU SOL EN RÉPONSE PAR CORPS GÉMIT - RÉPONSE PAR CORPS GÉMIT -
DES TRACES AU SOL EN RÉPONSE PAR CORPS GÉMIT - RÉPONSE PAR CORPS GÉMIT -
DES TRACES AU SOL EN RÉPONSE PAR CORPS GÉMIT - RÉPONSE PAR CORPS GÉMIT -
DES TRACES AU SOL EN RÉPONSE PAR CORPS GÉMIT - RÉPONSE PAR CORPS GÉMIT -
DES TRACES AU SOL EN RÉPONSE PAR CORPS GÉMIT - RÉPONSE PAR CORPS GÉMIT -
DES TRACES AU SOL EN RÉPONSE PAR CORPS GÉMIT - RÉPONSE PAR CORPS GÉMIT -
DES TRACES AU SOL EN RÉPONSE PAR CORPS GÉMIT - RÉPONSE PAR CORPS GÉMIT -
DES TRACES AU SOL EN RÉPONSE PAR CORPS GÉMIT - RÉPONSE PAR CORPS GÉMIT -
DES TRACES AU SOL EN RÉPONSE PAR CORPS GÉMIT - RÉPONSE PAR CORPS GÉMIT -
DES TRACES AU SOL EN RÉPONSE PAR CORPS GÉMIT - RÉPONSE PAR CORPS GÉMIT -
DES TRACES AU SOL EN RÉPONSE PAR CORPS GÉMIT - RÉPONSE PAR CORPS GÉMIT -
DES TRACES AU SOL EN RÉPONSE PAR CORPS GÉMIT - RÉPONSE PAR CORPS GÉMIT -
DES TRACES AU SOL EN RÉPONSE PAR CORPS GÉMIT - RÉPONSE PAR CORPS GÉMIT -
DES TRACES AU SOL EN RÉPONSE PAR CORPS GÉMIT - RÉPONSE PAR CORPS GÉMIT -
DES TRACES AU SOL EN RÉPONSE PAR CORPS GÉMIT - RÉPONSE PAR CORPS GÉMIT -
DES TRACES AU SOL EN RÉPONSE PAR CORPS GÉMIT - RÉPONSE PAR CORPS GÉMIT -
DES TRACES AU SOL EN RÉPONSE PAR CORPS GÉMIT - RÉPONSE PAR CORPS GÉMIT -
DES TRACES AU SOL EN RÉPONSE PAR CORPS GÉMIT - RÉPONSE PAR CORPS GÉMIT -
DES TRACES AU SOL EN RÉPONSE PAR CORPS GÉMIT - RÉPONSE PAR CORPS GÉMIT -
DES TRACES AU SOL EN RÉPONSE PAR CORPS GÉMIT - RÉPONSE PAR CORPS GÉMIT -
DES TRACES AU SOL EN RÉPONSE PAR CORPS GÉMIT - RÉPONSE PAR CORPS GÉMIT -
DES TRACES AU SOL EN RÉPONSE PAR CORPS GÉMIT - RÉPONSE PAR CORPS GÉMIT -
DES TRACES AU SOL EN RÉPONSE PAR CORPS GÉMIT - RÉPONSE PAR CORPS GÉMIT -
DES TRACES AU SOL EN RÉPONSE PAR CORPS GÉMIT - RÉPONSE PAR CORPS GÉMIT -
DES TRACES AU SOL EN RÉPONSE PAR CORPS GÉMIT - RÉPONSE PAR CORPS GÉMIT -
DES TRACES AU SOL EN RÉPONSE PAR CORPS GÉMIT - RÉPONSE PAR CORPS GÉMIT -
DES TRACES AU SOL EN RÉPONSE PAR CORPS GÉMIT - RÉPONSE PAR CORPS GÉMIT -
DES TRACES AU SOL EN RÉPONSE PAR CORPS GÉMIT - RÉPONSE PAR CORPS GÉMIT -
DES TRACES AU SOL EN RÉPONSE PAR CORPS GÉMIT - RÉPONSE PAR CORPS GÉMIT -
DES TRACES AU SOL EN RÉPONSE PAR CORPS GÉMIT - RÉPONSE PAR CORPS GÉMIT -
DES TRACES AU SOL EN RÉPONSE PAR CORPS GÉMIT - RÉPONSE PAR CORPS GÉMIT -
DES TRACES AU SOL EN RÉPONSE PAR CORPS GÉMIT - RÉPONSE PAR CORPS GÉMIT -
DES TRACES AU SOL EN RÉPONSE PAR CORPS GÉMIT - RÉPONSE PAR CORPS GÉMIT -
DES TRACES AU SOL EN RÉPONSE PAR CORPS GÉMIT - RÉPONSE PAR CORPS GÉMIT -
DES TRACES AU SOL EN RÉPONSE PAR CORPS GÉMIT - RÉPONSE PAR CORPS GÉMIT -
DES TRACES AU SOL EN RÉPONSE PAR CORPS GÉMIT - RÉPONSE PAR CORPS GÉMIT -
DES TRACES AU SOL EN RÉPONSE PAR CORPS GÉMIT - RÉPONSE PAR CORPS GÉMIT -
DES TRACES AU SOL EN RÉPONSE PAR CORPS GÉMIT - RÉPONSE PAR CORPS GÉMIT -
DES TRACES AU SOL EN RÉPONSE PAR CORPS GÉMIT - RÉPONSE PAR CORPS GÉMIT -
DES TRACES AU SOL EN RÉPONSE PAR CORPS GÉMIT - RÉPONSE PAR CORPS GÉMIT -
DES TRACES AU SOL EN RÉPONSE PAR CORPS GÉMIT - RÉPONSE PAR CORPS GÉMIT -
DES TRACES AU SOL EN RÉPONSE PAR CORPS GÉMIT - RÉPONSE PAR CORPS GÉMIT -
DES TRACES AU SOL EN RÉPONSE PAR CORPS GÉMIT - RÉPONSE PAR CORPS GÉMIT -
DES TRACES AU SOL EN RÉPONSE PAR CORPS GÉMIT - RÉPONSE PAR CORPS GÉMIT -
DES TRACES AU SOL EN RÉPONSE PAR CORPS GÉMIT - RÉPONSE PAR CORPS GÉMIT -
DES TRACES AU SOL EN RÉPONSE PAR CORPS GÉMIT - RÉPONSE PAR CORPS GÉMIT -
DES TRACES AU SOL EN RÉPONSE PAR CORPS GÉMIT - RÉPONSE PAR CORPS GÉMIT -

pierre l‘homme prolonge la vie pierre l‘homme prolonge la vie pi
erre l‘homme prolonge la vie pierre l‘homme prolonge la vie pier
re l‘homme prolonge la vie pierre l‘homme prolonge la vie pierre
l‘homme prolonge la vie pierre l‘homme prolonge la vie pierre l‘
homme prolonge la vie pierre l‘homme prolonge la vie pierre l‘h
omme prolonge la vie pierre l‘homme prolonge la vie pierre l‘h
omme prolonge la vie pierre l‘homme prolonge la vie pierre l‘ho
mme prolonge la vie pierre l‘homme prolonge la vie pierre l‘hom
me prolonge la vie pierre l‘homme prolonge la vie pierre l‘homm
e prolonge la vie pierre l‘homme prolonge la vie pierre l‘homme
prolonge la vie pierre l‘homme prolonge la vie pierre l‘homme pr
olonge la vie pierre l‘homme prolonge la vie pierre l‘homme prol
onge la vie pierre l‘homme prolonge la vie pierre l‘homme prolo
nge la vie pierre l‘homme prolonge la vie pierre l‘homme prolon
ge la vie pierre l‘homme prolonge la vie pierre l‘homme prolong
e la vie pierre l‘homme prolonge la vie pierre l‘homme prolonge
la vie pierre l‘homme prolonge la vie pierre l‘homme prolonge la
vie pierre l‘homme prolonge la vie pierre l‘homme prolonge la vi
e pierre l‘homme prolonge la vie pierre l‘homme prolonge la vie
pierre l‘homme prolonge la vie pierre l‘homme prolonge la vie pi
erre l‘homme prolonge la vie pierre l‘homme prolonge la vie pier
re l‘homme prolonge la vie pierre l‘homme prolonge la vie pierre
l‘homme prolonge la vie pierre l‘homme prolonge la vie pierre l‘
homme prolonge la vie pierre l‘homme prolonge la vie pierre l‘h
omme prolonge la vie pierre l‘homme prolonge la vie pierre l‘ho
mme prolonge la vie pierre l‘homme prolonge la vie pierre l‘hom
me prolonge la vie pierre l‘homme prolonge la vie pierre l‘homm
e prolonge la vie pierre l‘homme prolonge la vie pierre l‘homme
prolonge la vie pierre l‘homme prolonge la vie pierre l‘homme pr
olonge la vie pierre l‘homme prolonge la vie pierre l‘homme prol
onge la vie pierre l‘homme prolonge la vie pierre l‘homme prolo
nge la vie pierre l‘homme prolonge la vie pierre l‘homme prolon
ge la vie pierre l‘homme prolonge la vie pierre l‘homme prolong
e la vie pierre l‘homme prolonge la vie pierre l‘homme prolonge
la vie pierre l‘homme prolonge la vie pierre l‘homme prolonge la
vie pierre l‘homme prolonge la vie pierre l‘homme prolonge la vi
e pierre l‘homme prolonge la vie pierre l‘homme prolonge la vie
pierre l‘homme prolonge la vie pierre l‘homme prolonge la vie pi
erre l‘homme prolonge la vie pierre l‘homme prolonge la vie pier
re l‘homme prolonge la vie pierre l‘homme prolonge la vie pierre
l‘homme prolonge la vie pierre l‘homme prolonge la vie pierre l‘
homme prolonge la vie pierre l‘homme prolonge la vie pierre l‘h
omme prolonge la vie pierre l‘homme prolonge la vie pierre l‘ho
mme prolonge la vie pierre l‘homme prolonge la vie pierre l‘hom
me prolonge la vie pierre l‘homme prolonge la vie pierre l‘homm
e prolonge la vie pierre l‘homme prolonge la vie pierre l‘homme
prolonge la vie pierre l‘homme prolonge la vie pierre l‘homme pr
olonge la vie pierre l‘homme prolonge la vie pierre l‘homme prol
onge la vie pierre l‘homme prolonge la vie pierre l‘homme prolo
nge la vie pierre l‘homme prolonge la vie pierre l‘homme prolon
ge la vie pierre l‘homme prolonge la vie pierre l‘homme prolong
e la vie pierre l‘homme prolonge la vie pierre l‘homme prolonge
la vie pierre l‘homme prolonge la vie pierre l‘homme prolonge la
vie pierre l‘homme prolonge la vie pierre l‘homme prolonge la vi
e pierre l‘homme prolonge la vie pierre l‘homme prolonge la vie
pierre l‘homme prolonge la vie pierre l‘homme prolonge la vie pi
erre l‘homme prolonge la vie pierre l‘homme prolonge la vie pier
re l‘homme prolonge la vie pierre l‘homme prolonge la vie pierre
l‘homme prolonge la vie pierre l‘homme prolonge la vie pierre l‘
homme prolonge la vie pierre l‘homme prolonge la vie pierre l‘h
omme prolonge la vie pierre l‘homme prolonge la vie pierre l‘ho
mme prolonge la vie pierre l‘homme prolonge la vie pierre l‘hom
me prolonge la vie pierre l‘homme prolonge la vie pierre l‘homme

le ciel tel un mur la peur le temps en équilibre l'invisible vibre le ciel tel un mur la peur le temps en
équilibre l'invisible vibre le ciel tel un mur la peur le temps en équilibre l'invisible vibre le ciel tel un
mur la peur le temps en équilibre l'invisible vibre le ciel tel un mur la peur **le temps en équilibre**
l'invisible vibre le ciel tel un mur la peur le temps en équilibre l'invisible vibre le ciel tel un mur la
peur le temps en équilibre l'invisible vibre le ciel tel un mur la peur le temps en équilibre l'invisible
vibre le ciel tel un mur la peur le temps en équilibre l'invisible vibre le ciel tel un mur la peur le
temps en équilibre l'invisible vibre le ciel tel un mur la peur le temps en équilibre l'invisible vibre le
ciel tel un mur la peur le temps en équilibre l'invisible vibre le ciel tel un mur la peur le temps en
équilibre l'invisible vibre le ciel tel un mur la peur le temps en équilibre l'invisible vibre le ciel tel un
mur la peur le temps en équilibre l'invisible vibre le ciel tel un mur la peur **le temps en équilibre**
l'invisible vibre le ciel tel un mur la peur le temps en équilibre l'invisible vibre le ciel tel un mur la
peur le temps en équilibre l'invisible vibre le ciel tel un mur la peur le temps en équilibre l'invisible
vibre le ciel tel un mur la peur le temps en équilibre l'invisible vibre le ciel tel un mur la peur le
temps en équilibre l'invisible vibre le ciel tel un mur la peur le temps en équilibre l'invisible vibre le
ciel tel un mur la peur le temps en équilibre l'invisible vibre le ciel tel un mur la peur le temps en
équilibre l'invisible vibre le ciel tel un mur la peur le temps en équilibre l'invisible vibre le ciel tel un
mur la peur le temps en équilibre l'invisible vibre le ciel tel un mur la peur **le temps en équilibre**
l'invisible vibre le ciel tel un mur la peur le temps en équilibre l'invisible vibre le ciel tel un mur la
peur le temps en équilibre l'invisible vibre le ciel tel un mur la peur le temps en équilibre l'invisible
vibre le ciel tel un mur la peur le temps en équilibre l'invisible vibre le ciel tel un mur la peur le
temps en équilibre l'invisible vibre le ciel tel un mur la peur le temps en équilibre l'invisible vibre le
ciel tel un mur la peur le temps en équilibre l'invisible vibre le ciel tel un mur la peur le temps en
équilibre l'invisible vibre le ciel tel un mur la peur le temps en équilibre l'invisible vibre le ciel tel un
mur la peur le temps en équilibre l'invisible vibre le ciel tel un mur la peur **le temps en équilibre**
l'invisible vibre le ciel tel un mur la peur le temps en équilibre l'invisible vibre le ciel tel un mur la
peur le temps en équilibre l'invisible vibre le ciel tel un mur la peur le temps en équilibre l'invisible
vibre le ciel tel un mur la peur le temps en équilibre l'invisible vibre le ciel tel un mur la peur le
temps en équilibre l'invisible vibre le ciel tel un mur la peur le temps en équilibre l'invisible vibre le
ciel tel un mur la peur le temps en équilibre l'invisible vibre le ciel tel un mur la peur le temps en
équilibre l'invisible vibre le ciel tel un mur la peur le temps en équilibre l'invisible vibre le ciel tel un
mur la peur le temps en équilibre l'invisible vibre le ciel tel un mur la peur **le temps en équilibre**
l'invisible vibre le ciel tel un mur la peur le temps en équilibre l'invisible vibre le ciel tel un mur la
peur le temps en équilibre l'invisible vibre le ciel tel un mur la peur le temps en équilibre l'invisible
vibre le ciel tel un mur la peur le temps en équilibre l'invisible vibre le ciel tel un mur la peur le
temps en équilibre l'invisible vibre le ciel tel un mur la peur le temps en équilibre l'invisible vibre le
ciel tel un mur la peur le temps en équilibre l'invisible vibre le ciel tel un mur la peur le temps en
équilibre l'invisible vibre le ciel tel un mur la peur le temps en équilibre l'invisible vibre le ciel tel un
mur la peur le temps en équilibre l'invisible vibre le ciel tel un mur la peur **le temps en équilibre**
l'invisible vibre le ciel tel un mur la peur le temps en équilibre l'invisible vibre le ciel tel un mur la
peur le temps en équilibre l'invisible vibre le ciel tel un mur la peur le temps en équilibre l'invisible
vibre le ciel tel un mur la peur le temps en équilibre l'invisible vibre le ciel tel un mur la peur le
temps en équilibre l'invisible vibre le ciel tel un mur la peur le temps en équilibre l'invisible vibre le
ciel tel un mur la peur le temps en équilibre l'invisible vibre le ciel tel un mur la peur le temps en
équilibre l'invisible vibre le ciel tel un mur la peur le temps en équilibre l'invisible vibre le ciel tel un
mur la peur le temps en équilibre l'invisible vibre le ciel tel un mur la peur **le temps en équilibre**
l'invisible vibre le ciel tel un mur la peur le temps en équilibre l'invisible vibre le ciel tel un mur la
peur le temps en équilibre l'invisible vibre le ciel tel un mur la peur le temps en équilibre l'invisible
vibre le ciel tel un mur la peur le temps en équilibre l'invisible vibre le ciel tel un mur la peur le
temps en équilibre l'invisible vibre le ciel tel un mur la peur le temps en équilibre l'invisible vibre le
ciel tel un mur la peur le temps en équilibre l'invisible vibre le ciel tel un mur la peur le temps en
équilibre l'invisible vibre le ciel tel un mur la peur le temps en équilibre l'invisible vibre le ciel tel un
mur la peur le temps en équilibre l'invisible vibre le ciel tel un mur la peur **le temps en équilibre**
l'invisible vibre le ciel tel un mur la peur le temps en équilibre l'invisible vibre le ciel tel un mur la
peur le temps en équilibre l'invisible vibre le ciel tel un mur la peur le temps en équilibre l'invisible
vibre le ciel tel un mur la peur le temps en équilibre l'invisible vibre le ciel tel un mur la peur le
temps en équilibre l'invisible vibre le ciel tel un mur la peur le temps en équilibre l'invisible vibre le
ciel tel un mur la peur le temps en équilibre l'invisible vibre le ciel tel un mur la peur le temps en
équilibre l'invisible vibre le ciel tel un mur la peur le temps en équilibre l'invisible vibre le ciel tel un
mur la peur le temps en équilibre l'invisible vibre le ciel tel un mur la peur **le temps en équilibre**
l'invisible vibre le ciel tel un mur la peur le temps en équilibre l'invisible vibre le ciel tel un mur la
peur le temps en équilibre l'invisible vibre le ciel tel un mur la peur le temps en équilibre l'invisible
vibre le ciel tel un mur la peur le temps en équilibre l'invisible vibre le ciel tel un mur la peur le
temps en équilibre l'invisible vibre le ciel tel un mur la peur le temps en équilibre l'invisible vibre

et la lune soudain pleine de torrents limpides... **33 ! dites 33 !... 33 ! dites 33 !... 33 ! dites 33 !**
et la lune soudain pleine de torrents limpides... **33 ! dites 33 !... 33 ! dites 33 !... 33 ! dites 33 !...**
et la lune soudain pleine de torrents limpides... **33 ! dites 33 !... 33 ! dites 33 !... 33 ! dites 33 !**
et la lune soudain pleine de torrents limpides... **33 ! dites 33 !... 33 ! dites 33 !... 33 ! dites 33 !...**
et la lune soudain pleine de torrents limpides... **33 ! dites 33 !... 33 ! dites 33 !... 33 ! dites 33 !**
et la lune soudain pleine de torrents limpides... **33 ! dites 33 !... 33 ! dites 33 !... 33 ! dites 33 !...**
et la lune soudain pleine de torrents limpides... **33 ! dites 33 !... 33 ! dites 33 !... 33 ! dites 33 !**
et la lune soudain pleine de torrents limpides... **33 ! dites 33 !... 33 ! dites 33 !... 33 ! dites 33 !...**
et la lune soudain pleine de torrents limpides... **33 ! dites 33 !... 33 ! dites 33 !... 33 ! dites 33 !**
et la lune soudain pleine de torrents limpides... **33 ! dites 33 !... 33 ! dites 33 !... 33 ! dites 33 !...**
et la lune soudain pleine de torrents limpides... **33 ! dites 33 !... 33 ! dites 33 !... 33 ! dites 33 !**
et la lune soudain pleine de torrents limpides... **33 ! dites 33 !... 33 ! dites 33 !... 33 ! dites 33 !...**
et la lune soudain pleine de torrents limpides... **33 ! dites 33 !... 33 ! dites 33 !... 33 ! dites 33 !**
et la lune soudain pleine de torrents limpides... **33 ! dites 33 !... 33 ! dites 33 !... 33 ! dites 33 !...**
et la lune soudain pleine de torrents limpides... **33 ! dites 33 !... 33 ! dites 33 !... 33 ! dites 33 !**
et la lune soudain pleine de torrents limpides... **33 ! dites 33 !... 33 ! dites 33 !... 33 ! dites 33 !...**
et la lune soudain pleine de torrents limpides... **33 ! dites 33 !... 33 ! dites 33 !... 33 ! dites 33 !**
et la lune soudain pleine de torrents limpides... **33 ! dites 33 !... 33 ! dites 33 !... 33 ! dites 33 !...**
et la lune soudain pleine de torrents limpides... **33 ! dites 33 !... 33 ! dites 33 !... 33 ! dites 33 !**
et la lune soudain pleine de torrents limpides... **33 ! dites 33 !... 33 ! dites 33 !... 33 ! dites 33 !...**
et la lune soudain pleine de torrents limpides... **33 ! dites 33 !... 33 ! dites 33 !... 33 ! dites 33 !**
et la lune soudain pleine de torrents limpides... **33 ! dites 33 !... 33 ! dites 33 !... 33 ! dites 33 !...**
et la lune soudain pleine de torrents limpides... **33 ! dites 33 !... 33 ! dites 33 !... 33 ! dites 33 !**
et la lune soudain pleine de torrents limpides... **33 ! dites 33 !... 33 ! dites 33 !... 33 ! dites 33 !...**
et la lune soudain pleine de torrents limpides... **33 ! dites 33 !... 33 ! dites 33 !... 33 ! dites 33 !**
et la lune soudain pleine de torrents limpides... **33 ! dites 33 !... 33 ! dites 33 !... 33 ! dites 33 !...**
et la lune soudain pleine de torrents limpides... **33 ! dites 33 !... 33 ! dites 33 !... 33 ! dites 33 !**
et la lune soudain pleine de torrents limpides... **33 ! dites 33 !... 33 ! dites 33 !... 33 ! dites 33 !...**
et la lune soudain pleine de torrents limpides... **33 ! dites 33 !... 33 ! dites 33 !... 33 ! dites 33 !**
et la lune soudain pleine de torrents limpides... **33 ! dites 33 !... 33 ! dites 33 !... 33 ! dites 33 !...**
et la lune soudain pleine de torrents limpides... **33 ! dites 33 !... 33 ! dites 33 !... 33 ! dites 33 !**
et la lune soudain pleine de torrents limpides... **33 ! dites 33 !... 33 ! dites 33 !... 33 ! dites 33 !...**
et la lune soudain pleine de torrents limpides... **33 ! dites 33 !... 33 ! dites 33 !... 33 ! dites 33 !**
et la lune soudain pleine de torrents limpides... **33 ! dites 33 !... 33 ! dites 33 !... 33 ! dites 33 !...**
et la lune soudain pleine de torrents limpides... **33 ! dites 33 !... 33 ! dites 33 !... 33 ! dites 33 !**
et la lune soudain pleine de torrents limpides... **33 ! dites 33 !... 33 ! dites 33 !... 33 ! dites 33 !...**
et la lune soudain pleine de torrents limpides... **33 ! dites 33 !... 33 ! dites 33 !... 33 ! dites 33 !**
et la lune soudain pleine de torrents limpides... **33 ! dites 33 !... 33 ! dites 33 !... 33 ! dites 33 !...**
et la lune soudain pleine de torrents limpides... **33 ! dites 33 !... 33 ! dites 33 !... 33 ! dites 33 !**
et la lune soudain pleine de torrents limpides... **33 ! dites 33 !... 33 ! dites 33 !... 33 ! dites 33 !...**
et la lune soudain pleine de torrents limpides... **33 ! dites 33 !... 33 ! dites 33 !... 33 ! dites 33 !**
et la lune soudain pleine de torrents limpides... **33 ! dites 33 !... 33 ! dites 33 !... 33 ! dites 33 !...**
et la lune soudain pleine de torrents limpides... **33 ! dites 33 !... 33 ! dites 33 !... 33 ! dites 33 !**
et la lune soudain pleine de torrents limpides... **33 ! dites 33 !... 33 ! dites 33 !... 33 ! dites 33 !...**
et la lune soudain pleine de torrents limpides... **33 ! dites 33 !... 33 ! dites 33 !... 33 ! dites 33 !**
et la lune soudain pleine de torrents limpides... **33 ! dites 33 !... 33 ! dites 33 !... 33 ! dites 33 !...**
et la lune soudain pleine de torrents limpides... **33 ! dites 33 !... 33 ! dites 33 !... 33 ! dites 33 !**
et la lune soudain pleine de torrents limpides... **33 ! dites 33 !... 33 ! dites 33 !... 33 ! dites 33 !...**
et la lune soudain pleine de torrents limpides... **33 ! dites 33 !... 33 ! dites 33 !... 33 ! dites 33 !**
et la lune soudain pleine de torrents limpides... **33 ! dites 33 !... 33 ! dites 33 !... 33 ! dites 33 !...**
et la lune soudain pleine de torrents limpides... **33 ! dites 33 !... 33 ! dites 33 !... 33 ! dites 33 !**
et la lune soudain pleine de torrents limpides... **33 ! dites 33 !... 33 ! dites 33 !... 33 ! dites 33 !...**
et la lune soudain pleine de torrents limpides... **33 ! dites 33 !... 33 ! dites 33 !... 33 ! dites 33 !**
et la lune soudain pleine de torrents limpides... **33 ! dites 33 !... 33 ! dites 33 !... 33 ! dites 33 !...**
et la lune soudain pleine de torrents limpides... **33 ! dites 33 !... 33 ! dites 33 !... 33 ! dites 33 !**
et la lune soudain pleine de torrents limpides... **33 ! dites 33 !... 33 ! dites 33 !... 33 ! dites 33 !...**
et la lune soudain pleine de torrents limpides... **33 ! dites 33 !... 33 ! dites 33 !... 33 ! dites 33 !**
et la lune soudain pleine de torrents limpides... **33 ! dites 33 !... 33 ! dites 33 !... 33 ! dites 33 !...**
et la lune soudain pleine de torrents limpides... **33 ! dites 33 !... 33 ! dites 33 !... 33 ! dites 33 !**
et la lune soudain pleine de torrents limpides... **33 ! dites 33 !... 33 ! dites 33 !... 33 ! dites 33 !...**
et la lune soudain pleine de torrents limpides... **33 ! dites 33 !... 33 ! dites 33 !... 33 ! dites 33 !**
et la lune soudain pleine de torrents limpides... **33 ! dites 33 !... 33 ! dites 33 !... 33 ! dites 33 !...**
et la lune soudain pleine de torrents limpides... **33 ! dites 33 !... 33 ! dites 33 !... 33 ! dites 33 !**

***FIRE**BIRD!...* *se débarrasser*...

se débarrasser de ***FIRE**BIRD !... **FIRE**BIRD !... **FIRE**BIRD !.................. **FIRE**BIRD !...* *se débarrasser*............

se débarrasser de ***FIRE**BIRD !... **FIRE**BIRD !... **FIRE**BIRD !..................*...

Y a pas de raison, juste une odeur d'herbe dans le brouillard...Y a pas de raison, juste une
odeur d'herbe dans le brouillard... Y a pas de raison, juste une odeur d'herbe dans le brouillard...
Y a pas de raison, juste une odeur d'herbe dans le brouillard... Y a pas de raison, juste une
odeur d'herbe dans le brouillard... Y a pas de raison, juste une odeur d'herbe dans le brouillard...
Y a pas de raison, juste une odeur d'herbe dans le brouillard... Y a pas de raison, juste une
odeur d'herbe dans le brouillard... Y a pas de raison, juste une odeur d'herbe dans le brouillard...
Y a pas de raison, juste une odeur d'herbe dans le brouillard... Y a pas de raison, juste une
odeur d'herbe dans le brouillard... Y a pas de raison, juste une odeur d'herbe dans le brouillard...
Y a pas de raison, juste une odeur d'herbe dans le brouillard... Y a pas de raison, juste une
odeur d'herbe dans le brouillard... Y a pas de raison, juste une odeur d'herbe dans le brouillard...
Y a pas de raison, juste une odeur d'herbe dans le brouillard... Y a pas de raison, juste une
odeur d'herbe dans le brouillard... Y a pas de raison, juste une odeur d'herbe dans le brouillard...
Y a pas de raison, juste une odeur d'herbe dans le brouillard... Y a pas de raison, juste une
odeur d'herbe dans le brouillard... Y a pas de raison, juste une odeur d'herbe dans le brouillard...
Y a pas de raison, juste une odeur d'herbe dans le brouillard... Y a pas de raison, juste une
odeur d'herbe dans le brouillard... Y a pas de raison, juste une odeur d'herbe dans le brouillard...
Y a pas de raison, juste une odeur d'herbe dans le brouillard... Y a pas de raison, juste une
odeur d'herbe dans le brouillard... Y a pas de raison, juste une odeur d'herbe dans le brouillard...
Y a pas de raison, juste une odeur d'herbe dans le brouillard... Y a pas de raison, juste une
odeur d'herbe dans le brouillard... Y a pas de raison, juste une odeur d'herbe dans le brouillard...
Y a pas de raison, juste une odeur d'herbe dans le brouillard... Y a pas de raison, juste une
odeur d'herbe dans le brouillard... Y a pas de raison, juste une odeur d'herbe dans le brouillard...
Y a pas de raison, juste une odeur d'herbe dans le brouillard... Y a pas de raison, juste une
odeur d'herbe dans le brouillard... Y a pas de raison, juste une odeur d'herbe dans le brouillard...
Y a pas de raison, juste une odeur d'herbe dans le brouillard... Y a pas de raison, juste une
odeur d'herbe dans le brouillard... Y a pas de raison, juste une odeur d'herbe dans le brouillard...
Y a pas de raison, juste une odeur d'herbe dans le brouillard... Y a pas de raison, juste une
odeur d'herbe dans le brouillard... Y a pas de raison, juste une odeur d'herbe dans le brouillard...
Y a pas de raison, juste une odeur d'herbe dans le brouillard... Y a pas de raison, juste une
odeur d'herbe dans le brouillard... Y a pas de raison, juste une odeur d'herbe dans le brouillard...
Y a pas de raison, juste une odeur d'herbe dans le brouillard... Y a pas de raison, juste une
odeur d'herbe dans le brouillard... Y a pas de raison, juste une odeur d'herbe dans le brouillard...
Y a pas de raison, juste une odeur d'herbe dans le brouillard... Y a pas de raison, juste une
odeur d'herbe dans le brouillard... Y a pas de raison, juste une odeur d'herbe dans le brouillard...
Y a pas de raison, juste une odeur d'herbe dans le brouillard... Y a pas de raison, juste une
odeur d'herbe dans le brouillard... Y a pas de raison, juste une odeur d'herbe dans le brouillard...
Y a pas de raison, juste une odeur d'herbe dans le brouillard... Y a pas de raison, juste une
odeur d'herbe dans le brouillard... Y a pas de raison, juste une odeur d'herbe dans le brouillard...
Y a pas de raison, juste une odeur d'herbe dans le brouillard... Y a pas de raison, juste une
odeur d'herbe dans le brouillard... Y a pas de raison, juste une odeur d'herbe dans le brouillard...
Y a pas de raison, juste une odeur d'herbe dans le brouillard... Y a pas de raison, juste une
odeur d'herbe dans le brouillard... Y a pas de raison, juste une odeur d'herbe dans le brouillard...
Y a pas de raison, juste une odeur d'herbe dans le brouillard... Y a pas de raison, juste une
odeur d'herbe dans le brouillard... Y a pas de raison, juste une odeur d'herbe dans le brouillard...
Y a pas de raison, juste une odeur d'herbe dans le brouillard... Y a pas de raison, juste une
odeur d'herbe dans le brouillard... Y a pas de raison, juste une odeur d'herbe dans le brouillard...
Y a pas de raison, juste une odeur d'herbe dans le brouillard... Y a pas de raison, juste une
odeur d'herbe dans le brouillard... Y a pas de raison, juste une odeur d'herbe dans le brouillard...
Y a pas de raison, juste une odeur d'herbe dans le brouillard... Y a pas de raison, juste une
odeur d'herbe dans le brouillard... Y a pas de raison, juste une odeur d'herbe dans le brouillard...
Y a pas de raison, juste une odeur d'herbe dans le brouillard... Y a pas de raison, juste une
odeur d'herbe dans le brouillard... Y a pas de raison, juste une odeur d'herbe dans le brouillard...
Y a pas de raison, juste une odeur d'herbe dans le brouillard... Y a pas de raison, juste une
odeur d'herbe dans le brouillard... Y a pas de raison, juste une odeur d'herbe dans le brouillard...
Y a pas de raison, juste une odeur d'herbe dans le brouillard... Y a pas de raison, juste une
odeur d'herbe dans le brouillard... Y a pas de raison, juste une odeur d'herbe dans le brouillard...
Y a pas de raison, juste une odeur d'herbe dans le brouillard... Y a pas de raison, juste une
odeur d'herbe dans le brouillard... Y a pas de raison, juste une odeur d'herbe dans le brouillard...
Y a pas de raison, juste une odeur d'herbe dans le brouillard... Y a pas de raison, juste une
odeur d'herbe dans le brouillard... Y a pas de raison, juste une odeur d'herbe dans le brouillard...
Y a pas de raison, juste une odeur d'herbe dans le brouillard... Y a pas de raison, juste une
odeur d'herbe dans le brouillard... Y a pas de raison, juste une odeur d'herbe dans le brouillard...
Y a pas de raison, juste une odeur d'herbe dans le brouillard... Y a pas de raison, juste une

l’homme tout hermétiquement bandé en cascades de muscles accroupi au son des tambours magiques... l’homme tout hermétiquement bandé en cascades de muscles accroupi au son des tambours magiques... l’homme tout hermétiquement bandé en cascades de muscles accroupi au son des tambours magiques... l’homme tout hermétiquement bandé en cascades de muscles accroupi au son des tambours magiques... l’homme tout hermétiquement bandé en cascades de muscles accroupi au son des tambours magiques... l’homme tout hermétiquement bandé en cascades de muscles accroupi au son des tambours magiques... l’homme tout hermétiquement bandé en cascades de muscles accroupi au son des tambours magiques... l’homme tout hermétiquement bandé en cascades de muscles accroupi au son des tambours magiques... l’homme tout hermétiquement bandé en cascades de muscles accroupi au son des tambours magiques... l’homme tout hermétiquement bandé en cascades de muscles accroupi au son des tambours magiques... l’homme tout hermétiquement bandé en cascades de muscles accroupi au son des tambours magiques... l’homme tout hermétiquement bandé en cascades de muscles accroupi au son des tambours magiques... l’homme tout hermétiquement bandé en cascades de muscles accroupi au son des tambours magiques... l’homme tout hermétiquement bandé en cascades de muscles accroupi au son des tambours magiques... l’homme tout hermétiquement bandé en cascades de muscles accroupi au son des tambours magiques... l’homme tout hermétiquement bandé en cascades de muscles accroupi au son des tambours magiques... l’homme tout hermétiquement bandé en cascades de muscles accroupi au son des tambours magiques... l’homme tout hermétiquement bandé en cascades de muscles accroupi au son des tambours magiques... l’homme tout hermétiquement bandé en cascades de muscles accroupi au son des tambours magiques... l’homme tout hermétiquement bandé en cascades de muscles accroupi au son des tambours magiques... l’homme tout hermétiquement bandé en cascades de muscles accroupi au son des tambours magiques... l’homme tout hermétiquement bandé en cascades de muscles accroupi au son des tambours magiques... l’homme tout hermétiquement bandé en cascades de muscles accroupi au son des tambours magiques... l’homme tout hermétiquement bandé en cascades de muscles accroupi au son des tambours magiques... l’homme tout hermétiquement bandé en cascades de muscles accroupi au son des tambours magiques... l’homme tout hermétiquement bandé en cascades de muscles accroupi au son des tambours magiques... l’homme tout hermétiquement bandé en cascades de muscles accroupi au son des tambours magiques... l’homme tout hermétiquement bandé en cascades de muscles accroupi au son des tambours magiques... l’homme tout hermétiquement bandé en cascades de muscles accroupi au son des tambours magiques... l’homme tout hermétiquement bandé en cascades de muscles accroupi au son des tambours magiques... l’homme tout hermétiquement bandé en cascades de muscles accroupi au son des tambours magiques... l’homme tout hermétiquement bandé en cascades de muscles accroupi au son des tambours magiques... l’homme tout hermétiquement bandé en cascades de muscles accroupi au son des tambours magiques... l’homme tout hermétiquement bandé en cascades de muscles accroupi au son des tambours magiques... l’homme tout hermétiquement bandé en cascades de muscles accroupi au son des tambours magiques... l’homme tout hermétiquement bandé en cascades de muscles accroupi au son des tambours magiques... l’homme tout hermétiquement bandé en cascades de muscles accroupi au son des tambours magiques... l’homme tout hermétiquement bandé en cascades de muscles accroupi au son des tambours magiques... l’homme tout hermétiquement bandé en cascades de muscles accroupi au son des tambours magiques... l’homme tout hermétiquement bandé en cascades de muscles accroupi au son des tambours magiques... l’homme tout hermétiquement bandé en cascades de muscles accroupi au son des tambours magiques... l’homme tout hermétiquement bandé en cascades de muscles accroupi au son des tambours magiques... l’homme tout hermétiquement bandé en cascades de muscles accroupi au son des tambours magiques... l’homme tout hermétiquement bandé en cascades de muscles accroupi au son des tambours magiques... l’homme tout hermétiquement bandé en cascades de muscles accroupi au son des tambours magiques... l’homme tout hermétiquement bandé en cascades de muscles accroupi au son des tambours magiques... l’homme tout hermétiquement bandé en cascades de muscles accroupi au son des tambours magiques... l’homme tout hermétiquement bandé en cascades de muscles accroupi au son des tambours magiques... l’homme tout hermétiquement bandé en cascades de muscles accroupi au son des tambours magiques... l’homme tout hermétiquement bandé en cascades de muscles accroupi au son des tambours magiques... l’homme tout hermétiquement bandé en cascades de muscles accroupi au son des tambours magiques... l’homme tout hermétiquement bandé en cascades de muscles accroupi au son des tambours magiques... l’homme tout hermétiquement bandé en cascades de muscles accroupi au son des tambours magiques... l’homme tout hermétiquement bandé en cascades de muscles accroupi au son des tambours magiques... l’homme tout hermétiquement bandé en cascades de muscles accroupi au son des tambours magiques... l’homme tout hermétiquement bandé en cascades de muscles accroupi au son des tambours magiques... l’homme tout hermétiquement bandé en cascades de muscles accroupi au son des tambours magiques... l’homme tout hermétiquement bandé en cascades de muscles accroupi au son des tambours magiques... l’homme tout hermétiquement bandé en cascades de muscles accroupi au son des tambours magiques... l’homme tout hermétiquement bandé en cascades de muscles accroupi au son des tambours magiques... l’homme tout hermétiquement bandé en cascades de muscles accroupi au son des tambours magiques... l’homme tout hermétiquement bandé en cascades de muscles accroupi au son des tambours magiques... l’homme tout hermétiquement bandé en cascades de muscles accroupi au son des tambours magiques... l’homme tout hermétiquement bandé en cascades de muscles accroupi au son des tambours magiques... l’homme tout hermétiquement bandé en cascades de muscles accroupi au son des tambours magiques... l’homme tout hermétiquement bandé en cascades de muscles accroupi au son des tambours magiques... l’homme tout hermétiquement bandé en cascades de muscles accroupi au son des tambours magiques... l’homme tout hermétiquement bandé en cascades de muscles accroupi au son des tambours magiques... l’homme tout hermétiquement bandé en cascades de muscles accroupi au son des tambours magiques... l’homme tout hermétiquement bandé en cascades de muscles accroupi au son des tambours magiques... l’homme tout hermétiquement bandé en cascades de muscles accroupi au son des tambours magiques... l’homme tout hermétiquement bandé en cascades de muscles accroupi au son des tambours magiques... l’homme tout hermétiquement bandé en cascades de muscles accroupi au son des tambours magiques... l’homme tout hermétiquement bandé en cascades de muscles accroupi au son des tambours magiques... l’homme tout hermétiquement bandé en cascades de muscles accroupi au son des tambours magiques... l’homme tout hermétiquement bandé en cascades de muscles accroupi au son des tambours magiques... l’homme tout hermétiquement bandé en cascades de muscles accroupi au son des tambours magiques... l’homme tout hermétiquement bandé en cascades de muscles accroupi au son des tambours les yeux ouverts jusqu’à l’abandon tracent le manque / les yeux ouverts jusqu’à l’abandon

ô langu’esquisse se dilate... moignon... où se noue le nœud vicieux / ô langu’esquisse se dilate...
moignon... où se noue le nœud vicieux / ô langu’esquisse se dilate... moignon... où se noue le
nœud vicieux / ô langu’esquisse se dilate... moignon... où se noue le nœud vicieux / ô
langu’esquisse se dilate... moignon... où se noue le nœud vicieux / ô langu’esquisse se dilate...
moignon... où se noue le nœud vicieux / ô langu’esquisse se dilate... moignon... où se noue le
nœud vicieux / ô langu’esquisse se dilate... moignon... où se noue le nœud vicieux / ô
langu’esquisse se dilate... moignon... où se noue le nœud vicieux / ô langu’esquisse se dilate...
moignon... où se noue le nœud vicieux / ô langu’esquisse se dilate... moignon... où se noue le
nœud vicieux / ô langu’esquisse se dilate... moignon... où se noue le nœud vicieux / ô
langu’esquisse se dilate... moignon... où se noue le nœud vicieux / ô langu’esquisse se dilate...
moignon... où se noue le nœud vicieux / ô langu’esquisse se dilate... moignon... où se noue le
nœud vicieux / ô langu’esquisse se dilate... moignon... où se noue le nœud vicieux / ô
langu’esquisse se dilate... moignon... où se noue le nœud vicieux / ô langu’esquisse se dilate...
moignon... où se noue le nœud vicieux / ô langu’esquisse se dilate... moignon... où se noue le
nœud vicieux / ô langu’esquisse se dilate... moignon... où se noue le nœud vicieux / ô
langu’esquisse se dilate... moignon... où se noue le nœud vicieux / ô langu’esquisse se dilate...
moignon... où se noue le nœud vicieux / ô langu’esquisse se dilate... moignon... où se noue le
nœud vicieux / ô langu’esquisse se dilate... moignon... où se noue le nœud vicieux / ô
langu’esquisse se dilate... moignon... où se noue le nœud vicieux / ô langu’esquisse se dilate...
moignon... où se noue le nœud vicieux / ô langu’esquisse se dilate... moignon... où se noue le
nœud vicieux / ô langu’esquisse se dilate... moignon... où se noue le nœud vicieux / ô
langu’esquisse se dilate... moignon... où se noue le nœud vicieux / ô langu’esquisse se dilate...
moignon... où se noue le nœud vicieux / ô langu’esquisse se dilate... moignon... où se noue le
nœud vicieux / ô langu’esquisse se dilate... moignon... où se noue le nœud vicieux / ô
langu’esquisse se dilate... moignon... où se noue le nœud vicieux / ô langu’esquisse se dilate...
moignon... où se noue le nœud vicieux / ô langu’esquisse se dilate... moignon... où se noue le
nœud vicieux / ô langu’esquisse se dilate... moignon... où se noue le nœud vicieux / ô
langu’esquisse se dilate... moignon... où se noue le nœud vicieux / ô langu’esquisse se dilate...
moignon... où se noue le nœud vicieux / ô langu’esquisse se dilate... moignon... où se noue le
nœud vicieux / ô langu’esquisse se dilate... moignon... où se noue le nœud vicieux / ô
langu’esquisse se dilate... moignon... où se noue le nœud vicieux / ô langu’esquisse se dilate...
moignon... où se noue le nœud vicieux / ô langu’esquisse se dilate... moignon... où se noue le
nœud vicieux / ô langu’esquisse se dilate... moignon... où se noue le nœud vicieux / ô
langu’esquisse se dilate... moignon... où se noue le nœud vicieux / ô langu’esquisse se dilate...
moignon... où se noue le nœud vicieux / ô langu’esquisse se dilate... moignon... où se noue le
nœud vicieux / ô langu’esquisse se dilate... moignon... où se noue le nœud vicieux / ô
langu’esquisse se dilate... moignon... où se noue le nœud vicieux / ô langu’esquisse se dilate...
moignon... où se noue le nœud vicieux / ô langu’esquisse se dilate... moignon... où se noue le
nœud vicieux / ô langu’esquisse se dilate... moignon... où se noue le nœud vicieux / ô
langu’esquisse se dilate... moignon... où se noue le nœud vicieux / ô langu’esquisse se dilate...
moignon... où se noue le nœud vicieux / ô langu’esquisse se dilate... moignon... où se noue le
nœud vicieux / ô langu’esquisse se dilate... moignon... où se noue le nœud vicieux / ô
langu’esquisse se dilate... moignon... où se noue le nœud vicieux / ô langu’esquisse se dilate...
moignon... où se noue le nœud vicieux / ô langu’esquisse se dilate... moignon... où se noue le
nœud vicieux / ô langu’esquisse se dilate... moignon... où se noue le nœud vicieux / ô
langu’esquisse se dilate... moignon... où se noue le nœud vicieux / ô langu’esquisse se dilate...
moignon... où se noue le nœud vicieux / ô langu’esquisse se dilate... moignon... où se noue le
nœud vicieux / ô langu’esquisse se dilate... moignon... où se noue le nœud vicieux / ô
langu’esquisse se dilate... moignon... où se noue le nœud vicieux / ô langu’esquisse se dilate...
moignon... où se noue le nœud vicieux / ô langu’esquisse se dilate... moignon... où se noue le
nœud vicieux / ô langu’esquisse se dilate... moignon... où se noue le nœud vicieux / ô
langu’esquisse se dilate... moignon... où se noue le nœud vicieux / ô langu’esquisse se dilate...
moignon... où se noue le nœud vicieux / ô langu’esquisse se dilate... moignon... où se noue le
nœud vicieux / ô langu’esquisse se dilate... moignon... où se noue le nœud vicieux / ô
langu’esquisse se dilate... moignon... où se noue le nœud vicieux / ô langu’esquisse se dilate...
moignon... où se noue le nœud vicieux / ô langu’esquisse se dilate... moignon... où se noue le
nœud vicieux / ô langu’esquisse se dilate... moignon... où se noue le nœud vicieux / ô
langu’esquisse se dilate... moignon... où se noue le nœud vicieux / ô langu’esquisse se dilate...
moignon... où se noue le nœud vicieux / ô langu’esquisse se dilate... moignon... où se noue le
nœud vicieux / ô langu’esquisse se dilate... moignon... où se noue le nœud vicieux / ô langu’ ...

mensonges échafaudés charnièrent la tête /// mensonges échafaudés charnièrent la tête ///
mensonges échafaudés charnièrent la tête /// mensonges échafaudés charnièrent la tête ///
mensonges échafaudés charnièrent la tête /// mensonges échafaudés charnièrent la tête ///
mensonges échafaudés charnièrent la tête /// mensonges échafaudés charnièrent la tête ///
mensonges échafaudés charnièrent la tête /// mensonges échafaudés charnièrent la tête ///
mensonges échafaudés charnièrent la tête /// mensonges échafaudés charnièrent la tête ///
mensonges échafaudés charnièrent la tête /// mensonges échafaudés charnièrent la tête ///
mensonges échafaudés charnièrent la tête /// mensonges échafaudés charnièrent la tête ///
mensonges échafaudés charnièrent la tête /// mensonges échafaudés charnièrent la tête ///
mensonges échafaudés charnièrent la tête /// mensonges échafaudés charnièrent la tête ///
mensonges échafaudés charnièrent la tête /// mensonges échafaudés charnièrent la tête ///
mensonges échafaudés charnièrent la tête /// mensonges échafaudés charnièrent la tête ///
mensonges échafaudés charnièrent la tête /// mensonges échafaudés charnièrent la tête ///
mensonges échafaudés charnièrent la tête /// mensonges échafaudés charnièrent la tête ///
mensonges échafaudés charnièrent la tête /// mensonges échafaudés charnièrent la tête ///
mensonges échafaudés charnièrent la tête /// mensonges échafaudés charnièrent la tête ///
mensonges échafaudés charnièrent la tête /// mensonges échafaudés charnièrent la tête ///
mensonges échafaudés charnièrent la tête /// mensonges échafaudés charnièrent la tête ///
mensonges échafaudés charnièrent la tête /// mensonges échafaudés charnièrent la tête ///
mensonges échafaudés charnièrent la tête /// mensonges échafaudés charnièrent la tête ///
mensonges échafaudés charnièrent la tête /// mensonges échafaudés charnièrent la tête ///
mensonges échafaudés charnièrent la tête /// mensonges échafaudés charnièrent la tête ///
mensonges échafaudés charnièrent la tête /// mensonges échafaudés charnièrent la tête ///
mensonges échafaudés charnièrent la tête /// mensonges échafaudés charnièrent la tête ///
mensonges échafaudés charnièrent la tête /// mensonges échafaudés charnièrent la tête ///
mensonges échafaudés charnièrent la tête /// mensonges échafaudés charnièrent la tête ///
mensonges échafaudés charnièrent la tête /// mensonges échafaudés charnièrent la tête ///
mensonges échafaudés charnièrent la tête /// mensonges échafaudés charnièrent la tête ///
mensonges échafaudés charnièrent la tête /// mensonges échafaudés charnièrent la tête ///
mensonges échafaudés charnièrent la tête /// mensonges échafaudés charnièrent la tête ///
mensonges échafaudés charnièrent la tête /// mensonges échafaudés charnièrent la tête ///
mensonges échafaudés charnièrent la tête /// mensonges échafaudés charnièrent la tête ///
mensonges échafaudés charnièrent la tête /// mensonges échafaudés charnièrent la tête ///
mensonges échafaudés charnièrent la tête /// mensonges échafaudés charnièrent la tête ///
mensonges échafaudés charnièrent la tête /// mensonges échafaudés charnièrent la tête ///
mensonges échafaudés charnièrent la tête /// mensonges échafaudés charnièrent la tête ///
mensonges échafaudés charnièrent la tête /// mensonges échafaudés charnièrent la tête ///
mensonges échafaudés charnièrent la tête /// mensonges échafaudés charnièrent la tête ///
mensonges échafaudés charnièrent la tête /// mensonges échafaudés charnièrent la tête ///
mensonges échafaudés charnièrent la tête /// mensonges échafaudés charnièrent la tête ///
mensonges échafaudés charnièrent la tête /// mensonges échafaudés charnièrent la tête ///
mensonges échafaudés charnièrent la tête /// mensonges échafaudés charnièrent la tête ///
mensonges échafaudés charnièrent la tête /// mensonges échafaudés charnièrent la tête ///
mensonges échafaudés charnièrent la tête /// mensonges échafaudés charnièrent la tête ///
mensonges échafaudés charnièrent la tête /// mensonges échafaudés charnièrent la tête ///
mensonges échafaudés charnièrent la tête /// mensonges échafaudés charnièrent la tête ///
mensonges échafaudés charnièrent la tête /// mensonges échafaudés charnièrent la tête ///
mensonges échafaudés charnièrent la tête /// mensonges échafaudés charnièrent la tête ///
mensonges échafaudés charnièrent la tête /// mensonges échafaudés charnièrent la tête ///
mensonges échafaudés charnièrent la tête /// mensonges échafaudés charnièrent la tête ///
mensonges échafaudés charnièrent la tête /// mensonges échafaudés charnièrent la tête ///
mensonges échafaudés charnièrent la tête /// mensonges échafaudés charnièrent la tête ///
mensonges échafaudés charnièrent la tête /// mensonges échafaudés charnièrent la tête ///
mensonges échafaudés charnièrent la tête /// mensonges échafaudés charnièrent la tête ///
mensonges échafaudés charnièrent la tête /// mensonges échafaudés charnièrent la tête ///
mensonges échafaudés charnièrent la tête /// mensonges échafaudés charnièrent la tête ///
mensonges échafaudés charnièrent la tête /// mensonges échafaudés charnièrent la tête ///
mensonges échafaudés charnièrent la tête /// mensonges échafaudés charnièrent la tête ///
mensonges échafaudés charnièrent la tête /// mensonges échafaudés charnièrent la tête ///
mensonges échafaudés charnièrent la tête /// mensonges échafaudés charnièrent la tête ///
mensonges échafaudés charnièrent la tête /// mensonges échafaudés charnièrent la tête ///
mensonges échafaudés charnièrent la tête /// mensonges échafaudés charnièrent la tête ///
mensonges échafaudés charnièrent la tête /// mensonges échafaudés charnièrent la tête ///

l'envol tel une bouffée d'air

d’où descend le froid abîme d’où descend le froid abîme d’où descend le froid abîme d’où abîme
d’où descend le froid abîme d’où descend le froid abîme d’où descend le froid abîme
d’où descend le froid abîme d’où descend le froid abîme d’où descend le froid abîme d’où abîme
d’où descend le froid abîme d’où descend le froid abîme d’où descend le froid abîme
d’où descend le froid abîme d’où descend le froid abîme d’où descend le froid abîme d’où abîme
d’où descend le froid abîme d’où descend le froid abîme d’où descend le froid abîme
d’où descend le froid abîme d’où descend le froid abîme d’où descend le froid abîme d’où abîme
d’où descend le froid abîme d’où descend le froid abîme d’où descend le froid abîme
d’où descend le froid abîme d’où descend le froid abîme d’où descend le froid abîme d’où abîme
d’où descend le froid abîme d’où descend le froid abîme d’où descend le froid abîme
d’où descend le froid abîme d’où descend le froid abîme d’où descend le froid abîme d’où abîme
d’où descend le froid abîme d’où descend le froid abîme d’où descend le froid abîme
d’où descend le froid abîme d’où descend le froid abîme d’où descend le froid abîme d’où abîme
d’où descend le froid abîme d’où descend le froid abîme d’où descend le froid abîme
d’où descend le froid abîme d’où descend le froid abîme d’où descend le froid abîme d’où abîme
d’où descend le froid abîme d’où descend le froid abîme d’où descend le froid abîme
d’où descend le froid abîme d’où descend le froid abîme d’où descend le froid abîme d’où abîme
d’où descend le froid abîme d’où descend le froid abîme d’où descend le froid abîme
d’où descend le froid abîme d’où descend le froid abîme d’où descend le froid abîme d’où abîme
d’où descend le froid abîme d’où descend le froid abîme d’où descend le froid abîme
d’où descend le froid abîme d’où descend le froid abîme d’où descend le froid abîme d’où abîme
d’où descend le froid abîme d’où descend le froid abîme d’où descend le froid abîme
d’où descend le froid abîme d’où descend le froid abîme d’où descend le froid abîme d’où abîme
d’où descend le froid abîme d’où descend le froid abîme d’où descend le froid abîme
d’où descend le froid abîme d’où descend le froid abîme d’où descend le froid abîme d’où abîme
d’où descend le froid abîme d’où descend le froid abîme d’où descend le froid abîme
d’où descend le froid abîme d’où descend le froid abîme d’où descend le froid abîme d’où abîme
d’où descend le froid abîme d’où descend le froid abîme d’où descend le froid abîme
d’où descend le froid abîme d’où descend le froid abîme d’où descend le froid abîme d’où abîme
d’où descend le froid abîme d’où descend le froid abîme d’où descend le froid abîme
d’où descend le froid abîme d’où descend le froid abîme d’où descend le froid abîme d’où abîme
d’où descend le froid abîme d’où descend le froid abîme d’où descend le froid abîme
d’où descend le froid abîme d’où descend le froid abîme d’où descend le froid abîme d’où abîme
d’où descend le froid abîme d’où descend le froid abîme d’où descend le froid abîme
d’où descend le froid abîme d’où descend le froid abîme d’où descend le froid abîme d’où abîme
d’où descend le froid abîme d’où descend le froid abîme d’où descend le froid abîme
d’où descend le froid abîme d’où descend le froid abîme d’où descend le froid abîme d’où abîme
d’où descend le froid abîme d’où descend le froid abîme d’où descend le froid abîme
d’où descend le froid abîme d’où descend le froid abîme d’où descend le froid abîme d’où abîme
d’où descend le froid abîme d’où descend le froid abîme d’où descend le froid abîme
d’où descend le froid abîme d’où descend le froid abîme d’où descend le froid abîme d’où abîme
d’où descend le froid abîme d’où descend le froid abîme d’où descend le froid abîme
d’où descend le froid abîme d’où descend le froid abîme d’où descend le froid abîme d’où abîme
d’où descend le froid abîme d’où descend le froid abîme d’où descend le froid abîme
d’où descend le froid abîme d’où descend le froid abîme d’où descend le froid abîme d’où abîme
d’où descend le froid abîme d’où descend le froid abîme d’où descend le froid abîme
d’où descend le froid abîme d’où descend le froid abîme d’où descend le froid abîme d’où abîme
d’où descend le froid abîme d’où descend le froid abîme d’où descend le froid abîme
d’où descend le froid abîme d’où descend le froid abîme d’où descend le froid abîme d’où abîme
d’où descend le froid abîme d’où descend le froid abîme d’où descend le froid abîme
d’où descend le froid abîme d’où descend le froid abîme d’où descend le froid abîme d’où abîme
d’où descend le froid abîme d’où descend le froid abîme d’où descend le froid abîme
d’où descend le froid abîme d’où descend le froid abîme d’où descend le froid abîme d’où abîme
d’où descend le froid abîme d’où descend le froid abîme d’où descend le froid abîme
d’où descend le froid abîme d’où descend le froid abîme d’où descend le froid abîme d’où abîme
d’où descend le froid abîme d’où descend le froid abîme d’où descend le froid abîme
d’où descend le froid abîme d’où descend le froid abîme d’où descend le froid abîme d’où abîme
d’où descend le froid abîme d’où descend le froid abîme d’où descend le froid abîme
d’où descend le froid abîme d’où descend le froid abîme d’où descend le froid abîme d’où abîme
d’où descend le froid abîme d’où descend le froid abîme d’où descend le froid abîme
d’où descend le froid abîme d’où descend le froid abîme d’où descend le froid abîme d’où abîme
d’où descend le froid abîme d’où descend le froid abîme d’où descend le froid abîme
d’où descend le froid abîme d’où descend le froid abîme d’où descend le froid abîme d’où abîme

trace----temps jette pierretrace----temps jette pierretrace----temps jette pierretrace----temps jette
pierretrace----temps jette pierretrace----temps jette pierretrace----temps jette pierretrace----temps
jette pierretrace----temps jette pierretrace----temps jette pierretrace----temps jette pierretrace----
temps jette pierretrace----temps jette pierretrace----temps jette pierretrace----temps jette pierretrace-
---temps jette pierretrace----temps jette pierretrace----temps jette pierretrace----temps jette
pierretrace----temps jette pierretrace----temps jette pierretrace----temps jette pierretrace----temps
jette pierretrace----temps jette pierretrace----temps jette pierretrace----temps jette pierretrace----
temps jette pierretrace----temps jette pierretrace----temps jette pierretrace----temps jette pierretrace-
---temps jette pierretrace----temps jette pierretrace----temps jette pierretrace----temps jette
pierretrace----temps jette pierretrace----temps jette pierretrace----temps jette pierretrace----temps
jette pierretrace----temps jette pierretrace----temps jette pierretrace----temps jette pierretrace----
temps jette pierretrace----temps jette pierretrace----temps jette pierretrace----temps jette pierretrace-
---temps jette pierretrace----temps jette pierretrace----temps jette pierretrace----temps jette
pierretrace----temps jette pierretrace----temps jette pierretrace----temps jette pierretrace----temps
jette pierretrace----temps jette pierretrace----temps jette pierretrace----temps jette pierretrace----
temps jette pierretrace----temps jette pierretrace----temps jette pierretrace----temps jette pierretrace-
---temps jette pierretrace----temps jette pierretrace----temps jette pierretrace----temps jette
pierretrace----temps jette pierretrace----temps jette pierretrace----temps jette pierretrace----temps
jette pierretrace----temps jette pierretrace----temps jette pierretrace----temps jette pierretrace----
temps jette pierretrace----temps jette pierretrace----temps jette pierretrace----temps jette pierretrace-
---temps jette pierretrace----temps jette pierretrace----temps jette pierretrace----temps jette
pierretrace----temps jette pierretrace----temps jette pierretrace----temps jette pierretrace----temps
jette pierretrace----temps jette pierretrace----temps jette pierretrace----temps jette pierretrace----
temps jette pierretrace----temps jette pierretrace----temps jette pierretrace----temps jette pierretrace-
---temps jette pierretrace----temps jette pierretrace----temps jette pierretrace----temps jette
pierretrace----temps jette pierretrace----temps jette pierretrace----temps jette pierretrace----temps
jette pierretrace----temps jette pierretrace----temps jette pierretrace----temps jette pierretrace----
temps jette pierretrace----temps jette pierretrace----temps jette pierretrace----temps jette pierretrace-
---temps jette pierretrace----temps jette pierretrace----temps jette pierretrace----temps jette
pierretrace----temps jette pierretrace----temps jette pierretrace----temps jette pierretrace----temps
jette pierretrace----temps jette pierretrace----temps jette pierretrace----temps jette pierretrace----
temps jette pierretrace----temps jette pierretrace----temps jette pierretrace----temps jette pierretrace-
---temps jette pierretrace----temps jette pierretrace----temps jette pierretrace----temps jette
pierretrace----temps jette pierretrace----temps jette pierretrace----temps jette pierretrace----temps
jette pierretrace----temps jette pierretrace----temps jette pierretrace----temps jette pierretrace----
temps jette pierretrace----temps jette pierretrace----temps jette pierretrace----temps jette pierretrace-
---temps jette pierretrace----temps jette pierretrace----temps jette pierretrace----temps jette
pierretrace----temps jette pierretrace----temps jette pierretrace----temps jette pierretrace----temps
jette pierretrace----temps jette pierretrace----temps jette pierretrace----temps jette pierretrace----
temps jette pierretrace----temps jette pierretrace----temps jette pierretrace----temps jette pierretrace-
---temps jette pierretrace----temps jette pierretrace----temps jette pierretrace----temps jette
pierretrace----temps jette pierretrace----temps jette pierretrace----temps jette pierretrace----temps
jette pierretrace----temps jette pierretrace----temps jette pierretrace----temps jette pierretrace----
temps jette pierretrace----temps jette pierretrace----temps jette pierretrace----temps jette pierretrace-
---temps jette pierretrace----temps jette pierretrace----temps jette pierretrace----temps jette
pierretrace----temps jette pierretrace----temps jette pierretrace----temps jette pierretrace----temps
jette pierretrace----temps jette pierretrace----temps jette pierretrace----temps jette pierretrace----
temps jette pierretrace----temps jette pierretrace----temps jette pierretrace----temps jette pierretrace-
---temps jette pierretrace----temps jette pierretrace----temps jette pierretrace----temps jette
pierretrace----temps jette pierretrace----temps jette pierretrace----temps jette pierretrace----temps
jette pierretrace----temps jette pierretrace----temps jette pierretrace----temps jette pierretrace----
temps jette pierretrace----temps jette pierretrace----temps jette pierretrace----temps jette pierretrace-
---temps jette pierretrace----temps jette pierretrace----temps jette pierretrace----temps jette
pierretrace----temps jette pierretrace----temps jette pierretrace----temps jette pierretrace----temps
jette pierretrace----temps jette pierretrace----temps jette pierretrace----temps jette pierretrace----
temps jette pierretrace----temps jette pierretrace----temps jette pierretrace----temps jette pierretrace-
---temps jette pierretrace----temps jette pierretrace----temps jette pierretrace----temps jette
pierretrace----temps jette pierretrace----temps jette pierretrace----temps jette pierretrace----temps
jette pierretrace----temps jette pierretrace----temps jette pierretrace----temps jette pierretrace----
temps jette pierretrace----temps jette pierretrace----temps jette pierretrace----temps jette pierretrace-
---temps jette pierretrace----temps jette pierretrace----temps jette pierretrace----temps jette
pierretrace----temps jette pierretrace----temps jette pierretrace----temps jette pierretrace----temps
jette pierretrace----temps jette pierretrace----temps jette pierretrace----temps jette pierretrace----

l’os, vierge outil *tendu*--_--*taillé*--_--*tressé* pareil au songe le long de l’os, vierge outil *tendu*--_--
taillé--_--*tressé* pareil au songe le long de l’os, vierge outil *tendu*--_--*taillé*--_--*tressé* pareil au
songe le long de l’os, vierge outil *tendu*--_--*taillé*--_--*tressé* pareil au songe le long de l’os, vierge
outil *tendu*--_--*taillé*--_--*tressé* pareil au songe le long de l’os, vierge outil *tendu*--_--*taillé*--_--*tressé*
pareil au songe le long de l’os, vierge outil *tendu*--_--*taillé*--_--*tressé* pareil au songe le long de
l’os, vierge outil *tendu*--_--*taillé*--_--*tressé* pareil au songe le long de l’os, vierge outil *tendu*--_--
taillé--_--*tressé* pareil au songe le long de l’os, vierge outil *tendu*--_--*taillé*--_--*tressé* pareil au
songe le long de l’os, vierge outil *tendu*--_--*taillé*--_--*tressé* pareil au songe le long de l’os, vierge
outil *tendu*--_--*taillé*--_--*tressé* pareil au songe le long de l’os, vierge outil *tendu*--_--*taillé*--_--*tressé*
pareil au songe le long de l’os, vierge outil *tendu*--_--*taillé*--_--*tressé* pareil au songe le long de
l’os, vierge outil *tendu*--_--*taillé*--_--*tressé* pareil au songe le long de l’os, vierge outil *tendu*--_--
taillé--_--*tressé* pareil au songe le long de l’os, vierge outil *tendu*--_--*taillé*--_--*tressé* pareil au
songe le long de l’os, vierge outil *tendu*--_--*taillé*--_--*tressé* pareil au songe le long de l’os, vierge
outil *tendu*--_--*taillé*--_--*tressé* pareil au songe le long de l’os, vierge outil *tendu*--_--*taillé*--_--*tressé*
pareil au songe le long de l’os, vierge outil *tendu*--_--*taillé*--_--*tressé* pareil au songe le long de
l’os, vierge outil *tendu*--_--*taillé*--_--*tressé* pareil au songe le long de l’os, vierge outil *tendu*--_--
taillé--_--*tressé* pareil au songe le long de l’os, vierge outil *tendu*--_--*taillé*--_--*tressé* pareil au
songe le long de l’os, vierge outil *tendu*--_--*taillé*--_--*tressé* pareil au songe le long de l’os, vierge
outil *tendu*--_--*taillé*--_--*tressé* pareil au songe le long de l’os, vierge outil *tendu*--_--*taillé*--_--*tressé*
pareil au songe le long de l’os, vierge outil *tendu*--_--*taillé*--_--*tressé* pareil au songe le long de
l’os, vierge outil *tendu*--_--*taillé*--_--*tressé* pareil au songe le long de l’os, vierge outil *tendu*--_--
taillé--_--*tressé* pareil au songe le long de l’os, vierge outil *tendu*--_--*taillé*--_--*tressé* pareil au
songe le long de l’os, vierge outil *tendu*--_--*taillé*--_--*tressé* pareil au songe le long de l’os, vierge
outil *tendu*--_--*taillé*--_--*tressé* pareil au songe le long de l’os, vierge outil *tendu*--_--*taillé*--_--*tressé*
pareil au songe le long de l’os, vierge outil *tendu*--_--*taillé*--_--*tressé* pareil au songe le long de
l’os, vierge outil *tendu*--_--*taillé*--_--*tressé* pareil au songe le long de l’os, vierge outil *tendu*--_--
taillé--_--*tressé* pareil au songe le long de l’os, vierge outil *tendu*--_--*taillé*--_--*tressé* pareil au
songe le long de l’os, vierge outil *tendu*--_--*taillé*--_--*tressé* pareil au songe le long de l’os, vierge
outil *tendu*--_--*taillé*--_--*tressé* pareil au songe le long de l’os, vierge outil *tendu*--_--*taillé*--_--*tressé*
pareil au songe le long de l’os, vierge outil *tendu*--_--*taillé*--_--*tressé* pareil au songe le long de
l’os, vierge outil *tendu*--_--*taillé*--_--*tressé* pareil au songe le long de l’os, vierge outil *tendu*--_--
taillé--_--*tressé* pareil au songe le long de l’os, vierge outil *tendu*--_--*taillé*--_--*tressé* pareil au
songe le long de l’os, vierge outil *tendu*--_--*taillé*--_--*tressé* pareil au songe le long de l’os, vierge
outil *tendu*--_--*taillé*--_--*tressé* pareil au songe le long de l’os, vierge outil *tendu*--_--*taillé*--_--*tressé*
pareil au songe le long de l’os, vierge outil *tendu*--_--*taillé*--_--*tressé* pareil au songe le long de
l’os, vierge outil *tendu*--_--*taillé*--_--*tressé* pareil au songe le long de l’os, vierge outil *tendu*--_--
taillé--_--*tressé* pareil au songe le long de l’os, vierge outil *tendu*--_--*taillé*--_--*tressé* pareil au
songe le long de l’os, vierge outil *tendu*--_--*taillé*--_--*tressé* pareil au songe le long de l’os, vierge
outil *tendu*--_--*taillé*--_--*tressé* pareil au songe le long de l’os, vierge outil *tendu*--_--*taillé*--_--*tressé*
pareil au songe le long de l’os, vierge outil *tendu*--_--*taillé*--_--*tressé* pareil au songe le long de
l’os, vierge outil *tendu*--_--*taillé*--_--*tressé* pareil au songe le long de l’os, vierge outil *tendu*--_--
taillé--_--*tressé* pareil au songe le long de l’os, vierge outil *tendu*--_--*taillé*--_--*tressé* pareil au
songe le long de l’os, vierge outil *tendu*--_--*taillé*--_--*tressé* pareil au songe le long de l’os, vierge
outil *tendu*--_--*taillé*--_--*tressé* pareil au songe le long de l’os, vierge outil *tendu*--_--*taillé*--_--*tressé*
pareil au songe le long de l’os, vierge outil *tendu*--_--*taillé*--_--*tressé* pareil au songe le long de
l’os, vierge outil *tendu*--_--*taillé*--_--*tressé* pareil au songe le long de l’os, vierge outil *tendu*--_--
taillé--_--*tressé* pareil au songe le long de l’os, vierge outil *tendu*--_--*taillé*--_--*tressé* pareil au
songe le long de l’os, vierge outil *tendu*--_--*taillé*--_--*tressé* pareil au songe le long de l’os, vierge
outil *tendu*--_--*taillé*--_--*tressé* pareil au songe le long de l’os, vierge outil *tendu*--_--*taillé*--_--*tressé*
pareil au songe le long de l’os, vierge outil *tendu*--_--*taillé*--_--*tressé* pareil au songe le long de
l’os, vierge outil *tendu*--_--*taillé*--_--*tressé* pareil au songe le long de l’os, vierge outil *tendu*--_--
taillé--_--*tressé* pareil au songe le long de l’os, vierge outil *tendu*--_--*taillé*--_--*tressé* pareil au
songe le long de l’os, vierge outil *tendu*--_--*taillé*--_--*tressé* pareil au songe le long de l’os, vierge
outil *tendu*--_--*taillé*--_--*tressé* pareil au songe le long de l’os, vierge outil *tendu*--_--*taillé*--_--*tressé*
pareil au songe le long de l’os, vierge outil *tendu*--_--*taillé*--_--*tressé* pareil au songe le long de
l’os, vierge outil *tendu*--_--*taillé*--_--*tressé* pareil au songe le long de l’os, vierge outil *tendu*--_--
taillé--_--*tressé* pareil au songe le long de l’os, vierge outil *tendu*--_--*taillé*--_--*tressé* pareil au
songe le long de l’os, vierge outil *tendu*--_--*taillé*--_--*tressé* pareil au songe le long de l’os, vierge
outil *tendu*--_--*taillé*--_--*tressé* pareil au songe le long de l’os, vierge outil *tendu*--_--*taillé*--_--*tressé*
pareil au songe le long de l’os, vierge outil *tendu*--_--*taillé*--_--*tressé* pareil au songe le long de
l’os, vierge outil *tendu*--_--*taillé*--_--*tressé* pareil au songe le long de l’os, vierge outil *tendu*--_--
taillé--_--*tressé* pareil au songe le long de l’os, vierge outil *tendu*--_--*taillé*--_--*tressé* pareil au
songe le long de l’os, vierge outil *tendu*--_--*taillé*--_--*tressé* pareil au songe le long de l’os, vierge

et penser l’épaisseur de la terre et penser l’épaisseur

circonflexe avalanche le cri **boucle** l'ennui circonflexe avalanche le cri **boucle** l'ennui circonflexe
avalanche le cri **boucle** l'ennui circonflexe avalanche le cri **boucle** l'ennui circonflexe avalanche le
cri **boucle** l'ennui circonflexe avalanche le cri **boucle** l'ennui circonflexe avalanche le cri **boucle**
l'ennui circonflexe avalanche le cri **boucle** l'ennui circonflexe avalanche le cri **boucle** l'ennui
circonflexe avalanche le cri **boucle** l'ennui circonflexe avalanche le cri **boucle** l'ennui circonflexe
avalanche le cri **boucle** l'ennui circonflexe avalanche le cri **boucle** l'ennui circonflexe avalanche le
cri **boucle** l'ennui circonflexe avalanche le cri **boucle** l'ennui circonflexe avalanche le cri **boucle**
l'ennui circonflexe avalanche le cri **boucle** l'ennui circonflexe avalanche le cri **boucle** l'ennui
circonflexe avalanche le cri **boucle** l'ennui circonflexe avalanche le cri **boucle** l'ennui circonflexe
avalanche le cri **boucle** l'ennui circonflexe avalanche le cri **boucle** l'ennui circonflexe avalanche le
cri **boucle** l'ennui circonflexe avalanche le cri **boucle** l'ennui circonflexe avalanche le cri **boucle**
l'ennui circonflexe avalanche le cri **boucle** l'ennui circonflexe avalanche le cri **boucle** l'ennui
circonflexe avalanche le cri **boucle** l'ennui circonflexe avalanche le cri **boucle** l'ennui circonflexe
avalanche le cri **boucle** l'ennui circonflexe avalanche le cri **boucle** l'ennui circonflexe avalanche le
cri **boucle** l'ennui circonflexe avalanche le cri **boucle** l'ennui circonflexe avalanche le cri **boucle**
l'ennui circonflexe avalanche le cri **boucle** l'ennui circonflexe avalanche le cri **boucle** l'ennui
circonflexe avalanche le cri **boucle** l'ennui circonflexe avalanche le cri **boucle** l'ennui circonflexe
avalanche le cri **boucle** l'ennui circonflexe avalanche le cri **boucle** l'ennui circonflexe avalanche le
cri **boucle** l'ennui circonflexe avalanche le cri **boucle** l'ennui circonflexe avalanche le cri **boucle**
l'ennui circonflexe avalanche le cri **boucle** l'ennui circonflexe avalanche le cri **boucle** l'ennui
circonflexe avalanche le cri **boucle** l'ennui circonflexe avalanche le cri **boucle** l'ennui circonflexe
avalanche le cri **boucle** l'ennui circonflexe avalanche le cri **boucle** l'ennui circonflexe avalanche le
cri **boucle** l'ennui circonflexe avalanche le cri **boucle** l'ennui circonflexe avalanche le cri **boucle**
l'ennui circonflexe avalanche le cri **boucle** l'ennui circonflexe avalanche le cri **boucle** l'ennui
circonflexe avalanche le cri **boucle** l'ennui circonflexe avalanche le cri **boucle** l'ennui circonflexe
avalanche le cri **boucle** l'ennui circonflexe avalanche le cri **boucle** l'ennui circonflexe avalanche le
cri **boucle** l'ennui circonflexe avalanche le cri **boucle** l'ennui circonflexe avalanche le cri **boucle**
l'ennui circonflexe avalanche le cri **boucle** l'ennui circonflexe avalanche le cri **boucle** l'ennui
circonflexe avalanche le cri **boucle** l'ennui circonflexe avalanche le cri **boucle** l'ennui circonflexe
avalanche le cri **boucle** l'ennui circonflexe avalanche le cri **boucle** l'ennui circonflexe avalanche le
cri **boucle** l'ennui circonflexe avalanche le cri **boucle** l'ennui circonflexe avalanche le cri **boucle**
l'ennui circonflexe avalanche le cri **boucle** l'ennui circonflexe avalanche le cri **boucle** l'ennui
circonflexe avalanche le cri **boucle** l'ennui circonflexe avalanche le cri **boucle** l'ennui circonflexe
avalanche le cri **boucle** l'ennui circonflexe avalanche le cri **boucle** l'ennui circonflexe avalanche le
cri **boucle** l'ennui circonflexe avalanche le cri **boucle** l'ennui circonflexe avalanche le cri **boucle**
l'ennui circonflexe avalanche le cri **boucle** l'ennui circonflexe avalanche le cri **boucle** l'ennui
circonflexe avalanche le cri **boucle** l'ennui circonflexe avalanche le cri **boucle** l'ennui circonflexe
avalanche le cri **boucle** l'ennui circonflexe avalanche le cri **boucle** l'ennui circonflexe avalanche le
cri **boucle** l'ennui circonflexe avalanche le cri **boucle** l'ennui circonflexe avalanche le cri **boucle**
l'ennui circonflexe avalanche le cri **boucle** l'ennui circonflexe avalanche le cri **boucle** l'ennui
circonflexe avalanche le cri **boucle** l'ennui circonflexe avalanche le cri **boucle** l'ennui circonflexe
avalanche le cri **boucle** l'ennui circonflexe avalanche le cri **boucle** l'ennui circonflexe avalanche le
cri **boucle** l'ennui circonflexe avalanche le cri **boucle** l'ennui circonflexe avalanche le cri **boucle**
l'ennui circonflexe avalanche le cri **boucle** l'ennui circonflexe avalanche le cri **boucle** l'ennui
circonflexe avalanche le cri **boucle** l'ennui circonflexe avalanche le cri **boucle** l'ennui circonflexe
avalanche le cri **boucle** l'ennui circonflexe avalanche le cri **boucle** l'ennui circonflexe avalanche le
cri **boucle** l'ennui circonflexe avalanche le cri **boucle** l'ennui circonflexe avalanche le cri **boucle**
l'ennui circonflexe avalanche le cri **boucle** l'ennui circonflexe avalanche le cri **boucle** l'ennui
circonflexe avalanche le cri **boucle** l'ennui circonflexe avalanche le cri **boucle** l'ennui circonflexe
avalanche le cri **boucle** l'ennui circonflexe avalanche le cri **boucle** l'ennui circonflexe avalanche le
cri **boucle** l'ennui circonflexe avalanche le cri **boucle** l'ennui circonflexe avalanche le cri **boucle**
l'ennui circonflexe avalanche le cri **boucle** l'ennui circonflexe avalanche le cri **boucle** l'ennui
circonflexe avalanche le cri **boucle** l'ennui circonflexe avalanche le cri **boucle** l'ennui circonflexe
avalanche le cri **boucle** l'ennui circonflexe avalanche le cri **boucle** l'ennui circonflexe avalanche le
cri **boucle** l'ennui circonflexe avalanche le cri **boucle** l'ennui circonflexe avalanche le cri **boucle**
l'ennui circonflexe avalanche le cri **boucle** l'ennui circonflexe avalanche le cri **boucle** l'ennui
circonflexe avalanche le cri **boucle** l'ennui circonflexe avalanche le cri **boucle** l'ennui circonflexe
avalanche le cri **boucle** l'ennui circonflexe avalanche le cri **boucle** l'ennui circonflexe avalanche le
cri **boucle** l'ennui circonflexe avalanche le cri **boucle** l'ennui circonflexe avalanche le cri **boucle**
l'ennui circonflexe avalanche le cri **boucle** l'ennui circonflexe avalanche le cri **boucle** l'ennui
circonflexe avalanche le cri **boucle** l'ennui circonflexe avalanche le cri **boucle** l'ennui circonflexe
avalanche le cri **boucle** l'ennui circonflexe avalanche le cri **boucle** l'ennui circonflexe avalanche le
cri **boucle** l'ennui circonflexe avalanche le cri **boucle** l'ennui circonflexe avalanche le cri **boucle**

tes plis)) des conneries ((le long de tes plis)) et des conneries ((le long de tes plis)) des conneries ((le long de tes plis)) et des conneries ((le long de tes plis)) des conneries ((le long de tes plis)) et des conneries ((le long de tes plis)) des conneries ((le long de tes plis)) et des conneries ((le long de tes plis)) des conneries ((le long de tes plis)) et des conneries ((le long de tes plis)) des conneries ((le long de tes plis)) et des conneries ((le long de tes plis)) des conneries ((le long de tes plis)) et des conneries ((le long de tes plis)) des conneries ((le long de tes plis)) et des conneries ((le long de tes plis)) des conneries ((le long de tes plis)) et des conneries ((le long de tes plis)) des conneries ((le long de tes plis)) et des conneries ((le long de tes plis)) des conneries ((le long de tes plis)) et des conneries ((le long de tes plis)) des conneries ((le long de tes plis)) et des conneries ((le long de tes plis)) des conneries ((le long de tes plis)) et des conneries ((le long de tes plis)) des conneries ((le long de tes plis)) et des conneries ((le long de tes plis)) des conneries ((le long de tes plis)) et des conneries ((le long de tes plis)) des conneries ((le long de tes plis)) et des conneries ((le long de tes plis)) des conneries ((le long de tes plis)) et des conneries ((le long de tes plis)) des conneries ((le long de tes plis)) et des conneries ((le long de tes plis)) des conneries ((le long de tes plis)) et des conneries ((le long de tes plis)) des conneries ((le long de tes plis)) et des conneries ((le long de tes plis)) des conneries ((le long de tes plis)) et des conneries ((le long de tes plis)) des conneries ((le long de tes plis)) et des conneries ((le long de tes plis)) des conneries ((le long de tes plis)) et des conneries ((le long de tes plis)) des conneries ((le long de tes plis)) et des conneries ((le long de tes plis)) des conneries ((le long de tes plis)) et des conneries ((le long de tes plis)) des conneries ((le long de tes plis)) et des conneries ((le long de tes plis)) des conneries ((le long de tes plis)) et des conneries ((le long de tes plis)) des conneries ((le long de tes plis)) et des conneries ((le long de tes plis)) des conneries ((le long de tes plis)) et des conneries ((le long de tes plis)) des conneries ((le long de tes plis)) et des conneries ((le long de tes plis)) des conneries ((le long de tes plis)) et des conneries ((le long de tes plis)) des conneries ((le long de tes plis)) et des conneries ((le long de tes plis)) des conneries ((le long de tes plis)) et des conneries ((le long de tes plis)) des conneries ((le long de tes plis)) et des conneries ((le long de tes plis)) des conneries ((le long de tes plis)) et des conneries ((le long de tes plis)) des conneries ((le long de tes plis)) et des conneries ((le long de tes plis)) des conneries ((le long de tes plis)) et des conneries ((le long de tes plis)) des conneries ((le long de tes plis)) et des conneries ((le long de tes plis)) des conneries ((le long de tes plis)) et des conneries ((le long de tes plis)) des conneries ((le long de tes plis)) et des conneries ((le long de tes plis)) des conneries ((le long de tes plis)) et des conneries ((le long de tes plis)) des conneries ((le long de tes plis)) et des conneries ((le long de tes plis)) des conneries ((le long de tes plis)) et des conneries ((le long de tes plis)) des conneries ((le long de tes plis)) et des conneries ((le long de tes plis)) des conneries ((le long de tes plis)) et des conneries ((le long de tes plis)) des conneries ((le long de tes plis)) et des conneries ((le long de tes plis)) des conneries ((le long de tes plis)) et des conneries ((le long de tes plis)) des conneries ((le long de tes plis)) et des conneries ((le long de tes plis)) des conneries ((le long de tes plis)) et des conneries ((le long de tes plis)) des conneries ((le long de tes plis)) et des conneries ((le long de tes plis)) des conneries ((le long de tes plis)) et des conneries ((le long de tes plis)) des conneries ((le long de tes plis)) et des conneries ((le long de tes plis)) des conneries ((le long de tes plis)) et des conneries ((le long de tes plis)) des conneries ((le long de tes plis)) et des conneries ((le long de tes plis)) des conneries ((le long de tes plis)) et des conneries ((le long de tes plis)) des conneries ((le long de tes plis)) et des conneries ((le long de tes plis)) des conneries ((le long de tes plis)) et des conneries ((le long de tes plis)) des conneries ((le long de tes plis)) et des conneries ((le long de tes plis)) des conneries ((le long de tes plis)) et des conneries ((le long de tes plis)) des conneries ((le long de tes plis)) et des conneries ((le long de tes plis)) des conneries ((le long de tes plis)) et des conneries ((le long de tes plis)) des conneries ((le long de tes plis)) et des conneries ((le long de tes plis)) des conneries ((le long de tes plis)) et des conneries ((le long de tes plis)) des conneries ((le long de tes plis)) et des conneries ((le long de tes plis)) des conneries ((le long de tes plis)) et des conneries ((le long de tes plis)) des conneries ((le long de tes plis)) et des conneries ((le long de tes plis)) des conneries ((le long de tes plis)) et des conneries ((le long de tes plis)) des conneries ((le long de tes plis)) et des conneries ((le long de tes plis)) des conneries ((le long de tes plis)) et des conneries ((le long de tes plis)) des conneries ((le long de tes plis)) et des conneries ((le long de tes plis)) des conneries ((le long de tes plis)) et des conneries ((le long de tes plis)) des conneries ((le long de tes plis)) et des conneries ((le long de tes plis)) des conneries ((le long de tes plis)) et des conneries ((le long de tes plis)) des conneries ((le long de tes plis)) et des conneries ((le long de tes plis)) des conneries ((le long de tes plis)) et des conneries ((le long de tes plis)) des conneries ((le long de tes plis)) et des conneries ((le long de tes plis)) des conneries ((le long de tes plis)) et des conneries ((le long de tes plis)) des conneries ((le long de tes plis)) et des conneries ((le long de tes plis)) des conneries ((le long de tes plis)) et des conneries ((le long de tes plis)) des conneries ((le long de tes plis)) et des conneries ((le long de tes plis)) des conneries ((le long de tes plis)) et des conneries ((le long de tes plis)) des conneries ((le long de tes plis)) et des conneries ((le long de tes plis)) des conneries ((le long de tes plis)) et des conneries ((le long de tes plis)) des conneries ((le long de tes plis)) et des conneries ((le long de tes plis)) des conneries ((le long de tes plis)) et des conneries ((le long de tes plis)) des conneries ((le long de tes plis)) et des conneries ((le long de tes plis)) des conneries ((le long de tes plis)) et des conneries ((le long de tes plis)) des conneries ((le long de tes plis)) et des conneries ((le long de tes plis)) des conneries ((le long de tes plis)) et des conneries ((le long de tes plis)) des conneries ((le long de tes plis)) et

....changer de partenaire..
....changer de partenaire..
....changer de partenaire..
....changer de partenaire..
....changer de partenaire..
....changer de partenaire..
....changer de partenaire..
....changer de partenaire..
....changer de partenaire..
....changer de partenaire..
....changer de partenaire..
....changer de partenaire..
....changer de partenaire..
....changer de partenaire..
....changer de partenaire..
....changer de partenaire..
....changer de partenaire..
....changer de partenaire..
....changer de partenaire..
....changer de partenaire..
....changer de partenaire..
....changer de partenaire..
....changer de partenaire..
....changer de partenaire..
....changer de partenaire..
....changer de partenaire..
....changer de partenaire..
....changer de partenaire..
....changer de partenaire..
....changer de partenaire..
....changer de partenaire..
....changer de partenaire..
....changer de partenaire..
....changer de partenaire..
....changer de partenaire..
....changer de partenaire..
....changer de partenaire..
....changer de partenaire..
....changer de partenaire..
....changer de partenaire..
....changer de partenaire..
....changer de partenaire..
....changer de partenaire..
....changer de partenaire..
....changer de partenaire..
....changer de partenaire..
....changer de partenaire..
....changer de partenaire..
....changer de partenaire..
....changer de partenaire..
....changer de partenaire..
....changer de partenaire..
....changer de partenaire..
....changer de partenaire..
....changer de partenaire..
....changer de partenaire..
....changer de partenaire..
....changer de partenaire..
....changer de partenaire..
....changer de partenaire..
....changer de partenaire..
....changer de partenaire..
....changer de partenaire..

mouette moite vague au ventre négocie la mort pareil’ à ***1*** mouette moite vague au ventre négocie la mort

virgule cruelle pâle de savoir ignoré encor' que provisoire
… **virgule cruelle** pâle de savoir ignoré encor' que provisoir
e… **virgule cruelle** pâle de savoir ignoré encor' que proviso
ire… **virgule cruelle** pâle de savoir ignoré encor' que provis
oire… **virgule cruelle** pâle de savoir ignoré encor' que provi
soire… **virgule cruelle** pâle de savoir ignoré encor' que pro
visoire… **virgule cruelle** pâle de savoir ignoré encor' que pr
ovisoire… **virgule cruelle** pâle de savoir ignoré encor' que
provisoire… **virgule cruelle** pâle de savoir ignoré encor' qu
e provisoire… **virgule cruelle** pâle de savoir ignoré encor' q
ue provisoire… **virgule cruelle** pâle de savoir ignoré encor'
que provisoire… **virgule cruelle** pâle de savoir ignoré encor
' que provisoire… **virgule cruelle** pâle de savoir ignoré enc
or' que provisoire… **virgule cruelle** pâle de savoir ignoré en
cor' que provisoire… **virgule cruelle** pâle de savoir ignoré e
ncor' que provisoire… **virgule cruelle** pâle de savoir ignoré
encor' que provisoire… **virgule cruelle** pâle de savoir ignor
é encor' que provisoire… **virgule cruelle** pâle de savoir ign
oré encor' que provisoire… **virgule cruelle** pâle de savoir ig
noré encor' que provisoire… **virgule cruelle** pâle de savoir i
gnoré encor' que provisoire… **virgule cruelle** pâle de savoir
ignoré encor' que provisoire… **virgule cruelle** pâle de savoi
r ignoré encor' que provisoire… **virgule cruelle** pâle de sav
oir ignoré encor' que provisoire… **virgule cruelle** pâle de sa
voir ignoré encor' que provisoire… **virgule cruelle** pâle de s
avoir ignoré encor' que provisoire… **virgule cruelle** pâle de
savoir ignoré encor' que provisoire… **virgule cruelle** pâle d
e savoir ignoré encor' que provisoire… **virgule cruelle** pâle
de savoir ignoré encor' que provisoire… **virgule cruelle** pâl
e de savoir ignoré encor' que provisoire… **virgule cruelle** p
âle de savoir ignoré encor' que provisoire… **virgule cruelle**
pâle de savoir ignoré encor' que provisoire… **virgule cruell**
e pâle de savoir ignoré encor' que provisoire… **virgule crue**
lle pâle de savoir ignoré encor' que provisoire… **virgule cru**
elle pâle de savoir ignoré encor' que provisoire… **virgule cr**
uelle pâle de savoir ignoré encor' que provisoire… **virgule**
cruelle pâle de savoir ignoré encor' que provisoire… **virgul**
e cruelle pâle de savoir ignoré encor' que provisoire… **virg**
ule cruelle pâle de savoir ignoré encor' que provisoire… **vir**
gule cruelle pâle de savoir ignoré encor' que provisoire… **v**
irgule cruelle pâle de savoir ignoré encor' que provisoire…
virgule cruelle pâle de savoir ignoré encor' que provisoire
… **virgule cruelle** pâle de savoir ignoré encor' que provisoir
e… **virgule cruelle** pâle de savoir ignoré encor' que proviso
ire… **virgule cruelle** pâle de savoir ignoré encor' que provis
oire… **virgule cruelle** pâle de savoir ignoré encor' que provi
soire… **virgule cruelle** pâle de savoir ignoré encor' que pro
visoire… **virgule cruelle** pâle de savoir ignoré encor' que pr
ovisoire… **virgule cruelle** pâle de savoir ignoré encor' que
provisoire… **virgule cruelle** pâle de savoir ignoré encor' qu
e provisoire… **virgule cruelle** pâle de savoir ignoré encor' q
ue provisoire… **virgule cruelle** pâle de savoir ignoré encor'
que provisoire… **virgule cruelle** pâle de savoir ignoré encor
' que provisoire… **virgule cruelle** pâle de savoir ignoré enc
or' que provisoire… **virgule cruelle** pâle de savoir ignoré en
cor' que provisoire… **virgule cruelle** pâle de savoir ignoré e
ncor' que provisoire… **virgule cruelle** pâle de savoir ignoré
encor' que provisoire… **virgule cruelle** pâle de savoir ignor
é encor' que provisoire… **virgule cruelle** pâle de savoir ign
oré encor' que provisoire… **virgule cruelle** pâle de savoir ig
noré encor' que provisoire… **virgule cruelle** pâle de savoir i
gnoré encor' que provisoire… **virgule cruelle** pâle de savoir
ignoré encor' que provisoire… **virgule cruelle** pâle de savoir

? qui parlait de justifier le jour ? qui parlait

c’est si peu de chose le désir)(c’est si peu de chose le désir)(c’est si peu de chose le désir)(
c’est si peu de chose le désir)(c’est si peu de chose le désir)(c’est si peu de chose le désir)(
c’est si peu de chose le désir)(c’est si peu de chose le désir)(c’est si peu de chose le désir)(
c’est si peu de chose le désir)(c’est si peu de chose le désir)(c’est si peu de chose le désir)(
c’est si peu de chose le désir)(c’est si peu de chose le désir)(c’est si peu de chose le désir)(
c’est si peu de chose le désir)(c’est si peu de chose le désir)(c’est si peu de chose le désir)(
c’est si peu de chose le désir)(c’est si peu de chose le désir)(c’est si peu de chose le désir)(
c’est si peu de chose le désir)(c’est si peu de chose le désir)(c’est si peu de chose le désir)(
c’est si peu de chose le désir)(c’est si peu de chose le désir)(c’est si peu de chose le désir)(
c’est si peu de chose le désir)(c’est si peu de chose le désir)(c’est si peu de chose le désir)(
c’est si peu de chose le désir)(c’est si peu de chose le désir)(c’est si peu de chose le désir)(
c’est si peu de chose le désir)(c’est si peu de chose le désir)(c’est si peu de chose le désir)(
c’est si peu de chose le désir)(c’est si peu de chose le désir)(c’est si peu de chose le désir)(
c’est si peu de chose le désir)(c’est si peu de chose le désir)(c’est si peu de chose le désir)(
c’est si peu de chose le désir)(c’est si peu de chose le désir)(c’est si peu de chose le désir)(
c’est si peu de chose le désir)(c’est si peu de chose le désir)(c’est si peu de chose le désir)(
c’est si peu de chose le désir)(c’est si peu de chose le désir)(c’est si peu de chose le désir)(
c’est si peu de chose le désir)(c’est si peu de chose le désir)(c’est si peu de chose le désir)(
c’est si peu de chose le désir)(c’est si peu de chose le désir)(c’est si peu de chose le désir)(
c’est si peu de chose le désir)(c’est si peu de chose le désir)(c’est si peu de chose le désir)(
c’est si peu de chose le désir)(c’est si peu de chose le désir)(c’est si peu de chose le désir)(
c’est si peu de chose le désir)(c’est si peu de chose le désir)(c’est si peu de chose le désir)(
c’est si peu de chose le désir)(c’est si peu de chose le désir)(c’est si peu de chose le désir)(
c’est si peu de chose le désir)(c’est si peu de chose le désir)(c’est si peu de chose le désir)(
c’est si peu de chose le désir)(c’est si peu de chose le désir)(c’est si peu de chose le désir)(
c’est si peu de chose le désir)(c’est si peu de chose le désir)(c’est si peu de chose le désir)(
c’est si peu de chose le désir)(c’est si peu de chose le désir)(c’est si peu de chose le désir)(
c’est si peu de chose le désir)(c’est si peu de chose le désir)(c’est si peu de chose le désir)(
c’est si peu de chose le désir)(c’est si peu de chose le désir)(c’est si peu de chose le désir)(
c’est si peu de chose le désir)(c’est si peu de chose le désir)(c’est si peu de chose le désir)(
c’est si peu de chose le désir)(c’est si peu de chose le désir)(c’est si peu de chose le désir)(
c’est si peu de chose le désir)(c’est si peu de chose le désir)(c’est si peu de chose le désir)(
c’est si peu de chose le désir)(c’est si peu de chose le désir)(c’est si peu de chose le désir)(
c’est si peu de chose le désir)(c’est si peu de chose le désir)(c’est si peu de chose le désir)(
c’est si peu de chose le désir)(c’est si peu de chose le désir)(c’est si peu de chose le désir)(
c’est si peu de chose le désir)(c’est si peu de chose le désir)(c’est si peu de chose le désir)(
c’est si peu de chose le désir)(c’est si peu de chose le désir)(c’est si peu de chose le désir)(
c’est si peu de chose le désir)(c’est si peu de chose le désir)(c’est si peu de chose le désir)(
c’est si peu de chose le désir)(c’est si peu de chose le désir)(c’est si peu de chose le désir)(
c’est si peu de chose le désir)(c’est si peu de chose le désir)(c’est si peu de chose le désir)(
c’est si peu de chose le désir)(c’est si peu de chose le désir)(c’est si peu de chose le désir)(
c’est si peu de chose le désir)(c’est si peu de chose le désir)(c’est si peu de chose le désir)(
c’est si peu de chose le désir)(c’est si peu de chose le désir)(c’est si peu de chose le désir)(
c’est si peu de chose le désir)(c’est si peu de chose le désir)(c’est si peu de chose le désir)(
c’est si peu de chose le désir)(c’est si peu de chose le désir)(c’est si peu de chose le désir)(
c’est si peu de chose le désir)(c’est si peu de chose le désir)(c’est si peu de chose le désir)(
c’est si peu de chose le désir)(c’est si peu de chose le désir)(c’est si peu de chose le désir)(
c’est si peu de chose le désir)(c’est si peu de chose le désir)(c’est si peu de chose le désir)(
c’est si peu de chose le désir)(c’est si peu de chose le désir)(c’est si peu de chose le désir)(
c’est si peu de chose le désir)(c’est si peu de chose le désir)(c’est si peu de chose le désir)(
c’est si peu de chose le désir)(c’est si peu de chose le désir)(c’est si peu de chose le désir)(
c’est si peu de chose le désir)(c’est si peu de chose le désir)(c’est si peu de chose le désir)(
c’est si peu de chose le désir)(c’est si peu de chose le désir)(c’est si peu de chose le désir)(
c’est si peu de chose le désir)(c’est si peu de chose le désir)(c’est si peu de chose le désir)(
c’est si peu de chose le désir)(c’est si peu de chose le désir)(c’est si peu de chose le désir)(
c’est si peu de chose le désir)(c’est si peu de chose le désir)(c’est si peu de chose le désir)(
c’est si peu de chose le désir)(c’est si peu de chose le désir)(c’est si peu de chose le désir)(
c’est si peu de chose le désir)(c’est si peu de chose le désir)(c’est si peu de chose le désir)(
c’est si peu de chose le désir)(c’est si peu de chose le désir)(c’est si peu de chose le désir)(
c’est si peu de chose le désir)(c’est si peu de chose le désir)(c’est si peu de chose le désir)(
c’est si peu de chose le désir)(c’est si peu de chose le désir)(c’est si peu de chose le désir)(
c’est si peu de chose le désir)(c’est si peu de chose le désir)(c’est si peu de chose le désir)(
c’est si peu de chose le désir)(c’est si peu de chose le désir)(c’est si peu de chose le désir)(

vide
.sans horizon sans règne le silence délivre le vide et sans horizon sans règne le silence délivre.
vide
.sans horizon sans règne le silence délivre le vide et sans horizon sans règne le silence délivre.
vide
.sans horizon sans règne le silence délivre le vide et sans horizon sans règne le silence délivre.
vide
.sans horizon sans règne le silence délivre le vide et sans horizon sans règne le silence délivre.
vide
.sans horizon sans règne le silence délivre le vide et sans horizon sans règne le silence délivre.
vide
.sans horizon sans règne le silence délivre le vide et sans horizon sans règne le silence délivre.
vide
.sans horizon sans règne le silence délivre le vide et sans horizon sans règne le silence délivre.
vide
.sans horizon sans règne le silence délivre le vide et sans horizon sans règne le silence délivre.
vide
.sans horizon sans règne le silence délivre le vide et sans horizon sans règne le silence délivre.
vide
.sans horizon sans règne le silence délivre le vide et sans horizon sans règne le silence délivre.
vide
.sans horizon sans règne le silence délivre le vide et sans horizon sans règne le silence délivre.
vide
.sans horizon sans règne le silence délivre le vide et sans horizon sans règne le silence délivre.
vide
.sans horizon sans règne le silence délivre le vide et sans horizon sans règne le silence délivre.
vide
.sans horizon sans règne le silence délivre le vide et sans horizon sans règne le silence délivre.
vide
.sans horizon sans règne le silence délivre le vide et sans horizon sans règne le silence délivre.
vide
.sans horizon sans règne le silence délivre le vide et sans horizon sans règne le silence délivre.
vide
.sans horizon sans règne le silence délivre le vide et sans horizon sans règne le silence délivre.
vide
.sans horizon sans règne le silence délivre le vide et sans horizon sans règne le silence délivre.
vide
.sans horizon sans règne le silence délivre le vide et sans horizon sans règne le silence délivre.
vide
.sans horizon sans règne le silence délivre le vide et sans horizon sans règne le silence délivre.
vide
.sans horizon sans règne le silence délivre le vide et sans horizon sans règne le silence délivre.
vide
.sans horizon sans règne le silence délivre le vide et sans horizon sans règne le silence délivre.
vide
.sans horizon sans règne le silence délivre le vide et sans horizon sans règne le silence délivre.
vide
.sans horizon sans règne le silence délivre le vide et sans horizon sans règne le silence délivre.
vide
.sans horizon sans règne le silence délivre le vide et sans horizon sans règne le silence délivre.
vide
.sans horizon sans règne le silence délivre le vide et sans horizon sans règne le silence délivre.
vide
.sans horizon sans règne le silence délivre le vide et sans horizon sans règne le silence délivre.
vide
.sans horizon sans règne le silence délivre le vide et sans horizon sans règne le silence délivre.
vide
.sans horizon sans règne le silence délivre le vide et sans horizon sans règne le silence délivre.
vide
.sans horizon sans règne le silence délivre le vide et sans horizon sans règne le silence délivre.
vide
.sans horizon sans règne le silence délivre le vide et sans horizon sans règne le silence délivre.
vide

et si l’eau pénétrait la pierre ? et si l’eau pénétrait la pierre ?
et si l’eau pénétrait la pierre ? et si l’eau pénétrait la pierre ?
et si l’eau pénétrait la pierre ? et si l’eau pénétrait la pierre ?
et si l’eau pénétrait la pierre ? et si l’eau pénétrait la pierre ?
et si l’eau pénétrait la pierre ? et si l’eau pénétrait la pierre ?
et si l’eau pénétrait la pierre ? et si l’eau pénétrait la pierre ?
et si l’eau pénétrait la pierre ? et si l’eau pénétrait la pierre ?
et si l’eau pénétrait la pierre ? et si l’eau pénétrait la pierre ?
et si l’eau pénétrait la pierre ? et si l’eau pénétrait la pierre ?
et si l’eau pénétrait la pierre ? et si l’eau pénétrait la pierre ?
et si l’eau pénétrait la pierre ? et si l’eau pénétrait la pierre ?
et si l’eau pénétrait la pierre ? et si l’eau pénétrait la pierre ?
et si l’eau pénétrait la pierre ? et si l’eau pénétrait la pierre ?
et si l’eau pénétrait la pierre ? et si l’eau pénétrait la pierre ?
et si l’eau pénétrait la pierre ? et si l’eau pénétrait la pierre ?
et si l’eau pénétrait la pierre ? et si l’eau pénétrait la pierre ?
et si l’eau pénétrait la pierre ? et si l’eau pénétrait la pierre ?
et si l’eau pénétrait la pierre ? et si l’eau pénétrait la pierre ?
et si l’eau pénétrait la pierre ? et si l’eau pénétrait la pierre ?
et si l’eau pénétrait la pierre ? et si l’eau pénétrait la pierre ?
et si l’eau pénétrait la pierre ? et si l’eau pénétrait la pierre ?
et si l’eau pénétrait la pierre ? et si l’eau pénétrait la pierre ?
et si l’eau pénétrait la pierre ? et si l’eau pénétrait la pierre ?
et si l’eau pénétrait la pierre ? et si l’eau pénétrait la pierre ?
et si l’eau pénétrait la pierre ? et si l’eau pénétrait la pierre ?
et si l’eau pénétrait la pierre ? et si l’eau pénétrait la pierre ?
et si l’eau pénétrait la pierre ? et si l’eau pénétrait la pierre ?
et si l’eau pénétrait la pierre ? et si l’eau pénétrait la pierre ?
et si l’eau pénétrait la pierre ? et si l’eau pénétrait la pierre ?
et si l’eau pénétrait la pierre ? et si l’eau pénétrait la pierre ?
et si l’eau pénétrait la pierre ? et si l’eau pénétrait la pierre ?
et si l’eau pénétrait la pierre ? et si l’eau pénétrait la pierre ?
et si l’eau pénétrait la pierre ? et si l’eau pénétrait la pierre ?
et si l’eau pénétrait la pierre ? et si l’eau pénétrait la pierre ?
et si l’eau pénétrait la pierre ? et si l’eau pénétrait la pierre ?
et si l’eau pénétrait la pierre ? et si l’eau pénétrait la pierre ?
et si l’eau pénétrait la pierre ? et si l’eau pénétrait la pierre ?
et si l’eau pénétrait la pierre ? et si l’eau pénétrait la pierre ?
et si l’eau pénétrait la pierre ? et si l’eau pénétrait la pierre ?
et si l’eau pénétrait la pierre ? et si l’eau pénétrait la pierre ?
et si l’eau pénétrait la pierre ? et si l’eau pénétrait la pierre ?
et si l’eau pénétrait la pierre ? et si l’eau pénétrait la pierre ?
et si l’eau pénétrait la pierre ? et si l’eau pénétrait la pierre ?
et si l’eau pénétrait la pierre ? et si l’eau pénétrait la pierre ?
et si l’eau pénétrait la pierre ? et si l’eau pénétrait la pierre ?
et si l’eau pénétrait la pierre ? et si l’eau pénétrait la pierre ?
et si l’eau pénétrait la pierre ? et si l’eau pénétrait la pierre ?
et si l’eau pénétrait la pierre ? et si l’eau pénétrait la pierre ?
et si l’eau pénétrait la pierre ? et si l’eau pénétrait la pierre ?
et si l’eau pénétrait la pierre ? et si l’eau pénétrait la pierre ?
et si l’eau pénétrait la pierre ? et si l’eau pénétrait la pierre ?
et si l’eau pénétrait la pierre ? et si l’eau pénétrait la pierre ?
et si l’eau pénétrait la pierre ? et si l’eau pénétrait la pierre ?
et si l’eau pénétrait la pierre ? et si l’eau pénétrait la pierre ?
et si l’eau pénétrait la pierre ? et si l’eau pénétrait la pierre ?
et si l’eau pénétrait la pierre ? et si l’eau pénétrait la pierre ?
et si l’eau pénétrait la pierre ? et si l’eau pénétrait la pierre ?
et si l’eau pénétrait la pierre ? et si l’eau pénétrait la pierre ?
et si l’eau pénétrait la pierre ? et si l’eau pénétrait la pierre ?
et si l’eau pénétrait la pierre ? et si l’eau pénétrait la pierre ?
et si l’eau pénétrait la pierre ? et si l’eau pénétrait la pierre ?
et si l’eau pénétrait la pierre ? et si l’eau pénétrait la pierre ?
et si l’eau pénétrait la pierre ? et si l’eau pénétrait la pierre ?

uuuuuuuuuuuuuuuuuuuuuuuuuuuuuuuuuuuuuuuuuuuuuuuuuuuuuuuuuuuuuuuuuuuuuuuuuuuuuuuuuuuuuuuuuuuuu
nnnnnnnnnnnnnnnnnnnnnnnnnnnnnnnnnnnnnnnnnnnnnnnnnnnnnnnnnnnnnnnnnnnnnnnnnnnnnnnnnnnnnnnnnnnnn

eeeeeeeeeeeeeeeeeeeeeeeeeeeeeeeeeeeeeeeeeeeeeeeeeeeeeeeeeeeeeeeeeeeeeeeeeeeeeeeeeeeeeeeeeeeee
sssssssssssssssssssssssssssssssssssssssssssssssssssssssssssssssssssssssssssssssssssssssssssssssssssssss
ccccccccccccccccccccccccccccccccccccccccccccccccccccccccccccccccccccccccccccccccccccccccccccccccccccccc
aaaaaaaaaaaaaaaaaaaaaaaaaaaaaaaaaaaaaaaaaaaaaaaaaaaaaaaaaaaaaaaaaaaaaaaaaaaaaaaaaaaaaaaaaaaaa
rrrrrrrrrrrrrrrrrrrrrrrrrrrrrrrrrrrrrrrrrrrrrrrrrrrrrrrrrrrrrrrrrrrrrrrrrrrrrrrrrrrrrrrrrrrrrrrrrrrrrrrrrrrrrrrrrrrrrrrrrrrrrrrrrrrrrrrrrrrrrrrrrrrrrrrrrrrrrr
ggggggggggggggggggggggggggggggggggggggggggggggggggggggggggggggggggggggggggggggggggggggggggggg
ooooooooooooooooooooooooooooooooooooooooooooooooooooooooooooooooooooooooooooooooooooooooooooo
ttttttttttttttttttttttttttttttttttttttttttttttttttttttttttttttttttttttttttttttttttttttttttttttttttttttttttttttttttttttttttttttttttttttttttttttttttttttttttttttttttttt
....
....
....

uuuuuuuuuuuuuuuuuuuuuuuuuuuuuuuuuuuuuuuuuuuuuuuuuuuuuuuuuuuuuuuuuuuuuuuuuuuuuuuuuuuuuuuuuuuuu
nnnnnnnnnnnnnnnnnnnnnnnnnnnnnnnnnnnnnnnnnnnnnnnnnnnnnnnnnnnnnnnnnnnnnnnnnnnnnnnnnnnnnnnnnnnnnnn
eeeeeeeeeeeeeeeeeeeeeeeeeeeeeeeeeeeeeeeeeeeeeeeeeeeeeeeeeeeeeeeeeeeeeeeeeeeeeeeeeeeeeeeeeeee

mmmmmmmmmmmmmmmmmmmmmmmmmmmmmmmmmmmmmmmmmmmmmmmmmmmmmmmmmmmmmm
ooooooooooooooooooooooooooooooooooooooooooooooooooooooooooooooooooooooooooooooooooooooooooooo
ttttttttttttttttttttttttttttttttttttttttttttttttttttttttttttttttttttttttttttttttttttttttttttttttttttttttttttttttttttttttttttttttttttttttttttttttttttttttttttttttttttt
ttttttttttttttttttttttttttttttttttttttttttttttttttttttttttttttttttttttttttttttttttttttttttttttttttttttttttttttttttttttttttttttttttttttttttttttttttttttttttttttttttttt
eeeeeeeeeeeeeeeeeeeeeeeeeeeeeeeeeeeeeeeeeeeeeeeeeeeeeeeeeeeeeeeeeeeeeeeeeeeeeeeeeeeeeeeeeeeee

ddddddddddddddddddddddddddddddddddddddddddddddddddddddddddddddddddddddddddddddddddddddddddddd
eeeeeeeeeeeeeeeeeeeeeeeeeeeeeeeeeeeeeeeeeeeeeeeeeeeeeeeeeeeeeeeeeeeeeeeeeeeeeeeeeeeeeeeeeeeee

ttttttttttttttttttttttttttttttttttttttttttttttttttttttttttttttttttttttttttttttttttttttttttttttttttttttttttttttttttttttttttttttttttttttttttttttttttttttttttttttttttttt
eeeeeeeeeeeeeeeeeeeeeeeeeeeeeeeeeeeeeeeeeeeeeeeeeeeeeeeeeeeeeeeeeeeeeeeeeeeeeeeeeeeeeeeeeeeee
rrrrrrrrrrrrrrrrrrrrrrrrrrrrrrrrrrrrrrrrrrrrrrrrrrrrrrrrrrrrrrrrrrrrrrrrrrrrrrrrrrrrrrrrrrrrrrrrrrrrrrrrrrrrrrrrrrrrrrrrrrrrrrrrrrrrrrrrrrrrrrrrrrrrrrrrrrrrrrr
rrrrrrrrrrrrrrrrrrrrrrrrrrrrrrrrrrrrrrrrrrrrrrrrrrrrrrrrrrrrrrrrrrrrrrrrrrrrrrrrrrrrrrrrrrrrrrrrrrrrrrrrrrrrrrrrrrrrrrrrrrrrrrrrrrrrrrrrrrrrrrrrrrrrrrrrrrrrrr
eeeeeeeeeeeeeeeeeeeeeeeeeeeeeeeeeeeeeeeeeeeeeeeeeeeeeeeeeeeeeeeeeeeeeeeeeeeeeeeeeeeeeeeeeeeee

///

uuuuuuuuuuuuuuuuuuuuuuuuuuuuuuuuuuuuuuuuuuuuuuuuuuuuuuuuuuuuuuuuuuuuuuuuuuuuuuuuuuuuuuuuuuuuu
nnnnnnnnnnnnnnnnnnnnnnnnnnnnnnnnnnnnnnnnnnnnnnnnnnnnnnnnnnnnnnnnnnnnnnnnnnnnnnnnnnnnnnnnnnnnn

eeeeeeeeeeeeeeeeeeeeeeeeeeeeeeeeeeeeeeeeeeeeeeeeeeeeeeeeeeeeeeeeeeeeeeeeeeeeeeeeeeeeeeeeeeeee
sssssssssssssssssssssssssssssssssssssssssssssssssssssssssssssssssssssssssssssssssssssssssssssssssssssss
ccccccccccccccccccccccccccccccccccccccccccccccccccccccccccccccccccccccccccccccccccccccccccccccccccccccc
aaaaaaaaaaaaaaaaaaaaaaaaaaaaaaaaaaaaaaaaaaaaaaaaaaaaaaaaaaaaaaaaaaaaaaaaaaaaaaaaaaaaaaaaaaaaa
rrrrrrrrrrrrrrrrrrrrrrrrrrrrrrrrrrrrrrrrrrrrrrrrrrrrrrrrrrrrrrrrrrrrrrrrrrrrrrrrrrrrrrrrrrrrrrrrrrrrrrrrrrrrrrrrrrrrrrrrrrrrrrrrrrrrrrrrrrrrrrrrrrrrrrrrrrrrrrr
ggggggggggggggggggggggggggggggggggggggggggggggggggggggggggggggggggggggggggggggggggggggggggggg
ooooooooooooooooooooooooooooooooooooooooooooooooooooooooooooooooooooooooooooooooooooooooooooo
ttttttttttttttttttttttttttttttttttttttttttttttttttttttttttttttttttttttttttttttttttttttttttttttttttttttttttttttttttttttttttttttttttttttttttttttttttttttttttttttttttttt
....
....
....

uuuuuuuuuuuuuuuuuuuuuuuuuuuuuuuuuuuuuuuuuuuuuuuuuuuuuuuuuuuuuuuuuuuuuuuuuuuuuuuuuuuuuuuuuuuuu
nnnnnnnnnnnnnnnnnnnnnnnnnnnnnnnnnnnnnnnnnnnnnnnnnnnnnnnnnnnnnnnnnnnnnnnnnnnnnnnnnnnnnnnnnnnnn
eeeeeeeeeeeeeeeeeeeeeeeeeeeeeeeeeeeeeeeeeeeeeeeeeeeeeeeeeeeeeeeeeeeeeeeeeeeeeeeeeeeeeeeeeeee

mmmmmmmmmmmmmmmmmmmmmmmmmmmmmmmmmmmmmmmmmmmmmmmmmmmmmmmmmmmmmm
ooooooooooooooooooooooooooooooooooooooooooooooooooooooooooooooooooooooooooooooooooooooooooooo
ttttttttttttttttttttttttttttttttttttttttttttttttttttttttttttttttttttttttttttttttttttttttttttttttttttttttttttttttttttttttttttttttttttttttttttttttttttttttttttttttttttt
ttttttttttttttttttttttttttttttttttttttttttttttttttttttttttttttttttttttttttttttttttttttttttttttttttttttttttttttttttttttttttttttttttttttttttttttttttttttttttttttttttttt
eeeeeeeeeeeeeeeeeeeeeeeeeeeeeeeeeeeeeeeeeeeeeeeeeeeeeeeeeeeeeeeeeeeeeeeeeeeeeeeeeeeeeeeeeeeee

ddddddddddddddddddddddddddddddddddddddddddddddddddddddddddddddddddddddddddddddddddddddddddddd
eeeeeeeeeeeeeeeeeeeeeeeeeeeeeeeeeeeeeeeeeeeeeeeeeeeeeeeeeeeeeeeeeeeeeeeeeeeeeeeeeeeeeeeeeeeee

bbbbbbbbbbbbbbbbbbbbbbbbbbbbbbbbbbbbbbbbbbbbbbbbbbbbbbbbbbbbbbbbbbbbbbbbbbbbbbbbbbbbbb
eeeeeeeeeeeeeeeeeeeeeeeeeeeeeeeeeeeeeeeeeeeeeeeeeeeeeeeeeeeeeeeeeeeeeeeeeeeeeeeeeeeeee
uuuuuuuuuuuuuuuuuuuuuuuuuuuuuuuuuuuuuuuuuuuuuuuuuuuuuuuuuuuuuuuuuuuuuuuuuuuuuuuuuuuuuu
rrrrrrrrrrrrrrrrrrrrrrrrrrrrrrrrrrrrrrrrrrrrrrrrrrrrrrrrrrrrrrrrrrrrrrrrrrrrrrrrrrrrrrrrrrrrrrrrrrrrrrrrrrrrrrrrrrrrrrrrrrrrrrrrrrrrrrrrrrrrrrrrrrrrrrrrrrrrrrrrrrrrrrrr
rrrrrrrrrrrrrrrrrrrrrrrrrrrrrrrrrrrrrrrrrrrrrrrrrrrrrrrrrrrrrrrrrrrrrrrrrrrrrrrrrrrrrrrrrrrrrrrrrrrrrrrrrrrrrrrrrrrrrrrrrrrrrrrrrrrrrrrrrrrrrrrrrrrrrrrrrrrrrrrrrrrrr
eeeeeeeeeeeeeeeeeeeeeeeeeeeeeeeeeeeeeeeeeeeeeeeeeeeeeeeeeeeeeeeeeeeeeeeeeeeeeeeeeeeeee

//

uuuuuuuuuuuuuuuuuuuuuuuuuuuuuuuuuuuuuuuuuuuuuuuuuuuuuuuuuuuuuuuuuuuuuuuuuuuuuuuuuuuuuu
nnnnnnnnnnnnnnnnnnnnnnnnnnnnnnnnnnnnnnnnnnnnnnnnnnnnnnnnnnnnnnnnnnnnnnnnnnnnnnnnnnnnnn

eeeeeeeeeeeeeeeeeeeeeeeeeeeeeeeeeeeeeeeeeeeeeeeeeeeeeeeeeeeeeeeeeeeeeeeeeeeeeeeeeeeeee
ssssssssssssssssssssssssssssssssssssssssssssssssssssssssssssssssssssssssssssssssssssssssss
cccccccccccccccccccccccccccccccccccccccccccccccccccccccccccccccccccccccccccccccccccccccc
aaaaaaaaaaaaaaaaaaaaaaaaaaaaaaaaaaaaaaaaaaaaaaaaaaaaaaaaaaaaaaaaaaaaaaaaaaaaaaaaaaaaaa
rrrrrrrrrrrrrrrrrrrrrrrrrrrrrrrrrrrrrrrrrrrrrrrrrrrrrrrrrrrrrrrrrrrrrrrrrrrrrrrrrrrrrrrrrrrrrrrrrrrrrrrrrrrrrrrrrrrrrrrrrrrrrrrrrrrrrrrrrrrrrrrrrrrrrrrrrrrrrrrrrrrrrrr
gggggggggggggggggggggggggggggggggggggggggggggggggggggggggggggggggggggggggggggggggggggg
oooooooooooooooooooooooooooooooooooooooooooooooooooooooooooooooooooooooooooooooooooooo
tttttttttttttttttttttttttttttttttttttttttttttttttttttttttttttttttttttttttttttttttttttttttttttttttttttttttttttttttttttttttttttttttttttttttttttttttttttttttttttttttttttttttttt
....
....
....

uuuuuuuuuuuuuuuuuuuuuuuuuuuuuuuuuuuuuuuuuuuuuuuuuuuuuuuuuuuuuuuuuuuuuuuuuuuuuuuuuuuuuu
nnnnnnnnnnnnnnnnnnnnnnnnnnnnnnnnnnnnnnnnnnnnnnnnnnnnnnnnnnnnnnnnnnnnnnnnnnnnnnnnnnnnn
eeeeeeeeeeeeeeeeeeeeeeeeeeeeeeeeeeeeeeeeeeeeeeeeeeeeeeeeeeeeeeeeeeeeeeeeeeeeeeeeeeeeee

mmmmmmmmmmmmmmmmmmmmmmmmmmmmmmmmmmmmmmmmmmmmmmmmmmmmmmm
oooooooooooooooooooooooooooooooooooooooooooooooooooooooooooooooooooooooooooooooooooooo
tttttttttttttttttttttttttttttttttttttttttttttttttttttttttttttttttttttttttttttttttttttttttttttttttttttttttttttttttttttttttttttttttttttttttttttttttttttttttttttttttttttttttttt
tttttttttttttttttttttttttttttttttttttttttttttttttttttttttttttttttttttttttttttttttttttttttttttttttttttttttttttttttttttttttttttttttttttttttttttttttttttttttttttttttttttttttttt
eeeeeeeeeeeeeeeeeeeeeeeeeeeeeeeeeeeeeeeeeeeeeeeeeeeeeeeeeeeeeeeeeeeeeeeeeeeeeeeeeeeeee

dddddddddddddddddddddddddddddddddddddddddddddddddddddddddddddddddddddddddddddddddddddd
eeeeeeeeeeeeeeeeeeeeeeeeeeeeeeeeeeeeeeeeeeeeeeeeeeeeeeeeeeeeeeeeeeeeeeeeeeeeeeeeeeeeee

pppppppppppppppppppppppppppppppppppppppppppppppppppppppppppppppppppppppppppppppppppppp
eeeeeeeeeeeeeeeeeeeeeeeeeeeeeeeeeeeeeeeeeeeeeeeeeeeeeeeeeeeeeeeeeeeeeeeeeeeeeeeeeeeeee
uuuuuuuuuuuuuuuuuuuuuuuuuuuuuuuuuuuuuuuuuuuuuuuuuuuuuuuuuuuuuuuuuuuuuuuuuuuuuuuuuuuuuu
rrrrrrrrrrrrrrrrrrrrrrrrrrrrrrrrrrrrrrrrrrrrrrrrrrrrrrrrrrrrrrrrrrrrrrrrrrrrrrrrrrrrrrrrrrrrrrrrrrrrrrrrrrrrrrrrrrrrrrrrrrrrrrrrrrrrrrrrrrrrrrrrrrrrrrrrrrrrrrrrrrrrrrr

(tous les systèmes de contrôles sont contradictoires)

DOUTE RIEN QUE LE DOUTE A SON VIDE DOUTE RIEN QUE LE DOUTE A SON VIDE DOUTE
RIEN QUE LE DOUTE A SON VIDE DOUTE RIEN QUE LE DOUTE A SON VIDE DOUTE RIEN
QUE LE DOUTE A SON VIDE DOUTE RIEN QUE LE DOUTE A SON VIDE DOUTE RIEN QUE LE
DOUTE A SON VIDE DOUTE RIEN QUE LE DOUTE A SON VIDE DOUTE RIEN QUE LE DOUTE
A SON VIDE DOUTE RIEN QUE LE DOUTE A SON VIDE DOUTE RIEN QUE LE DOUTE A SON
VIDE DOUTE RIEN QUE LE DOUTE A SON VIDE DOUTE RIEN QUE LE DOUTE A SON VIDE
DOUTE RIEN QUE LE DOUTE A SON VIDE DOUTE RIEN QUE LE DOUTE A SON VIDE DOUTE
RIEN QUE LE DOUTE A SON VIDE DOUTE RIEN QUE LE DOUTE A SON VIDE DOUTE RIEN
QUE LE DOUTE A SON VIDE DOUTE RIEN QUE LE DOUTE A SON VIDE DOUTE RIEN QUE LE
DOUTE A SON VIDE DOUTE RIEN QUE LE DOUTE A SON VIDE DOUTE RIEN QUE LE DOUTE
A SON VIDE DOUTE RIEN QUE LE DOUTE A SON VIDE DOUTE RIEN QUE LE DOUTE A SON
VIDE DOUTE RIEN QUE LE DOUTE A SON VIDE DOUTE RIEN QUE LE DOUTE A SON VIDE
DOUTE RIEN QUE LE DOUTE A SON VIDE DOUTE RIEN QUE LE DOUTE A SON VIDE DOUTE
RIEN QUE LE DOUTE A SON VIDE DOUTE RIEN QUE LE DOUTE A SON VIDE DOUTE RIEN
QUE LE DOUTE A SON VIDE DOUTE RIEN QUE LE DOUTE A SON VIDE DOUTE RIEN QUE LE
DOUTE A SON VIDE DOUTE RIEN QUE LE DOUTE A SON VIDE DOUTE RIEN QUE LE DOUTE
A SON VIDE DOUTE RIEN QUE LE DOUTE A SON VIDE DOUTE RIEN QUE LE DOUTE A SON
VIDE DOUTE RIEN QUE LE DOUTE A SON VIDE DOUTE RIEN QUE LE DOUTE A SON VIDE
DOUTE RIEN QUE LE DOUTE A SON VIDE DOUTE RIEN QUE LE DOUTE A SON VIDE DOUTE
RIEN QUE LE DOUTE A SON VIDE DOUTE RIEN QUE LE DOUTE A SON VIDE DOUTE RIEN
QUE LE DOUTE A SON VIDE DOUTE RIEN QUE LE DOUTE A SON VIDE DOUTE RIEN QUE LE
DOUTE A SON VIDE DOUTE RIEN QUE LE DOUTE A SON VIDE DOUTE RIEN QUE LE DOUTE
A SON VIDE DOUTE RIEN QUE LE DOUTE A SON VIDE DOUTE RIEN QUE LE DOUTE A SON
VIDE DOUTE RIEN QUE LE DOUTE A SON VIDE DOUTE RIEN QUE LE DOUTE A SON VIDE
DOUTE RIEN QUE LE DOUTE A SON VIDE DOUTE RIEN QUE LE DOUTE A SON VIDE DOUTE
RIEN QUE LE DOUTE A SON VIDE DOUTE RIEN QUE LE DOUTE A SON VIDE DOUTE RIEN
QUE LE DOUTE A SON VIDE DOUTE RIEN QUE LE DOUTE A SON VIDE DOUTE RIEN QUE LE
DOUTE A SON VIDE DOUTE RIEN QUE LE DOUTE A SON VIDE DOUTE RIEN QUE LE DOUTE
A SON VIDE DOUTE RIEN QUE LE DOUTE A SON VIDE DOUTE RIEN QUE LE DOUTE A SON
VIDE DOUTE RIEN QUE LE DOUTE A SON VIDE DOUTE RIEN QUE LE DOUTE A SON VIDE
DOUTE RIEN QUE LE DOUTE A SON VIDE DOUTE RIEN QUE LE DOUTE A SON VIDE DOUTE
RIEN QUE LE DOUTE A SON VIDE DOUTE RIEN QUE LE DOUTE A SON VIDE DOUTE RIEN
QUE LE DOUTE A SON VIDE DOUTE RIEN QUE LE DOUTE A SON VIDE DOUTE RIEN QUE LE
DOUTE A SON VIDE DOUTE RIEN QUE LE DOUTE A SON VIDE DOUTE RIEN QUE LE DOUTE
A SON VIDE DOUTE RIEN QUE LE DOUTE A SON VIDE DOUTE RIEN QUE LE DOUTE A SON
VIDE DOUTE RIEN QUE LE DOUTE A SON VIDE DOUTE RIEN QUE LE DOUTE A SON VIDE
DOUTE RIEN QUE LE DOUTE A SON VIDE DOUTE RIEN QUE LE DOUTE A SON VIDE DOUTE
RIEN QUE LE DOUTE A SON VIDE DOUTE RIEN QUE LE DOUTE A SON VIDE DOUTE RIEN
QUE LE DOUTE A SON VIDE DOUTE RIEN QUE LE DOUTE A SON VIDE DOUTE RIEN QUE LE
DOUTE A SON VIDE DOUTE RIEN QUE LE DOUTE A SON VIDE DOUTE RIEN QUE LE DOUTE
A SON VIDE DOUTE RIEN QUE LE DOUTE A SON VIDE DOUTE RIEN QUE LE DOUTE A SON
VIDE DOUTE RIEN QUE LE DOUTE A SON VIDE DOUTE RIEN QUE LE DOUTE A SON VIDE
DOUTE RIEN QUE LE DOUTE A SON VIDE DOUTE RIEN QUE LE DOUTE A SON VIDE DOUTE
RIEN QUE LE DOUTE A SON VIDE DOUTE RIEN QUE LE DOUTE A SON VIDE DOUTE RIEN
QUE LE DOUTE A SON VIDE DOUTE RIEN QUE LE DOUTE A SON VIDE DOUTE RIEN QUE LE
DOUTE A SON VIDE DOUTE RIEN QUE LE DOUTE A SON VIDE DOUTE RIEN QUE LE DOUTE
A SON VIDE DOUTE RIEN QUE LE DOUTE A SON VIDE DOUTE RIEN QUE LE DOUTE A SON
VIDE DOUTE RIEN QUE LE DOUTE A SON VIDE DOUTE RIEN QUE LE DOUTE A SON VIDE
DOUTE RIEN QUE LE DOUTE A SON VIDE DOUTE RIEN QUE LE DOUTE A SON VIDE DOUTE
RIEN QUE LE DOUTE A SON VIDE DOUTE RIEN QUE LE DOUTE A SON VIDE DOUTE RIEN
QUE LE DOUTE A SON VIDE DOUTE RIEN QUE LE DOUTE A SON VIDE DOUTE RIEN QUE LE
DOUTE A SON VIDE DOUTE RIEN QUE LE DOUTE A SON VIDE DOUTE RIEN QUE LE DOUTE
A SON VIDE DOUTE RIEN QUE LE DOUTE A SON VIDE DOUTE RIEN QUE LE DOUTE A SON
VIDE DOUTE RIEN QUE LE DOUTE A SON VIDE DOUTE RIEN QUE LE DOUTE A SON VIDE
DOUTE RIEN QUE LE DOUTE A SON VIDE DOUTE RIEN QUE LE DOUTE A SON VIDE DOUTE
RIEN QUE LE DOUTE A SON VIDE DOUTE RIEN QUE LE DOUTE A SON VIDE DOUTE RIEN
QUE LE DOUTE A SON VIDE DOUTE RIEN QUE LE DOUTE A SON VIDE DOUTE RIEN QUE LE
DOUTE A SON VIDE DOUTE RIEN QUE LE DOUTE A SON VIDE DOUTE RIEN QUE LE DOUTE
A SON VIDE DOUTE RIEN QUE LE DOUTE A SON VIDE DOUTE RIEN QUE LE DOUTE A SON
VIDE DOUTE RIEN QUE LE DOUTE A SON VIDE DOUTE RIEN QUE LE DOUTE A SON VIDE
DOUTE RIEN QUE LE DOUTE A SON VIDE DOUTE RIEN QUE LE DOUTE A SON VIDE DOUTE
RIEN QUE LE DOUTE A SON VIDE DOUTE RIEN QUE LE DOUTE A SON VIDE DOUTE RIEN
QUE LE DOUTE A SON VIDE DOUTE RIEN QUE LE DOUTE A SON VIDE DOUTE RIEN RIEN

.... et sous la croix debout l’homme chante lui-même vécu et sous la CROIX
debout l’homme chante lui-même vécu et sous la croix debout l’homme
chante lui-même vécu et sous la croix debout l’homme chante lui-même VÉCU
et sous la croix debout l’homme chante lui-même vécu et sous la CROIX
debout l’homme chante lui-même vécu et sous la croix debout l’homme
chante lui-même vécu et sous la croix debout l’homme chante lui-même VÉCU
et sous la croix debout l’homme chante lui-même vécu et sous la CROIX
debout l’homme chante lui-même vécu et sous la croix debout l’homme
chante lui-même vécu et sous la croix debout l’homme chante lui-même VÉCU
et sous la croix debout l’homme chante lui-même vécu et sous la CROIX
debout l’homme chante lui-même vécu et sous la croix debout l’homme
chante lui-même vécu et sous la croix debout l’homme chante lui-même VÉCU
et sous la croix debout l’homme chante lui-même vécu et sous la CROIX
debout l’homme chante lui-même vécu et sous la croix debout l’homme
chante lui-même vécu et sous la croix debout l’homme chante lui-même VÉCU
et sous la croix debout l’homme chante lui-même vécu et sous la CROIX
debout l’homme chante lui-même vécu et sous la croix debout l’homme
chante lui-même vécu et sous la croix debout l’homme chante lui-même VÉCU
et sous la croix debout l’homme chante lui-même vécu et sous la CROIX
debout l’homme chante lui-même vécu et sous la croix debout l’homme
chante lui-même vécu et sous la croix debout l’homme chante lui-même VÉCU
et sous la croix debout l’homme chante lui-même vécu et sous la CROIX
debout l’homme chante lui-même vécu et sous la croix debout l’homme
chante lui-même vécu et sous la croix debout l’homme chante lui-même VÉCU
et sous la croix debout l’homme chante lui-même vécu et sous la CROIX
debout l’homme chante lui-même vécu et sous la croix debout l’homme
chante lui-même vécu et sous la croix debout l’homme chante lui-même VÉCU
et sous la croix debout l’homme chante lui-même vécu et sous la CROIX
debout l’homme chante lui-même vécu et sous la croix debout l’homme
chante lui-même vécu et sous la croix debout l’homme chante lui-même VÉCU
et sous la croix debout l’homme chante lui-même vécu et sous la CROIX
debout l’homme chante lui-même vécu et sous la croix debout l’homme
chante lui-même vécu et sous la croix debout l’homme chante lui-même VÉCU
et sous la croix debout l’homme chante lui-même vécu et sous la CROIX
debout l’homme chante lui-même vécu et sous la croix debout l’homme
chante lui-même vécu et sous la croix debout l’homme chante lui-même VÉCU
et sous la croix debout l’homme chante lui-même vécu et sous la CROIX
debout l’homme chante lui-même vécu et sous la croix debout l’homme
chante lui-même vécu et sous la croix debout l’homme chante lui-même VÉCU
et sous la croix debout l’homme chante lui-même vécu et sous la CROIX
debout l’homme chante lui-même vécu et sous la croix debout l’homme
chante lui-même vécu et sous la croix debout l’homme chante lui-même VÉCU
et sous la croix debout l’homme chante lui-même vécu et sous la CROIX
debout l’homme chante lui-même vécu et sous la croix debout l’homme
chante lui-même vécu et sous la croix debout l’homme chante lui-même VÉCU
et sous la croix debout l’homme chante lui-même vécu et sous la CROIX
debout l’homme chante lui-même vécu et sous la croix debout l’homme
chante lui-même vécu et sous la croix debout l’homme chante lui-même VÉCU
et sous la croix debout l’homme chante lui-même vécu et sous la CROIX
debout l’homme chante lui-même vécu et sous la croix debout l’homme
chante lui-même vécu et sous la croix debout l’homme chante lui-même VÉCU
et sous la croix debout l’homme chante lui-même vécu et sous la CROIX
debout l’homme chante lui-même vécu et sous la croix debout l’homme
chante lui-même vécu et sous la croix debout l’homme chante lui-même VÉCU
et sous la croix debout l’homme chante lui-même vécu et sous la CROIX
debout l’homme chante lui-même vécu et sous la croix debout l’homme
chante lui-même vécu et sous la croix debout l’homme chante lui-même VÉCU
et sous la croix debout l’homme chante lui-même vécu et sous la CROIX
debout l’homme chante lui-même vécu et sous la croix debout l’homme
chante lui-même vécu et sous la croix debout l’homme chante lui-même VÉCU
et sous la croix debout l’homme chante lui-même vécu et sous la CROIX
debout l’homme chante lui-même vécu et sous la croix debout l’homme
chante lui-même vécu et sous la croix debout l’homme chante lui-même VÉCU

l,e,s, c,r,a,b,e,s, r,e,m,u,e,n,t, les nuages les crabes remuent l,e,s, n,u,a,g,e,s, l,e,s, c,r,a,b,e,s,
r,e,m,u,e,n,t, les nuages les crabes remuent l,e,s, n,u,a,g,e,s, l,e,s, c,r,a,b,e,s, r,e,m,u,e,n,t, les nuages
les crabes remuent l,e,s, n,u,a,g,e,s, l,e,s, c,r,a,b,e,s, r,e,m,u,e,n,t, les nuages les crabes remuent l,e,s,
n,u,a,g,e,s, l,e,s, c,r,a,b,e,s, r,e,m,u,e,n,t, les nuages les crabes remuent l,e,s, n,u,a,g,e,s, l,e,s,
c,r,a,b,e,s, r,e,m,u,e,n,t, les nuages les crabes remuent l,e,s, n,u,a,g,e,s, l,e,s, c,r,a,b,e,s, r,e,m,u,e,n,t,
les nuages les crabes remuent l,e,s, n,u,a,g,e,s, l,e,s, c,r,a,b,e,s, r,e,m,u,e,n,t, les nuages les crabes
remuent l,e,s, n,u,a,g,e,s, l,e,s, c,r,a,b,e,s, r,e,m,u,e,n,t, les nuages les crabes remuent l,e,s,
n,u,a,g,e,s, l,e,s, c,r,a,b,e,s, r,e,m,u,e,n,t, les nuages les crabes remuent l,e,s, n,u,a,g,e,s, l,e,s,
c,r,a,b,e,s, r,e,m,u,e,n,t, les nuages les crabes remuent l,e,s, n,u,a,g,e,s, l,e,s, c,r,a,b,e,s, r,e,m,u,e,n,t,
les nuages les crabes remuent l,e,s, n,u,a,g,e,s, l,e,s, c,r,a,b,e,s, r,e,m,u,e,n,t, les nuages les crabes
remuent l,e,s, n,u,a,g,e,s, l,e,s, c,r,a,b,e,s, r,e,m,u,e,n,t, les nuages les crabes remuent l,e,s,
n,u,a,g,e,s, l,e,s, c,r,a,b,e,s, r,e,m,u,e,n,t, les nuages les crabes remuent l,e,s, n,u,a,g,e,s, l,e,s,
c,r,a,b,e,s, r,e,m,u,e,n,t, les nuages les crabes remuent l,e,s, n,u,a,g,e,s, l,e,s, c,r,a,b,e,s, r,e,m,u,e,n,t,
les nuages les crabes remuent l,e,s, n,u,a,g,e,s, l,e,s, c,r,a,b,e,s, r,e,m,u,e,n,t, les nuages les crabes
remuent l,e,s, n,u,a,g,e,s, l,e,s, c,r,a,b,e,s, r,e,m,u,e,n,t, les nuages les crabes remuent l,e,s,
n,u,a,g,e,s, l,e,s, c,r,a,b,e,s, r,e,m,u,e,n,t, les nuages les crabes remuent l,e,s, n,u,a,g,e,s, l,e,s,
c,r,a,b,e,s, r,e,m,u,e,n,t, les nuages les crabes remuent l,e,s, n,u,a,g,e,s, l,e,s, c,r,a,b,e,s, r,e,m,u,e,n,t,
les nuages les crabes remuent l,e,s, n,u,a,g,e,s, l,e,s, c,r,a,b,e,s, r,e,m,u,e,n,t, les nuages les crabes
remuent l,e,s, n,u,a,g,e,s, l,e,s, c,r,a,b,e,s, r,e,m,u,e,n,t, les nuages les crabes remuent l,e,s,
n,u,a,g,e,s, l,e,s, c,r,a,b,e,s, r,e,m,u,e,n,t, les nuages les crabes remuent l,e,s, n,u,a,g,e,s, l,e,s,
c,r,a,b,e,s, r,e,m,u,e,n,t, les nuages les crabes remuent l,e,s, n,u,a,g,e,s, l,e,s, c,r,a,b,e,s, r,e,m,u,e,n,t,
les nuages les crabes remuent l,e,s, n,u,a,g,e,s, l,e,s, c,r,a,b,e,s, r,e,m,u,e,n,t, les nuages les crabes
remuent l,e,s, n,u,a,g,e,s, l,e,s, c,r,a,b,e,s, r,e,m,u,e,n,t, les nuages les crabes remuent l,e,s,
n,u,a,g,e,s, l,e,s, c,r,a,b,e,s, r,e,m,u,e,n,t, les nuages les crabes remuent l,e,s, n,u,a,g,e,s, l,e,s,
c,r,a,b,e,s, r,e,m,u,e,n,t, les nuages les crabes remuent l,e,s, n,u,a,g,e,s, l,e,s, c,r,a,b,e,s, r,e,m,u,e,n,t,
les nuages les crabes remuent l,e,s, n,u,a,g,e,s, l,e,s, c,r,a,b,e,s, r,e,m,u,e,n,t, les nuages les crabes
remuent l,e,s, n,u,a,g,e,s, l,e,s, c,r,a,b,e,s, r,e,m,u,e,n,t, les nuages les crabes remuent l,e,s,
n,u,a,g,e,s, l,e,s, c,r,a,b,e,s, r,e,m,u,e,n,t, les nuages les crabes remuent l,e,s, n,u,a,g,e,s, l,e,s,
c,r,a,b,e,s, r,e,m,u,e,n,t, les nuages les crabes remuent l,e,s, n,u,a,g,e,s, l,e,s, c,r,a,b,e,s, r,e,m,u,e,n,t,
les nuages les crabes remuent l,e,s, n,u,a,g,e,s, l,e,s, c,r,a,b,e,s, r,e,m,u,e,n,t, les nuages les crabes
remuent l,e,s, n,u,a,g,e,s, l,e,s, c,r,a,b,e,s, r,e,m,u,e,n,t, les nuages les crabes remuent l,e,s,
n,u,a,g,e,s, l,e,s, c,r,a,b,e,s, r,e,m,u,e,n,t, les nuages les crabes remuent l,e,s, n,u,a,g,e,s, l,e,s,
c,r,a,b,e,s, r,e,m,u,e,n,t, les nuages les crabes remuent l,e,s, n,u,a,g,e,s, l,e,s, c,r,a,b,e,s, r,e,m,u,e,n,t,
les nuages les crabes remuent l,e,s, n,u,a,g,e,s, l,e,s, c,r,a,b,e,s, r,e,m,u,e,n,t, les nuages les crabes
remuent l,e,s, n,u,a,g,e,s, l,e,s, c,r,a,b,e,s, r,e,m,u,e,n,t, les nuages les crabes remuent l,e,s,
n,u,a,g,e,s, l,e,s, c,r,a,b,e,s, r,e,m,u,e,n,t, les nuages les crabes remuent l,e,s, n,u,a,g,e,s, l,e,s,
c,r,a,b,e,s, r,e,m,u,e,n,t, les nuages les crabes remuent l,e,s, n,u,a,g,e,s, l,e,s, c,r,a,b,e,s, r,e,m,u,e,n,t,
les nuages les crabes remuent l,e,s, n,u,a,g,e,s, l,e,s, c,r,a,b,e,s, r,e,m,u,e,n,t, les nuages les crabes
remuent l,e,s, n,u,a,g,e,s, l,e,s, c,r,a,b,e,s, r,e,m,u,e,n,t, les nuages les crabes remuent l,e,s,
n,u,a,g,e,s, l,e,s, c,r,a,b,e,s, r,e,m,u,e,n,t, les nuages les crabes remuent l,e,s, n,u,a,g,e,s, l,e,s,
c,r,a,b,e,s, r,e,m,u,e,n,t, les nuages les crabes remuent l,e,s, n,u,a,g,e,s, l,e,s, c,r,a,b,e,s, r,e,m,u,e,n,t,
les nuages les crabes remuent l,e,s, n,u,a,g,e,s, l,e,s, c,r,a,b,e,s, r,e,m,u,e,n,t, les nuages les crabes
remuent l,e,s, n,u,a,g,e,s,l,e,s, c,r,a,b,e,s, r,e,m,u,e,n,t, les nuages les crabes remuent l,e,s, n,u,a,g,e,s,

corps évanouis la voûte au ventre annoncé... évanouis la voûte au ventre annoncé.........
évanouis la voûte au ventre annoncé... évanouis la voûte au ventre annoncé.........
évanouis la voûte au ventre annoncé... évanouis la voûte au ventre annoncé.........
évanouis la voûte au ventre annoncé... évanouis la voûte au ventre annoncé.........
évanouis la voûte au ventre annoncé... évanouis la voûte au ventre annoncé.........
évanouis la voûte au ventre annoncé... évanouis la voûte au ventre annoncé.........
évanouis la voûte au ventre annoncé... évanouis la voûte au ventre annoncé.........
évanouis la voûte au ventre annoncé... évanouis la voûte au ventre annoncé.........
évanouis la voûte au ventre annoncé... évanouis la voûte au ventre annoncé.........
évanouis la voûte au ventre annoncé... évanouis la voûte au ventre annoncé.........
évanouis la voûte au ventre annoncé... évanouis la voûte au ventre annoncé.........
évanouis la voûte au ventre annoncé... évanouis la voûte au ventre annoncé.........
évanouis la voûte au ventre annoncé... évanouis la voûte au ventre annoncé.........
évanouis la voûte au ventre annoncé... évanouis la voûte au ventre annoncé.........
évanouis la voûte au ventre annoncé... évanouis la voûte au ventre annoncé.........
évanouis la voûte au ventre annoncé... évanouis la voûte au ventre annoncé.........
évanouis la voûte au ventre annoncé... évanouis la voûte au ventre annoncé.........
évanouis la voûte au ventre annoncé... évanouis la voûte au ventre annoncé.........
évanouis la voûte au ventre annoncé... évanouis la voûte au ventre annoncé.........
évanouis la voûte au ventre annoncé... évanouis la voûte au ventre annoncé.........
évanouis la voûte au ventre annoncé... évanouis la voûte au ventre annoncé.........
évanouis la voûte au ventre annoncé... évanouis la voûte au ventre annoncé.........
évanouis la voûte au ventre annoncé... évanouis la voûte au ventre annoncé.........
évanouis la voûte au ventre annoncé... évanouis la voûte au ventre annoncé.........
évanouis la voûte au ventre annoncé... évanouis la voûte au ventre annoncé.........
évanouis la voûte au ventre annoncé... évanouis la voûte au ventre annoncé.........
évanouis la voûte au ventre annoncé... évanouis la voûte au ventre annoncé.........
évanouis la voûte au ventre annoncé... évanouis la voûte au ventre annoncé.........
évanouis la voûte au ventre annoncé... évanouis la voûte au ventre annoncé.........
évanouis la voûte au ventre annoncé... évanouis la voûte au ventre annoncé.........
évanouis la voûte au ventre annoncé... évanouis la voûte au ventre annoncé.........
évanouis la voûte au ventre annoncé... évanouis la voûte au ventre annoncé.........
évanouis la voûte au ventre annoncé... évanouis la voûte au ventre annoncé.........
évanouis la voûte au ventre annoncé... évanouis la voûte au ventre annoncé.........
évanouis la voûte au ventre annoncé... évanouis la voûte au ventre annoncé.........
évanouis la voûte au ventre annoncé... évanouis la voûte au ventre annoncé.........
évanouis la voûte au ventre annoncé... évanouis la voûte au ventre annoncé.........
évanouis la voûte au ventre annoncé... évanouis la voûte au ventre annoncé.........
évanouis la voûte au ventre annoncé... évanouis la voûte au ventre annoncé.........
évanouis la voûte au ventre annoncé... évanouis la voûte au ventre annoncé.........
évanouis la voûte au ventre annoncé... évanouis la voûte au ventre annoncé.........
évanouis la voûte au ventre annoncé... évanouis la voûte au ventre annoncé.........
évanouis la voûte au ventre annoncé... évanouis la voûte au ventre annoncé.........
évanouis la voûte au ventre annoncé... évanouis la voûte au ventre annoncé.........
évanouis la voûte au ventre annoncé... évanouis la voûte au ventre annoncé.........
évanouis la voûte au ventre annoncé... évanouis la voûte au ventre annoncé.........
évanouis la voûte au ventre annoncé... évanouis la voûte au ventre annoncé.........
évanouis la voûte au ventre annoncé... évanouis la voûte au ventre annoncé.........
évanouis la voûte au ventre annoncé... évanouis la voûte au ventre annoncé.........
évanouis la voûte au ventre annoncé... évanouis la voûte au ventre annoncé.........
évanouis la voûte au ventre annoncé... évanouis la voûte au ventre annoncé.........
évanouis la voûte au ventre annoncé... évanouis la voûte au ventre annoncé.........
évanouis la voûte au ventre annoncé... évanouis la voûte au ventre annoncé.........
évanouis la voûte au ventre annoncé... évanouis la voûte au ventre annoncé.........
évanouis la voûte au ventre annoncé... évanouis la voûte au ventre annoncé.........
évanouis la voûte au ventre annoncé... évanouis la voûte au ventre annoncé.........
évanouis la voûte au ventre annoncé... évanouis la voûte au ventre annoncé.........
évanouis la voûte au ventre annoncé... évanouis la voûte au ventre annoncé.........
évanouis la voûte au ventre annoncé... évanouis la voûte au ventre annoncé.........
évanouis la voûte au ventre annoncé... évanouis la voûte au ventre annoncé.........
évanouis la voûte au ventre annoncé... évanouis la voûte au ventre annoncé.........
évanouis la voûte au ventre annoncé... évanouis la voûte au ventre annoncé.........
évanouis la voûte au ventre annoncé... évanouis la voûte au ventre annoncé.........

et tenter de p o u r s u i v r e son propre regard révulsé tenter de poursuivre s o n p r o p r e regard révulsé
regard révulsé tenter de poursuivre s o n p r o p r e regard révulsé regard révulsé tenter de p o u r s u i v r e son
propre regard révulsé tenter de poursuivre s o n p r o p r e regard révulsé regard révulsé tenter de poursuivre s o
n p r o p r e regard révulsé regard révulsé tenter de p o u r s u i v r e son propre regard révulsé tenter de poursuivre
s o n p r o p r e regard révulsé regard révulsé tenter de poursuivre s o n p r o p r e regard révulsé regard révulsé
tenter de p o u r s u i v r e son propre regard révulsé tenter de poursuivre s o n p r o p r e regard révulsé regard
révulsé tenter de poursuivre s o n p r o p r e regard révulsé regard révulsé tenter de p o u r s u i v r e son propre
regard révulsé tenter de poursuivre s o n p r o p r e regard révulsé regard révulsé tenter de poursuivre s o n p r o
p r e regard révulsé regard révulsé tenter de p o u r s u i v r e son propre regard révulsé tenter de poursuivre s o n p
r o p r e regard révulsé regard révulsé tenter de poursuivre s o n p r o p r e regard révulsé regard révulsé tenter
de p o u r s u i v r e son propre regard révulsé tenter de poursuivre s o n p r o p r e regard révulsé regard révulsé
tenter de poursuivre s o n p r o p r e regard révulsé regard révulsé tenter de p o u r s u i v r e son propre regard
révulsé tenter de poursuivre s o n p r o p r e regard révulsé regard révulsé tenter de poursuivre s o n p r o p r e
regard révulsé regard révulsé tenter de p o u r s u i v r e son propre regard révulsé tenter de poursuivre s o n p r o p r
e regard révulsé regard révulsé tenter de poursuivre s o n p r o p r e regard révulsé regard révulsé tenter de p o u r
s u i v r e son propre regard révulsé tenter de poursuivre s o n p r o p r e regard révulsé regard révulsé tenter de
poursuivre s o n p r o p r e regard révulsé regard révulsé tenter de p o u r s u i v r e son propre regard révulsé tenter
de poursuivre s o n p r o p r e regard révulsé regard révulsé tenter de poursuivre s o n p r o p r e regard révulsé
regard révulsé tenter de p o u r s u i v r e son propre regard révulsé tenter de poursuivre s o n p r o p r e regard
révulsé regard révulsé tenter de poursuivre s o n p r o p r e regard révulsé regard révulsé tenter de p o u r s u i v r e son
propre regard révulsé tenter de poursuivre s o n p r o p r e regard révulsé regard révulsé tenter de poursuivre s o
n p r o p r e regard révulsé regard révulsé tenter de p o u r s u i v r e son propre regard révulsé tenter de poursuivre
s o n p r o p r e regard révulsé regard révulsé tenter de poursuivre s o n p r o p r e regard révulsé regard révulsé
tenter de p o u r s u i v r e son propre regard révulsé tenter de poursuivre s o n p r o p r e regard révulsé regard
révulsé tenter de poursuivre s o n p r o p r e regard révulsé regard révulsé tenter de p o u r s u i v r e son propre
regard révulsé tenter de poursuivre s o n p r o p r e regard révulsé regard révulsé tenter de poursuivre s o n p r o
p r e regard révulsé regard révulsé tenter de p o u r s u i v r e son propre regard révulsé tenter de poursuivre s o n p
r o p r e regard révulsé regard révulsé tenter de poursuivre s o n p r o p r e regard révulsé regard révulsé tenter
de p o u r s u i v r e son propre regard révulsé tenter de poursuivre s o n p r o p r e regard révulsé regard révulsé
tenter de poursuivre s o n p r o p r e regard révulsé regard révulsé tenter de p o u r s u i v r e son propre regard
révulsé tenter de poursuivre s o n p r o p r e regard révulsé regard révulsé tenter de poursuivre s o n p r o p r e
regard révulsé regard révulsé tenter de p o u r s u i v r e son propre regard révulsé tenter de poursuivre s o n p r o p r
e regard révulsé regard révulsé tenter de poursuivre s o n p r o p r e regard révulsé regard révulsé tenter de p o u r
s u i v r e son propre regard révulsé tenter de poursuivre s o n p r o p r e regard révulsé regard révulsé tenter de
poursuivre s o n p r o p r e regard révulsé regard révulsé tenter de p o u r s u i v r e son propre regard révulsé tenter
de poursuivre s o n p r o p r e regard révulsé regard révulsé tenter de poursuivre s o n p r o p r e regard révulsé
regard révulsé tenter de p o u r s u i v r e son propre regard révulsé tenter de poursuivre s o n p r o p r e regard
révulsé regard révulsé tenter de poursuivre s o n p r o p r e regard révulsé regard révulsé tenter de p o u r s u i v r e son
propre regard révulsé tenter de poursuivre s o n p r o p r e regard révulsé regard révulsé tenter de poursuivre s o
n p r o p r e regard révulsé regard révulsé tenter de p o u r s u i v r e son propre regard révulsé tenter de poursuivre
s o n p r o p r e regard révulsé regard révulsé tenter de poursuivre s o n p r o p r e regard révulsé regard révulsé
tenter de p o u r s u i v r e son propre regard révulsé tenter de poursuivre s o n p r o p r e regard révulsé regard
révulsé tenter de poursuivre s o n p r o p r e regard révulsé regard révulsé tenter de p o u r s u i v r e son propre
regard révulsé tenter de poursuivre s o n p r o p r e regard révulsé regard révulsé tenter de poursuivre s o n p r o
p r e regard révulsé regard révulsé tenter de p o u r s u i v r e son propre regard révulsé tenter de poursuivre s o n p
r o p r e regard révulsé regard révulsé tenter de poursuivre s o n p r o p r e regard révulsé regard révulsé

f o u i l l e n t leur chair f o u i l l e n t leur chair f o u i l l e n t leur chair f o u i l l e n t leur
chair f o u i l l e n t leur chair f o u i l l e n t leur chair f o u i l l e n t leur chair f o u i l l e n t
leur chair f o u i l l e n t leur chair f o u i l l e n t leur chair f o u i l l e n t leur chair f o u i l l e n
t leur chair f o u i l l e n t leur chair f o u i l l e n t leur chair f o u i l l e n t leur chair f o u i l l
e n t leur chair f o u i l l e n t leur chair f o u i l l e n t leur chair f o u i l l e n t leur chair f o u
i l l e n t leur chair f o u i l l e n t leur chair f o u i l l e n t leur chair f o u i l l e n t leur chair f
o u i l l e n t leur chair f o u i l l e n t leur chair f o u i l l e n t leur chair f o u i l l e n t leur
chair f o u i l l e n t leur chair f o u i l l e n t leur chair f o u i l l e n t leur chair f o u i l l e n t
leur chair f o u i l l e n t leur chair f o u i l l e n t leur chair f o u i l l e n t leur chair f o u i l l e n
t leur chair f o u i l l e n t leur chair f o u i l l e n t leur chair f o u i l l e n t leur chair f o u i l l
e n t leur chair f o u i l l e n t leur chair f o u i l l e n t leur chair f o u i l l e n t leur chair f o u
i l l e n t leur chair f o u i l l e n t leur chair f o u i l l e n t leur chair f o u i l l e n t leur chair f
o u i l l e n t leur chair f o u i l l e n t leur chair f o u i l l e n t leur chair f o u i l l e n t leur
chair f o u i l l e n t leur chair f o u i l l e n t leur chair f o u i l l e n t leur chair f o u i l l e n t
leur chair f o u i l l e n t leur chair f o u i l l e n t leur chair f o u i l l e n t leur chair f o u i l l e n
t leur chair f o u i l l e n t leur chair f o u i l l e n t leur chair f o u i l l e n t leur chair f o u i l l
e n t leur chair f o u i l l e n t leur chair f o u i l l e n t leur chair f o u i l l e n t leur chair f o u
i l l e n t leur chair f o u i l l e n t leur chair f o u i l l e n t leur chair f o u i l l e n t leur chair f
o u i l l e n t leur chair f o u i l l e n t leur chair f o u i l l e n t leur chair f o u i l l e n t leur
chair f o u i l l e n t leur chair f o u i l l e n t leur chair f o u i l l e n t leur chair f o u i l l e n t
leur chair f o u i l l e n t leur chair f o u i l l e n t leur chair f o u i l l e n t leur chair f o u i l l e n
t leur chair f o u i l l e n t leur chair f o u i l l e n t leur chair f o u i l l e n t leur chair f o u i l l
e n t leur chair f o u i l l e n t leur chair f o u i l l e n t leur chair f o u i l l e n t leur chair f o u
i l l e n t leur chair f o u i l l e n t leur chair f o u i l l e n t leur chair f o u i l l e n t leur chair f
o u i l l e n t leur chair f o u i l l e n t leur chair f o u i l l e n t leur chair f o u i l l e n t leur
chair f o u i l l e n t leur chair f o u i l l e n t leur chair f o u i l l e n t leur chair f o u i l l e n t
leur chair f o u i l l e n t leur chair f o u i l l e n t leur chair f o u i l l e n t leur chair f o u i l l e n
t leur chair f o u i l l e n t leur chair f o u i l l e n t leur chair f o u i l l e n t leur chair f o u i l l
e n t leur chair f o u i l l e n t leur chair f o u i l l e n t leur chair f o u i l l e n t leur chair f o u
i l l e n t leur chair f o u i l l e n t leur chair f o u i l l e n t leur chair f o u i l l e n t leur chair f
o u i l l e n t leur chair f o u i l l e n t leur chair f o u i l l e n t leur chair f o u i l l e n t leur
chair f o u i l l e n t leur chair f o u i l l e n t leur chair f o u i l l e n t leur chair f o u i l l e n t
leur chair f o u i l l e n t leur chair f o u i l l e n t leur chair f o u i l l e n t leur chair f o u i l l e n
t leur chair f o u i l l e n t leur chair f o u i l l e n t leur chair f o u i l l e n t leur chair f o u i l l
e n t leur chair f o u i l l e n t leur chair f o u i l l e n t leur chair f o u i l l e n t leur chair f o u
i l l e n t leur chair f o u i l l e n t leur chair f o u i l l e n t leur chair f o u i l l e n t leur chair f
o u i l l e n t leur chair f o u i l l e n t leur chair f o u i l l e n t leur chair f o u i l l e n t leur
chair f o u i l l e n t leur chair f o u i l l e n t leur chair f o u i l l e n t leur chair f o u i l l e n t
leur chair f o u i l l e n t leur chair f o u i l l e n t leur chair f o u i l l e n t leur chair f o u i l l e n
t leur chair f o u i l l e n t leur chair f o u i l l e n t leur chair f o u i l l e n t leur chair f o u i l l
e n t leur chair f o u i l l e n t leur chair f o u i l l e n t leur chair f o u i l l e n t leur chair f o u
i l l e n t leur chair f o u i l l e n t leur chair f o u i l l e n t leur chair f o u i l l e n t leur chair f
o u i l l e n t leur chair f o u i l l e n t leur chair f o u i l l e n t leur chair f o u i l l e n t leur
chair f o u i l l e n t leur chair f o u i l l e n t leur chair f o u i l l e n t leur chair f o u i l l e n t
leur chair f o u i l l e n t leur chair f o u i l l e n t leur chair f o u i l l e n t leur chair f o u i l l e n
t leur chair f o u i l l e n t leur chair f o u i l l e n t leur chair f o u i l l e n t leur chair f o u i l l
e n t leur chair f o u i l l e n t leur chair f o u i l l e n t leur chair f o u i l l e n t leur chair f o u
i l l e n t leur chair f o u i l l e n t leur chair f o u i l l e n t leur chair f o u i l l e n t leur chair f
o u i l l e n t leur chair f o u i l l e n t leur chair f o u i l l e n t leur chair f o u i l l e n t leur
chair f o u i l l e n t leur chair f o u i l l e n t leur chair f o u i l l e n t leur chair f o u i l l e n t
leur chair f o u i l l e n t leur chair f o u i l l e n t leur chair f o u i l l e n t leur chair f o u i l l e n
t leur chair f o u i l l e n t leur chair f o u i l l e n t leur chair f o u i l l e n t leur chair f o u i l l
e n t leur chair f o u i l l e n t leur chair f o u i l l e n t leur chair f o u i l l e n t leur chair f o u
i l l e n t leur chair f o u i l l e n t leur chair f o u i l l e n t leur chair f o u i l l e n t leur chair f
o u i l l e n t leur chair f o u i l l e n t leur chair f o u i l l e n t leur chair f o u i l l e n t leur
chair f o u i l l e n t leur chair f o u i l l e n t leur chair f o u i l l e n t leur chair f o u i l l e n t
leur chair f o u i l l e n t leur chair f o u i l l e n t leur chair f o u i l l e n t leur chair

sallllllllllllllivent le Centre illllllllllllllllllluminé et sallllllllllllllivent le Centre illllllllllllllllllluminé sous un ciel froid (corps parfumés à la lavande) sous un ciel froid (corps parfumés à la lavande) sous un ciel froid (corps parfumés à la lavande) sous un ciel froid (corps parfumés à la lavande) sous un ciel froid (corps parfumés à la lavande) sous un ciel froid (corps parfumés à la lavande) sous un ciel froid (corps parfumés à la lavande) sous un ciel froid (corps parfumés à la lavande) sous un ciel froid (corps parfumés à la lavande) sous un ciel froid (corps parfumés à la lavande) sous un ciel froid (corps parfumés à la lavande) sous un ciel froid (corps parfumés à la lavande) sous un ciel froid (corps parfumés à la lavande) sous un ciel froid (corps parfumés à la lavande)))))))))))))))))))))))))))

sous un ciel froid (corps parfumés à la lavande) sous un ciel froid (corps parfumés à la lavande) sous un ciel froid (corps parfumés à la lavande) sous un ciel froid (corps parfumés à la lavande) sous un ciel froid (corps parfumés à la lavande) sous un ciel froid (corps parfumés à la lavande) sous un ciel froid (corps parfumés à la lavande) sous un ciel froid (corps parfumés à la lavande) sous un ciel froid (corps parfumés à la lavande) sous un ciel froid (corps parfumés à la lavande) sous un ciel froid (corps parfumés à la lavande) sous un ciel froid (corps parfumés à la lavande) sous un ciel froid (corps parfumés à la lavande) sous un ciel froid (corps parfumés à la lavande)))))))))))))))))))))))))))

sous un ciel froid (corps parfumés à la lavande) sous un ciel froid (corps parfumés à la lavande) sous un ciel froid (corps parfumés à la lavande) sous un ciel froid (corps parfumés à la lavande) sous un ciel froid (corps parfumés à la lavande) sous un ciel froid (corps parfumés à la lavande) sous un ciel froid (corps parfumés à la lavande) sous un ciel froid (corps parfumés à la lavande) sous un ciel froid (corps parfumés à la lavande) sous un ciel froid (corps parfumés à la lavande) sous un ciel froid (corps parfumés à la lavande) sous un ciel froid (corps parfumés à la lavande) sous un ciel froid (corps parfumés à la lavande) sous un ciel froid (corps parfumés à la lavande)))))))))))))))))))))))))))

sous un ciel froid (corps parfumés à la lavande) sous un ciel froid (corps parfumés à la lavande) sous un ciel froid (corps parfumés à la lavande) sous un ciel froid (corps parfumés à la lavande) sous un ciel froid (corps parfumés à la lavande) sous un ciel froid (corps parfumés à la lavande) sous un ciel froid (corps parfumés à la lavande) sous un ciel froid (corps parfumés à la lavande) sous un ciel froid (corps parfumés à la lavande) sous un ciel froid (corps parfumés à la lavande) sous un ciel froid (corps parfumés à la lavande) sous un ciel froid (corps parfumés à la lavande) sous un ciel froid (corps parfumés à la lavande) sous un ciel froid (corps parfumés à la lavande)))))))))))))))))))))))))))

sous un ciel froid (corps parfumés à la lavande) sous un ciel froid (corps parfumés à la lavande) sous un ciel froid (corps parfumés à la lavande) sous un ciel froid (corps parfumés à la lavande) sous un ciel froid (corps parfumés à la lavande) sous un ciel froid (corps parfumés à la lavande) sous un ciel froid (corps parfumés à la lavande) sous un ciel froid (corps parfumés à la lavande) sous un ciel froid (corps parfumés à la lavande) sous un ciel froid (corps parfumés à la lavande) sous un ciel froid (corps parfumés à la lavande) sous un ciel froid (corps parfumés à la lavande) sous un ciel froid (corps parfumés à la lavande) sous un ciel froid (corps parfumés à la lavande)))))))))))))))))))))))))))

sous un ciel froid (corps parfumés à la lavande) sous un ciel froid (corps parfumés à la lavande) sous un ciel froid (corps parfumés à la lavande) sous un ciel froid (corps parfumés à la lavande) sous un ciel froid (corps parfumés à la lavande) sous un ciel froid (corps parfumés à la lavande) sous un ciel froid (corps parfumés à la lavande) sous un ciel froid (corps parfumés à la lavande) sous un ciel froid (corps parfumés à la lavande) sous un ciel froid (corps parfumés à la lavande) sous un ciel froid (corps parfumés à la lavande) sous un ciel froid (corps parfumés à la lavande) sous un ciel froid (corps parfumés à la lavande) sous un ciel froid (corps parfumés à la lavande)))))))))))))))))))))))))))

sous un ciel froid (corps parfumés à la lavande) sous un ciel froid (corps parfumés à la lavande) sous un ciel froid (corps parfumés à la lavande) sous un ciel froid (corps parfumés à la lavande) sous un ciel froid (corps parfumés à la lavande) sous un ciel froid (corps parfumés à la lavande) sous un ciel froid (corps parfumés à la lavande) sous un ciel froid (corps parfumés à la lavande) sous un ciel froid (corps parfumés à la lavande) sous un ciel froid (corps parfumés à la lavande) sous un ciel froid (corps parfumés à la lavande) sous un ciel froid (corps parfumés à la lavande) sous un ciel froid (corps parfumés à la lavande) sous un ciel froid (corps parfumés à la lavande)))))))))))))))))))))))))))

sous un ciel froid (corps parfumés à la lavande) sous un ciel froid (corps parfumés à la lavande) sous un ciel froid (corps parfumés à la lavande) sous un ciel froid (corps parfumés à la lavande) sous un ciel froid (corps parfumés à la lavande) sous un ciel froid (corps parfumés à la lavande) sous un ciel froid (corps parfumés à la lavande) sous un ciel froid (corps parfumés à la lavande) sous un ciel froid (corps parfumés à la lavande) sous un ciel froid (corps parfumés à la lavande) sous un ciel froid (corps parfumés à la lavande) sous un ciel froid (corps parfumés à la lavande) sous un ciel froid (corps parfumés à la lavande) sous un ciel froid (corps parfumés à la lavande)))))))))))))))))))))))))))

sous un ciel froid (corps parfumés à la lavande) sous un ciel froid (corps parfumés à la lavande) sous un ciel froid (corps parfumés à la lavande) sous un ciel froid (corps parfumés à la lavande) sous un ciel froid (corps parfumés à la lavande) sous un ciel froid (corps parfumés à la lavande) sous un ciel froid (corps parfumés à la lavande) sous un ciel froid (corps parfumés à la lavande) sous un ciel froid (corps parfumés à la lavande) sous un ciel froid (corps parfumés à la lavande) sous un ciel froid (corps parfumés à la lavande) sous un ciel froid (corps parfumés à la lavande) sous un ciel froid (corps parfumés à la lavande) sous un ciel froid (corps parfumés à la lavande)))))))))))))))))))))))))))

sous un ciel froid (corps parfumés à la lavande) sous un ciel froid (corps parfumés à la lavande) sous un ciel froid (corps parfumés à la lavande) sous un ciel froid (corps parfumés à la lavande) sous un ciel froid (corps parfumés à la lavande) sous un ciel froid (corps parfumés à la lavande) sous un ciel froid (corps parfumés à la lavande) sous un ciel froid (corps (mort parfumée à la lavande)

se saupoudrer légèrement très légèrement de délicates lumière
s se saupoudrer légèrement très légèrement de délicates lumiè
res se saupoudrer légèrement très légèrement de délicates lum
ières se saupoudrer légèrement très légèrement de délicates lu
mières se saupoudrer légèrement très légèrement de délicates
lumières se saupoudrer légèrement très légèrement de délicate
s lumières se saupoudrer légèrement très légèrement de délica
tes lumières se saupoudrer légèrement très légèrement de déli
cates lumières se saupoudrer légèrement très légèrement de d
élicates lumières se saupoudrer légèrement très légèrement d
e délicates lumières se saupoudrer légèrement très légèrement
de délicates lumières se saupoudrer légèrement très légèreme
nt de délicates lumières se saupoudrer légèrement très légère
ment de délicates lumières se saupoudrer légèrement très légè
rement de délicates lumières se saupoudrer légèrement très lé
gèrement de délicates lumières se saupoudrer légèrement très
légèrement de délicates lumières se saupoudrer légèrement trè
s légèrement de délicates lumières se saupoudrer légèrement t
rès légèrement de délicates lumières se saupoudrer légèremen
t très légèrement de délicates lumières se saupoudrer légèrem
ent très légèrement de délicates lumières se saupoudrer légère
ment très légèrement de délicates lumières se saupoudrer légè
rement très légèrement de délicates lumières se saupoudrer lé
gèrement très légèrement de délicates lumières se saupoudrer
légèrement très légèrement de délicates lumières se saupoudr
er légèrement très légèrement de délicates lumières se saupou
drer légèrement très légèrement de délicates lumières se saup
oudrer légèrement très légèrement de délicates lumières se sa
upoudrer légèrement très légèrement de délicates lumières se
saupoudrer légèrement très légèrement de délicates lumières s
e saupoudrer légèrement très légèrement de délicates lumières
se saupoudrer légèrement très légèrement de délicates lumière
s se saupoudrer légèrement très légèrement de délicates lumiè
res se saupoudrer légèrement très légèrement de délicates lum
ières se saupoudrer légèrement très légèrement de délicates l
umières se saupoudrer légèrement très légèrement de délicate
s lumières se saupoudrer légèrement très légèrement de délica
tes lumières se saupoudrer légèrement très légèrement de déli
cates lumières se saupoudrer légèrement très légèrement de d
élicates lumières se saupoudrer légèrement très légèrement de
délicates lumières se saupoudrer légèrement très légèrement
de délicates lumières se saupoudrer légèrement très légèreme
nt de délicates lumières se saupoudrer légèrement très légère
ment de délicates lumières se saupoudrer légèrement très légè
rement de délicates lumières se saupoudrer légèrement très lé
gèrement de délicates lumières se saupoudrer légèrement très
légèrement de délicates lumières se saupoudrer légèrement tr
ès légèrement de délicates lumières se saupoudrer légèrement
très légèrement de délicates lumières se saupoudrer légèreme
nt très légèrement de délicates lumières se saupoudrer légère
ment très légèrement de délicates lumières se saupoudrer légè
rement très légèrement de délicates lumières se saupoudrer lé
gèrement très légèrement de délicates lumières se saupoudrer
légèrement très légèrement de délicates lumières se saupoudr
er légèrement très légèrement de délicates lumières se saupou
drer légèrement très légèrement de délicates lumières se saup
oudrer légèrement très légèrement de délicates lumières se sa
upoudrer légèrement très légèrement de délicates lumières se
saupoudrer légèrement très légèrement de délicates lumières
se saupoudrer légèrement très légèrement de délicates lumière
s se saupoudrer légèrement très légèrement de délicates lumiè
res se saupoudrer légèrement très légèrement de délicates lum
ières se saupoudrer légèrement très légèrement de délicates

lumières incandescentes de vides lumières incandescentes
de vides lumières incandescentes de vides lumières inca
ndescentes de vides lumières incandescentes de vides lu
mières incandescentes de vides lumières incandescentes de
vides lumières incandescentes de vides lumières incande
scentes de vides lumières incandescentes de vides lumiè
res incandescentes de vides lumières incandescentes de vi
des lumières incandescentes de vides lumières incandes
centes de vides lumières incandescentes de vides lumièr
es incandescentes de vides lumières incandescentes de vide
s lumières incandescentes de vides lumières incandesce
ntes de vides lumières incandescentes de vides lumières
incandescentes de vides lumières incandescentes de vides
lumières incandescentes de vides lumières incandescentes
de vides lumières incandescentes de vides lumières inca
ndescentes de vides lumières incandescentes de vides lu
mières incandescentes de vides lumières incandescentes de
vides lumières incandescentes de vides lumières incande
scentes de vides lumières incandescentes de vides lumiè
res incandescentes de vides lumières incandescentes de vi
des lumières incandescentes de vides lumières incandes
centes de vides lumières incandescentes de vides lumièr
es incandescentes de vides lumières incandescentes de vide
s lumières incandescentes de vides lumières incandesce
ntes de vides lumières incandescentes de vides lumières
incandescentes de vides lumières incandescentes de vides
lumières incandescentes de vides lumières incandescentes
de vides lumières incandescentes de vides lumières inca
ndescentes de vides lumières incandescentes de vides lu
mières incandescentes de vides lumières incandescentes de
vides lumières incandescentes de vides lumières incande
scentes de vides lumières incandescentes de vides lumiè
res incandescentes de vides lumières incandescentes de vi
des lumières incandescentes de vides lumières incandes
centes de vides lumières incandescentes de vides lumièr
es incandescentes de vides lumières incandescentes de vide
s lumières incandescentes de vides lumières incandesce
ntes de vides lumières incandescentes de vides lumières
incandescentes de vides lumières incandescentes de vides
lumières incandescentes de vides lumières incandescentes
de vides lumières incandescentes de vides lumières inca
ndescentes de vides lumières incandescentes de vides lu
mières incandescentes de vides lumières incandescentes de
vides lumières incandescentes de vides lumières incande
scentes de vides lumières incandescentes de vides lumiè
res incandescentes de vides lumières incandescentes de vi
des lumières incandescentes de vides lumières incandes
centes de vides lumières incandescentes de vides lumièr
es incandescentes de vides lumières incandescentes de vide
s lumières incandescentes de vides lumières incandesce
ntes de vides lumières incandescentes de vides lumières
incandescentes de vides lumières incandescentes de vides
lumières incandescentes de vides lumières incandescentes
de vides lumières incandescentes de vides lumières inca
ndescentes de vides lumières incandescentes de vides lu
mières incandescentes de vides lumières incandescentes de
vides lumières incandescentes de vides lumières incande
scentes de vides lumières incandescentes de vides lumiè
res incandescentes de vides lumières incandescentes de vi
des lumières incandescentes de vides lumières incandes
centes de vides lumières incandescentes de vides lumièr
es incandescentes de vides lumières incandescentes de vide
s lumières incandescentes de vides lumières lumières

côte-à-côte côte-à-côte côte-à-côte côte-à-côte côte-à-côte côte-à-côte côte-à-côte côte-à-côte
côte-à-côte côte-à-côte côte-à-côte côte-à-côte côte-à-côte côte-à-côte côte-à-côte côte-à-côte
côte-à-côte côte-à-côte côte-à-côte côte-à-côte côte-à-côte côte-à-côte côte-à-côte côte-à-côte
côte-à-côte côte-à-côte côte-à-côte côte-à-côte côte-à-côte côte-à-côte côte-à-côte côte-à-côte
côte-à-côte côte-à-côte côte-à-côte côte-à-côte côte-à-côte côte-à-côte côte-à-côte côte-à-côte
côte-à-côte côte-à-côte côte-à-côte côte-à-côte côte-à-côte côte-à-côte côte-à-côte côte-à-côte
côte-à-côte côte-à-côte côte-à-côte côte-à-côte côte-à-côte côte-à-côte côte-à-côte côte-à-côte
côte-à-côte côte-à-côte côte-à-côte côte-à-côte côte-à-côte côte-à-côte côte-à-côte côte-à-côte
côte-à-côte côte-à-côte côte-à-côte côte-à-côte côte-à-côte côte-à-côte côte-à-côte côte-à-côte
côte-à-côte côte-à-côte côte-à-côte côte-à-côte côte-à-côte côte-à-côte côte-à-côte côte-à-côte
côte-à-côte côte-à-côte côte-à-côte côte-à-côte côte-à-côte côte-à-côte côte-à-côte côte-à-côte
côte-à-côte côte-à-côte côte-à-côte côte-à-côte côte-à-côte côte-à-côte côte-à-côte côte-à-côte
côte-à-côte côte-à-côte côte-à-côte côte-à-côte côte-à-côte côte-à-côte côte-à-côte côte-à-côte
côte-à-côte côte-à-côte côte-à-côte côte-à-côte côte-à-côte côte-à-côte côte-à-côte côte-à-côte
côte-à-côte côte-à-côte côte-à-côte côte-à-côte côte-à-côte côte-à-côte côte-à-côte côte-à-côte
côte-à-côte côte-à-côte côte-à-côte côte-à-côte côte-à-côte côte-à-côte côte-à-côte côte-à-côte
côte-à-côte côte-à-côte côte-à-côte côte-à-côte côte-à-côte côte-à-côte côte-à-côte côte-à-côte
côte-à-côte côte-à-côte côte-à-côte côte-à-côte côte-à-côte côte-à-côte côte-à-côte côte-à-côte
côte-à-côte côte-à-côte côte-à-côte côte-à-côte côte-à-côte côte-à-côte côte-à-côte côte-à-côte
côte-à-côte côte-à-côte côte-à-côte côte-à-côte côte-à-côte côte-à-côte côte-à-côte côte-à-côte
côte-à-côte côte-à-côte côte-à-côte côte-à-côte côte-à-côte côte-à-côte côte-à-côte côte-à-côte
côte-à-côte côte-à-côte côte-à-côte côte-à-côte côte-à-côte côte-à-côte côte-à-côte côte-à-côte
côte-à-côte côte-à-côte côte-à-côte côte-à-côte côte-à-côte côte-à-côte côte-à-côte côte-à-côte
côte-à-côte côte-à-côte côte-à-côte côte-à-côte côte-à-côte côte-à-côte côte-à-côte côte-à-côte
côte-à-côte côte-à-côte côte-à-côte côte-à-côte côte-à-côte côte-à-côte côte-à-côte côte-à-côte
côte-à-côte côte-à-côte côte-à-côte côte-à-côte côte-à-côte côte-à-côte côte-à-côte côte-à-côte
côte-à-côte côte-à-côte côte-à-côte côte-à-côte côte-à-côte côte-à-côte côte-à-côte côte-à-côte
côte-à-côte côte-à-côte côte-à-côte côte-à-côte côte-à-côte côte-à-côte côte-à-côte côte-à-côte
côte-à-côte côte-à-côte côte-à-côte côte-à-côte côte-à-côte côte-à-côte côte-à-côte côte-à-côte
côte-à-côte côte-à-côte côte-à-côte côte-à-côte côte-à-côte côte-à-côte côte-à-côte côte-à-côte
côte-à-côte côte-à-côte côte-à-côte côte-à-côte côte-à-côte côte-à-côte côte-à-côte côte-à-côte
côte-à-côte côte-à-côte côte-à-côte côte-à-côte côte-à-côte côte-à-côte côte-à-côte côte-à-côte
côte-à-côte côte-à-côte côte-à-côte côte-à-côte côte-à-côte côte-à-côte côte-à-côte côte-à-côte
côte-à-côte côte-à-côte côte-à-côte côte-à-côte côte-à-côte côte-à-côte côte-à-côte côte-à-côte
côte-à-côte côte-à-côte côte-à-côte côte-à-côte côte-à-côte côte-à-côte côte-à-côte côte-à-côte
côte-à-côte côte-à-côte côte-à-côte côte-à-côte côte-à-côte côte-à-côte côte-à-côte côte-à-côte
côte-à-côte côte-à-côte côte-à-côte côte-à-côte côte-à-côte côte-à-côte côte-à-côte côte-à-côte
côte-à-côte côte-à-côte côte-à-côte côte-à-côte côte-à-côte côte-à-côte côte-à-côte côte-à-côte
côte-à-côte côte-à-côte côte-à-côte côte-à-côte côte-à-côte côte-à-côte côte-à-côte côte-à-côte
côte-à-côte côte-à-côte côte-à-côte côte-à-côte côte-à-côte côte-à-côte côte-à-côte côte-à-côte
côte-à-côte côte-à-côte côte-à-côte côte-à-côte côte-à-côte côte-à-côte côte-à-côte côte-à-côte
côte-à-côte côte-à-côte côte-à-côte côte-à-côte côte-à-côte côte-à-côte côte-à-côte côte-à-côte
côte-à-côte côte-à-côte côte-à-côte côte-à-côte côte-à-côte côte-à-côte côte-à-côte côte-à-côte
côte-à-côte côte-à-côte côte-à-côte côte-à-côte côte-à-côte côte-à-côte côte-à-côte côte-à-côte
côte-à-côte côte-à-côte côte-à-côte côte-à-côte côte-à-côte côte-à-côte côte-à-côte côte-à-côte
côte-à-côte côte-à-côte côte-à-côte côte-à-côte côte-à-côte côte-à-côte côte-à-côte côte-à-côte
côte-à-côte côte-à-côte côte-à-côte côte-à-côte côte-à-côte côte-à-côte côte-à-côte côte-à-côte
côte-à-côte côte-à-côte côte-à-côte côte-à-côte côte-à-côte côte-à-côte côte-à-côte côte-à-côte
côte-à-côte côte-à-côte côte-à-côte côte-à-côte côte-à-côte côte-à-côte côte-à-côte côte-à-côte
côte-à-côte côte-à-côte côte-à-côte côte-à-côte côte-à-côte côte-à-côte côte-à-côte côte-à-côte
côte-à-côte côte-à-côte côte-à-côte côte-à-côte côte-à-côte côte-à-côte côte-à-côte côte-à-côte
côte-à-côte côte-à-côte côte-à-côte côte-à-côte côte-à-côte côte-à-côte côte-à-côte côte-à-côte
côte-à-côte côte-à-côte côte-à-côte côte-à-côte côte-à-côte côte-à-côte côte-à-côte côte-à-côte
côte-à-côte côte-à-côte côte-à-côte côte-à-côte côte-à-côte côte-à-côte côte-à-côte côte-à-côte
côte-à-côte côte-à-côte côte-à-côte côte-à-côte côte-à-côte côte-à-côte côte-à-côte côte-à-côte
côte-à-côte côte-à-côte côte-à-côte côte-à-côte côte-à-côte côte-à-côte côte-à-côte côte-à-côte
côte-à-côte côte-à-côte côte-à-côte côte-à-côte côte-à-côte côte-à-côte côte-à-côte côte-à-côte
côte-à-côte côte-à-côte côte-à-côte côte-à-côte côte-à-côte côte-à-côte côte-à-côte côte-à-côte
côte-à-côte côte-à-côte côte-à-côte côte-à-côte côte-à-côte côte-à-côte côte-à-côte côte-à-côte
côte-à-côte côte-à-côte côte-à-côte côte-à-côte côte-à-côte côte-à-côte côte-à-côte côte-à-côte
côte-à-côte côte-à-côte côte-à-côte côte-à-côte côte-à-côte côte-à-côte côte-à-côte côte-à-côte
côte-à-côte côte-à-côte côte-à-côte côte-à-côte côte-à-côte côte-à-côte côte-à-côte côte-à-côte
côte-à-côte côte-à-côte côte-à-côte côte-à-côte côte-à-côte côte-à-côte côte-à-côte côte-à-côte

corps pâles fendus peur d'être vus se retirent du bitume corps pâles fendus peur d'être vus se retirent du bitume__________

peur

corps pâles fendus peur d'être vus se retirent du bitume corps pâles fendus peur d'être vus se retirent du bitume

corps pâles fendus peur d'être vus se retirent du bitume corps pâles fendus peur d'être vus se retirent du bitume__________ corps pâles fendus peur

peur

corps pâles fendus peur d'être vus se retirent du bitume corps pâles fendus peur d'être vus se retirent du bitume

corps pâles fendus peur d'être vus se retirent du bitume corps pâles fendus peur d'être vus se retirent du bitume__________

peur

corps pâles fendus peur d'être vus se retirent du bitume corps pâles fendus peur d'être vus se retirent du bitume

corps pâles fendus peur d'être vus se retirent du bitume corps pâles fendus peur d'être vus se retirent du bitume__________ corps pâles fendus peur

peur

corps pâles fendus peur d'être vus se retirent du bitume corps pâles fendus peur d'être vus se retirent du bitume

corps pâles fendus peur d'être vus se retirent du bitume corps pâles fendus peur d'être vus se retirent du bitume__________

peur

corps pâles fendus peur d'être vus se retirent du bitume corps pâles fendus peur d'être vus se retirent du bitume

corps pâles fendus peur d'être vus se retirent du bitume corps pâles fendus peur d'être vus se retirent du bitume__________ corps pâles fendus peur

peur

corps pâles fendus peur d'être vus se retirent du bitume corps pâles fendus peur d'être vus se retirent du bitume

corps pâles fendus peur d'être vus se retirent du bitume corps pâles fendus peur d'être vus se retirent du bitume__________

peur

corps pâles fendus peur d'être vus se retirent du bitume corps pâles fendus peur d'être vus se retirent du bitume

corps pâles fendus peur d'être vus se retirent du bitume corps pâles fendus peur d'être vus se retirent du bitume__________ corps pâles fendus peur

peur

corps pâles fendus peur d'être vus se retirent du bitume corps pâles fendus peur d'être vus se retirent du bitume

corps pâles fendus peur d'être vus se retirent du bitume corps pâles fendus peur d'être vus se retirent du bitume__________

peur

corps pâles fendus peur d'être vus se retirent du bitume corps pâles fendus peur d'être vus se retirent du bitume

corps pâles fendus peur d'être vus se retirent du bitume corps pâles fendus peur d'être vus se retirent du bitume__________ corps pâles fendus peur

peur

corps pâles fendus peur d'être vus se retirent du bitume corps pâles fendus peur d'être vus se retirent du bitume

corps pâles fendus peur d'être vus se retirent du bitume corps pâles fendus peur d'être vus se retirent du bitume__________

peur

corps pâles fendus peur d'être vus se retirent du bitume corps pâles fendus peur d'être vus se retirent du bitume

corps pâles fendus peur d'être vus se retirent du bitume corps pâles fendus peur d'être vus se retirent du bitume__________ corps pâles fendus peur

peur

corps pâles fendus peur d'être vus se retirent du bitume corps pâles fendus peur d'être vus se retirent du bitume

corps pâles fendus peur d'être vus se retirent du bitume corps pâles fendus peur d'être vus se retirent du bitume__________

peur

corps pâles fendus peur d'être vus se retirent du bitume corps pâles fendus peur d'être vus se retirent du bitume

corps pâles fendus peur d'être vus se retirent du bitume corps pâles fendus peur d'être vus se retirent du bitume__________ corps pâles fendus peur

peur

corps pâles fendus peur d'être vus se retirent du bitume corps pâles fendus peur d'être vus se retirent du bitume

corps pâles fendus peur d'être vus se retirent du bitume corps pâles fendus peur d'être vus se retirent du bitume__________

peur

corps pâles fendus peur d'être vus se retirent du bitume corps pâles fendus peur d'être vus se retirent du bitume

corps pâles fendus peur d'être vus se retirent du bitume corps pâles fendus peur d'être vus se retirent du bitume__________ corps pâles fendus peur

peur

corps pâles fendus peur d'être vus se retirent du bitume corps pâles fendus peur d'être vus se retirent du bitume

corps pâles fendus peur d'être vus se retirent du bitume corps pâles fendus peur d'être vus se retirent du bitume__________

peur

corps pâles fendus peur d'être vus se retirent du bitume corps pâles fendus peur d'être vus se retirent du bitume

corps pâles fendus peur d'être vus se retirent du bitume corps pâles fendus peur d'être vus se retirent du bitume__________ corps pâles fendus peur

peur

corps pâles fendus peur d'être vus se retirent du bitume corps pâles fendus peur d'être vus se retirent du bitume

corps pâles fendus peur d'être vus se retirent du bitume corps pâles fendus peur d'être vus se retirent du bitume__________

peur

corps pâles fendus peur d'être vus se retirent du bitume corps pâles fendus peur d'être vus se retirent du bitume

corps pâles fendus peur d'être vus se retirent du bitume corps pâles fendus peur d'être vus se retirent du bitume__________ corps pâles fendus peur

peur

corps pâles fendus peur d'être vus se retirent du bitume corps pâles fendus peur d'être vus se retirent du bitume

corps pâles fendus peur d'être vus se retirent du bitume corps pâles fendus peur d'être vus se retirent du bitume__________

peur

corps pâles fendus peur d'être vus se retirent du bitume corps pâles fendus peur d'être vus se retirent du bitume

corps pâles fendus peur d'être vus se retirent du bitume corps pâles fendus peur d'être vus se retirent du bitume__________ corps pâles fendus peur

peur

corps pâles fendus peur d'être vus se retirent du bitume corps pâles fendus peur d'être vus se retirent du bitume

corps pâles fendus peur d'être vus se retirent du bitume corps pâles fendus peur d'être vus se retirent du bitume__________

peur

couchés sur le dos asphalte
asphalte__________couchés sur le dos asphalte_________couchés sur le dos asphalte__________couchés sur le dos asphalte
_________couchés sur le dos asphalte_________couchés sur le dos asphalte__________couchés sur le dos
couchés sur le dos asphalte
asphalte__________couchés sur le dos asphalte_________couchés sur le dos asphalte__________couchés sur le dos asphalte
_________couchés sur le dos asphalte_________couchés sur le dos asphalte__________couchés sur le dos
asphalte_________asphalte__________couchés sur le dos asphalte_________couchés sur le dos asphalte__________ couchés sur le dos asphalte
couchés sur le dos asphalte
asphalte__________couchés sur le dos asphalte_________couchés sur le dos asphalte__________couchés sur le dos asphalte
_________couchés sur le dos asphalte_________couchés sur le dos asphalte__________couchés sur le dos
couchés sur le dos asphalte
asphalte__________couchés sur le dos asphalte_________couchés sur le dos asphalte__________couchés sur le dos asphalte
_________couchés sur le dos asphalte_________couchés sur le dos asphalte__________couchés sur le dos
asphalte_________asphalte__________couchés sur le dos asphalte_________couchés sur le dos asphalte__________ couchés sur le dos asphalte
couchés sur le dos asphalte
asphalte__________couchés sur le dos asphalte_________couchés sur le dos asphalte__________couchés sur le dos asphalte
_________couchés sur le dos asphalte_________couchés sur le dos asphalte__________couchés sur le dos
couchés sur le dos asphalte
asphalte__________couchés sur le dos asphalte_________couchés sur le dos asphalte__________couchés sur le dos asphalte
_________couchés sur le dos asphalte_________couchés sur le dos asphalte__________couchés sur le dos
asphalte_________asphalte__________couchés sur le dos asphalte_________couchés sur le dos asphalte__________ couchés sur le dos asphalte
couchés sur le dos asphalte
asphalte__________couchés sur le dos asphalte_________couchés sur le dos asphalte__________couchés sur le dos asphalte
_________couchés sur le dos asphalte_________couchés sur le dos asphalte__________couchés sur le dos
couchés sur le dos asphalte
asphalte__________couchés sur le dos asphalte_________couchés sur le dos asphalte__________couchés sur le dos asphalte
_________couchés sur le dos asphalte_________couchés sur le dos asphalte__________couchés sur le dos
asphalte_________asphalte__________couchés sur le dos asphalte_________couchés sur le dos asphalte__________ couchés sur le dos asphalte
couchés sur le dos asphalte
asphalte__________couchés sur le dos asphalte_________couchés sur le dos asphalte__________couchés sur le dos asphalte
_________couchés sur le dos asphalte_________couchés sur le dos asphalte__________couchés sur le dos
couchés sur le dos asphalte
asphalte__________couchés sur le dos asphalte_________couchés sur le dos asphalte__________couchés sur le dos asphalte
_________couchés sur le dos asphalte_________couchés sur le dos asphalte__________couchés sur le dos
asphalte_________asphalte__________couchés sur le dos asphalte_________couchés sur le dos asphalte__________ couchés sur le dos asphalte
couchés sur le dos asphalte
asphalte__________couchés sur le dos asphalte_________couchés sur le dos asphalte__________couchés sur le dos asphalte
_________couchés sur le dos asphalte_________couchés sur le dos asphalte__________couchés sur le dos
couchés sur le dos asphalte
asphalte__________couchés sur le dos asphalte_________couchés sur le dos asphalte__________couchés sur le dos asphalte
_________couchés sur le dos asphalte_________couchés sur le dos asphalte__________couchés sur le dos
asphalte_________asphalte__________couchés sur le dos asphalte_________couchés sur le dos asphalte__________ couchés sur le dos asphalte
couchés sur le dos asphalte
asphalte__________couchés sur le dos asphalte_________couchés sur le dos asphalte__________couchés sur le dos asphalte
_________couchés sur le dos asphalte_________couchés sur le dos asphalte__________couchés sur le dos
couchés sur le dos asphalte
asphalte__________couchés sur le dos asphalte_________couchés sur le dos asphalte__________couchés sur le dos asphalte
_________couchés sur le dos asphalte_________couchés sur le dos asphalte__________couchés sur le dos
asphalte_________asphalte__________couchés sur le dos asphalte_________couchés sur le dos asphalte__________ couchés sur le dos asphalte
couchés sur le dos asphalte
asphalte__________couchés sur le dos asphalte_________couchés sur le dos asphalte__________couchés sur le dos asphalte
_________couchés sur le dos asphalte_________couchés sur le dos asphalte__________couchés sur le dos
couchés sur le dos asphalte
asphalte__________couchés sur le dos asphalte_________couchés sur le dos asphalte__________couchés sur le dos asphalte
_________couchés sur le dos asphalte_________couchés sur le dos asphalte__________couchés sur le dos
asphalte_________asphalte__________couchés sur le dos asphalte_________couchés sur le dos asphalte__________ couchés sur le dos asphalte
couchés sur le dos asphalte
asphalte__________couchés sur le dos asphalte_________couchés sur le dos asphalte__________couchés sur le dos asphalte
_________couchés sur le dos asphalte_________couchés sur le dos asphalte__________couchés sur le dos
couchés sur le dos asphalte
asphalte__________couchés sur le dos asphalte_________couchés sur le dos asphalte__________couchés sur le dos asphalte
_________couchés sur le dos asphalte_________couchés sur le dos asphalte__________couchés sur le dos
asphalte_________asphalte__________couchés sur le dos asphalte_________couchés sur le dos asphalte__________ couchés sur le dos asphalte
couchés sur le dos asphalte
asphalte__________couchés sur le dos asphalte_________couchés sur le dos asphalte__________couchés sur le dos asphalte
_________couchés sur le dos asphalte_________couchés sur le dos asphalte__________couchés sur le dos
couchés sur le dos asphalte
asphalte__________couchés sur le dos asphalte_________couchés sur le dos asphalte__________couchés sur le dos asphalte
_________couchés sur le dos asphalte_________couchés sur le dos asphalte__________couchés sur le dos
asphalte_________asphalte__________couchés sur le dos asphalte_________couchés sur le dos asphalte__________ couchés sur le dos asphalte
couchés sur le dos asphalte
asphalte__________couchés sur le dos asphalte_________couchés sur le dos asphalte__________couchés sur le dos asphalte

jusqu'aux e n t r a i l l e s expédient leur regard
au-delà de la morphine——————————
couchés sur le dos asphalte________couchés sur le dos asphalte________couchés sur le dos asphalte________couchés sur le dos asphalte________couchés sur le dos________
couchés sur le dos asphalte
asphalte__________*couchés sur le dos asphalte*_________couchés sur le dos asphalte__________couchés sur le dos asphalte________________
jusqu'aux entrailles expédient leur regard
au-delà de la morphine——————————
couchés sur le dos asphalte________couchés sur le dos asphalte________couchés sur le dos asphalte________couchés sur le dos asphalte________**couchés sur le dos**
couchés sur le dos asphalte
asphalte__________*couchés sur le dos asphalte*_________couchés sur le dos asphalte__________couchés sur le dos asphalte
jusqu'aux e n t r a i l l e s expédient leur regard
au-delà de la morphine——————————
couchés sur le dos asphalte________couchés sur le dos asphalte________couchés sur le dos asphalte________couchés sur le dos asphalte________couchés sur le dos________
couchés sur le dos asphalte
asphalte__________*couchés sur le dos asphalte*_________couchés sur le dos asphalte__________couchés sur le dos asphalte________________
jusqu'aux entrailles expédient leur regard
au-delà de la morphine——————————
couchés sur le dos asphalte________couchés sur le dos asphalte________couchés sur le dos asphalte________couchés sur le dos asphalte________**couchés sur le dos**
couchés sur le dos asphalte
asphalte__________*couchés sur le dos asphalte*_________couchés sur le dos asphalte__________couchés sur le dos asphalte
jusqu'aux e n t r a i l l e s expédient leur regard
au-delà de la morphine——————————
couchés sur le dos asphalte________couchés sur le dos asphalte________couchés sur le dos asphalte________couchés sur le dos asphalte________couchés sur le dos________
couchés sur le dos asphalte
asphalte__________*couchés sur le dos asphalte*_________couchés sur le dos asphalte__________couchés sur le dos asphalte________________
jusqu'aux entrailles expédient leur regard
au-delà de la morphine——————————
couchés sur le dos asphalte________couchés sur le dos asphalte________couchés sur le dos asphalte________couchés sur le dos asphalte________**couchés sur le dos**
couchés sur le dos asphalte
asphalte__________*couchés sur le dos asphalte*_________couchés sur le dos asphalte__________couchés sur le dos asphalte
jusqu'aux e n t r a i l l e s expédient leur regard
au-delà de la morphine——————————
couchés sur le dos asphalte________couchés sur le dos asphalte________couchés sur le dos asphalte________couchés sur le dos asphalte________couchés sur le dos________
couchés sur le dos asphalte
asphalte__________*couchés sur le dos asphalte*_________couchés sur le dos asphalte__________couchés sur le dos asphalte________________
jusqu'aux entrailles expédient leur regard
au-delà de la morphine——————————
couchés sur le dos asphalte________couchés sur le dos asphalte________couchés sur le dos asphalte________couchés sur le dos asphalte________**couchés sur le dos**
couchés sur le dos asphalte
asphalte__________*couchés sur le dos asphalte*_________couchés sur le dos asphalte__________couchés sur le dos asphalte
jusqu'aux e n t r a i l l e s expédient leur regard
au-delà de la morphine——————————
couchés sur le dos asphalte________couchés sur le dos asphalte________couchés sur le dos asphalte________couchés sur le dos asphalte________couchés sur le dos________
couchés sur le dos asphalte
asphalte__________*couchés sur le dos asphalte*_________couchés sur le dos asphalte__________couchés sur le dos asphalte________________
jusqu'aux entrailles expédient leur regard
au-delà de la morphine——————————
couchés sur le dos asphalte________couchés sur le dos asphalte________couchés sur le dos asphalte________couchés sur le dos asphalte________**couchés sur le dos**
couchés sur le dos asphalte
asphalte__________*couchés sur le dos asphalte*_________couchés sur le dos asphalte__________couchés sur le dos asphalte
jusqu'aux e n t r a i l l e s expédient leur regard
au-delà de la morphine——————————
couchés sur le dos asphalte________couchés sur le dos asphalte________couchés sur le dos asphalte________couchés sur le dos asphalte________couchés sur le dos________
couchés sur le dos asphalte
asphalte__________*couchés sur le dos asphalte*_________couchés sur le dos asphalte__________couchés sur le dos asphalte________________
jusqu'aux entrailles expédient leur regard
au-delà de la morphine——————————
couchés sur le dos asphalte________couchés sur le dos asphalte________couchés sur le dos asphalte________couchés sur le dos asphalte________**couchés sur le dos**
couchés sur le dos asphalte
asphalte__________*couchés sur le dos asphalte*_________couchés sur le dos asphalte__________couchés sur le dos asphalte
jusqu'aux e n t r a i l l e s expédient leur regard
au-delà de la morphine——————————
couchés sur le dos asphalte________couchés sur le dos asphalte________couchés sur le dos asphalte________couchés sur le dos asphalte________couchés sur le dos________
couchés sur le dos asphalte
asphalte__________*couchés sur le dos asphalte*_________couchés sur le dos asphalte__________couchés sur le dos asphalte________________
jusqu'aux entrailles expédient leur regard
au-delà de la morphine——————————
couchés sur le dos asphalte________couchés sur le dos asphalte________couchés sur le dos asphalte________couchés sur le dos asphalte________**couchés sur le dos**
couchés sur le dos asphalte
asphalte__________*couchés sur le dos asphalte*_________couchés sur le dos asphalte__________couchés sur le dos asphalte
jusqu'aux e n t r a i l l e s expédient leur regard
au-delà de la morphine——————————

jusqu'aux entrailles expédient leur regard
couchés sur le dos asphalte_____——couchés sur le dos asphalte_____———couchés sur le dos asphalte_____——couchés sur le dos asphalte_____————————
se gonflent de sang t i t u b e n t **se gonflent** de sang t i t u b e n t **se gonflent** de sang t i
jusqu'aux entrailles expédient leur regard
couchés sur le dos asphalte_____——couchés sur le dos asphalte_____———couchés sur le dos asphalte_____——couchés sur le dos asphalte_____————————
t u b e n t **se gonflent** de sang t i t u b e n t **se gonflent** de sang t i t u b e n t **se gonflent**
jusqu'aux entrailles expédient leur regard
couchés sur le dos asphalte_____——couchés sur le dos asphalte_____———couchés sur le dos asphalte_____——couchés sur le dos asphalte_____————————
de sang t i t u b e n t **se gonflent** de sang t i t u b e n t **se gonflent** de sang t i t u b e n t
jusqu'aux entrailles expédient leur regard
couchés sur le dos asphalte_____——couchés sur le dos asphalte_____———couchés sur le dos asphalte_____——couchés sur le dos asphalte_____————————
se gonflent de sang t i t u b e n t **se gonflent** de sang t i t u b e n t **se gonflent** de sang t i
jusqu'aux entrailles expédient leur regard
couchés sur le dos asphalte_____——couchés sur le dos asphalte_____———couchés sur le dos asphalte_____——couchés sur le dos asphalte_____————————
t u b e n t **se gonflent** de sang t i t u b e n t **se gonflent** de sang t i t u b e n t **se gonflent**
jusqu'aux entrailles expédient leur regard
couchés sur le dos asphalte_____——couchés sur le dos asphalte_____———couchés sur le dos asphalte_____——couchés sur le dos asphalte_____————————
de sang t i t u b e n t **se gonflent** de sang t i t u b e n t **se gonflent** de sang t i t u b e n t
jusqu'aux entrailles expédient leur regard
couchés sur le dos asphalte_____——couchés sur le dos asphalte_____———couchés sur le dos asphalte_____——couchés sur le dos asphalte_____————————
se gonflent de sang t i t u b e n t **se gonflent** de sang t i t u b e n t **se gonflent** de sang t i
jusqu'aux entrailles expédient leur regard
couchés sur le dos asphalte_____——couchés sur le dos asphalte_____———couchés sur le dos asphalte_____——couchés sur le dos asphalte_____————————
t u b e n t **se gonflent** de sang t i t u b e n t **se gonflent** de sang t i t u b e n t **se gonflent**
jusqu'aux entrailles expédient leur regard
couchés sur le dos asphalte_____——couchés sur le dos asphalte_____———couchés sur le dos asphalte_____——couchés sur le dos asphalte_____————————
de sang t i t u b e n t **se gonflent** de sang t i t u b e n t **se gonflent** de sang t i t u b e n t
jusqu'aux entrailles expédient leur regard
couchés sur le dos asphalte_____——couchés sur le dos asphalte_____———couchés sur le dos asphalte_____——couchés sur le dos asphalte_____————————
se gonflent de sang t i t u b e n t **se gonflent** de sang t i t u b e n t **se gonflent** de sang t i
jusqu'aux entrailles expédient leur regard
couchés sur le dos asphalte_____——couchés sur le dos asphalte_____———couchés sur le dos asphalte_____——couchés sur le dos asphalte_____————————
t u b e n t **se gonflent** de sang t i t u b e n t **se gonflent** de sang t i t u b e n t **se gonflent**
jusqu'aux entrailles expédient leur regard
couchés sur le dos asphalte_____——couchés sur le dos asphalte_____———couchés sur le dos asphalte_____——couchés sur le dos asphalte_____————————
de sang t i t u b e n t **se gonflent** de sang t i t u b e n t **se gonflent** de sang t i t u b e n t
jusqu'aux entrailles expédient leur regard
couchés sur le dos asphalte_____——couchés sur le dos asphalte_____———couchés sur le dos asphalte_____——couchés sur le dos asphalte_____————————
se gonflent de sang t i t u b e n t **se gonflent** de sang t i t u b e n t **se gonflent** de sang t i
jusqu'aux entrailles expédient leur regard
couchés sur le dos asphalte_____——couchés sur le dos asphalte_____———couchés sur le dos asphalte_____——couchés sur le dos asphalte_____————————
t u b e n t **se gonflent** de sang t i t u b e n t **se gonflent** de sang t i t u b e n t **se gonflent**
jusqu'aux entrailles expédient leur regard
couchés sur le dos asphalte_____——couchés sur le dos asphalte_____———couchés sur le dos asphalte_____——couchés sur le dos asphalte_____————————
de sang t i t u b e n t **se gonflent** de sang t i t u b e n t **se gonflent** de sang t i t u b e n t
jusqu'aux entrailles expédient leur regard
couchés sur le dos asphalte_____——couchés sur le dos asphalte_____———couchés sur le dos asphalte_____——couchés sur le dos asphalte_____————————
se gonflent de sang t i t u b e n t **se gonflent** de sang t i t u b e n t **se gonflent** de sang t i
jusqu'aux entrailles expédient leur regard
couchés sur le dos asphalte_____——couchés sur le dos asphalte_____———couchés sur le dos asphalte_____——couchés sur le dos asphalte_____————————
t u b e n t **se gonflent** de sang t i t u b e n t **se gonflent** de sang t i t u b e n t **se gonflent**
jusqu'aux entrailles expédient leur regard
couchés sur le dos asphalte_____——couchés sur le dos asphalte_____———couchés sur le dos asphalte_____——couchés sur le dos asphalte_____————————
de sang t i t u b e n t **se gonflent** de sang t i t u b e n t **se gonflent** de sang t i t u b e n t
jusqu'aux entrailles expédient leur regard
couchés sur le dos asphalte_____——couchés sur le dos asphalte_____———couchés sur le dos asphalte_____——couchés sur le dos asphalte_____————————
se gonflent de sang t i t u b e n t **se gonflent** de sang t i t u b e n t **se gonflent** de sang t i
jusqu'aux entrailles expédient leur regard
couchés sur le dos asphalte_____——couchés sur le dos asphalte_____———couchés sur le dos asphalte_____——couchés sur le dos asphalte_____————————
t u b e n t **se gonflent** de sang t i t u b e n t **se gonflent** de sang t i t u b e n t **se gonflent**
jusqu'aux entrailles expédient leur regard
couchés sur le dos asphalte_____——couchés sur le dos asphalte_____———couchés sur le dos asphalte_____——couchés sur le dos asphalte_____————————
de sang t i t u b e n t **se gonflent** de sang t i t u b e n t **se gonflent** de sang t i t u b e n t
jusqu'aux entrailles expédient leur regard
couchés sur le dos asphalte_____——couchés sur le dos asphalte_____———couchés sur le dos asphalte_____——couchés sur le dos asphalte_____————————
se gonflent de sang t i t u b e n t **se gonflent** de sang t i t u b e n t **se gonflent** de sang t i
jusqu'aux entrailles expédient leur regard
couchés sur le dos asphalte_____——couchés sur le dos asphalte_____———couchés sur le dos asphalte_____——couchés sur le dos asphalte_____————————
t u b e n t **se gonflent** de sang t i t u b e n t **se gonflent** de sang t i t u b e n t **se gonflent**
jusqu'aux entrailles expédient leur regard
couchés sur le dos asphalte_____——couchés sur le dos asphalte_____———couchés sur le dos asphalte_____——couchés sur le dos asphalte_____————————
~~jusqu'aux entrailles expédient leur regard~~

couchés sur le dos asphalte_____——couchés sur le dos asphalte_____———couchés sur le dos asphalte_____——couchés sur le dos asphalte_____————————
se gonflent de sang t i t u b e n t **se gonflent** de sang t i t u b e n t **se gonflent** de sang t i
se hérissent, aigus effleurent les murs… se hérissent, aigus effleurent les murs… se hérissent,
aigus effleurent les murs… se hérissent, aigus effleurent les murs… se hérissent, aigus effleurent
jusqu'aux entrailles expédient leur regard
couchés sur le dos asphalte_____——couchés sur le dos asphalte_____———couchés sur le dos asphalte_____——couchés sur le dos asphalte_____————————
t u b e n t **se gonflent** de sang t i t u b e n t **se gonflent** de sang t i t u b e n t **se gonflent**
les murs… se hérissent, aigus effleurent les murs… se hérissent, aigus effleurent les murs… se
hérissent, aigus effleurent les murs… se hérissent, aigus effleurent les murs… se hérissent, aigus
jusqu'aux entrailles expédient leur regard
couchés sur le dos asphalte_____——couchés sur le dos asphalte_____———couchés sur le dos asphalte_____——couchés sur le dos asphalte_____————————
de sang t i t u b e n t **se gonflent** de sang t i t u b e n t **se gonflent** de sang t i t u b e n t
effleurent les murs… se hérissent, aigus effleurent les murs… se hérissent, aigus effleurent les
murs… se hérissent, aigus effleurent les murs… se hérissent, aigus effleurent les murs…
jusqu'aux entrailles expédient leur regard
couchés sur le dos asphalte_____——couchés sur le dos asphalte_____———couchés sur le dos asphalte_____——couchés sur le dos asphalte_____————————
se gonflent de sang t i t u b e n t **se gonflent** de sang t i t u b e n t **se gonflent** de sang t i
se hérissent, aigus effleurent les murs… se hérissent, aigus effleurent les murs… se hérissent,
aigus effleurent les murs… se hérissent, aigus effleurent les murs… se hérissent, aigus effleurent
jusqu'aux entrailles expédient leur regard
couchés sur le dos asphalte_____——couchés sur le dos asphalte_____———couchés sur le dos asphalte_____——couchés sur le dos asphalte_____————————
t u b e n t **se gonflent** de sang t i t u b e n t **se gonflent** de sang t i t u b e n t **se gonflent**
les murs… se hérissent, aigus effleurent les murs… se hérissent, aigus effleurent les murs… se
hérissent, aigus effleurent les murs… se hérissent, aigus effleurent les murs… se hérissent, aigus
jusqu'aux entrailles expédient leur regard
couchés sur le dos asphalte_____——couchés sur le dos asphalte_____———couchés sur le dos asphalte_____——couchés sur le dos asphalte_____————————
de sang t i t u b e n t **se gonflent** de sang t i t u b e n t **se gonflent** de sang t i t u b e n t
effleurent les murs… se hérissent, aigus effleurent les murs… se hérissent, aigus effleurent les
murs… se hérissent, aigus effleurent les murs… se hérissent, aigus effleurent les murs…
jusqu'aux entrailles expédient leur regard
couchés sur le dos asphalte_____——couchés sur le dos asphalte_____———couchés sur le dos asphalte_____——couchés sur le dos asphalte_____————————
se gonflent de sang t i t u b e n t **se gonflent** de sang t i t u b e n t **se gonflent** de sang t i
se hérissent, aigus effleurent les murs… se hérissent, aigus effleurent les murs… se hérissent,
aigus effleurent les murs… se hérissent, aigus effleurent les murs… se hérissent, aigus effleurent
jusqu'aux entrailles expédient leur regard
couchés sur le dos asphalte_____——couchés sur le dos asphalte_____———couchés sur le dos asphalte_____——couchés sur le dos asphalte_____————————
t u b e n t **se gonflent** de sang t i t u b e n t **se gonflent** de sang t i t u b e n t **se gonflent**
les murs… se hérissent, aigus effleurent les murs… se hérissent, aigus effleurent les murs… se
hérissent, aigus effleurent les murs… se hérissent, aigus effleurent les murs… se hérissent, aigus
jusqu'aux entrailles expédient leur regard
couchés sur le dos asphalte_____——couchés sur le dos asphalte_____———couchés sur le dos asphalte_____——couchés sur le dos asphalte_____————————
de sang t i t u b e n t **se gonflent** de sang t i t u b e n t **se gonflent** de sang t i t u b e n t
effleurent les murs… se hérissent, aigus effleurent les murs… se hérissent, aigus effleurent les
murs… se hérissent, aigus effleurent les murs… se hérissent, aigus effleurent les murs…
jusqu'aux entrailles expédient leur regard
couchés sur le dos asphalte_____——couchés sur le dos asphalte_____———couchés sur le dos asphalte_____——couchés sur le dos asphalte_____————————
se gonflent de sang t i t u b e n t **se gonflent** de sang t i t u b e n t **se gonflent** de sang t i
se hérissent, aigus effleurent les murs… se hérissent, aigus effleurent les murs… se hérissent,
aigus effleurent les murs… se hérissent, aigus effleurent les murs… se hérissent, aigus effleurent
jusqu'aux entrailles expédient leur regard
couchés sur le dos asphalte_____——couchés sur le dos asphalte_____———couchés sur le dos asphalte_____——couchés sur le dos asphalte_____————————
t u b e n t **se gonflent** de sang t i t u b e n t **se gonflent** de sang t i t u b e n t **se gonflent**
les murs… se hérissent, aigus effleurent les murs… se hérissent, aigus effleurent les murs… se
hérissent, aigus effleurent les murs… se hérissent, aigus effleurent les murs… se hérissent, aigus
jusqu'aux entrailles expédient leur regard
couchés sur le dos asphalte_____——couchés sur le dos asphalte_____———couchés sur le dos asphalte_____——couchés sur le dos asphalte_____————————
de sang t i t u b e n t **se gonflent** de sang t i t u b e n t **se gonflent** de sang t i t u b e n t
effleurent les murs… se hérissent, aigus effleurent les murs… se hérissent, aigus effleurent les
murs… se hérissent, aigus effleurent les murs… se hérissent, aigus effleurent les murs…
jusqu'aux entrailles expédient leur regard
couchés sur le dos asphalte_____——couchés sur le dos asphalte_____———couchés sur le dos asphalte_____——couchés sur le dos asphalte_____————————
se gonflent de sang t i t u b e n t **se gonflent** de sang t i t u b e n t **se gonflent** de sang t i
se hérissent, aigus effleurent les murs… se hérissent, aigus effleurent les murs… se hérissent,
aigus effleurent les murs… se hérissent, aigus effleurent les murs… se hérissent, aigus effleurent
jusqu'aux entrailles expédient leur regard
couchés sur le dos asphalte_____——couchés sur le dos asphalte_____———couchés sur le dos asphalte_____——couchés sur le dos asphalte_____————————
t u b e n t **se gonflent** de sang t i t u b e n t **se gonflent** de sang t i t u b e n t **se gonflent**
les murs… se hérissent, aigus effleurent les murs… se hérissent, aigus effleurent les murs… se
hérissent, aigus effleurent les murs… se hérissent, aigus effleurent les murs… se hérissent, aigus
jusqu'aux entrailles expédient leur regard
couchés sur le dos asphalte_____——couchés sur le dos asphalte_____———couchés sur le dos asphalte_____——couchés sur le dos asphalte_____————————
de sang t i t u b e n t **se gonflent** de sang t i t u b e n t **se gonflent** de sang t i t u b e n t
effleurent les murs… se hérissent, aigus effleurent les murs… se hérissent, aigus effleurent les
murs… se hérissent, aigus effleurent les murs… se hérissent, aigus effleurent les murs…
jusqu'aux entrailles expédient leur regard
couchés sur le dos asphalte_____——couchés sur le dos asphalte_____———couchés sur le dos asphalte_____——couchés sur le dos asphalte_____————————

nu à nu... nu à nu... nu à nu... nu à nu... nu à nu... nu à nu... nu à nu... nu à nu... nu à nu...
nu à nu... nu à nu... nu à nu... nu à nu... nu à nu... nu à nu... nu à nu... nu à nu... nu à nu...
nu à nu... nu à nu... nu à nu... nu à nu... nu à nu... nu à nu... nu à nu... nu à nu... nu à nu...
nu à nu... nu à nu... nu à nu... nu à nu... nu à nu... nu à nu... nu à nu... nu à nu... nu à nu...
nu à nu... nu à nu... nu à nu... nu à nu... nu à nu... nu à nu... nu à nu... nu à nu... nu à nu...
nu à nu... nu à nu... nu à nu... nu à nu... nu à nu... nu à nu... nu à nu... nu à nu... nu à nu...
nu à nu... nu à nu... nu à nu... nu à nu... nu à nu... nu à nu... nu à nu... nu à nu... nu à nu...
nu à nu... nu à nu... nu à nu... nu à nu... nu à nu... nu à nu... nu à nu... nu à nu... nu à nu...
nu à nu... nu à nu... nu à nu... nu à nu... nu à nu... nu à nu... nu à nu... nu à nu... nu à nu...
nu à nu... nu à nu... nu à nu... nu à nu... nu à nu... nu à nu... nu à nu... nu à nu... nu à nu...
nu à nu... nu à nu... nu à nu... nu à nu... nu à nu... nu à nu... nu à nu... nu à nu... nu à nu...
nu à nu... nu à nu... nu à nu... nu à nu... nu à nu... nu à nu... nu à nu... nu à nu... nu à nu...
nu à nu... nu à nu... nu à nu... nu à nu... nu à nu... nu à nu... nu à nu... nu à nu... nu à nu...
nu à nu... nu à nu... nu à nu... nu à nu... nu à nu... nu à nu... nu à nu... nu à nu... nu à nu...
nu à nu... nu à nu... nu à nu... nu à nu... nu à nu... nu à nu... nu à nu... nu à nu... nu à nu...
nu à nu... nu à nu... nu à nu... nu à nu... nu à nu... nu à nu... nu à nu... nu à nu... nu à nu...
nu à nu... nu à nu... nu à nu... nu à nu... nu à nu... nu à nu... nu à nu... nu à nu... nu à nu...
nu à nu... nu à nu... nu à nu... nu à nu... nu à nu... nu à nu... nu à nu... nu à nu... nu à nu...
nu à nu... nu à nu... nu à nu... nu à nu... nu à nu... nu à nu... nu à nu... nu à nu... nu à nu...
nu à nu... nu à nu... nu à nu... nu à nu... nu à nu... nu à nu... nu à nu... nu à nu... nu à nu...
nu à nu... nu à nu... nu à nu... nu à nu... nu à nu... nu à nu... nu à nu... nu à nu... nu à nu...
nu à nu... nu à nu... nu à nu... nu à nu... nu à nu... nu à nu... nu à nu... nu à nu... nu à nu...
nu à nu... nu à nu... nu à nu... nu à nu... nu à nu... nu à nu... nu à nu... nu à nu... nu à nu...
nu à nu... nu à nu... nu à nu... nu à nu... nu à nu... nu à nu... nu à nu... nu à nu... nu à nu...
nu à nu... nu à nu... nu à nu... nu à nu... nu à nu... nu à nu... nu à nu... nu à nu... nu à nu...
nu à nu... nu à nu... nu à nu... nu à nu... nu à nu... nu à nu... nu à nu... nu à nu... nu à nu...
nu à nu... nu à nu... nu à nu... nu à nu... nu à nu... nu à nu... nu à nu... nu à nu... nu à nu...
nu à nu... nu à nu... nu à nu... nu à nu... nu à nu... nu à nu... nu à nu... nu à nu... nu à nu...
nu à nu... nu à nu... nu à nu... nu à nu... nu à nu... nu à nu... nu à nu... nu à nu... nu à nu...
nu à nu... nu à nu... nu à nu... nu à nu... nu à nu... nu à nu... nu à nu... nu à nu... nu à nu...
nu à nu... nu à nu... nu à nu... nu à nu... nu à nu... nu à nu... nu à nu... nu à nu... nu à nu...
nu à nu... nu à nu... nu à nu... nu à nu... nu à nu... nu à nu... nu à nu... nu à nu... nu à nu...
nu à nu... nu à nu... nu à nu... nu à nu... nu à nu... nu à nu... nu à nu... nu à nu... nu à nu...
nu à nu... nu à nu... nu à nu... nu à nu... nu à nu... nu à nu... nu à nu... nu à nu... nu à nu...
nu à nu... nu à nu... nu à nu... nu à nu... nu à nu... nu à nu... nu à nu... nu à nu... nu à nu...
nu à nu... nu à nu... nu à nu... nu à nu... nu à nu... nu à nu... nu à nu... nu à nu... nu à nu...
nu à nu... nu à nu... nu à nu... nu à nu... nu à nu... nu à nu... nu à nu... nu à nu... nu à nu...
nu à nu... nu à nu... nu à nu... nu à nu... nu à nu... nu à nu... nu à nu... nu à nu... nu à nu...
nu à nu... nu à nu... nu à nu... nu à nu... nu à nu... nu à nu... nu à nu... nu à nu... nu à nu...
nu à nu... nu à nu... nu à nu... nu à nu... nu à nu... nu à nu... nu à nu... nu à nu... nu à nu...
nu à nu... nu à nu... nu à nu... nu à nu... nu à nu... nu à nu... nu à nu... nu à nu... nu à nu...
nu à nu... nu à nu... nu à nu... nu à nu... nu à nu... nu à nu... nu à nu... nu à nu... nu à nu...
nu à nu... nu à nu... nu à nu... nu à nu... nu à nu... nu à nu... nu à nu... nu à nu... nu à nu...
nu à nu... nu à nu... nu à nu... nu à nu... nu à nu... nu à nu... nu à nu... nu à nu... nu à nu...
nu à nu... nu à nu... nu à nu... nu à nu... nu à nu... nu à nu... nu à nu... nu à nu... nu à nu...
nu à nu... nu à nu... nu à nu... nu à nu... nu à nu... nu à nu... nu à nu... nu à nu... nu à nu...
nu à nu... nu à nu... nu à nu... nu à nu... nu à nu... nu à nu... nu à nu... nu à nu... nu à nu...
nu à nu... nu à nu... nu à nu... nu à nu... nu à nu... nu à nu... nu à nu... nu à nu... nu à nu...
nu à nu... nu à nu... nu à nu... nu à nu... nu à nu... nu à nu... nu à nu... nu à nu... nu à nu...
nu à nu... nu à nu... nu à nu... nu à nu... nu à nu... nu à nu... nu à nu... nu à nu... nu à nu...
nu à nu... nu à nu... nu à nu... nu à nu... nu à nu... nu à nu... nu à nu... nu à nu... nu à nu...
nu à nu... nu à nu... nu à nu... nu à nu... nu à nu... nu à nu... nu à nu... nu à nu... nu à nu...
nu à nu... nu à nu... nu à nu... nu à nu... nu à nu... nu à nu... nu à nu... nu à nu... nu à nu...
nu à nu... nu à nu... nu à nu... nu à nu... nu à nu... nu à nu... nu à nu... nu à nu... nu à nu...
nu à nu... nu à nu... nu à nu... nu à nu... nu à nu... nu à nu... nu à nu... nu à nu... nu à nu...
nu à nu... nu à nu... nu à nu... nu à nu... nu à nu... nu à nu... nu à nu... nu à nu... nu à nu...
nu à nu... nu à nu... nu à nu... nu à nu... nu à nu... nu à nu... nu à nu... nu à nu... nu à nu...
nu à nu... nu à nu... nu à nu... nu à nu... nu à nu... nu à nu... nu à nu... nu à nu... nu à nu...
nu à nu... nu à nu... nu à nu... nu à nu... nu à nu... nu à nu... nu à nu... nu à nu... nu à nu...
nu à nu... nu à nu... nu à nu... nu à nu... nu à nu... nu à nu... nu à nu... nu à nu... nu à nu...
nu à nu... nu à nu... nu à nu... nu à nu... nu à nu... nu à nu... nu à nu... nu à nu... nu à nu...
nu à nu... nu à nu... nu à nu... nu à nu... nu à nu... nu à nu... nu à nu... nu à nu... nu à nu...
nu à nu... nu à nu... nu à nu... nu à nu... nu à nu... nu à nu... nu à nu... nu à nu... nu à nu...

paupières baissées + entrailles scellées fatiguées + paupières baissées + entrailles scellées
fatiguées + paupières baissées + entrailles scellées fatiguées + paupières baissées +
entrailles scellées fatiguées + paupières baissées + entrailles scellées fatiguées + paupières
baissées + entrailles scellées fatiguées + paupières baissées + entrailles scellées fatiguées +
paupières baissées + entrailles scellées fatiguées + paupières baissées + entrailles scellées
fatiguées + paupières baissées + entrailles scellées fatiguées + paupières baissées +
entrailles scellées fatiguées + paupières baissées + entrailles scellées fatiguées + paupières
baissées + entrailles scellées fatiguées + paupières baissées + entrailles scellées fatiguées +
paupières baissées + entrailles scellées fatiguées + paupières baissées + entrailles scellées
fatiguées + paupières baissées + entrailles scellées fatiguées + paupières baissées +
entrailles scellées fatiguées + paupières baissées + entrailles scellées fatiguées + paupières
baissées + entrailles scellées fatiguées + paupières baissées + entrailles scellées fatiguées +
paupières baissées + entrailles scellées fatiguées + paupières baissées + entrailles scellées
fatiguées + paupières baissées + entrailles scellées fatiguées + paupières baissées +
entrailles scellées fatiguées + paupières baissées + entrailles scellées fatiguées + paupières
baissées + entrailles scellées fatiguées + paupières baissées + entrailles scellées fatiguées +
paupières baissées + entrailles scellées fatiguées + paupières baissées + entrailles scellées
fatiguées + paupières baissées + entrailles scellées fatiguées + paupières baissées +
entrailles scellées fatiguées + paupières baissées + entrailles scellées fatiguées + paupières
baissées + entrailles scellées fatiguées + paupières baissées + entrailles scellées fatiguées +
paupières baissées + entrailles scellées fatiguées + paupières baissées + entrailles scellées
fatiguées + paupières baissées + entrailles scellées fatiguées + paupières baissées +
entrailles scellées fatiguées + paupières baissées + entrailles scellées fatiguées + paupières
baissées + entrailles scellées fatiguées + paupières baissées + entrailles scellées fatiguées +
paupières baissées + entrailles scellées fatiguées + paupières baissées + entrailles scellées
fatiguées + paupières baissées + entrailles scellées fatiguées + paupières baissées +
entrailles scellées fatiguées + paupières baissées + entrailles scellées fatiguées + paupières
baissées + entrailles scellées fatiguées + paupières baissées + entrailles scellées fatiguées +
paupières baissées + entrailles scellées fatiguées + paupières baissées + entrailles scellées
fatiguées + paupières baissées + entrailles scellées fatiguées + paupières baissées +
entrailles scellées fatiguées + paupières baissées + entrailles scellées fatiguées + paupières
baissées + entrailles scellées fatiguées + paupières baissées + entrailles scellées fatiguées +
paupières baissées + entrailles scellées fatiguées + paupières baissées + entrailles scellées
fatiguées + paupières baissées + entrailles scellées fatiguées + paupières baissées +
entrailles scellées fatiguées + paupières baissées + entrailles scellées fatiguées + paupières
baissées + entrailles scellées fatiguées + paupières baissées + entrailles scellées fatiguées +
paupières baissées + entrailles scellées fatiguées + paupières baissées + entrailles scellées
fatiguées + paupières baissées + entrailles scellées fatiguées + paupières baissées +
entrailles scellées fatiguées + paupières baissées + entrailles scellées fatiguées + paupières
baissées + entrailles scellées fatiguées + paupières baissées + entrailles scellées fatiguées +
paupières baissées + entrailles scellées fatiguées + paupières baissées + entrailles scellées
fatiguées + paupières baissées + entrailles scellées fatiguées + paupières baissées +
entrailles scellées fatiguées + paupières baissées + entrailles scellées fatiguées + paupières
baissées + entrailles scellées fatiguées + paupières baissées + entrailles scellées fatiguées +
paupières baissées + entrailles scellées fatiguées + paupières baissées + entrailles scellées
fatiguées + paupières baissées + entrailles scellées fatiguées + paupières baissées +
entrailles scellées fatiguées + paupières baissées + entrailles scellées fatiguées + paupières
baissées + entrailles scellées fatiguées + paupières baissées + entrailles scellées fatiguées +
paupières baissées + entrailles scellées fatiguées + paupières baissées + entrailles scellées
fatiguées + paupières baissées + entrailles scellées fatiguées + paupières baissées +
entrailles scellées fatiguées + paupières baissées + entrailles scellées fatiguées + paupières
baissées + entrailles scellées fatiguées + paupières baissées + entrailles scellées fatiguées +
paupières baissées + entrailles scellées fatiguées + paupières baissées + entrailles scellées
fatiguées + paupières baissées + entrailles scellées fatiguées + paupières baissées +
entrailles scellées fatiguées + paupières baissées + entrailles scellées fatiguées + paupières
baissées + entrailles scellées fatiguées + paupières baissées + entrailles scellées fatiguées +
paupières baissées + entrailles scellées fatiguées + paupières baissées + entrailles scellées
fatiguées + paupières baissées + entrailles scellées fatiguées + paupières baissées +
entrailles scellées fatiguées + paupières baissées + entrailles scellées fatiguées + paupières
baissées + entrailles scellées fatiguées + paupières baissées + entrailles scellées fatiguées +
paupières baissées + entrailles scellées fatiguées + paupières baissées + entrailles scellées
fatiguées + paupières baissées + entrailles scellées fatiguées + paupières baissées +
entrailles scellées fatiguées + paupières baissées + entrailles scellées fatiguées + + + +

les doigts se touchent, fragiles... l e s d o i g t s se touchent, *fragiles...* les doigts se touchent, fragiles... les
doigts se touchent, fragiles... l e s d o i g t s se touchent, *fragiles...* les doigts se touchent, fragiles... les doigts se
touchent, fragiles... l e s d o i g t s se touchent, *fragiles...* les doigts se touchent, fragiles...
les doigts se touchent, fragiles... l e s d o i g t s se touchent, *fragiles...* les doigts se touchent,
fragiles... les doigts se touchent, fragiles... l e s d o i g t s se touchent, *fragiles...* les doigts se
touchent, fragiles... les doigts se touchent, fragiles... l e s d o i g t s se
touchent, *fragiles...* les doigts se touchent, fragiles... les doigts se touchent, fragiles... l e s d o i
g t s se touchent, *fragiles...* les doigts se touchent, fragiles... les doigts se touchent, fragiles... l e s d o i g t s se
touchent, *fragiles...* les doigts se touchent, fragiles... les doigts se touchent, fragiles... l e s d o i g t s se
touchent, *fragiles...* les doigts se touchent, fragiles... les doigts se touchent,
fragiles... l e s d o i g t s se touchent, *fragiles...* les doigts se touchent, fragiles... touchent, les doigts se
fragiles... l e s d o i g t s se touchent, *fragiles...* les doigts se touchent, fragiles... les
doigts se touchent, fragiles... l e s d o i g t s se touchent, *fragiles...* les doigts se touchent, fragiles...
les doigts se touchent, fragiles... l e s d o i g t s se touchent, *fragiles...* les doigts se touchent, fragiles... les
doigts se touchent, fragiles... l e s d o i g t s se touchent, *fragiles...* les doigts se touchent, fragiles... les doigts
se touchent, fragiles... l e s d o i g t s se touchent, *fragiles...* les doigts se touchent, fragiles...
les doigts se touchent, fragiles... l e s d o i g t s se touchent, *fragiles...* les doigts se touchent,
fragiles... les doigts se touchent, fragiles... l e s d o i g t s se touchent, *fragiles...* les doigts se
touchent, fragiles... les doigts se touchent, fragiles... l e s d o i g t s se
touchent, *fragiles...* les doigts se touchent, fragiles... les doigts se touchent, fragiles... l e s d o i g t
s se touchent, *fragiles...* les doigts se touchent, fragiles... les doigts se touchent, fragiles... l e s d o i g t s se
touchent, *fragiles...* les doigts se touchent, fragiles... les doigts se touchent, fragiles... l e s d o i g t s se
touchent, *fragiles...* les doigts se touchent, fragiles... les doigts se touchent,
fragiles... l e s d o i g t s se touchent, *fragiles...* les doigts se touchent, fragiles... touchent, les doigts se
fragiles... l e s d o i g t s se touchent, *fragiles...* les doigts se touchent, fragiles... les
doigts se touchent, fragiles... l e s d o i g t s se touchent, *fragiles...* les doigts se touchent, fragiles...
les doigts se touchent, fragiles... l e s d o i g t s se touchent, *fragiles...* les doigts se touchent, fragiles... les
doigts se touchent, fragiles... l e s d o i g t s se touchent, *fragiles...* les doigts se touchent, fragiles... les doigts
se touchent, fragiles... l e s d o i g t s se touchent, *fragiles...* les doigts se touchent, fragiles...
les doigts se touchent, fragiles... l e s d o i g t s se touchent, *fragiles...* les doigts se touchent,
fragiles... les doigts se touchent, fragiles... l e s d o i g t s se touchent, *fragiles...* les doigts se
touchent, fragiles... les doigts se touchent, fragiles... l e s d o i g t s se
touchent, *fragiles...* les doigts se touchent, fragiles... les doigts se touchent, fragiles... l e s d o i g t
s se touchent, *fragiles...* les doigts se touchent, fragiles... les doigts se touchent, fragiles... l e s d o i g t s se
touchent, *fragiles...* les doigts se touchent, fragiles... les doigts se touchent, fragiles... l e s d o i g t s se
touchent, *fragiles...* les doigts se touchent, fragiles... les doigts se touchent,
fragiles... l e s d o i g t s se touchent, *fragiles...* les doigts se touchent, fragiles... touchent, les doigts se
fragiles... l e s d o i g t s se touchent, *fragiles...* les doigts se touchent, fragiles... les
doigts se touchent, fragiles... l e s d o i g t s se touchent, *fragiles...* les doigts se touchent, fragiles...
les doigts se touchent, fragiles... l e s d o i g t s se touchent, *fragiles...* les doigts se touchent, fragiles... les
doigts se touchent, fragiles... l e s d o i g t s se touchent, *fragiles...* les doigts se touchent, fragiles...
les doigts se touchent, fragiles... l e s d o i g t s se touchent, *fragiles...* les doigts se touchent,
fragiles... les doigts se touchent, fragiles... l e s d o i g t s se touchent, *fragiles...* les doigts se
touchent, fragiles... les doigts se touchent, fragiles... l e s d o i g t s se
touchent, *fragiles...* les doigts se touchent, fragiles... les doigts se touchent, fragiles... l e s d o i
g t s se touchent, *fragiles...* les doigts se touchent, fragiles... les doigts se touchent, fragiles... l e s d o i g t s se
touchent, *fragiles...* les doigts se touchent, fragiles... les doigts se touchent, fragiles... l e s d o i g t s se
touchent, *fragiles...* les doigts se touchent, fragiles... les doigts se touchent, fragiles... l
e s d o i g t s se touchent, *fragiles...* les doigts se touchent, fragiles...

voulez-vous effectuer des prélèvements comme on stocke un armement raffiné ?

RIEN n’est démesuré RIEN n’est démesuré RIEN n’est démesuré RIEN n’est démesuré
RIEN n’est démesuré RIEN n’est démesuré RIEN n’est démesuré RIEN n’est démesuré
RIEN n’est démesuré RIEN n’est démesuré RIEN n’est démesuré RIEN n’est démesuré
RIEN n’est démesuré RIEN n’est démesuré RIEN n’est démesuré RIEN n’est démesuré
RIEN n’est démesuré RIEN n’est démesuré RIEN n’est démesuré RIEN n’est démesuré
RIEN n’est démesuré RIEN n’est démesuré RIEN n’est démesuré RIEN n’est démesuré
RIEN n’est démesuré RIEN n’est démesuré RIEN n’est démesuré RIEN n’est démesuré
RIEN n’est démesuré RIEN n’est démesuré RIEN n’est démesuré RIEN n’est démesuré
RIEN n’est démesuré RIEN n’est démesuré RIEN n’est démesuré RIEN n’est démesuré
RIEN n’est démesuré RIEN n’est démesuré RIEN n’est démesuré RIEN n’est démesuré
RIEN n’est démesuré RIEN n’est démesuré RIEN n’est démesuré RIEN n’est démesuré
RIEN n’est démesuré RIEN n’est démesuré RIEN n’est démesuré RIEN n’est démesuré
RIEN n’est démesuré RIEN n’est démesuré RIEN n’est démesuré RIEN n’est démesuré
RIEN n’est démesuré RIEN n’est démesuré RIEN n’est démesuré RIEN n’est démesuré
RIEN n’est démesuré RIEN n’est démesuré RIEN n’est démesuré RIEN n’est démesuré
RIEN n’est démesuré RIEN n’est démesuré RIEN n’est démesuré RIEN n’est démesuré
RIEN n’est démesuré RIEN n’est démesuré RIEN n’est démesuré RIEN n’est démesuré
RIEN n’est démesuré RIEN n’est démesuré RIEN n’est démesuré RIEN n’est démesuré
RIEN n’est démesuré RIEN n’est démesuré RIEN n’est démesuré RIEN n’est démesuré
RIEN n’est démesuré RIEN n’est démesuré RIEN n’est démesuré RIEN n’est démesuré
RIEN n’est démesuré RIEN n’est démesuré RIEN n’est démesuré RIEN n’est démesuré
RIEN n’est démesuré RIEN n’est démesuré RIEN n’est démesuré RIEN n’est démesuré
RIEN n’est démesuré RIEN n’est démesuré RIEN n’est démesuré RIEN n’est démesuré
RIEN n’est démesuré RIEN n’est démesuré RIEN n’est démesuré RIEN n’est démesuré
RIEN n’est démesuré RIEN n’est démesuré RIEN n’est démesuré RIEN n’est démesuré
RIEN n’est démesuré RIEN n’est démesuré RIEN n’est démesuré RIEN n’est démesuré
RIEN n’est démesuré RIEN n’est démesuré RIEN n’est démesuré RIEN n’est démesuré
RIEN n’est démesuré RIEN n’est démesuré RIEN n’est démesuré RIEN n’est démesuré
RIEN n’est démesuré RIEN n’est démesuré RIEN n’est démesuré RIEN n’est démesuré
RIEN n’est démesuré RIEN n’est démesuré RIEN n’est démesuré RIEN n’est démesuré
RIEN n’est démesuré RIEN n’est démesuré RIEN n’est démesuré RIEN n’est démesuré
RIEN n’est démesuré RIEN n’est démesuré RIEN n’est démesuré RIEN n’est démesuré
RIEN n’est démesuré RIEN n’est démesuré RIEN n’est démesuré RIEN n’est démesuré
RIEN n’est démesuré RIEN n’est démesuré RIEN n’est démesuré RIEN n’est démesuré
RIEN n’est démesuré RIEN n’est démesuré RIEN n’est démesuré RIEN n’est démesuré
RIEN n’est démesuré RIEN n’est démesuré RIEN n’est démesuré RIEN n’est démesuré
RIEN n’est démesuré RIEN n’est démesuré RIEN n’est démesuré RIEN n’est démesuré
RIEN n’est démesuré RIEN n’est démesuré RIEN n’est démesuré RIEN n’est démesuré
RIEN n’est démesuré RIEN n’est démesuré RIEN n’est démesuré RIEN n’est démesuré
RIEN n’est démesuré RIEN n’est démesuré RIEN n’est démesuré RIEN n’est démesuré
RIEN n’est démesuré RIEN n’est démesuré RIEN n’est démesuré RIEN n’est démesuré
RIEN n’est démesuré RIEN n’est démesuré RIEN n’est démesuré RIEN n’est démesuré
RIEN n’est démesuré RIEN n’est démesuré RIEN n’est démesuré RIEN n’est démesuré
RIEN n’est démesuré RIEN n’est démesuré RIEN n’est démesuré RIEN n’est démesuré
RIEN n’est démesuré RIEN n’est démesuré RIEN n’est démesuré RIEN n’est démesuré
RIEN n’est démesuré RIEN n’est démesuré RIEN n’est démesuré RIEN n’est démesuré
RIEN n’est démesuré RIEN n’est démesuré RIEN n’est démesuré RIEN n’est démesuré
RIEN n’est démesuré RIEN n’est démesuré RIEN n’est démesuré RIEN n’est démesuré
RIEN n’est démesuré RIEN n’est démesuré RIEN n’est démesuré RIEN n’est démesuré
RIEN n’est démesuré RIEN n’est démesuré RIEN n’est démesuré RIEN n’est démesuré
RIEN n’est démesuré RIEN n’est démesuré RIEN n’est démesuré RIEN n’est démesuré
RIEN n’est démesuré RIEN n’est démesuré RIEN n’est démesuré RIEN n’est démesuré
RIEN n’est démesuré RIEN n’est démesuré RIEN n’est démesuré RIEN n’est démesuré
RIEN n’est démesuré RIEN n’est démesuré RIEN n’est démesuré RIEN n’est démesuré
RIEN n’est démesuré RIEN n’est démesuré RIEN n’est démesuré RIEN n’est démesuré
RIEN n’est démesuré RIEN n’est démesuré RIEN n’est démesuré RIEN n’est démesuré
RIEN n’est démesuré RIEN n’est démesuré RIEN n’est démesuré RIEN n’est démesuré
RIEN n’est démesuré RIEN n’est démesuré RIEN n’est démesuré RIEN n’est démesuré
RIEN n’est démesuré RIEN n’est démesuré RIEN n’est démesuré RIEN n’est démesuré
RIEN n’est démesuré RIEN n’est démesuré RIEN n’est démesuré RIEN n’est démesuré
RIEN n’est démesuré RIEN n’est démesuré RIEN n’est démesuré RIEN n’est démesuré
RIEN n’est démesuré RIEN n’est démesuré RIEN n’est démesuré RIEN n’est démesuré
RIEN n’est démesuré RIEN n’est démesuré RIEN n’est démesuré RIEN n’est démesuré

dessous bras dessus bras dessous bras dessus bras dessous bras dessus bras dessous bras
dessus bras dessous bras dessus bras dessous bras dessus bras dessous bras dessus bras
dessous bras dessus bras dessous bras dessus bras dessous bras dessus bras dessous bras
dessus bras dessous bras dessus bras dessous bras dessus bras dessous bras dessus bras
dessous bras dessus bras dessous bras dessus bras dessous bras dessus bras dessous bras
dessus bras dessous bras dessus bras dessous bras dessus bras dessous bras dessus bras
dessous bras dessus bras dessous bras dessus bras dessous bras dessus bras dessous bras
dessus bras dessous bras dessus bras dessous bras dessus bras dessous bras dessus bras
dessous bras dessus bras dessous bras dessus bras dessous bras dessus bras dessous bras
dessus bras dessous bras dessus bras dessous bras dessus bras dessous bras dessus bras
dessous bras dessus bras dessous bras dessus bras dessous bras dessus bras dessous bras
dessus bras dessous bras dessus bras dessous bras dessus bras dessous bras dessus bras
dessous bras dessus bras dessous bras dessus bras dessous bras dessus bras dessous bras
dessus bras dessous bras dessus bras dessous bras dessus bras dessous bras dessus bras
dessous bras dessus bras dessous bras dessus bras dessous bras dessus bras dessous bras
dessus bras dessous bras dessus bras dessous bras dessus bras dessous bras dessus bras
dessous bras dessus bras dessous bras dessus bras dessous bras dessus bras dessous bras
dessus bras dessous bras dessus bras dessous bras dessus bras dessous bras dessus bras
dessous bras dessus bras dessous bras dessus bras dessous bras dessus bras dessous bras
dessus bras dessous bras dessus bras dessous bras dessus bras dessous bras dessus bras
dessous bras dessus bras dessous bras dessus bras dessous bras dessus bras dessous bras
dessus bras dessous bras dessus bras dessous bras dessus bras dessous bras dessus bras
dessous bras dessus bras dessous bras dessus bras dessous bras dessus bras dessous bras
dessus bras dessous bras dessus bras dessous bras dessus bras dessous bras dessus bras
dessous bras dessus bras dessous bras dessus bras dessous bras dessus bras dessous bras
dessus bras dessous bras dessus bras dessous bras dessus bras dessous bras dessus bras
dessous bras dessus bras dessous bras dessus bras dessous bras dessus bras dessous bras
dessus bras dessous bras dessus bras dessous bras dessus bras dessous bras dessus bras
dessous bras dessus bras dessous bras dessus bras dessous bras dessus bras dessous bras
dessus bras dessous bras dessus bras dessous bras dessus bras dessous bras dessus bras
dessous bras dessus bras dessous bras dessus bras dessous bras dessus bras dessous bras
dessus bras dessous bras dessus bras dessous bras dessus bras dessous bras dessus bras
dessous bras dessus bras dessous bras dessus bras dessous bras dessus bras dessous bras
dessus bras dessous bras dessus bras dessous bras dessus bras dessous bras dessus bras
dessous bras dessus bras dessous bras dessus bras dessous bras dessus bras dessous bras
dessus bras dessous bras dessus bras dessous bras dessus bras dessous bras dessus bras
dessous bras dessus bras dessous bras dessus bras dessous bras dessus bras dessous bras
dessus bras dessous bras dessus bras dessous bras dessus bras dessous bras dessus bras
dessous bras dessus bras dessous bras dessus bras dessous bras dessus bras dessous bras
dessus bras dessous bras dessus bras dessous bras dessus bras dessous bras dessus bras
dessous bras dessus bras dessous bras dessus bras dessous bras dessus bras dessous bras
dessus bras dessous bras dessus bras dessous bras dessus bras dessous bras dessus bras
dessous bras dessus bras dessous bras dessus bras dessous bras dessus bras dessous bras
dessus bras dessous bras dessus bras dessous bras dessus bras dessous bras dessus bras
dessous bras dessus bras dessous bras dessus bras dessous bras dessus bras dessous bras
dessus bras dessous bras dessus bras dessous bras dessus bras dessous bras dessus bras
dessous bras dessus bras dessous bras dessus bras dessous bras dessus bras dessous bras
dessus bras dessous bras dessus bras dessous bras dessus bras dessous bras dessus bras
dessous bras dessus bras dessous bras dessus bras dessous bras dessus bras dessous bras
dessus bras dessous bras dessus bras dessous bras dessus bras dessous bras dessus bras
dessous bras dessus bras dessous bras dessus bras dessous bras dessus bras dessous bras
dessus bras dessous bras dessus bras dessous bras dessus bras dessous bras dessus bras
dessous bras dessus bras dessous bras dessus bras dessous bras dessus bras dessous bras
dessus bras dessous bras dessus bras dessous bras dessus bras dessous bras dessus bras
dessous bras dessus bras dessous bras dessus bras dessous bras dessus bras dessous bras
dessus bras dessous bras dessus bras dessous bras dessus bras dessous bras dessus bras
dessous bras dessus bras dessous bras dessus bras dessous bras dessus bras dessous bras
dessus bras dessous bras dessus bras dessous bras dessus bras dessous bras dessus bras
dessous bras dessus bras dessous bras dessus bras dessous bras dessus bras dessous bras
dessus bras dessous bras dessus bras dessous bras dessus bras dessous bras dessus bras
dessous bras dessus bras dessous bras dessus bras dessous bras dessus bras dessous bras
dessus bras dessous bras dessus bras dessous bras dessus bras dessous bras dessus bras
dessous bras dessus bras dessous bras dessus bras dessous bras dessus bras dessous bras

arc-en-ciel caméléons et lézards arc-en-ciel caméléons et lézards arc-en-ciel caméléons et lézards
arc-en-ciel caméléons et lézards arc-en-ciel caméléons et lézards arc-en-ciel caméléons et lézards
arc-en-ciel caméléons et lézards arc-en-ciel caméléons et lézards arc-en-ciel caméléons et lézards
arc-en-ciel caméléons et lézards arc-en-ciel caméléons et lézards arc-en-ciel caméléons et lézards
arc-en-ciel caméléons et lézards arc-en-ciel caméléons et lézards arc-en-ciel caméléons et lézards
arc-en-ciel caméléons et lézards arc-en-ciel caméléons et lézards arc-en-ciel caméléons et lézards
arc-en-ciel caméléons et lézards arc-en-ciel caméléons et lézards arc-en-ciel caméléons et lézards
arc-en-ciel caméléons et lézards arc-en-ciel caméléons et lézards arc-en-ciel caméléons et lézards
arc-en-ciel caméléons et lézards arc-en-ciel caméléons et lézards arc-en-ciel caméléons et lézards
arc-en-ciel caméléons et lézards arc-en-ciel caméléons et lézards arc-en-ciel caméléons et lézards
arc-en-ciel caméléons et lézards arc-en-ciel caméléons et lézards arc-en-ciel caméléons et lézards
arc-en-ciel caméléons et lézards arc-en-ciel caméléons et lézards arc-en-ciel caméléons et lézards
arc-en-ciel caméléons et lézards arc-en-ciel caméléons et lézards arc-en-ciel caméléons et lézards
arc-en-ciel caméléons et lézards arc-en-ciel caméléons et lézards arc-en-ciel caméléons et lézards
arc-en-ciel caméléons et lézards arc-en-ciel caméléons et lézards arc-en-ciel caméléons et lézards
arc-en-ciel caméléons et lézards arc-en-ciel caméléons et lézards arc-en-ciel caméléons et lézards
arc-en-ciel caméléons et lézards arc-en-ciel caméléons et lézards arc-en-ciel caméléons et lézards
arc-en-ciel caméléons et lézards arc-en-ciel caméléons et lézards arc-en-ciel caméléons et lézards
arc-en-ciel caméléons et lézards arc-en-ciel caméléons et lézards arc-en-ciel caméléons et lézards
arc-en-ciel caméléons et lézards arc-en-ciel caméléons et lézards arc-en-ciel caméléons et lézards
arc-en-ciel caméléons et lézards arc-en-ciel caméléons et lézards arc-en-ciel caméléons et lézards
arc-en-ciel caméléons et lézards arc-en-ciel caméléons et lézards arc-en-ciel caméléons et lézards
arc-en-ciel caméléons et lézards arc-en-ciel caméléons et lézards arc-en-ciel caméléons et lézards
arc-en-ciel caméléons et lézards arc-en-ciel caméléons et lézards arc-en-ciel caméléons et lézards
arc-en-ciel caméléons et lézards arc-en-ciel caméléons et lézards arc-en-ciel caméléons et lézards
arc-en-ciel caméléons et lézards arc-en-ciel caméléons et lézards arc-en-ciel caméléons et lézards
arc-en-ciel caméléons et lézards arc-en-ciel caméléons et lézards arc-en-ciel caméléons et lézards
arc-en-ciel caméléons et lézards arc-en-ciel caméléons et lézards arc-en-ciel caméléons et lézards
arc-en-ciel caméléons et lézards arc-en-ciel caméléons et lézards arc-en-ciel caméléons et lézards
arc-en-ciel caméléons et lézards arc-en-ciel caméléons et lézards arc-en-ciel caméléons et lézards
arc-en-ciel caméléons et lézards arc-en-ciel caméléons et lézards arc-en-ciel caméléons et lézards
arc-en-ciel caméléons et lézards arc-en-ciel caméléons et lézards arc-en-ciel caméléons et lézards
arc-en-ciel caméléons et lézards arc-en-ciel caméléons et lézards arc-en-ciel caméléons et lézards
arc-en-ciel caméléons et lézards arc-en-ciel caméléons et lézards arc-en-ciel caméléons et lézards
arc-en-ciel caméléons et lézards arc-en-ciel caméléons et lézards arc-en-ciel caméléons et lézards
arc-en-ciel caméléons et lézards arc-en-ciel caméléons et lézards arc-en-ciel caméléons et lézards
arc-en-ciel caméléons et lézards arc-en-ciel caméléons et lézards arc-en-ciel caméléons et lézards
arc-en-ciel caméléons et lézards arc-en-ciel caméléons et lézards arc-en-ciel caméléons et lézards
arc-en-ciel caméléons et lézards arc-en-ciel caméléons et lézards arc-en-ciel caméléons et lézards
arc-en-ciel caméléons et lézards arc-en-ciel caméléons et lézards arc-en-ciel caméléons et lézards
arc-en-ciel caméléons et lézards arc-en-ciel caméléons et lézards arc-en-ciel caméléons et lézards
arc-en-ciel caméléons et lézards arc-en-ciel caméléons et lézards arc-en-ciel caméléons et lézards
arc-en-ciel caméléons et lézards arc-en-ciel caméléons et lézards arc-en-ciel caméléons et lézards
arc-en-ciel caméléons et lézards arc-en-ciel caméléons et lézards arc-en-ciel caméléons et lézards
arc-en-ciel caméléons et lézards arc-en-ciel caméléons et lézards arc-en-ciel caméléons et lézards
arc-en-ciel caméléons et lézards arc-en-ciel caméléons et lézards arc-en-ciel caméléons et lézards
arc-en-ciel caméléons et lézards arc-en-ciel caméléons et lézards arc-en-ciel caméléons et lézards
arc-en-ciel caméléons et lézards arc-en-ciel caméléons et lézards arc-en-ciel caméléons et lézards
arc-en-ciel caméléons et lézards arc-en-ciel caméléons et lézards arc-en-ciel caméléons et lézards
arc-en-ciel caméléons et lézards arc-en-ciel caméléons et lézards arc-en-ciel caméléons et lézards
arc-en-ciel caméléons et lézards arc-en-ciel caméléons et lézards arc-en-ciel caméléons et lézards
arc-en-ciel caméléons et lézards arc-en-ciel caméléons et lézards arc-en-ciel caméléons et lézards
arc-en-ciel caméléons et lézards arc-en-ciel caméléons et lézards arc-en-ciel caméléons et lézards
arc-en-ciel caméléons et lézards arc-en-ciel caméléons et lézards arc-en-ciel caméléons et lézards
arc-en-ciel caméléons et lézards arc-en-ciel caméléons et lézards arc-en-ciel caméléons et lézards
arc-en-ciel caméléons et lézards arc-en-ciel caméléons et lézards arc-en-ciel caméléons et lézards
arc-en-ciel caméléons et lézards arc-en-ciel caméléons et lézards arc-en-ciel caméléons et lézards
arc-en-ciel caméléons et lézards arc-en-ciel caméléons et lézards arc-en-ciel caméléons et lézards
arc-en-ciel caméléons et lézards arc-en-ciel caméléons et lézards arc-en-ciel caméléons et lézards
arc-en-ciel caméléons et lézards arc-en-ciel caméléons et lézards arc-en-ciel caméléons et lézards
arc-en-ciel caméléons et lézards arc-en-ciel caméléons et lézards arc-en-ciel caméléons et lézards
arc-en-ciel caméléons et lézards arc-en-ciel caméléons et lézards arc-en-ciel caméléons et lézards
arc-en-ciel caméléons et lézards arc-en-ciel caméléons et lézards arc-en-ciel caméléons et lézards

... ... la chute cadence vers l’infraction...... la chute cadence vers l’infraction...... ...... la chute
cadence vers l’infraction...... la chute cadence vers l’infraction...... ...... la chute cadence vers
l’infraction...... la chute cadence vers l’infraction...... ...... la chute cadence vers l’infraction...... la
chute cadence vers l’infraction...... ...... la chute cadence vers l’infraction...... la chute cadence
vers l’infraction...... ...... la chute cadence vers l’infraction...... la chute cadence vers l’infraction......
...... la chute cadence vers l’infraction...... la chute cadence vers l’infraction...... ...... la chute
cadence vers l’infraction...... la chute cadence vers l’infraction...... ...... la chute cadence vers
l’infraction...... la chute cadence vers l’infraction...... ...... la chute cadence vers l’infraction...... la
chute cadence vers l’infraction...... ...... la chute cadence vers l’infraction...... la chute cadence
vers l’infraction...... ...... la chute cadence vers l’infraction...... la chute cadence vers l’infraction......
...... la chute cadence vers l’infraction...... la chute cadence vers l’infraction...... ...... la chute
cadence vers l’infraction...... la chute cadence vers l’infraction...... ...... la chute cadence vers
l’infraction...... la chute cadence vers l’infraction...... ...... la chute cadence vers l’infraction...... la
chute cadence vers l’infraction...... ...... la chute cadence vers l’infraction...... la chute cadence
vers l’infraction...... ...... la chute cadence vers l’infraction...... la chute cadence vers l’infraction......
...... la chute cadence vers l’infraction...... la chute cadence vers l’infraction...... ...... la chute
cadence vers l’infraction...... la chute cadence vers l’infraction...... ...... la chute cadence vers
l’infraction...... la chute cadence vers l’infraction...... ...... la chute cadence vers l’infraction...... la
chute cadence vers l’infraction...... ...... la chute cadence vers l’infraction...... la chute cadence
vers l’infraction...... ...... la chute cadence vers l’infraction...... la chute cadence vers l’infraction......
...... la chute cadence vers l’infraction...... la chute cadence vers l’infraction...... ...... la chute
cadence vers l’infraction...... la chute cadence vers l’infraction...... ...... la chute cadence vers
l’infraction...... la chute cadence vers l’infraction...... ...... la chute cadence vers l’infraction...... la
chute cadence vers l’infraction...... ...... la chute cadence vers l’infraction...... la chute cadence
vers l’infraction...... ...... la chute cadence vers l’infraction...... la chute cadence vers l’infraction......
...... la chute cadence vers l’infraction...... la chute cadence vers l’infraction...... ...... la chute
cadence vers l’infraction...... la chute cadence vers l’infraction...... ...... la chute cadence vers
l’infraction...... la chute cadence vers l’infraction...... ...... la chute cadence vers l’infraction...... la
chute cadence vers l’infraction...... ...... la chute cadence vers l’infraction...... la chute cadence
vers l’infraction...... ...... la chute cadence vers l’infraction...... la chute cadence vers l’infraction......
...... la chute cadence vers l’infraction...... la chute cadence vers l’infraction...... ...... la chute
cadence vers l’infraction...... la chute cadence vers l’infraction...... ...... la chute cadence vers
l’infraction...... la chute cadence vers l’infraction...... ...... la chute cadence vers l’infraction...... la
chute cadence vers l’infraction...... ...... la chute cadence vers l’infraction...... la chute cadence
vers l’infraction...... ...... la chute cadence vers l’infraction...... la chute cadence vers l’infraction......
...... la chute cadence vers l’infraction...... la chute cadence vers l’infraction...... ...... la chute
cadence vers l’infraction...... la chute cadence vers l’infraction...... ...... la chute cadence vers
l’infraction...... la chute cadence vers l’infraction...... ...... la chute cadence vers l’infraction...... la
chute cadence vers l’infraction...... ...... la chute cadence vers l’infraction...... la chute cadence
vers l’infraction...... ...... la chute cadence vers l’infraction...... la chute cadence vers l’infraction......
...... la chute cadence vers l’infraction...... la chute cadence vers l’infraction...... ...... la chute
cadence vers l’infraction...... la chute cadence vers l’infraction...... ...... la chute cadence vers
l’infraction...... la chute cadence vers l’infraction...... ...... la chute cadence vers l’infraction...... la
chute cadence vers l’infraction...... ...... la chute cadence vers l’infraction...... la chute cadence
vers l’infraction...... ...... la chute cadence vers l’infraction...... la chute cadence vers l’infraction......
...... la chute cadence vers l’infraction...... la chute cadence vers l’infraction...... ...... la chute
cadence vers l’infraction...... la chute cadence vers l’infraction...... ...... la chute cadence vers
l’infraction...... la chute cadence vers l’infraction...... ...... la chute cadence vers l’infraction...... la
chute cadence vers l’infraction...... ...... la chute cadence vers l’infraction...... la chute cadence
vers l’infraction...... ...... la chute cadence vers l’infraction...... la chute cadence vers l’infraction......
...... la chute cadence vers l’infraction...... la chute cadence vers l’infraction...... ...... la chute
cadence vers l’infraction...... la chute cadence vers l’infraction...... ...... la chute cadence vers
l’infraction...... la chute cadence vers l’infraction...... ...... la chute cadence vers l’infraction...... la
chute cadence vers l’infraction...... ...... la chute cadence vers l’infraction...... la chute cadence
vers l’infraction...... ...... la chute cadence vers l’infraction...... la chute cadence vers l’infraction......
...... la chute cadence vers l’infraction...... la chute cadence vers l’infraction...... ...... la chute
cadence vers l’infraction...... la chute cadence vers l’infraction...... ...... la chute cadence vers
l’infraction...... la chute cadence vers l’infraction...... ...... la chute cadence vers l’infraction...... la
chute cadence vers l’infraction...... ...... la chute cadence vers l’infraction...... la chute cadence
vers l’infraction...... ...... la chute cadence vers l’infraction...... la chute cadence vers l’infraction......
...... la chute cadence vers l’infraction...... la chute cadence vers l’infraction...... ...... la chute
cadence vers l’infraction...... la chute cadence vers l’infraction...... ...... la chute cadence vers
l’infraction...... la chute cadence vers l’infraction...... ...... la chute cadence vers l’infraction......

de l’erreur au duvet du mensonge à soi de l’erreur au duvet du mensonge à soi de l’erreur au
duvet du mensonge à soi de l’erreur au duvet du mensonge à soi de l’erreur au duvet du
mensonge à soi de l’erreur au duvet du mensonge à soi de l’erreur au duvet du mensonge à soi
de l’erreur au duvet du mensonge à soi de l’erreur au duvet du mensonge à soi de l’erreur au
duvet du mensonge à soi de l’erreur au duvet du mensonge à soi de l’erreur au duvet du
mensonge à soi de l’erreur au duvet du mensonge à soi de l’erreur au duvet du mensonge à soi
de l’erreur au duvet du mensonge à soi de l’erreur au duvet du mensonge à soi de l’erreur au
duvet du mensonge à soi de l’erreur au duvet du mensonge à soi de l’erreur au duvet du
mensonge à soi de l’erreur au duvet du mensonge à soi de l’erreur au duvet du mensonge à soi
de l’erreur au duvet du mensonge à soi de l’erreur au duvet du mensonge à soi de l’erreur au
duvet du mensonge à soi de l’erreur au duvet du mensonge à soi de l’erreur au duvet du
mensonge à soi de l’erreur au duvet du mensonge à soi de l’erreur au duvet du mensonge à soi
de l’erreur au duvet du mensonge à soi de l’erreur au duvet du mensonge à soi de l’erreur au
duvet du mensonge à soi de l’erreur au duvet du mensonge à soi de l’erreur au duvet du
mensonge à soi de l’erreur au duvet du mensonge à soi de l’erreur au duvet du mensonge à soi
de l’erreur au duvet du mensonge à soi de l’erreur au duvet du mensonge à soi de l’erreur au
duvet du mensonge à soi de l’erreur au duvet du mensonge à soi de l’erreur au duvet du
mensonge à soi de l’erreur au duvet du mensonge à soi de l’erreur au duvet du mensonge à soi
de l’erreur au duvet du mensonge à soi de l’erreur au duvet du mensonge à soi de l’erreur au
duvet du mensonge à soi de l’erreur au duvet du mensonge à soi de l’erreur au duvet du
mensonge à soi de l’erreur au duvet du mensonge à soi de l’erreur au duvet du mensonge à soi
de l’erreur au duvet du mensonge à soi de l’erreur au duvet du mensonge à soi de l’erreur au
duvet du mensonge à soi de l’erreur au duvet du mensonge à soi de l’erreur au duvet du
mensonge à soi de l’erreur au duvet du mensonge à soi de l’erreur au duvet du mensonge à soi
de l’erreur au duvet du mensonge à soi de l’erreur au duvet du mensonge à soi de l’erreur au
duvet du mensonge à soi de l’erreur au duvet du mensonge à soi de l’erreur au duvet du
mensonge à soi de l’erreur au duvet du mensonge à soi de l’erreur au duvet du mensonge à soi
de l’erreur au duvet du mensonge à soi de l’erreur au duvet du mensonge à soi de l’erreur au
duvet du mensonge à soi de l’erreur au duvet du mensonge à soi de l’erreur au duvet du
mensonge à soi de l’erreur au duvet du mensonge à soi de l’erreur au duvet du mensonge à soi
de l’erreur au duvet du mensonge à soi de l’erreur au duvet du mensonge à soi de l’erreur au
duvet du mensonge à soi de l’erreur au duvet du mensonge à soi de l’erreur au duvet du
mensonge à soi de l’erreur au duvet du mensonge à soi de l’erreur au duvet du mensonge à soi
de l’erreur au duvet du mensonge à soi de l’erreur au duvet du mensonge à soi de l’erreur au
duvet du mensonge à soi de l’erreur au duvet du mensonge à soi de l’erreur au duvet du
mensonge à soi de l’erreur au duvet du mensonge à soi de l’erreur au duvet du mensonge à soi
de l’erreur au duvet du mensonge à soi de l’erreur au duvet du mensonge à soi de l’erreur au
duvet du mensonge à soi de l’erreur au duvet du mensonge à soi de l’erreur au duvet du
mensonge à soi de l’erreur au duvet du mensonge à soi de l’erreur au duvet du mensonge à soi
de l’erreur au duvet du mensonge à soi de l’erreur au duvet du mensonge à soi de l’erreur au
duvet du mensonge à soi de l’erreur au duvet du mensonge à soi de l’erreur au duvet du
mensonge à soi de l’erreur au duvet du mensonge à soi de l’erreur au duvet du mensonge à soi
de l’erreur au duvet du mensonge à soi de l’erreur au duvet du mensonge à soi de l’erreur au
duvet du mensonge à soi de l’erreur au duvet du mensonge à soi de l’erreur au duvet du
mensonge à soi de l’erreur au duvet du mensonge à soi de l’erreur au duvet du mensonge à soi
de l’erreur au duvet du mensonge à soi de l’erreur au duvet du mensonge à soi de l’erreur au
duvet du mensonge à soi de l’erreur au duvet du mensonge à soi de l’erreur au duvet du
mensonge à soi de l’erreur au duvet du mensonge à soi de l’erreur au duvet du mensonge à soi
de l’erreur au duvet du mensonge à soi de l’erreur au duvet du mensonge à soi de l’erreur au
duvet du mensonge à soi de l’erreur au duvet du mensonge à soi de l’erreur au duvet du
mensonge à soi de l’erreur au duvet du mensonge à soi de l’erreur au duvet du mensonge à soi
de l’erreur au duvet du mensonge à soi de l’erreur au duvet du mensonge à soi de l’erreur au
duvet du mensonge à soi de l’erreur au duvet du mensonge à soi de l’erreur au duvet du
mensonge à soi de l’erreur au duvet du mensonge à soi de l’erreur au duvet du mensonge à soi
de l’erreur au duvet du mensonge à soi de l’erreur au duvet du mensonge à soi de l’erreur au
duvet du mensonge à soi de l’erreur au duvet du mensonge à soi de l’erreur au duvet du
mensonge à soi de l’erreur au duvet du mensonge à soi de l’erreur au duvet du mensonge à soi
de l’erreur au duvet du mensonge à soi de l’erreur au duvet du mensonge à soi de l’erreur au
duvet du mensonge à soi de l’erreur au duvet du mensonge à soi de l’erreur au duvet du
mensonge à soi de l’erreur au duvet du mensonge à soi de l’erreur au duvet du mensonge à soi
de l’erreur au duvet du mensonge à soi de l’erreur au duvet du mensonge à soi de l’erreur au
duvet du mensonge à soi de l’erreur au duvet du mensonge à soi de l’erreur au duvet du
mensonge à soi de l’erreur au duvet du mensonge à soi de l’erreur au duvet du mensonge à soi

négligence deviendra argile blanche **négligence** deviendra **argile** blanche négligence deviendra
argile blanche négligence deviendra **argile** blanche **négligence** deviendra argile blanche
négligence deviendra argile blanche **négligence** deviendra **argile** blanche négligence deviendra
argile blanche négligence deviendra **argile** blanche **négligence** deviendra argile blanche
négligence deviendra argile blanche **négligence** deviendra **argile** blanche négligence deviendra
argile blanche négligence deviendra **argile** blanche **négligence** deviendra argile blanche
négligence deviendra argile blanche **négligence** deviendra **argile** blanche négligence deviendra
argile blanche négligence deviendra **argile** blanche **négligence** deviendra argile blanche
négligence deviendra argile blanche **négligence** deviendra **argile** blanche négligence deviendra
argile blanche négligence deviendra **argile** blanche **négligence** deviendra argile blanche
négligence deviendra argile blanche **négligence** deviendra **argile** blanche négligence deviendra
argile blanche négligence deviendra **argile** blanche **négligence** deviendra argile blanche
négligence deviendra argile blanche **négligence** deviendra **argile** blanche négligence deviendra
argile blanche négligence deviendra **argile** blanche **négligence** deviendra argile blanche
négligence deviendra argile blanche **négligence** deviendra **argile** blanche négligence deviendra
argile blanche négligence deviendra **argile** blanche **négligence** deviendra argile blanche
négligence deviendra argile blanche **négligence** deviendra **argile** blanche négligence deviendra
argile blanche négligence deviendra **argile** blanche **négligence** deviendra argile blanche
négligence deviendra argile blanche **négligence** deviendra **argile** blanche négligence deviendra
argile blanche négligence deviendra **argile** blanche **négligence** deviendra argile blanche
négligence deviendra argile blanche **négligence** deviendra **argile** blanche négligence deviendra
argile blanche négligence deviendra **argile** blanche **négligence** deviendra argile blanche
négligence deviendra argile blanche **négligence** deviendra **argile** blanche négligence deviendra
argile blanche négligence deviendra **argile** blanche **négligence** deviendra argile blanche
négligence deviendra argile blanche **négligence** deviendra **argile** blanche négligence deviendra
argile blanche négligence deviendra **argile** blanche **négligence** deviendra argile blanche
négligence deviendra argile blanche **négligence** deviendra **argile** blanche négligence deviendra
argile blanche négligence deviendra **argile** blanche **négligence** deviendra argile blanche
négligence deviendra argile blanche **négligence** deviendra **argile** blanche négligence deviendra
argile blanche négligence deviendra **argile** blanche **négligence** deviendra argile blanche
négligence deviendra argile blanche **négligence** deviendra **argile** blanche négligence deviendra
argile blanche négligence deviendra **argile** blanche **négligence** deviendra argile blanche
négligence deviendra argile blanche **négligence** deviendra **argile** blanche négligence deviendra
argile blanche négligence deviendra **argile** blanche **négligence** deviendra argile blanche
négligence deviendra argile blanche **négligence** deviendra **argile** blanche négligence deviendra
argile blanche négligence deviendra **argile** blanche **négligence** deviendra argile blanche
négligence deviendra argile blanche **négligence** deviendra **argile** blanche négligence deviendra
argile blanche négligence deviendra **argile** blanche **négligence** deviendra argile blanche
négligence deviendra argile blanche **négligence** deviendra **argile** blanche négligence deviendra
argile blanche négligence deviendra **argile** blanche **négligence** deviendra argile blanche
négligence deviendra argile blanche **négligence** deviendra **argile** blanche négligence deviendra
argile blanche négligence deviendra **argile** blanche **négligence** deviendra argile blanche
négligence deviendra argile blanche **négligence** deviendra **argile** blanche négligence deviendra
argile blanche négligence deviendra **argile** blanche **négligence** deviendra argile blanche
négligence deviendra argile blanche **négligence** deviendra **argile** blanche négligence deviendra
argile blanche négligence deviendra **argile** blanche **négligence** deviendra argile blanche
négligence deviendra argile blanche **négligence** deviendra **argile** blanche négligence deviendra
argile blanche négligence deviendra **argile** blanche **négligence** deviendra argile blanche
négligence deviendra argile blanche **négligence** deviendra **argile** blanche négligence deviendra
argile blanche négligence deviendra **argile** blanche **négligence** deviendra argile blanche
négligence deviendra argile blanche **négligence** deviendra **argile** blanche négligence deviendra
argile blanche négligence deviendra **argile** blanche **négligence** deviendra argile blanche
négligence deviendra argile blanche **négligence** deviendra **argile** blanche négligence deviendra
argile blanche négligence deviendra **argile** blanche **négligence** deviendra argile blanche
négligence deviendra argile blanche **négligence** deviendra **argile** blanche négligence deviendra
argile blanche négligence deviendra **argile** blanche **négligence** deviendra argile blanche
négligence deviendra argile blanche **négligence** deviendra **argile** blanche négligence deviendra
argile blanche négligence deviendra **argile** blanche **négligence** deviendra argile blanche
négligence deviendra argile blanche **négligence** deviendra **argile** blanche négligence deviendra
argile blanche négligence deviendra **argile** blanche **négligence** deviendra argile blanche
négligence deviendra argile blanche **négligence** deviendra **argile** blanche négligence deviendra
argile blanche négligence deviendra **argile** blanche **négligence** deviendra argile blanche
négligence deviendra argile blanche **négligence** deviendra **argile**

silence gonflé de larme s et vers la potence l'envers glaise le front alourdi
l'insomnie
, l'oubli
.
silence gonflé de larme s et vers la potence l'envers glaise le front alourdi
l'insomnie
, l'oubli
.
silence gonflé de larme s et vers la potence l'envers glaise le front alourdi
l'insomnie
, l'oubli
.
silence gonflé de larme s et vers la potence l'envers glaise le front alourdi
l'insomnie
, l'oubli
.
silence gonflé de larme s et vers la potence l'envers glaise le front alourdi
l'insomnie
, l'oubli
.
silence gonflé de larme s et vers la potence l'envers glaise le front alourdi
l'insomnie
, l'oubli
.
silence gonflé de larme s et vers la potence l'envers glaise le front alourdi
l'insomnie
, l'oubli
.
silence gonflé de larme s et vers la potence l'envers glaise le front alourdi
l'insomnie
, l'oubli
.
silence gonflé de larme s et vers la potence l'envers glaise le front alourdi
l'insomnie
, l'oubli
.
silence gonflé de larme s et vers la potence l'envers glaise le front alourdi
l'insomnie
, l'oubli
.
silence gonflé de larme s et vers la potence l'envers glaise le front alourdi
l'insomnie
, l'oubli
.
silence gonflé de larme s et vers la potence l'envers glaise le front alourdi
l'insomnie
, l'oubli
.
silence gonflé de larme s et vers la potence l'envers glaise le front alourdi
l'insomnie
, l'oubli
.
silence gonflé de larme s et vers la potence l'envers glaise le front alourdi
l'insomnie
, l'oubli
.
silence gonflé de larme s et vers la potence l'envers glaise le front alourdi
l'insomnie
, l'oubli
.
silence gonflé de larme s et vers la potence l'envers glaise le front alourdi
l'insomnie
, l'oubli

et rêver de valises pleines de fuites et rêver de valises pleines de fuites et rêver de
valises pleines de fuites et rêver de valises pleines de fuites et rêver de valises pleines de
fuites et rêver de valises pleines de fuites et rêver de valises pleines de fuites et rêver
de valises pleines de fuites et rêver de valises pleines de fuites et rêver de valises pleines
de fuites et rêver de valises pleines de fuites et rêver de valises pleines de fuites et
rêver de valises pleines de fuites et rêver de valises pleines de fuites et rêver de valises
pleines de fuites et rêver de valises pleines de fuites et rêver de valises pleines de fuites
et rêver de valises pleines de fuites et rêver de valises pleines de fuites et rêver de
valises pleines de fuites et rêver de valises pleines de fuites et rêver de valises pleines de
fuites et rêver de valises pleines de fuites et rêver de valises pleines de fuites et rêver
de valises pleines de fuites et rêver de valises pleines de fuites et rêver de valises pleines
de fuites et rêver de valises pleines de fuites et rêver de valises pleines de fuites et
rêver de valises pleines de fuites et rêver de valises pleines de fuites et rêver de valises
pleines de fuites et rêver de valises pleines de fuites et rêver de valises pleines de fuites
et rêver de valises pleines de fuites et rêver de valises pleines de fuites et rêver de
valises pleines de fuites et rêver de valises pleines de fuites et rêver de valises pleines de
fuites et rêver de valises pleines de fuites et rêver de valises pleines de fuites et rêver
de valises pleines de fuites et rêver de valises pleines de fuites et rêver de valises pleines
de fuites et rêver de valises pleines de fuites et rêver de valises pleines de fuites et
rêver de valises pleines de fuites et rêver de valises pleines de fuites et rêver de valises
pleines de fuites et rêver de valises pleines de fuites et rêver de valises pleines de fuites
et rêver de valises pleines de fuites et rêver de valises pleines de fuites et rêver de
valises pleines de fuites et rêver de valises pleines de fuites et rêver de valises pleines de
fuites et rêver de valises pleines de fuites et rêver de valises pleines de fuites et rêver
de valises pleines de fuites et rêver de valises pleines de fuites et rêver de valises pleines
de fuites et rêver de valises pleines de fuites et rêver de valises pleines de fuites et
rêver de valises pleines de fuites et rêver de valises pleines de fuites et rêver de valises
pleines de fuites et rêver de valises pleines de fuites et rêver de valises pleines de fuites
et rêver de valises pleines de fuites et rêver de valises pleines de fuites et rêver de
valises pleines de fuites et rêver de valises pleines de fuites et rêver de valises pleines de
fuites et rêver de valises pleines de fuites et rêver de valises pleines de fuites et rêver
de valises pleines de fuites et rêver de valises pleines de fuites et rêver de valises pleines
de fuites et rêver de valises pleines de fuites et rêver de valises pleines de fuites et
rêver de valises pleines de fuites et rêver de valises pleines de fuites et rêver de valises
pleines de fuites et rêver de valises pleines de fuites et rêver de valises pleines de fuites
et rêver de valises pleines de fuites et rêver de valises pleines de fuites et rêver de
valises pleines de fuites et rêver de valises pleines de fuites et rêver de valises pleines de
fuites et rêver de valises pleines de fuites et rêver de valises pleines de fuites et rêver
de valises pleines de fuites et rêver de valises pleines de fuites et rêver de valises pleines
de fuites et rêver de valises pleines de fuites et rêver de valises pleines de fuites et
rêver de valises pleines de fuites et rêver de valises pleines de fuites et rêver de valises
pleines de fuites et rêver de valises pleines de fuites et rêver de valises pleines de fuites
et rêver de valises pleines de fuites et rêver de valises pleines de fuites et rêver de
valises pleines de fuites et rêver de valises pleines de fuites et rêver de valises pleines de
fuites et rêver de valises pleines de fuites et rêver de valises pleines de fuites et rêver
de valises pleines de fuites et rêver de valises pleines de fuites et rêver de valises pleines
de fuites et rêver de valises pleines de fuites et rêver de valises pleines de fuites et
rêver de valises pleines de fuites et rêver de valises pleines de fuites et rêver de valises
pleines de fuites et rêver de valises pleines de fuites et rêver de valises pleines de fuites
et rêver de valises pleines de fuites et rêver de valises pleines de fuites et rêver de
valises pleines de fuites et rêver de valises pleines de fuites et rêver de valises pleines de
fuites et rêver de valises pleines de fuites et rêver de valises pleines de fuites et rêver
de valises pleines de fuites et rêver de valises pleines de fuites et rêver de valises pleines
de fuites et rêver de valises pleines de fuites et rêver de valises pleines de fuites et
rêver de valises pleines de fuites et rêver de valises pleines de fuites et rêver de valises
pleines de fuites et rêver de valises pleines de fuites et rêver de valises pleines de fuites
et rêver de valises pleines de fuites et rêver de valises pleines de fuites et rêver de
valises pleines de fuites et rêver de valises pleines de fuites et rêver de valises pleines de
fuites et rêver de valises pleines de fuites et rêver de valises pleines de fuites et rêver
de valises pleines de fuites et rêver de valises pleines de fuites et rêver de valises pleines
de fuites et rêver de valises pleines de fuites et rêver de valises pleines de fuites et
rêver de valises pleines de fuites et rêver de valises pleines de fuites et rêver de valises
pleines de fuites et rêver de valises pleines de fuites et rêver de valises pleines de fuites

ballet farouche ivre agitation ballet farouche ivre agitation b
allet farouche ivre agitation ballet farouche ivre agitation ba
llet farouche ivre agitation ballet farouche ivre agitation ball
et farouche ivre agitation ballet farouche ivre agitation balle
t farouche ivre agitation ballet farouche ivre agitation ballet
farouche ivre agitation ballet farouche ivre agitation ballet f
arouche ivre agitation ballet farouche ivre agitation ballet fa
rouche ivre agitation ballet farouche ivre agitation ballet far
ouche ivre agitation ballet farouche ivre agitation ballet faro
uche ivre agitation ballet farouche ivre agitation ballet farou
che ivre agitation ballet farouche ivre agitation ballet farouc
he ivre agitation ballet farouche ivre agitation ballet farouch
e ivre agitation ballet farouche ivre agitation ballet farouche
ivre agitation ballet farouche ivre agitation ballet farouche i
vre agitation ballet farouche ivre agitation ballet farouche iv
re agitation ballet farouche ivre agitation ballet farouche ivr
e agitation ballet farouche ivre agitation ballet farouche ivre
agitation ballet farouche ivre agitation ballet farouche ivre a
gitation ballet farouche ivre agitation ballet farouche ivre ag
itation ballet farouche ivre agitation ballet farouche ivre agit
ation ballet farouche ivre agitation ballet farouche ivre agita
tion ballet farouche ivre agitation ballet farouche ivre agitati
on ballet farouche ivre agitation ballet farouche ivre agitatio
n ballet farouche ivre agitation ballet farouche ivre agitation
ballet farouche ivre agitation ballet farouche ivre agitation b
allet farouche ivre agitation ballet farouche ivre agitation ba
llet farouche ivre agitation ballet farouche ivre agitation ball
et farouche ivre agitation ballet farouche ivre agitation balle
t farouche ivre agitation ballet farouche ivre agitation ballet
farouche ivre agitation ballet farouche ivre agitation ballet f
arouche ivre agitation ballet farouche ivre agitation ballet fa
rouche ivre agitation ballet farouche ivre agitation ballet far
ouche ivre agitation ballet farouche ivre agitation ballet faro
uche ivre agitation ballet farouche ivre agitation ballet farou
che ivre agitation ballet farouche ivre agitation ballet farouc
he ivre agitation ballet farouche ivre agitation ballet farouch
e ivre agitation ballet farouche ivre agitation ballet farouche
ivre agitation ballet farouche ivre agitation ballet farouche i
vre agitation ballet farouche ivre agitation ballet farouche iv
re agitation ballet farouche ivre agitation ballet farouche ivr
e agitation ballet farouche ivre agitation ballet farouche ivre
agitation ballet farouche ivre agitation ballet farouche ivre a
gitation ballet farouche ivre agitation ballet farouche ivre ag
itation ballet farouche ivre agitation ballet farouche ivre agit
ation ballet farouche ivre agitation ballet farouche ivre agita
tion ballet farouche ivre agitation ballet farouche ivre agitati
on ballet farouche ivre agitation ballet farouche ivre agitatio
n ballet farouche ivre agitation ballet farouche ivre agitation
ballet farouche ivre agitation ballet farouche ivre agitation

illustrations maléfiques explosent explosent explosent illustrations maléfiques explosent explosent
explosent illustrations maléfiques explosent explosent explosent illustrations maléfiques explosent
explosent explosent illustrations maléfiques explosent explosent explosent illustrations maléfiques
explosent explosent explosent illustrations maléfiques explosent explosent explosent illustrations
maléfiques explosent explosent explosent illustrations maléfiques explosent explosent explosent
illustrations maléfiques explosent explosent explosent illustrations maléfiques explosent explosent
explosent illustrations maléfiques explosent explosent explosent illustrations maléfiques explosent
explosent explosent illustrations maléfiques explosent explosent explosent illustrations maléfiques
explosent explosent explosent illustrations maléfiques explosent explosent explosent illustrations
maléfiques explosent explosent explosent illustrations maléfiques explosent explosent explosent
illustrations maléfiques explosent explosent explosent illustrations maléfiques explosent explosent
explosent illustrations maléfiques explosent explosent explosent illustrations maléfiques explosent
explosent explosent illustrations maléfiques explosent explosent explosent illustrations maléfiques
explosent explosent explosent illustrations maléfiques explosent explosent explosent illustrations
maléfiques explosent explosent explosent illustrations maléfiques explosent explosent explosent
illustrations maléfiques explosent explosent explosent illustrations maléfiques explosent explosent
explosent illustrations maléfiques explosent explosent explosent illustrations maléfiques explosent
explosent explosent illustrations maléfiques explosent explosent explosent illustrations maléfiques
explosent explosent explosent illustrations maléfiques explosent explosent explosent illustrations
maléfiques explosent explosent explosent illustrations maléfiques explosent explosent explosent
illustrations maléfiques explosent explosent explosent illustrations maléfiques explosent explosent
explosent illustrations maléfiques explosent explosent explosent illustrations maléfiques explosent
explosent explosent illustrations maléfiques explosent explosent explosent illustrations maléfiques
explosent explosent explosent illustrations maléfiques explosent explosent explosent illustrations
maléfiques explosent explosent explosent illustrations maléfiques explosent explosent explosent
illustrations maléfiques explosent explosent explosent illustrations maléfiques explosent explosent
explosent illustrations maléfiques explosent explosent explosent illustrations maléfiques explosent
explosent explosent illustrations maléfiques explosent explosent explosent illustrations maléfiques
explosent explosent explosent illustrations maléfiques explosent explosent explosent illustrations
maléfiques explosent explosent explosent illustrations maléfiques explosent explosent explosent
illustrations maléfiques explosent explosent explosent illustrations maléfiques explosent explosent
explosent illustrations maléfiques explosent explosent explosent illustrations maléfiques explosent
explosent explosent illustrations maléfiques explosent explosent explosent illustrations maléfiques
explosent explosent explosent illustrations maléfiques explosent explosent explosent illustrations
maléfiques explosent explosent explosent illustrations maléfiques explosent explosent explosent
illustrations maléfiques explosent explosent explosent illustrations maléfiques explosent explosent
explosent illustrations maléfiques explosent explosent explosent illustrations maléfiques explosent
explosent explosent illustrations maléfiques explosent explosent explosent illustrations maléfiques
explosent explosent explosent illustrations maléfiques explosent explosent explosent illustrations
maléfiques explosent explosent explosent illustrations maléfiques explosent explosent explosent
illustrations maléfiques explosent explosent explosent illustrations maléfiques explosent explosent
explosent illustrations maléfiques explosent explosent explosent illustrations maléfiques explosent
explosent explosent illustrations maléfiques explosent explosent explosent illustrations maléfiques
explosent explosent explosent illustrations maléfiques explosent explosent explosent illustrations
maléfiques explosent explosent explosent illustrations maléfiques explosent explosent explosent
illustrations maléfiques explosent explosent explosent illustrations maléfiques explosent explosent
explosent illustrations maléfiques explosent explosent explosent illustrations maléfiques explosent
explosent explosent illustrations maléfiques explosent explosent explosent illustrations maléfiques
explosent explosent explosent illustrations maléfiques explosent explosent explosent illustrations
maléfiques explosent explosent explosent illustrations maléfiques explosent explosent explosent
illustrations maléfiques explosent explosent explosent illustrations maléfiques explosent explosent
explosent illustrations maléfiques explosent explosent explosent illustrations maléfiques explosent
explosent explosent illustrations maléfiques explosent explosent explosent illustrations maléfiques
explosent explosent explosent illustrations maléfiques explosent explosent explosent illustrations
maléfiques explosent explosent explosent illustrations maléfiques explosent explosent explosent
illustrations maléfiques explosent explosent explosent illustrations maléfiques explosent explosent
explosent illustrations maléfiques explosent explosent explosent illustrations maléfiques explosent
explosent explosent illustrations maléfiques explosent explosent explosent illustrations maléfiques
explosent explosent explosent illustrations maléfiques explosent explosent explosent illustrations
maléfiques explosent explosent explosent illustrations maléfiques explosent explosent explosent
illustrations maléfiques explosent explosent explosent illustrations maléfiques explosent explosent
explosent illustrations maléfiques explosent explosent explosent illustrations maléfiques explosent
explosent explosent illustrations maléfiques explosent explosent explosent illustrations maléfiques

Peur Splendide Quand Viendra Charnier l'Envers Qui En Paix Se Perdra Et Sera Régi Chassé /
Les Mouvements Seront Glaives Plongés Dans Les Torses De Bas En Haut Et Un Instant Les
Exilés Qui Feront Grand Secret De l'Avenir / Seront Déçus / illustrations maléfiques explosent
explosent explosent illustrations maléfiques explosent explosent explosent illustrations maléfiques
explosent explosent explosent illustrations maléfiques explosent explosent explosent illustrations
maléfiques explosent explosent explosent illustrations maléfiques explosent explosent explosent
illustrations maléfiques explosent explosent explosent illustrations maléfiques explosent explosent
explosent illustrations maléfiques explosent explosent explosent illustrations maléfiques explosent explosent
explosent illustrations maléfiques explosent explosent explosent illustrations maléfiques explosent explosent
explosent illustrations maléfiques explosent explosent explosent illustrations maléfiques explosent explosent
explosent illustrations maléfiques explosent explosent explosent illustrations maléfiques explosent explosent
explosent illustrations maléfiques explosent explosent explosent illustrations maléfiques explosent explosent
explosent illustrations maléfiques explosent explosent explosent illustrations maléfiques explosent explosent
Peur Splendide Quand Viendra Charnier l'Envers Qui En Paix Se Perdra Et Sera Régi Chassé /
Les Mouvements Seront Glaives Plongés Dans Les Torses De Bas En Haut Et Un Instant Les
Exilés Qui Feront Grand Secret De l'Avenir / Seront Déçus / illustrations maléfiques explosent
explosent explosent illustrations maléfiques explosent explosent explosent illustrations maléfiques
explosent explosent explosent illustrations maléfiques explosent explosent explosent illustrations
maléfiques explosent explosent explosent illustrations maléfiques explosent explosent explosent
illustrations maléfiques explosent explosent explosent illustrations maléfiques explosent explosent
explosent illustrations maléfiques explosent explosent explosent illustrations maléfiques explosent explosent
explosent illustrations maléfiques explosent explosent explosent illustrations maléfiques explosent explosent
explosent illustrations maléfiques explosent explosent explosent illustrations maléfiques explosent explosent
explosent illustrations maléfiques explosent explosent explosent illustrations maléfiques explosent explosent
explosent illustrations maléfiques explosent explosent explosent illustrations maléfiques explosent explosent
explosent illustrations maléfiques explosent explosent explosent illustrations maléfiques explosent explosent
Peur Splendide Quand Viendra Charnier l'Envers Qui En Paix Se Perdra Et Sera Régi Chassé /
Les Mouvements Seront Glaives Plongés Dans Les Torses De Bas En Haut Et Un Instant Les
Exilés Qui Feront Grand Secret De l'Avenir / Seront Déçus / illustrations maléfiques explosent
explosent explosent illustrations maléfiques explosent explosent explosent illustrations maléfiques
explosent explosent explosent illustrations maléfiques explosent explosent explosent illustrations
maléfiques explosent explosent explosent illustrations maléfiques explosent explosent explosent
illustrations maléfiques explosent explosent explosent illustrations maléfiques explosent explosent
explosent illustrations maléfiques explosent explosent explosent illustrations maléfiques explosent explosent
explosent illustrations maléfiques explosent explosent explosent illustrations maléfiques explosent explosent
explosent illustrations maléfiques explosent explosent explosent illustrations maléfiques explosent explosent
explosent illustrations maléfiques explosent explosent explosent illustrations maléfiques explosent explosent
explosent illustrations maléfiques explosent explosent explosent illustrations maléfiques explosent explosent
explosent illustrations maléfiques explosent explosent explosent illustrations maléfiques explosent explosent
Peur Splendide Quand Viendra Charnier l'Envers Qui En Paix Se Perdra Et Sera Régi Chassé /
Les Mouvements Seront Glaives Plongés Dans Les Torses De Bas En Haut Et Un Instant Les
Exilés Qui Feront Grand Secret De l'Avenir / Seront Déçus / illustrations maléfiques explosent
explosent explosent illustrations maléfiques explosent explosent explosent illustrations maléfiques
explosent explosent explosent illustrations maléfiques explosent explosent explosent illustrations
maléfiques explosent explosent explosent illustrations maléfiques explosent explosent explosent
illustrations maléfiques explosent explosent explosent illustrations maléfiques explosent explosent
explosent illustrations maléfiques explosent explosent explosent illustrations maléfiques explosent explosent
explosent illustrations maléfiques explosent explosent explosent illustrations maléfiques explosent explosent
explosent illustrations maléfiques explosent explosent explosent illustrations maléfiques explosent explosent
explosent illustrations maléfiques explosent explosent explosent illustrations maléfiques explosent explosent
explosent illustrations maléfiques explosent explosent explosent illustrations maléfiques explosent explosent
explosent illustrations maléfiques explosent explosent explosent illustrations maléfiques explosent explosent
Peur Splendide Quand Viendra Charnier l'Envers Qui En Paix Se Perdra Et Sera Régi Chassé /
Les Mouvements Seront Glaives Plongés Dans Les Torses De Bas En Haut Et Un Instant Les
Exilés Qui Feront Grand Secret De l'Avenir / Seront Déçus / illustrations maléfiques explosent
explosent explosent illustrations maléfiques explosent explosent explosent illustrations maléfiques
explosent explosent explosent illustrations maléfiques explosent explosent explosent illustrations
maléfiques explosent explosent explosent illustrations maléfiques explosent explosent explosent
illustrations maléfiques explosent explosent explosent illustrations maléfiques explosent explosent
explosent illustrations maléfiques explosent explosent explosent illustrations maléfiques explosent explosent
explosent illustrations maléfiques explosent explosent explosent illustrations maléfiques explosent explosent
explosent illustrations maléfiques explosent explosent explosent illustrations maléfiques explosent explosent
explosent illustrations maléfiques explosent explosent explosent illustrations maléfiques explosent explosent

LA HAUTE MONTAGNE APRES L‘EFFROI roulera LA HAUTE
MONTAGNE APRES L‘EFFROI roulera LA HAUTE MONTAGN
E APRES L‘EFFROI roulera LA HAUTE MONTAGNE APRES L‘E
FFROI roulera LA HAUTE MONTAGNE APRES L‘EFFROI rouler
a LA HAUTE MONTAGNE APRES L‘EFFROI roulera LA HAUTE
MONTAGNE APRES L‘EFFROI roulera LA HAUTE MONTAGN
E APRES L‘EFFROI roulera LA HAUTE MONTAGNE APRES L‘E
FFROI roulera LA HAUTE MONTAGNE APRES L‘EFFROI rouler
a LA HAUTE MONTAGNE APRES L‘EFFROI roulera LA HAUTE
MONTAGNE APRES L‘EFFROI roulera LA HAUTE MONTAGN
E APRES L‘EFFROI roulera LA HAUTE MONTAGNE APRES L‘E
FFROI roulera LA HAUTE MONTAGNE APRES L‘EFFROI rouler
a LA HAUTE MONTAGNE APRES L‘EFFROI roulera LA HAUTE
MONTAGNE APRES L‘EFFROI roulera LA HAUTE MONTAGN
E APRES L‘EFFROI roulera LA HAUTE MONTAGNE APRES L‘E
FFROI roulera LA HAUTE MONTAGNE APRES L‘EFFROI rouler
a LA HAUTE MONTAGNE APRES L‘EFFROI roulera LA HAUTE
MONTAGNE APRES L‘EFFROI roulera LA HAUTE MONTAGN
E APRES L‘EFFROI roulera LA HAUTE MONTAGNE APRES L‘E
FFROI roulera LA HAUTE MONTAGNE APRES L‘EFFROI rouler
a LA HAUTE MONTAGNE APRES L‘EFFROI roulera LA HAUTE
MONTAGNE APRES L‘EFFROI roulera LA HAUTE MONTAGN
E APRES L‘EFFROI roulera LA HAUTE MONTAGNE APRES L‘E
FFROI roulera LA HAUTE MONTAGNE APRES L‘EFFROI rouler
a LA HAUTE MONTAGNE APRES L‘EFFROI roulera LA HAUTE
MONTAGNE APRES L‘EFFROI roulera LA HAUTE MONTAGN
E APRES L‘EFFROI roulera LA HAUTE MONTAGNE APRES L‘E
FFROI roulera LA HAUTE MONTAGNE APRES L‘EFFROI rouler
a LA HAUTE MONTAGNE APRES L‘EFFROI roulera LA HAUTE
MONTAGNE APRES L‘EFFROI roulera LA HAUTE MONTAGN
E APRES L‘EFFROI roulera LA HAUTE MONTAGNE APRES L‘E
FFROI roulera LA HAUTE MONTAGNE APRES L‘EFFROI rouler
a LA HAUTE MONTAGNE APRES L‘EFFROI roulera LA HAUTE
MONTAGNE APRES L‘EFFROI roulera LA HAUTE MONTAGN
E APRES L‘EFFROI roulera LA HAUTE MONTAGNE APRES L‘E
FFROI roulera LA HAUTE MONTAGNE APRES L‘EFFROI rouler
a LA HAUTE MONTAGNE APRES L‘EFFROI roulera LA HAUTE
MONTAGNE APRES L‘EFFROI roulera LA HAUTE MONTAGN
E APRES L‘EFFROI roulera LA HAUTE MONTAGNE APRES L‘E
FFROI roulera LA HAUTE MONTAGNE APRES L‘EFFROI rouler
a LA HAUTE MONTAGNE APRES L‘EFFROI roulera LA HAUTE
MONTAGNE APRES L‘EFFROI roulera LA HAUTE MONTAGN
E APRES L‘EFFROI roulera LA HAUTE MONTAGNE APRES L‘E
FFROI roulera LA HAUTE MONTAGNE APRES L‘EFFROI rouler
a LA HAUTE MONTAGNE APRES L‘EFFROI roulera LA HAUTE
MONTAGNE APRES L‘EFFROI roulera LA HAUTE MONTAGN
E APRES L‘EFFROI roulera LA HAUTE MONTAGNE APRES L‘E
FFROI roulera LA HAUTE MONTAGNE APRES L‘EFFROI rouler
a LA HAUTE MONTAGNE APRES L‘EFFROI roulera LA HAUTE
MONTAGNE APRES L‘EFFROI roulera LA HAUTE MONTAGN
E APRES L‘EFFROI roulera LA HAUTE MONTAGNE APRES L‘E
FFROI roulera LA HAUTE MONTAGNE APRES L‘EFFROI rouler
a LA HAUTE MONTAGNE APRES L‘EFFROI roulera LA HAUTE
MONTAGNE APRES L‘EFFROI roulera LA HAUTE MONTAGN
E APRES L‘EFFROI roulera LA HAUTE MONTAGNE APRES L‘E
FFROI roulera LA HAUTE MONTAGNE APRES L‘EFFROI rouler
a LA HAUTE MONTAGNE APRES L‘EFFROI roulera LA HAUTE
MONTAGNE APRES L‘EFFROI roulera LA HAUTE MONTAGN
E APRES L‘EFFROI roulera LA HAUTE MONTAGNE APRES L‘E
FFROI roulera LA HAUTE MONTAGNE APRES L‘EFFROI rouler
a LA HAUTE MONTAGNE APRES L‘EFFROI roulera LA HAUTE
MONTAGNE APRES L‘EFFROI roulera LA HAUTE MONTAGN
E APRES L‘EFFROI roulera LA HAUTE MONTAGNE roulera

au l a r g e ! ! ! au l a r g e ! ! !... la chair... au l a r g e ! ! ! au l a r g e ! ! !... la chair... au l a r g
e ! ! ! au l a r g e ! ! !... la chair... au l a r g e ! ! ! au l a r g e ! ! !... la chair... au l a r g e ! ! ! au
l a r g e ! ! !... la chair... au l a r g e ! ! ! au l a r g e ! ! !... la chair... au l a r g e ! ! ! au l a r g e !
! !... la chair... au l a r g e ! ! ! au l a r g e ! ! !... la chair... au l a r g e ! ! ! au l a r g e ! ! !... la
chair... au l a r g e ! ! ! au l a r g e ! ! !... la chair... au l a r g e ! ! ! au l a r g e ! ! !... la chair...
au l a r g e ! ! ! au l a r g e ! ! !... la chair... au l a r g e ! ! ! au l a r g e ! ! !... la chair... au l a r g
e ! ! ! au l a r g e ! ! !... la chair... au l a r g e ! ! ! au l a r g e ! ! !... la chair... au l a r g e ! ! ! au
l a r g e ! ! !... la chair... au l a r g e ! ! ! au l a r g e ! ! !... la chair... au l a r g e ! ! ! au l a r g e !
! !... la chair... au l a r g e ! ! ! au l a r g e ! ! !... la chair... au l a r g e ! ! ! au l a r g e ! ! !... la
chair... au l a r g e ! ! ! au l a r g e ! ! !... la chair... au l a r g e ! ! ! au l a r g e ! ! !... la chair...
au l a r g e ! ! ! au l a r g e ! ! !... la chair... au l a r g e ! ! ! au l a r g e ! ! !... la chair... au l a r g
e ! ! ! au l a r g e ! ! !... la chair... au l a r g e ! ! ! au l a r g e ! ! !... la chair... au l a r g e ! ! ! au
l a r g e ! ! !... la chair... au l a r g e ! ! ! au l a r g e ! ! !... la chair... au l a r g e ! ! ! au l a r g e !
! !... la chair... au l a r g e ! ! ! au l a r g e ! ! !... la chair... au l a r g e ! ! ! au l a r g e ! ! !... la
chair... au l a r g e ! ! ! au l a r g e ! ! !... la chair... au l a r g e ! ! ! au l a r g e ! ! !... la chair...
au l a r g e ! ! ! au l a r g e ! ! !... la chair... au l a r g e ! ! ! au l a r g e ! ! !... la chair... au l a r g
e ! ! ! au l a r g e ! ! !... la chair... au l a r g e ! ! ! au l a r g e ! ! !... la chair... au l a r g e ! ! ! au
l a r g e ! ! !... la chair... au l a r g e ! ! ! au l a r g e ! ! !... la chair... au l a r g e ! ! ! au l a r g e !
! !... la chair... au l a r g e ! ! ! au l a r g e ! ! !... la chair... au l a r g e ! ! ! au l a r g e ! ! !... la
chair... au l a r g e ! ! ! au l a r g e ! ! !... la chair... au l a r g e ! ! ! au l a r g e ! ! !... la chair...
au l a r g e ! ! ! au l a r g e ! ! !... la chair... au l a r g e ! ! ! au l a r g e ! ! !... la chair... au l a r g
e ! ! ! au l a r g e ! ! !... la chair... au l a r g e ! ! ! au l a r g e ! ! !... la chair... au l a r g e ! ! ! au
l a r g e ! ! !... la chair... au l a r g e ! ! ! au l a r g e ! ! !... la chair... au l a r g e ! ! ! au l a r g e !
! !... la chair... au l a r g e ! ! ! au l a r g e ! ! !... la chair... au l a r g e ! ! ! au l a r g e ! ! !... la
chair... au l a r g e ! ! ! au l a r g e ! ! !... la chair... au l a r g e ! ! ! au l a r g e ! ! !... la chair...
au l a r g e ! ! ! au l a r g e ! ! !... la chair... au l a r g e ! ! ! au l a r g e ! ! !... la chair... au l a r g
e ! ! ! au l a r g e ! ! !... la chair... au l a r g e ! ! ! au l a r g e ! ! !... la chair... au l a r g e ! ! ! au
l a r g e ! ! !... la chair... au l a r g e ! ! ! au l a r g e ! ! !... la chair... au l a r g e ! ! ! au l a r g e !
! !... la chair... au l a r g e ! ! ! au l a r g e ! ! !... la chair... au l a r g e ! ! ! au l a r g e ! ! !... la
chair... au l a r g e ! ! ! au l a r g e ! ! !... la chair... au l a r g e ! ! ! au l a r g e ! ! !... la chair...
au l a r g e ! ! ! au l a r g e ! ! !... la chair... au l a r g e ! ! ! au l a r g e ! ! !... la chair... au l a r g
e ! ! ! au l a r g e ! ! !... la chair... au l a r g e ! ! ! au l a r g e ! ! !... la chair... au l a r g e ! ! ! au
l a r g e ! ! !... la chair... au l a r g e ! ! ! au l a r g e ! ! !... la chair... au l a r g e ! ! ! au l a r g e !
! !... la chair... au l a r g e ! ! ! au l a r g e ! ! !... la chair... au l a r g e ! ! ! au l a r g e ! ! !... la
chair... au l a r g e ! ! ! au l a r g e ! ! !... la chair... au l a r g e ! ! ! au l a r g e ! ! !... la chair...
au l a r g e ! ! ! au l a r g e ! ! !... la chair... au l a r g e ! ! ! au l a r g e ! ! !... la chair... au l a r g
e ! ! ! au l a r g e ! ! !... la chair... au l a r g e ! ! ! au l a r g e ! ! !... la chair... au l a r g e ! ! ! au
l a r g e ! ! !... la chair... au l a r g e ! ! ! au l a r g e ! ! !... la chair... au l a r g e ! ! ! au l a r g e !
! !... la chair... au l a r g e ! ! ! au l a r g e ! ! !... la chair... au l a r g e ! ! ! au l a r g e ! ! !... la
chair... au l a r g e ! ! ! au l a r g e ! ! !... la chair... au l a r g e ! ! ! au l a r g e ! ! !... la chair...
au l a r g e ! ! ! au l a r g e ! ! !... la chair... au l a r g e ! ! ! au l a r g e ! ! !... la chair... au l a r g
e ! ! ! au l a r g e ! ! !... la chair... au l a r g e ! ! ! au l a r g e ! ! !... la chair... au l a r g e ! ! ! au
l a r g e ! ! !... la chair... au l a r g e ! ! ! au l a r g e ! ! !... la chair... au l a r g e ! ! ! au l a r g e !
! !... la chair... au l a r g e ! ! ! au l a r g e ! ! !... la chair... au l a r g e ! ! ! au l a r g e ! ! !... la
chair... au l a r g e ! ! ! au l a r g e ! ! !... la chair... au l a r g e ! ! ! au l a r g e ! ! !... la chair...
au l a r g e ! ! ! au l a r g e ! ! !... la chair... au l a r g e ! ! ! au l a r g e ! ! !... la chair... au l a r g
e ! ! ! au l a r g e ! ! !... la chair... au l a r g e ! ! ! au l a r g e ! ! !... la chair... au l a r g e ! ! ! au
l a r g e ! ! !... la chair... au l a r g e ! ! ! au l a r g e ! ! !... la chair... au l a r g e ! ! ! au l a r g e !
! !... la chair... au l a r g e ! ! ! au l a r g e ! ! !... la chair... au l a r g e ! ! ! au l a r g e ! ! !... la
chair... au l a r g e ! ! ! au l a r g e ! ! !... la chair... au l a r g e ! ! ! au l a r g e ! ! !... la chair...
au l a r g e ! ! ! au l a r g e ! ! !... la chair... au l a r g e ! ! ! au l a r g e ! ! !... la chair... au l a r g
e ! ! ! au l a r g e ! ! !... la chair... au l a r g e ! ! ! au l a r g e ! ! !... la chair... au l a r g e ! ! ! au
l a r g e ! ! !... la chair... au l a r g e ! ! ! au l a r g e ! ! !... la chair... au l a r g e ! ! ! au l a r g e !
! !... la chair... au l a r g e ! ! ! au l a r g e ! ! !... la chair... au l a r g e ! ! ! au l a r g e ! ! !... la
chair... au l a r g e ! ! ! au l a r g e ! ! !... la chair... au l a r g e ! ! ! au l a r g e ! ! !... la chair...
au l a r g e ! ! ! au l a r g e ! ! !... la chair... au l a r g e ! ! ! au l a r g e ! ! !... la chair... au l a r g
e ! ! ! au l a r g e ! ! !... la chair... au l a r g e ! ! ! au l a r g e ! ! !... la chair... au l a r g e ! ! ! au
l a r g e ! ! !... la chair... au l a r g e ! ! ! au l a r g e ! ! !... la chair... au l a r g e ! ! ! au l a r g e !

détresse
à
coups
de
mâchoires

//////// : et giclent giclent leur nausée brûlante //////// : et giclent giclent leur nausée brûlante //////// : et giclent giclent leur nausée brûlante //////// : et giclent giclent leur nausée brûlante //////// : et giclent giclent leur nausée brûlante //////// : et giclent giclent leur nausée brûlante //////// : et giclent giclent leur nausée brûlante //////// : et giclent giclent leur nausée brûlante //////// : et giclent giclent leur nausée brûlante //////// : et giclent giclent leur //////// : et giclent giclent leur nausée brûlante //////// : et giclent giclent leur nausée brûlante //////// : et giclent giclent leur nausée brûlante //////// : et giclent giclent leur nausée brûlante //////// : et giclent giclent leur nausée brûlante //////// : et giclent giclent leur nausée brûlante //////// : et giclent giclent leur nausée brûlante //////// : et giclent giclent leur nausée brûlante //////// : et giclent giclent leur nausée brûlante //////// : et giclent giclent leur //////// : et giclent giclent leur nausée brûlante //////// : et giclent giclent leur nausée brûlante //////// : et giclent giclent leur nausée brûlante //////// : et giclent giclent leur nausée brûlante //////// : et giclent giclent leur nausée brûlante //////// : et giclent giclent leur nausée brûlante //////// : et giclent giclent leur nausée brûlante //////// : et giclent giclent leur nausée brûlante //////// : et giclent giclent leur nausée brûlante //////// : et giclent giclent leur //////// : et giclent giclent leur nausée brûlante //////// : et giclent giclent leur nausée brûlante //////// : et giclent giclent leur nausée brûlante //////// : et giclent giclent leur nausée brûlante //////// : et giclent giclent leur nausée brûlante //////// : et giclent giclent leur nausée brûlante //////// : et giclent giclent leur nausée brûlante //////// : et giclent giclent leur nausée brûlante //////// : et giclent giclent leur nausée brûlante //////// : et giclent giclent leur //////// : et giclent giclent leur nausée brûlante //////// : et giclent giclent leur nausée brûlante //////// : et giclent giclent leur nausée brûlante //////// : et giclent giclent leur nausée brûlante //////// : et giclent giclent leur nausée brûlante //////// : et giclent giclent leur nausée brûlante //////// : et giclent giclent leur nausée brûlante //////// : et giclent giclent leur nausée brûlante //////// : et giclent giclent leur nausée brûlante //////// : et giclent giclent leur //////// : et giclent giclent leur nausée brûlante //////// : et giclent giclent leur nausée brûlante //////// : et giclent giclent leur nausée brûlante //////// : et giclent giclent leur nausée brûlante //////// : et giclent giclent leur nausée brûlante //////// : et giclent giclent leur nausée brûlante //////// : et giclent giclent leur nausée brûlante //////// : et giclent giclent leur nausée brûlante //////// : et giclent giclent leur nausée brûlante //////// : et giclent giclent leur //////// : et giclent giclent leur nausée brûlante //////// : et giclent giclent leur nausée brûlante //////// : et giclent giclent leur nausée brûlante //////// : et giclent giclent leur nausée brûlante //////// : et giclent giclent leur nausée brûlante //////// : et giclent giclent leur nausée brûlante //////// : et giclent giclent leur nausée brûlante //////// : et giclent giclent leur nausée brûlante //////// : et giclent giclent leur nausée brûlante //////// : et giclent giclent leur //////// : et giclent giclent leur nausée brûlante //////// : et giclent giclent leur nausée brûlante //////// : et giclent giclent leur nausée brûlante //////// : et giclent giclent leur nausée brûlante //////// : et giclent giclent leur nausée brûlante //////// : et giclent giclent leur nausée brûlante //////// : et giclent giclent leur nausée brûlante //////// : et giclent giclent leur nausée brûlante //////// : et giclent giclent leur nausée brûlante //////// : et giclent giclent leur //////// : et giclent giclent leur nausée brûlante //////// : et giclent giclent leur nausée brûlante //////// : et giclent giclent leur nausée brûlante //////// : et giclent giclent leur nausée brûlante //////// : et giclent giclent leur nausée brûlante //////// : et giclent giclent leur nausée brûlante //////// : et giclent giclent leur nausée brûlante //////// : et giclent giclent leur nausée brûlante //////// : et giclent giclent leur nausée brûlante //////// : et giclent giclent leur //////// : et giclent giclent leur nausée brûlante //////// : et giclent giclent leur nausée brûlante //////// : et giclent giclent leur nausée brûlante //////// : et giclent giclent leur nausée brûlante //////// : et giclent giclent leur nausée brûlante //////// : et giclent giclent leur nausée brûlante //////// : et giclent giclent leur nausée brûlante //////// : et giclent giclent leur nausée brûlante //////// : et giclent giclent leur nausée brûlante //////// : et giclent giclent leur //////// : et giclent giclent leur nausée brûlante //////// : et giclent giclent leur nausée brûlante //////// : et giclent giclent leur nausée brûlante //////// : et giclent giclent leur nausée brûlante //////// : et giclent giclent leur nausée brûlante //////// : et giclent giclent leur nausée brûlante //////// : et giclent giclent leur nausée brûlante //////// : et giclent giclent leur nausée brûlante //////// : et giclent giclent leur nausée brûlante //////// : et giclent giclent leur //////// : et giclent giclent leur nausée brûlante //////// : et giclent giclent leur nausée brûlante //////// : et giclent giclent leur nausée brûlante //////// : et giclent giclent leur nausée brûlante //////// : et giclent giclent leur nausée brûlante //////// : et giclent giclent leur nausée brûlante //////// : et giclent giclent leur nausée brûlante //////// : et giclent giclent leur nausée brûlante //////// : et giclent giclent leur nausée brûlante //////// : et giclent giclent leur //////// : et giclent giclent leur nausée brûlante //////// : et giclent giclent leur nausée brûlante //////// : et giclent giclent leur nausée brûlante //////// : et giclent giclent leur nausée brûlante //////// : et giclent giclent leur nausée brûlante //////// : et giclent giclent leur nausée brûlante //////// : et giclent giclent leur nausée brûlante //////// : et giclent giclent leur nausée brûlante //////// : et giclent giclent leur nausée brûlante //////// : et giclent giclent leur //////// : et giclent giclent leur nausée brûlante //////// : et giclent giclent leur nausée brûlante //////// : et giclent giclent leur nausée brûlante //////// : et giclent giclent leur nausée brûlante //////// : et giclent giclent leur nausée brûlante //////// : et giclent

c//o//r//p//s////d//é//c//h//i//q//u//e//t//é//s////v//a//i//s//s//e//a//u//x////p//a//r//a//l//y//s//é//s////c//o//r//
p//s////d//é//c//h//i//q//u//e//t//é//s////v//a//i//s//s//e//a//u//x////p//a//r//a//l//y//s//é//s////c//o//r//p//s////
d//é//c//h//i//q//u//e//t//é//s////v//a//i//s//s//e//a//u//x////p//a//r//a//l//y//s//é//s////c//o//r//p//s////d//é//c/
/h//i//q//u//e//t//é//s////v//a//i//s//s//e//a//u//x////p//a//r//a//l//y//s//é//s////c//o//r//p//s////d//é//c//h//i//q/
/u//e//t//é//s////v//a//i//s//s//e//a//u//x////p//a//r//a//l//y//s//é//s////c//o//r//p//s////d//é//c//h//i//q//u//e//t/
/é//s////v//a//i//s//s//e//a//u//x////p//a//r//a//l//y//s//é//s////c//o//r//p//s////d//é//c//h//i//q//u//e//t//é//s////
v//a//i//s//s//e//a//u//x////p//a//r//a//l//y//s//é//s////c//o//r//p//s////d//é//c//h//i//q//u//e//t//é//s////v//a//i//
s//s//e//a//u//x////p//a//r//a//l//y//s//é//s////c//o//r//p//s////d//é//c//h//i//q//u//e//t//é//s////v//a//i//s//s//e/
/a//u//x////p//a//r//a//l//y//s//é//s////c//o//r//p//s////d//é//c//h//i//q//u//e//t//é//s////v//a//i//s//s//e//a//u//x
////p//a//r//a//l//y//s//é//s////c//o//r//p//s////d//é//c//h//i//q//u//e//t//é//s////v//a//i//s//s//e//a//u//x////p//a/
/r//a//l//y//s//é//s////c//o//r//p//s////d//é//c//h//i//q//u//e//t//é//s////v//a//i//s//s//e//a//u//x////p//a//r//a//l//
y//s//é//s////c//o//r//p//s////d//é//c//h//i//q//u//e//t//é//s////v//a//i//s//s//e//a//u//x////p//a//r//a//l//y//s//é/
/s////c//o//r//p//s////d//é//c//h//i//q//u//e//t//é//s////v//a//i//s//s//e//a//u//x////p//a//r//a//l//y//s//é//s////c//
o//r//p//s////d//é//c//h//i//q//u//e//t//é//s////v//a//i//s//s//e//a//u//x////p//a//r//a//l//y//s//é//s////c//o//r//p//
s////d//é//c//h//i//q//u//e//t//é//s////v//a//i//s//s//e//a//u//x////p//a//r//a//l//y//s//é//s////c//o//r//p//s////d//
é//c//h//i//q//u//e//t//é//s////v//a//i//s//s//e//a//u//x////p//a//r//a//l//y//s//é//s////c//o//r//p//s////d//é//c//h/
/i//q//u//e//t//é//s////v//a//i//s//s//e//a//u//x////p//a//r//a//l//y//s//é//s////c//o//r//p//s////d//é//c//h//i//q//u/
/e//t//é//s////v//a//i//s//s//e//a//u//x////p//a//r//a//l//y//s//é//s////c//o//r//p//s////d//é//c//h//i//q//u//e//t//é/
/s////v//a//i//s//s//e//a//u//x////p//a//r//a//l//y//s//é//s////c//o//r//p//s////d//é//c//h//i//q//u//e//t//é//s////v//
a//i//s//s//e//a//u//x////p//a//r//a//l//y//s//é//s////c//o//r//p//s////d//é//c//h//i//q//u//e//t//é//s////v//a//i//s//
s//e//a//u//x////p//a//r//a//l//y//s//é//s////c//o//r//p//s////d//é//c//h//i//q//u//e//t//é//s////v//a//i//s//s//e//a/
/u//x////p//a//r//a//l//y//s//é//s////c//o//r//p//s////d//é//c//h//i//q//u//e//t//é//s////v//a//i//s//s//e//a//u//x////
p//a//r//a//l//y//s//é//s////c//o//r//p//s////d//é//c//h//i//q//u//e//t//é//s////v//a//i//s//s//e//a//u//x////p//a//r//
a//l//y//s//é//s////c//o//r//p//s////d//é//c//h//i//q//u//e//t//é//s////v//a//i//s//s//e//a//u//x////p//a//r//a//l//y//
s//é//s////c//o//r//p//s////d//é//c//h//i//q//u//e//t//é//s////v//a//i//s//s//e//a//u//x////p//a//r//a//l//y//s//é//s/
///c//o//r//p//s////d//é//c//h//i//q//u//e//t//é//s////v//a//i//s//s//e//a//u//x////p//a//r//a//l//y//s//é//s////c//o//
r//p//s////d//é//c//h//i//q//u//e//t//é//s////v//a//i//s//s//e//a//u//x////p//a//r//a//l//y//s//é//s////c//o//r//p//s//
//d//é//c//h//i//q//u//e//t//é//s////v//a//i//s//s//e//a//u//x////p//a//r//a//l//y//s//é//s////c//o//r//p//s////d//é//
c//h//i//q//u//e//t//é//s////v//a//i//s//s//e//a//u//x////p//a//r//a//l//y//s//é//s////c//o//r//p//s////d//é//c//h//i//
q//u//e//t//é//s////v//a//i//s//s//e//a//u//x////p//a//r//a//l//y//s//é//s////c//o//r//p//s////d//é//c//h//i//q//u//e/
/t//é//s////v//a//i//s//s//e//a//u//x////p//a//r//a//l//y//s//é//s////c//o//r//p//s////d//é//c//h//i//q//u//e//t//é//s/
///v//a//i//s//s//e//a//u//x////p//a//r//a//l//y//s//é//s////c//o//r//p//s////d//é//c//h//i//q//u//e//t//é//s////v//a//
i//s//s//e//a//u//x////p//a//r//a//l//y//s//é//s////c//o//r//p//s////d//é//c//h//i//q//u//e//t//é//s////v//a//i//s//s//
e//a//u//x////p//a//r//a//l//y//s//é//s////c//o//r//p//s////d//é//c//h//i//q//u//e//t//é//s////v//a//i//s//s//e//a//u/
/x////p//a//r//a//l//y//s//é//s////c//o//r//p//s////d//é//c//h//i//q//u//e//t//é//s////v//a//i//s//s//e//a//u//x////p//
a//r//a//l//y//s//é//s////c//o//r//p//s////d//é//c//h//i//q//u//e//t//é//s////v//a//i//s//s//e//a//u//x////p//a//r//a//
l//y//s//é//s////c//o//r//p//s////d//é//c//h//i//q//u//e//t//é//s////v//a//i//s//s//e//a//u//x////p//a//r//a//l//y//s//
é//s////c//o//r//p//s////d//é//c//h//i//q//u//e//t//é//s////v//a//i//s//s//e//a//u//x////p//a//r//a//l//y//s//é//s////
c//o//r//p//s////d//é//c//h//i//q//u//e//t//é//s////v//a//i//s//s//e//a//u//x////p//a//r//a//l//y//s//é//s////c//o//r//
p//s////d//é//c//h//i//q//u//e//t//é//s////v//a//i//s//s//e//a//u//x////p//a//r//a//l//y//s//é//s////c//o//r//p//s////
d//é//c//h//i//q//u//e//t//é//s////v//a//i//s//s//e//a//u//x////p//a//r//a//l//y//s//é//s////c//o//r//p//s////d//é//c/
/h//i//q//u//e//t//é//s////v//a//i//s//s//e//a//u//x////p//a//r//a//l//y//s//é//s////c//o//r//p//s////d//é//c//h//i//q/
/u//e//t//é//s////v//a//i//s//s//e//a//u//x////p//a//r//a//l//y//s//é//s////c//o//r//p//s////d//é//c//h//i//q//u//e//t/
/é//s////v//a//i//s//s//e//a//u//x////p//a//r//a//l//y//s//é//s////c//o//r//p//s////d//é//c//h//i//q//u//e//t//é//s////
v//a//i//s//s//e//a//u//x////p//a//r//a//l//y//s//é//s////c//o//r//p//s////d//é//c//h//i//q//u//e//t//é//s////v//a//i//
s//s//e//a//u//x////p//a//r//a//l//y//s//é//s////c//o//r//p//s////d//é//c//h//i//q//u//e//t//é//s////v//a//i//s//s//e/
/a//u//x////p//a//r//a//l//y//s//é//s////c//o//r//p//s////d//é//c//h//i//q//u//e//t//é//s////v//a//i//s//s//e//a//u//x
////p//a//r//a//l//y//s//é//s////c//o//r//p//s////d//é//c//h//i//q//u//e//t//é//s////v//a//i//s//s//e//a//u//x////p//a/
/r//a//l//y//s//é//s////c//o//r//p//s////d//é//c//h//i//q//u//e//t//é//s////v//a//i//s//s//e//a//u//x////p//a//r//a//l//
y//s//é//s////c//o//r//p//s////d//é//c//h//i//q//u//e//t//é//s////v//a//i//s//s//e//a//u//x////p//a//r//a//l//y//s//é/
/s////c//o//r//p//s////d//é//c//h//i//q//u//e//t//é//s////v//a//i//s//s//e//a//u//x////p//a//r//a//l//y//s//é//s////c//
o//r//p//s////d//é//c//h//i//q//u//e//t//é//s////v//a//i//s//s//e//a//u//x////p//a//r//a//l//y//s//é//s////c//o//r//p//
s////d//é//c//h//i//q//u//e//t//é//s////v//a//i//s//s//e//a//u//x////p//a//r//a//l//y//s//é//s////c//o//r//p//s////d//
é//c//h//i//q//u//e//t//é//s////v//a//i//s//s//e//a//u//x////p//a//r//a//l//y//s//é//s////c//o//r//p//s////d//é//c//h/
/i//q//u//e//t//é//s////v//a//i//s//s//e//a//u//x////p//a//r//a//l//y//s//é//s////c//o//r//p//s////d//é//c//h//i//q//u/
/e//t//é//s////v//a//i//s//s//e//a//u//x////p//a//r//a//l//y//s//é//s////c//o//r//p//s////d//é//c//h//i//q//u//e//t//é/
/s////v//a//i//s//s//e//a//u//x////p//a//r//a//l//y//s//é//s////c//o//r//p//s////d//é//c//h//i//q//u//e//t//é//s////v//
a//i//s//s//e//a//u//x////p//a//r//a//l//y//s//é//s////c//o//r//p//s////d//é//c//h//i//q//u//e//t//é//s////v//a//i//s//
s//e//a//u//x////p//a//r//a//l//y//s//é//s////c//o//r//p//s////d//é//c//h//i//q//u//e//t//é//s////v//a//i//s//s//e//a/
/u//x////p//a//r//a//l//y//s//é//s////c//o//r//p//s////d//é//c//h//i//q//u//e//t//é//s////v//a//i//s//s//e//a//u//x////
p//a//r//a//l//y//s//é//s////c//o//r//p//s////d//é//c//h//i//q//u//e//t//é//s////v//a//i//s//s//e//a//u//x////p//a//r//
a//l//y//s//é//s////c//o//r//p//s////d//é//c//h//i//q//u//e//t//é//s////v//a//i//s//s//e//a//u//x////p//a//r//a//l//y//
s//é//s////c//o//r//p//s////d//é//c//h//i//q//u//e//t//é//s////v//a//i//s//s//e//a//u//x////p//a//r//a//l//y//s//é//s//

FEU FER **FEU** FER **FEU** FER **FEU** FER **FEU** FER **FEU** FER **FEU** FER **FEU** FER **FEU** FER **FEU**
FER **FEU** FER **FEU** FER **FEU** FER **FEU** FER **FEU** FER **FEU** FER **FEU** FER **FEU** FER **FEU** FER
FEU FER **FEU** FER **FEU** FER **FEU** FER **FEU** FER **FEU** FER **FEU** FER **FEU** FER **FEU** FER **FEU**
FER **FEU** FER **FEU** FER **FEU** FER **FEU** FER **FEU** FER **FEU** FER **FEU** FER **FEU** FER **FEU** FER
FEU FER **FEU** FER **FEU** FER **FEU** FER **FEU** FER **FEU** FER **FEU** FER **FEU** FER **FEU** FER **FEU**
FER **FEU** FER **FEU** FER **FEU** FER **FEU** FER **FEU** FER **FEU** FER **FEU** FER **FEU** FER **FEU** FER
FEU FER **FEU** FER **FEU** FER **FEU** FER **FEU** FER **FEU** FER **FEU** FER **FEU** FER **FEU** FER **FEU**
FER **FEU** FER **FEU** FER **FEU** FER **FEU** FER **FEU** FER **FEU** FER **FEU** FER **FEU** FER **FEU** FER
FEU FER **FEU** FER **FEU** FER **FEU** FER **FEU** FER **FEU** FER **FEU** FER **FEU** FER **FEU** FER **FEU**
FER **FEU** FER **FEU** FER **FEU** FER **FEU** FER **FEU** FER **FEU** FER **FEU** FER **FEU** FER **FEU** FER
FEU FER **FEU** FER **FEU** FER **FEU** FER **FEU** FER **FEU** FER **FEU** FER **FEU** FER **FEU** FER **FEU**
FER **FEU** FER **FEU** FER **FEU** FER **FEU** FER **FEU** FER **FEU** FER **FEU** FER **FEU** FER **FEU** FER
FEU FER **FEU** FER **FEU** FER **FEU** FER **FEU** FER **FEU** FER **FEU** FER **FEU** FER **FEU** FER **FEU**
FER **FEU** FER **FEU** FER **FEU** FER **FEU** FER **FEU** FER **FEU** FER **FEU** FER **FEU** FER **FEU** FER
FEU FER **FEU** FER **FEU** FER **FEU** FER **FEU** FER **FEU** FER **FEU** FER **FEU** FER **FEU** FER **FEU**
FER **FEU** FER **FEU** FER **FEU** FER **FEU** FER **FEU** FER **FEU** FER **FEU** FER **FEU** FER **FEU** FER
FEU FER **FEU** FER **FEU** FER **FEU** FER **FEU** FER **FEU** FER **FEU** FER **FEU** FER **FEU** FER **FEU**
FER **FEU** FER **FEU** FER **FEU** FER **FEU** FER **FEU** FER **FEU** FER **FEU** FER **FEU** FER **FEU** FER
FEU FER **FEU** FER **FEU** FER **FEU** FER **FEU** FER **FEU** FER **FEU** FER **FEU** FER **FEU** FER **FEU**
FER **FEU** FER **FEU** FER **FEU** FER **FEU** FER **FEU** FER **FEU** FER **FEU** FER **FEU** FER **FEU** FER
FEU FER **FEU** FER **FEU** FER **FEU** FER **FEU** FER **FEU** FER **FEU** FER **FEU** FER **FEU** FER **FEU**
FER **FEU** FER **FEU** FER **FEU** FER **FEU** FER **FEU** FER **FEU** FER **FEU** FER **FEU** FER **FEU** FER
FEU FER **FEU** FER **FEU** FER **FEU** FER **FEU** FER **FEU** FER **FEU** FER **FEU** FER **FEU** FER **FEU**
FER **FEU** FER **FEU** FER **FEU** FER **FEU** FER **FEU** FER **FEU** FER **FEU** FER **FEU** FER **FEU** FER
FEU FER **FEU** FER **FEU** FER **FEU** FER **FEU** FER **FEU** FER **FEU** FER **FEU** FER **FEU** FER **FEU**
FER **FEU** FER **FEU** FER **FEU** FER **FEU** FER **FEU** FER **FEU** FER **FEU** FER **FEU** FER **FEU** FER
FEU FER **FEU** FER **FEU** FER **FEU** FER **FEU** FER **FEU** FER **FEU** FER **FEU** FER **FEU** FER **FEU**
FER **FEU** FER **FEU** FER **FEU** FER **FEU** FER **FEU** FER **FEU** FER **FEU** FER **FEU** FER **FEU** FER
FEU FER **FEU** FER **FEU** FER **FEU** FER **FEU** FER **FEU** FER **FEU** FER **FEU** FER **FEU** FER **FEU**
FER **FEU** FER **FEU** FER **FEU** FER **FEU** FER **FEU** FER **FEU** FER **FEU** FER **FEU** FER **FEU** FER
FEU FER **FEU** FER **FEU** FER **FEU** FER **FEU** FER **FEU** FER **FEU** FER **FEU** FER **FEU** FER **FEU**
FER **FEU** FER **FEU** FER **FEU** FER **FEU** FER **FEU** FER **FEU** FER **FEU** FER **FEU** FER **FEU** FER
FEU FER **FEU** FER **FEU** FER **FEU** FER **FEU** FER **FEU** FER **FEU** FER **FEU** FER **FEU** FER **FEU**
FER **FEU** FER **FEU** FER **FEU** FER **FEU** FER **FEU** FER **FEU** FER **FEU** FER **FEU** FER **FEU** FER
FEU FER **FEU** FER **FEU** FER **FEU** FER **FEU** FER **FEU** FER **FEU** FER **FEU** FER **FEU** FER **FEU**
FER **FEU** FER **FEU** FER **FEU** FER **FEU** FER **FEU** FER **FEU** FER **FEU** FER **FEU** FER **FEU** FER
FEU FER **FEU** FER **FEU** FER **FEU** FER **FEU** FER **FEU** FER **FEU** FER **FEU** FER **FEU** FER **FEU**
FER **FEU** FER **FEU** FER **FEU** FER **FEU** FER **FEU** FER **FEU** FER **FEU** FER **FEU** FER **FEU** FER
FEU FER **FEU** FER **FEU** FER **FEU** FER **FEU** FER **FEU** FER **FEU** FER **FEU** FER **FEU** FER **FEU**
FER **FEU** FER **FEU** FER **FEU** FER **FEU** FER **FEU** FER **FEU** FER **FEU** FER **FEU** FER **FEU** FER
FEU FER **FEU** FER **FEU** FER **FEU** FER **FEU** FER **FEU** FER **FEU** FER **FEU** FER **FEU** FER **FEU**
FER **FEU** FER **FEU** FER **FEU** FER **FEU** FER **FEU** FER **FEU** FER **FEU** FER **FEU** FER **FEU** FER
FEU FER **FEU** FER **FEU** FER **FEU** FER **FEU** FER **FEU** FER **FEU** FER **FEU** FER **FEU** FER **FEU**
FER **FEU** FER **FEU** FER **FEU** FER **FEU** FER **FEU** FER **FEU** FER **FEU** FER **FEU** FER **FEU** FER
FEU FER **FEU** FER **FEU** FER **FEU** FER **FEU** FER **FEU** FER **FEU** FER **FEU** FER **FEU** FER **FEU**
FER **FEU** FER **FEU** FER **FEU** FER **FEU** FER **FEU** FER **FEU** FER **FEU** FER **FEU** FER **FEU** FER
FEU FER **FEU** FER **FEU** FER **FEU** FER **FEU** FER **FEU** FER **FEU** FER **FEU** FER **FEU** FER **FEU**
FER **FEU** FER **FEU** FER **FEU** FER **FEU** FER **FEU** FER **FEU** FER **FEU** FER **FEU** FER **FEU** FER
FEU FER **FEU** FER **FEU** FER **FEU** FER **FEU** FER **FEU** FER **FEU** FER **FEU** FER **FEU** FER **FEU**
FER **FEU** FER **FEU** FER **FEU** FER **FEU** FER **FEU** FER **FEU** FER **FEU** FER **FEU** FER **FEU** FER
FEU FER **FEU** FER **FEU** FER **FEU** FER **FEU** FER **FEU** FER **FEU** FER **FEU** FER **FEU** FER **FEU**
FER **FEU** FER **FEU** FER **FEU** FER **FEU** FER **FEU** FER **FEU** FER **FEU** FER **FEU** FER **FEU** FER
FEU FER **FEU** FER **FEU** FER **FEU** FER **FEU** FER **FEU** FER **FEU** FER **FEU** FER **FEU** FER **FEU**
FER **FEU** FER **FEU** FER **FEU** FER **FEU** FER **FEU** FER **FEU** FER **FEU** FER **FEU** FER **FEU** FER
FEU FER **FEU** FER **FEU** FER **FEU** FER **FEU** FER **FEU** FER **FEU** FER **FEU** FER **FEU** FER **FEU**
FER **FEU** FER **FEU** FER **FEU** FER **FEU** FER **FEU** FER **FEU** FER **FEU** FER **FEU** FER **FEU** FER
FEU FER **FEU** FER **FEU** FER **FEU** FER **FEU** FER **FEU** FER **FEU** FER **FEU** FER **FEU** FER **FEU**
FER **FEU** FER **FEU** FER **FEU** FER **FEU** FER **FEU** FER **FEU** FER **FEU** FER **FEU** FER **FEU** FER
FEU FER **FEU** FER **FEU** FER **FEU** FER **FEU** FER **FEU** FER **FEU** FER **FEU** FER **FEU** FER **FEU**
FER **FEU** FER **FEU** FER **FEU** FER **FEU** FER **FEU** FER **FEU** FER **FEU** FER **FEU** FER **FEU** FER
FEU FER **FEU** FER **FEU** FER **FEU** FER **FEU** FER **FEU** FER **FEU** FER **FEU** FER **FEU** FER **FEU**
FER **FEU** FER **FEU** FER **FEU** FER **FEU** FER **FEU** FER **FEU** FER **FEU** FER **FEU** FER **FEU** FER
FEU FER **FEU** FER **FEU** FER **FEU** FER **FEU** FER **FEU** FER **FEU** FER **FEU** FER **FEU** FER **FEU**

contaminez le sang comme bon vous semble

~~battre les hanches a.r.t.i.c.u.l.é.e.s battre les hanches a.r.t.i.c.u.l.é.e.s battre les hanches a.r.t.i.c.u.l.é.e.s battre les hanches a.r.t.i.c.u.l.é.e.s battre les hanches a.r.t.i.c.u.l.é.e.s battre les hanches a.r.t.i.c.u.l.é.e.s battre les hanches a.r.t.i.c.u.l.é.e.s~~ b . a . t . t . r . e . l .e . s . h . a . n . c . h . e . s . a . r . t . i . c . u . l . é . e . s

~~battre les hanches a.r.t.i.c.u.l.é.e.s battre les hanches a.r.t.i.c.u.l.é.e.s battre les hanches a.r.t.i.c.u.l.é.e.s battre les hanches a.r.t.i.c.u.l.é.e.s battre les hanches a.r.t.i.c.u.l.é.e.s battre les hanches a.r.t.i.c.u.l.é.e.s battre les hanches a.r.t.i.c.u.l.é.e.s~~ b . a . t . t . r . e . l .e . s . h . a . n . c . h . e . s . a . r . t . i . c . u . l . é . e . s

~~battre les hanches a.r.t.i.c.u.l.é.e.s battre les hanches a.r.t.i.c.u.l.é.e.s battre les hanches a.r.t.i.c.u.l.é.e.s battre les hanches a.r.t.i.c.u.l.é.e.s battre les hanches a.r.t.i.c.u.l.é.e.s battre les hanches a.r.t.i.c.u.l.é.e.s battre les hanches a.r.t.i.c.u.l.é.e.s~~ b . a . t . t . r . e . l .e . s . h . a . n . c . h . e . s . a . r . t . i . c . u . l . é . e . s

~~battre les hanches a.r.t.i.c.u.l.é.e.s battre les hanches a.r.t.i.c.u.l.é.e.s battre les hanches a.r.t.i.c.u.l.é.e.s battre les hanches a.r.t.i.c.u.l.é.e.s battre les hanches a.r.t.i.c.u.l.é.e.s battre les hanches a.r.t.i.c.u.l.é.e.s battre les hanches a.r.t.i.c.u.l.é.e.s~~ b . a . t . t . r . e . l .e . s . h . a . n . c . h . e . s . a . r . t . i . c . u . l . é . e . s

~~battre les hanches a.r.t.i.c.u.l.é.e.s battre les hanches a.r.t.i.c.u.l.é.e.s battre les hanches a.r.t.i.c.u.l.é.e.s battre les hanches a.r.t.i.c.u.l.é.e.s battre les hanches a.r.t.i.c.u.l.é.e.s battre les hanches a.r.t.i.c.u.l.é.e.s battre les hanches a.r.t.i.c.u.l.é.e.s~~ b . a . t . t . r . e . l .e . s . h . a . n . c . h . e . s . a . r . t . i . c . u . l . é . e . s

~~battre les hanches a.r.t.i.c.u.l.é.e.s battre les hanches a.r.t.i.c.u.l.é.e.s battre les hanches a.r.t.i.c.u.l.é.e.s battre les hanches a.r.t.i.c.u.l.é.e.s battre les hanches a.r.t.i.c.u.l.é.e.s battre les hanches a.r.t.i.c.u.l.é.e.s battre les hanches a.r.t.i.c.u.l.é.e.s~~ b . a . t . t . r . e . l .e . s . h . a . n . c . h . e . s . a . r . t . i . c . u . l . é . e . s

~~battre les hanches a.r.t.i.c.u.l.é.e.s battre les hanches a.r.t.i.c.u.l.é.e.s battre les hanches a.r.t.i.c.u.l.é.e.s battre les hanches a.r.t.i.c.u.l.é.e.s battre les hanches a.r.t.i.c.u.l.é.e.s battre les hanches a.r.t.i.c.u.l.é.e.s battre les hanches a.r.t.i.c.u.l.é.e.s~~ b . a . t . t . r . e . l .e . s . h . a . n . c . h . e . s . a . r . t . i . c . u . l . é . e . s

~~battre les hanches a.r.t.i.c.u.l.é.e.s battre les hanches a.r.t.i.c.u.l.é.e.s battre les hanches a.r.t.i.c.u.l.é.e.s battre les hanches a.r.t.i.c.u.l.é.e.s battre les hanches a.r.t.i.c.u.l.é.e.s battre les hanches a.r.t.i.c.u.l.é.e.s battre les hanches a.r.t.i.c.u.l.é.e.s~~ b . a . t . t . r . e . l .e . s . h . a . n . c . h . e . s . a . r . t . i . c . u . l . é . e . s

~~battre les hanches a.r.t.i.c.u.l.é.e.s battre les hanches a.r.t.i.c.u.l.é.e.s battre les hanches a.r.t.i.c.u.l.é.e.s battre les hanches a.r.t.i.c.u.l.é.e.s battre les hanches a.r.t.i.c.u.l.é.e.s battre les hanches a.r.t.i.c.u.l.é.e.s battre les hanches a.r.t.i.c.u.l.é.e.s~~ b . a . t . t . r . e . l .e . s . h . a . n . c . h . e . s . a . r . t . i . c . u . l . é . e . s

~~battre les hanches a.r.t.i.c.u.l.é.e.s battre les hanches a.r.t.i.c.u.l.é.e.s battre les hanches a.r.t.i.c.u.l.é.e.s battre les hanches a.r.t.i.c.u.l.é.e.s battre les hanches a.r.t.i.c.u.l.é.e.s battre les hanches a.r.t.i.c.u.l.é.e.s battre les hanches a.r.t.i.c.u.l.é.e.s~~ b . a . t . t . r . e . l .e . s . h . a . n . c . h . e . s . a . r . t . i . c . u . l . é . e . s

~~battre les hanches a.r.t.i.c.u.l.é.e.s battre les hanches a.r.t.i.c.u.l.é.e.s battre les hanches a.r.t.i.c.u.l.é.e.s battre les hanches a.r.t.i.c.u.l.é.e.s battre les hanches a.r.t.i.c.u.l.é.e.s battre les hanches a.r.t.i.c.u.l.é.e.s battre les hanches a.r.t.i.c.u.l.é.e.s~~ b . a . t . t . r . e . l .e . s . h . a . n . c . h . e . s . a . r . t . i . c . u . l . é . e . s

~~battre les hanches a.r.t.i.c.u.l.é.e.s battre les hanches a.r.t.i.c.u.l.é.e.s battre les hanches a.r.t.i.c.u.l.é.e.s battre les hanches a.r.t.i.c.u.l.é.e.s battre les hanches a.r.t.i.c.u.l.é.e.s battre les hanches a.r.t.i.c.u.l.é.e.s battre les hanches a.r.t.i.c.u.l.é.e.s~~ b . a . t . t . r . e . l .e . s . h . a . n . c . h . e . s . a . r . t . i . c . u . l . é . e . s

~~battre les hanches a.r.t.i.c.u.l.é.e.s battre les hanches a.r.t.i.c.u.l.é.e.s battre les hanches a.r.t.i.c.u.l.é.e.s battre les hanches a.r.t.i.c.u.l.é.e.s battre les hanches a.r.t.i.c.u.l.é.e.s battre les hanches a.r.t.i.c.u.l.é.e.s battre les hanches a.r.t.i.c.u.l.é.e.s~~ b . a . t . t . r . e . l .e . s . h . a . n . c . h . e . s . a . r . t . i . c . u . l . é . e . s

~~battre les hanches a.r.t.i.c.u.l.é.e.s battre les hanches a.r.t.i.c.u.l.é.e.s battre les hanches a.r.t.i.c.u.l.é.e.s battre les hanches a.r.t.i.c.u.l.é.e.s battre les hanches a.r.t.i.c.u.l.é.e.s battre les hanches a.r.t.i.c.u.l.é.e.s battre les hanches a.r.t.i.c.u.l.é.e.s~~ b . a . t . t . r . e . l .e . s . h . a . n . c . h . e . s . a . r . t . i . c . u . l . é . e . s

~~battre les hanches a.r.t.i.c.u.l.é.e.s battre les hanches a.r.t.i.c.u.l.é.e.s battre les hanches a.r.t.i.c.u.l.é.e.s battre les hanches a.r.t.i.c.u.l.é.e.s battre les hanches a.r.t.i.c.u.l.é.e.s battre les hanches a.r.t.i.c.u.l.é.e.s battre les hanches a.r.t.i.c.u.l.é.e.s~~ b . a . t . t . r . e . l .e . s . h . a . n . c . h . e . s . a . r . t . i . c . u . l . é . e . s

~~battre les hanches a.r.t.i.c.u.l.é.e.s battre les hanches a.r.t.i.c.u.l.é.e.s battre les hanches a.r.t.i.c.u.l.é.e.s battre les hanches a.r.t.i.c.u.l.é.e.s battre les hanches a.r.t.i.c.u.l.é.e.s battre les hanches a.r.t.i.c.u.l.é.e.s battre les hanches a.r.t.i.c.u.l.é.e.s~~

((et de ses flancs remords confidences
privées))
((et de ses flancs remords confidences
privées))
((et de ses flancs remords confidences
privées))
((et de ses flancs remords confidences
privées))
((et de ses flancs remords confidences
privées))
((et de ses flancs remords confidences
privées))
((et de ses flancs remords confidences
privées))
((et de ses flancs remords confidences
privées))
((et de ses flancs remords confidences
privées))
((et de ses flancs remords confidences
privées))
((et de ses flancs remords confidences
privées))
((et de ses flancs remords confidences
privées))
((et de ses flancs remords confidences
privées))
((et de ses flancs remords confidences
privées))
((et de ses flancs remords confidences
privées))
((et de ses flancs remords confidences
privées))
((et de ses flancs remords confidences
privées))
((et de ses flancs remords confidences
privées))
((et de ses flancs remords confidences
privées))
((et de ses flancs remords confidences
privées))
((et de ses flancs remords confidences
privées))
((et de ses flancs remords confidences
privées))
((et de ses flancs remords confidences
privées))
((et de ses flancs remords confidences
privées))
((et de ses flancs remords confidences
privées))
((et de ses flancs remords confidences
privées))
((et de ses flancs remords confidences
privées))
((et de ses flancs remords confidences
privées))
((et de ses flancs remords confidences
privées))
((et de ses flancs remords confidences
privées))
((et de ses flancs remords confidences
privées))
((et de ses flancs remords confidences
privées))
((et de ses flancs remords confidences

être assis au milieu de sOi être assis au milieu de sOi être assis au milieu de sOi être assis au
milieu de sOi être assis au milieu de sOi être assis au milieu de sOi être assis au milieu de sOi
être assis au milieu de sOi être assis au milieu de sOi être assis au milieu de sOi être assis au
milieu de sOi être assis au milieu de sOi être assis au milieu de sOi être assis au milieu de sOi
être assis au milieu de sOi être assis au milieu de sOi être assis au milieu de sOi être assis au
milieu de sOi être assis au milieu de sOi être assis au milieu de sOi être assis au milieu de sOi
être assis au milieu de sOi être assis au milieu de sOi être assis au milieu de sOi être assis au
milieu de sOi être assis au milieu de sOi être assis au milieu de sOi être assis au milieu de sOi
être assis au milieu de sOi être assis au milieu de sOi être assis au milieu de sOi être assis au
milieu de sOi être assis au milieu de sOi être assis au milieu de sOi être assis au milieu de sOi
être assis au milieu de sOi être assis au milieu de sOi être assis au milieu de sOi être assis au
milieu de sOi être assis au milieu de sOi être assis au milieu de sOi être assis au milieu de sOi
être assis au milieu de sOi être assis au milieu de sOi être assis au milieu de sOi être assis au
milieu de sOi être assis au milieu de sOi être assis au milieu de sOi être assis au milieu de sOi
être assis au milieu de sOi être assis au milieu de sOi être assis au milieu de sOi être assis au
milieu de sOi être assis au milieu de sOi être assis au milieu de sOi être assis au milieu de sOi
être assis au milieu de sOi être assis au milieu de sOi être assis au milieu de sOi être assis au
milieu de sOi être assis au milieu de sOi être assis au milieu de sOi être assis au milieu de sOi
être assis au milieu de sOi être assis au milieu de sOi être assis au milieu de sOi être assis au
milieu de sOi être assis au milieu de sOi être assis au milieu de sOi être assis au milieu de sOi
être assis au milieu de sOi être assis au milieu de sOi être assis au milieu de sOi être assis au
milieu de sOi être assis au milieu de sOi être assis au milieu de sOi être assis au milieu de sOi
être assis au milieu de sOi être assis au milieu de sOi être assis au milieu de sOi être assis au
milieu de sOi être assis au milieu de sOi être assis au milieu de sOi être assis au milieu de sOi
être assis au milieu de sOi être assis au milieu de sOi être assis au milieu de sOi être assis au
milieu de sOi être assis au milieu de sOi être assis au milieu de sOi être assis au milieu de sOi
être assis au milieu de sOi être assis au milieu de sOi être assis au milieu de sOi être assis au
milieu de sOi être assis au milieu de sOi être assis au milieu de sOi être assis au milieu de sOi
être assis au milieu de sOi être assis au milieu de sOi être assis au milieu de sOi être assis au
milieu de sOi être assis au milieu de sOi être assis au milieu de sOi être assis au milieu de sOi
être assis au milieu de sOi être assis au milieu de sOi être assis au milieu de sOi être assis au
milieu de sOi être assis au milieu de sOi être assis au milieu de sOi être assis au milieu de sOi
être assis au milieu de sOi être assis au milieu de sOi être assis au milieu de sOi être assis

et
la
chute
des
ongles
en
la
terre
se retirent
de
sa
viande

rencontre et rencontre le hasard le hasard se plie se plie pourtant pourtant fiévreux fiévreux et rencontre et rencontre le
hasard le hasard se plie se plie pourtant pourtant fiévreux fiévreux et rencontre et rencontre le hasard le hasard se plie se
plie pourtant pourtant fiévreux fiévreux et rencontre et rencontre le hasard le hasard se plie se plie pourtant pourtant
fiévreux fiévreux et rencontre et rencontre le hasard le hasard se plie se plie pourtant pourtant fiévreux fiévreux et
rencontre et rencontre le hasard le hasard se plie se plie pourtant pourtant fiévreux fiévreux et rencontre et rencontre le
hasard le hasard se plie se plie pourtant pourtant fiévreux fiévreux et rencontre et rencontre le hasard le hasard se plie se
plie pourtant pourtant fiévreux fiévreux et rencontre et rencontre le hasard le hasard se plie se plie pourtant pourtant
fiévreux fiévreux et rencontre et rencontre le hasard le hasard se plie se plie pourtant pourtant fiévreux fiévreux et
rencontre et rencontre le hasard le hasard se plie se plie pourtant pourtant fiévreux fiévreux et rencontre et rencontre le
hasard le hasard se plie se plie pourtant pourtant fiévreux fiévreux et rencontre et rencontre le hasard le hasard se plie se
plie pourtant pourtant fiévreux fiévreux et rencontre et rencontre le hasard le hasard se plie se plie pourtant pourtant
fiévreux fiévreux et rencontre et rencontre le hasard le hasard se plie se plie pourtant pourtant fiévreux fiévreux et
rencontre et rencontre le hasard le hasard se plie se plie pourtant pourtant fiévreux fiévreux et rencontre et rencontre le
hasard le hasard se plie se plie pourtant pourtant fiévreux fiévreux et rencontre et rencontre le hasard le hasard se plie se
plie pourtant pourtant fiévreux fiévreux et rencontre et rencontre le hasard le hasard se plie se plie pourtant pourtant
fiévreux fiévreux et rencontre et rencontre le hasard le hasard se plie se plie pourtant pourtant fiévreux fiévreux et
rencontre et rencontre le hasard le hasard se plie se plie pourtant pourtant fiévreux fiévreux et rencontre et rencontre le
hasard le hasard se plie se plie pourtant pourtant fiévreux fiévreux et rencontre et rencontre le hasard le hasard se plie se
plie pourtant pourtant fiévreux fiévreux et rencontre et rencontre le hasard le hasard se plie se plie pourtant pourtant
fiévreux fiévreux et rencontre et rencontre le hasard le hasard se plie se plie pourtant pourtant fiévreux fiévreux et
rencontre et rencontre le hasard le hasard se plie se plie pourtant pourtant fiévreux fiévreux et rencontre et rencontre le
hasard le hasard se plie se plie pourtant pourtant fiévreux fiévreux et rencontre et rencontre le hasard le hasard se plie se
plie pourtant pourtant fiévreux fiévreux et rencontre et rencontre le hasard le hasard se plie se plie pourtant pourtant
fiévreux fiévreux et rencontre et rencontre le hasard le hasard se plie se plie pourtant pourtant fiévreux fiévreux et
rencontre et rencontre le hasard le hasard se plie se plie pourtant pourtant fiévreux fiévreux et rencontre et rencontre le
hasard le hasard se plie se plie pourtant pourtant fiévreux fiévreux et rencontre et rencontre le hasard le hasard se plie se
plie pourtant pourtant fiévreux fiévreux et rencontre et rencontre le hasard le hasard se plie se plie pourtant pourtant
fiévreux fiévreux et rencontre et rencontre le hasard le hasard se plie se plie pourtant pourtant fiévreux fiévreux et
rencontre et rencontre le hasard le hasard se plie se plie pourtant pourtant fiévreux fiévreux et rencontre et rencontre le
hasard le hasard se plie se plie pourtant pourtant fiévreux fiévreux et rencontre et rencontre le hasard le hasard se plie se
plie pourtant pourtant fiévreux fiévreux et rencontre et rencontre le hasard le hasard se plie se plie pourtant pourtant
fiévreux fiévreux et rencontre et rencontre le hasard le hasard se plie se plie pourtant pourtant fiévreux fiévreux et
rencontre et rencontre le hasard le hasard se plie se plie pourtant pourtant fiévreux fiévreux et rencontre et rencontre le
hasard le hasard se plie se plie pourtant pourtant fiévreux fiévreux et rencontre et rencontre le hasard le hasard se plie se
plie pourtant pourtant fiévreux fiévreux et rencontre et rencontre le hasard le hasard se plie se plie pourtant pourtant
fiévreux fiévreux et rencontre et rencontre le hasard le hasard se plie se plie pourtant pourtant fiévreux fiévreux et
rencontre et rencontre le hasard le hasard se plie se plie pourtant pourtant fiévreux fiévreux et rencontre et rencontre le
hasard le hasard se plie se plie pourtant pourtant fiévreux fiévreux et rencontre et rencontre le hasard le hasard se plie se
plie pourtant pourtant fiévreux fiévreux et rencontre et rencontre le hasard le hasard se plie se plie pourtant pourtant
fiévreux fiévreux et rencontre et rencontre le hasard le hasard se plie se plie pourtant pourtant fiévreux fiévreux et
rencontre et rencontre le hasard le hasard se plie se plie pourtant pourtant fiévreux fiévreux et rencontre et rencontre le
hasard le hasard se plie se plie pourtant pourtant fiévreux fiévreux et rencontre et rencontre le hasard le hasard se plie se
plie pourtant pourtant fiévreux fiévreux et rencontre et rencontre le hasard le hasard se plie se plie pourtant pourtant
fiévreux fiévreux et rencontre et rencontre le hasard le hasard se plie se plie pourtant pourtant fiévreux fiévreux et
rencontre et rencontre le hasard le hasard se plie se plie pourtant pourtant fiévreux fiévreux et rencontre et rencontre le
hasard le hasard se plie se plie pourtant pourtant fiévreux fiévreux et rencontre et rencontre le hasard le hasard se plie se
plie pourtant pourtant fiévreux fiévreux et rencontre et rencontre le hasard le hasard se plie se plie pourtant pourtant
fiévreux fiévreux et rencontre et rencontre le hasard le hasard se plie se plie pourtant pourtant fiévreux fiévreux et
rencontre et rencontre le hasard le hasard se plie se plie pourtant pourtant fiévreux fiévreux et rencontre et rencontre le
hasard le hasard se plie se plie pourtant pourtant fiévreux fiévreux et rencontre et rencontre le hasard le hasard se plie se
plie pourtant pourtant fiévreux fiévreux et rencontre et rencontre le hasard le hasard se plie se plie pourtant pourtant
fiévreux fiévreux et rencontre et rencontre le hasard le hasard se plie se plie pourtant pourtant fiévreux fiévreux et
rencontre et rencontre le hasard le hasard se plie se plie pourtant pourtant fiévreux fiévreux et rencontre et rencontre le
hasard le hasard se plie se plie pourtant pourtant fiévreux fiévreux et rencontre et rencontre le hasard le hasard se plie se
plie pourtant pourtant fiévreux fiévreux et rencontre et rencontre le hasard le hasard se plie se plie pourtant pourtant
fiévreux fiévreux et rencontre et rencontre le hasard le hasard se plie se plie pourtant pourtant fiévreux fiévreux et
rencontre et rencontre le hasard le hasard se plie se plie pourtant pourtant fiévreux fiévreux et rencontre et rencontre le
hasard le hasard se plie se plie pourtant pourtant fiévreux fiévreux et rencontre et rencontre le hasard le hasard se plie se
plie pourtant pourtant fiévreux fiévreux et rencontre et rencontre le hasard le hasard se plie se plie pourtant pourtant
fiévreux fiévreux et rencontre et rencontre le hasard le hasard se plie se plie pourtant pourtant fiévreux fiévreux et
rencontre et rencontre le hasard le hasard se plie se plie pourtant pourtant fiévreux fiévreux et rencontre et rencontre le
hasard le hasard se plie se plie pourtant pourtant fiévreux fiévreux et rencontre et rencontre le hasard le hasard se plie se
plie pourtant pourtant fiévreux fiévreux et rencontre et rencontre le hasard le hasard se plie se plie pourtant pourtant

du bitume au nombril pollen

la langue rite blesse la rate par son côté provisoire la langue rite blesse la rate par son côté provisoire la langue rite blesse la rate par son
côté provisoire la langue rite blesse la rate par son côté provisoire la langue rite blesse la rate par son côté provisoire la langue rite blesse
la rate par son côté provisoire la langue rite blesse la rate par son côté provisoire la langue rite blesse la rate par son côté provisoire la
langue rite blesse la rate par son côté provisoire la langue rite blesse la rate par son côté provisoire la langue rite blesse la rate par son
côté provisoire la langue rite blesse la rate par son côté provisoire la langue rite blesse la rate par son côté provisoire la langue rite blesse
la rate par son côté provisoire la langue rite blesse la rate par son côté provisoire la langue rite blesse la rate par son côté provisoire la
langue rite blesse la rate par son côté provisoire la langue rite blesse la rate par son côté provisoire la langue rite blesse la rate par son
côté provisoire la langue rite blesse la rate par son côté provisoire la langue rite blesse la rate par son côté provisoire la langue rite blesse
la rate par son côté provisoire la langue rite blesse la rate par son côté provisoire la langue rite blesse la rate par son côté provisoire la
langue rite blesse la rate par son côté provisoire la langue rite blesse la rate par son côté provisoire la langue rite blesse la rate par son
côté provisoire la langue rite blesse la rate par son côté provisoire la langue rite blesse la rate par son côté provisoire la langue rite blesse
la rate par son côté provisoire la langue rite blesse la rate par son côté provisoire la langue rite blesse la rate par son côté provisoire la
langue rite blesse la rate par son côté provisoire la langue rite blesse la rate par son côté provisoire la langue rite blesse la rate par son
côté provisoire la langue rite blesse la rate par son côté provisoire la langue rite blesse la rate par son côté provisoire la langue rite blesse
la rate par son côté provisoire la langue rite blesse la rate par son côté provisoire la langue rite blesse la rate par son côté provisoire la
langue rite blesse la rate par son côté provisoire la langue rite blesse la rate par son côté provisoire la langue rite blesse la rate par son
côté provisoire la langue rite blesse la rate par son côté provisoire la langue rite blesse la rate par son côté provisoire la langue rite blesse
la rate par son côté provisoire la langue rite blesse la rate par son côté provisoire la langue rite blesse la rate par son côté provisoire la
langue rite blesse la rate par son côté provisoire la langue rite blesse la rate par son côté provisoire la langue rite blesse la rate par son
côté provisoire la langue rite blesse la rate par son côté provisoire la langue rite blesse la rate par son côté provisoire la langue rite blesse
la rate par son côté provisoire la langue rite blesse la rate par son côté provisoire la langue rite blesse la rate par son côté provisoire la
langue rite blesse la rate par son côté provisoire la langue rite blesse la rate par son côté provisoire la langue rite blesse la rate par son
côté provisoire la langue rite blesse la rate par son côté provisoire la langue rite blesse la rate par son côté provisoire la langue rite blesse
la rate par son côté provisoire la langue rite blesse la rate par son côté provisoire la langue rite blesse la rate par son côté provisoire la
langue rite blesse la rate par son côté provisoire la langue rite blesse la rate par son côté provisoire la langue rite blesse la rate par son
côté provisoire la langue rite blesse la rate par son côté provisoire la langue rite blesse la rate par son côté provisoire la langue rite blesse
la rate par son côté provisoire la langue rite blesse la rate par son côté provisoire la langue rite blesse la rate par son côté provisoire la
langue rite blesse la rate par son côté provisoire la langue rite blesse la rate par son côté provisoire la langue rite blesse la rate par son
côté provisoire la langue rite blesse la rate par son côté provisoire la langue rite blesse la rate par son côté provisoire la langue rite blesse
la rate par son côté provisoire la langue rite blesse la rate par son côté provisoire la langue rite blesse la rate par son côté provisoire la
langue rite blesse la rate par son côté provisoire la langue rite blesse la rate par son côté provisoire la langue rite blesse la rate par son
côté provisoire la langue rite blesse la rate par son côté provisoire la langue rite blesse la rate par son côté provisoire la langue rite blesse
la rate par son côté provisoire la langue rite blesse la rate par son côté provisoire la langue rite blesse la rate par son côté provisoire la
langue rite blesse la rate par son côté provisoire la langue rite blesse la rate par son côté provisoire la langue rite blesse la rate par son
côté provisoire la langue rite blesse la rate par son côté provisoire la langue rite blesse la rate par son côté provisoire la langue rite blesse
la rate par son côté provisoire la langue rite blesse la rate par son côté provisoire la langue rite blesse la rate par son côté provisoire la
langue rite blesse la rate par son côté provisoire la langue rite blesse la rate par son côté provisoire la langue rite blesse la rate par son
côté provisoire la langue rite blesse la rate par son côté provisoire la langue rite blesse la rate par son côté provisoire la langue rite blesse
la rate par son côté provisoire la langue rite blesse la rate par son côté provisoire la langue rite blesse la rate par son côté provisoire la
langue rite blesse la rate par son côté provisoire la langue rite blesse la rate par son côté provisoire la langue rite blesse la rate par son
côté provisoire la langue rite blesse la rate par son côté provisoire la langue rite blesse la rate par son côté provisoire la langue rite blesse
la rate par son côté provisoire la langue rite blesse la rate par son côté provisoire la langue rite blesse la rate par son côté provisoire la
langue rite blesse la rate par son côté provisoire la langue rite blesse la rate par son côté provisoire la langue rite blesse la rate par son
côté provisoire la langue rite blesse la rate par son côté provisoire la langue rite blesse la rate par son côté provisoire la langue rite blesse
la rate par son côté provisoire la langue rite blesse la rate par son côté provisoire la langue rite blesse la rate par son côté provisoire la
langue rite blesse la rate par son côté provisoire la langue rite blesse la rate par son côté provisoire la langue rite blesse la rate par son
côté provisoire la langue rite blesse la rate par son côté provisoire la langue rite blesse la rate par son côté provisoire la langue rite blesse
la rate par son côté provisoire la langue rite blesse la rate par son côté provisoire la langue rite blesse la rate par son côté provisoire la
langue rite blesse la rate par son côté provisoire la langue rite blesse la rate par son côté provisoire la langue rite blesse la rate par son
côté provisoire la langue rite blesse la rate par son côté provisoire la langue rite blesse la rate par son côté provisoire la langue rite blesse
la rate par son côté provisoire la langue rite blesse la rate par son côté provisoire la langue rite blesse la rate par son côté provisoire la
langue rite blesse la rate par son côté provisoire la langue rite blesse la rate par son côté provisoire la langue rite blesse la rate par son
côté provisoire la langue rite blesse la rate par son côté provisoire la langue rite blesse la rate par son côté provisoire la langue rite blesse
la rate par son côté provisoire la langue rite blesse la rate par son côté provisoire la langue rite blesse la rate par son côté provisoire la
langue rite blesse la rate par son côté provisoire la langue rite blesse la rate par son côté provisoire la langue rite blesse la rate par son
côté provisoire la langue rite blesse la rate par son côté provisoire la langue rite blesse la rate par son côté provisoire la langue rite blesse
la rate par son côté provisoire la langue rite blesse la rate par son côté provisoire la langue rite blesse la rate par son côté provisoire la
langue rite blesse la rate par son côté provisoire la langue rite blesse la rate par son côté provisoire la langue rite blesse la rate par son
côté provisoire la langue rite blesse la rate par son côté provisoire la langue rite blesse la rate par son côté provisoire la langue rite blesse
la rate par son côté provisoire la langue rite blesse la rate par son côté provisoire la langue rite blesse la rate par son côté provisoire la
langue rite blesse la rate par son côté provisoire la langue rite blesse la rate par son côté provisoire la langue rite blesse la rate par son
côté provisoire la langue rite blesse la rate par son côté provisoire la langue rite blesse la rate par son côté provisoire la langue rite blesse
la rate par son côté provisoire la langue rite blesse la rate par son côté provisoire la langue rite blesse la rate par son côté provisoire la
langue rite blesse la rate par son côté provisoire la langue rite blesse la rate par son côté provisoire la langue rite blesse la rate par son
côté provisoire la langue rite blesse la rate par son côté provisoire la langue rite blesse la rate par son côté provisoire la langue rite blesse
la rate par son côté provisoire la langue rite blesse la rate par son côté provisoire la langue rite blesse la rate par son côté provisoire la
langue rite blesse la rate par son côté provisoire la langue rite blesse la rate par son côté provisoire la langue rite blesse la rate par son
côté provisoire la langue rite blesse la rate par son côté provisoire la langue rite blesse la rate par son côté provisoire la langue rite blesse
la rate par son côté provisoire la langue rite blesse la rate par son côté provisoire la langue rite blesse la rate par son côté provisoire la
langue rite blesse la rate par son côté provisoire la langue rite blesse la rate par son côté provisoire la langue rite blesse la rate par son
côté provisoire la langue rite blesse la rate par son côté provisoire la langue rite blesse la rate par son côté provisoire la langue rite blesse
la rate par son côté provisoire la langue rite blesse la rate par son côté provisoire la langue rite blesse la rate par son côté provisoire la
langue rite blesse la rate par son côté provisoire la langue rite blesse la rate par son côté provisoire la langue rite blesse la rate par son
côté provisoire la langue rite blesse la rate par son côté provisoire la langue rite blesse la rate par son côté provisoire la langue rite blesse
la rate par son côté provisoire la langue rite blesse la rate par son côté provisoire la langue rite blesse la rate par son côté provisoire la
langue rite blesse la rate par son côté provisoire la langue rite blesse la rate par son côté provisoire la langue rite blesse la rate par son
côté provisoire la langue rite blesse la rate par son côté provisoire la langue rite blesse la rate par son côté provisoire la langue rite blesse
la rate par son côté provisoire la langue rite blesse la rate par son côté provisoire la langue rite blesse la rate par son côté provisoire la
langue rite blesse la rate par son côté provisoire la langue rite blesse la rate par son côté provisoire la langue rite blesse la rate par son
côté provisoire la langue rite blesse la rate par son côté provisoire la langue rite blesse la rate par son côté provisoire la langue rite blesse
la rate par son côté provisoire la langue rite blesse la rate par son côté provisoire la langue rite blesse la rate par son côté provisoire la
langue rite blesse la rate par son côté provisoire la langue rite blesse la rate par son côté provisoire la langue rite blesse la rate par son
côté provisoire la langue rite blesse la rate par son côté provisoire la langue rite blesse la rate par son côté provisoire la langue rite blesse
la rate par son côté provisoire la langue rite blesse la rate par son côté provisoire la langue rite blesse la rate par son côté provisoire la
langue rite blesse la rate par son côté provisoire la langue rite blesse la rate par son côté provisoire la langue rite blesse la rate par son
côté provisoire la langue rite blesse la rate par son côté provisoire la langue rite blesse la rate par son côté provisoire la langue rite blesse
la rate par son côté provisoire la langue rite blesse la rate par son côté provisoire la langue rite blesse la rate par son côté provisoire la
langue rite blesse la rate par son côté provisoire la langue rite blesse la rate par son côté provisoire la langue rite blesse la rate par son
côté provisoire la langue rite blesse la rate par son côté provisoire la langue rite blesse la rate par son côté provisoire la langue rite blesse
la rate par son côté provisoire la langue rite blesse la rate par son côté provisoire la langue rite blesse la rate par son côté provisoire la
langue rite blesse la rate par son côté provisoire la langue rite blesse la rate par son côté provisoire la langue rite blesse la rate par son
côté provisoire la langue rite blesse la rate par son côté provisoire la langue rite blesse la rate par son côté provisoire la langue rite blesse
la rate par son côté provisoire la langue rite blesse la rate par son côté provisoire la langue rite blesse la rate par son côté provisoire la
langue rite blesse la rate par son côté provisoire la langue rite blesse la rate par son côté provisoire la langue rite blesse la rate par son
côté provisoire la langue rite blesse la rate par son côté provisoire la langue rite blesse la rate par son côté provisoire la langue rite blesse
la rate par son côté provisoire la langue rite blesse la rate par son côté provisoire la langue rite blesse la rate par son côté provisoire la
langue rite blesse la rate par son côté provisoire la langue rite blesse la rate par son côté provisoire la langue rite blesse la rate par son
côté provisoire la langue rite blesse la rate par son côté provisoire la langue rite blesse la rate par son côté provisoire la langue rite blesse
la rate par son côté provisoire la langue rite blesse la rate par son côté provisoire la langue rite blesse la rate par son côté provisoire la
langue rite blesse la rate par son côté provisoire la langue rite blesse la rate par son côté provisoire la langue rite blesse la rate par son
côté provisoire la langue rite blesse la rate par son côté provisoire la langue rite blesse la rate par son côté provisoire la langue rite blesse
la rate par son côté provisoire la langue rite blesse la rate par son côté provisoire la langue rite blesse la rate par son côté provisoire

~~pas d’envie pas de nostalgie pas d’envie pas de nostalgie pas d’envie pas de nostalgie pas d’envie pas de nostalgie pas d’envie pas de
nostalgie pas d’envie pas de nostalgie pas d’envie pas de nostalgie pas d’envie pas de nostalgie pas d’envie pas de nostalgie pas
d’envie pas de nostalgie pas d’envie pas de nostalgie pas d’envie pas de nostalgie pas d’envie pas de nostalgie pas d’envie pas de
nostalgie pas d’envie pas de nostalgie pas d’envie pas de nostalgie pas d’envie pas de nostalgie pas d’envie pas de nostalgie pas
d’envie pas de nostalgie pas d’envie pas de nostalgie pas d’envie pas de nostalgie pas d’envie pas de nostalgie pas d’envie pas de
nostalgie pas d’envie pas de nostalgie pas d’envie pas de nostalgie pas d’envie pas de nostalgie pas d’envie pas de nostalgie pas
d’envie pas de nostalgie pas d’envie pas de nostalgie pas d’envie pas de nostalgie pas d’envie pas de nostalgie pas d’envie pas de
nostalgie pas d’envie pas de nostalgie pas d’envie pas de nostalgie pas d’envie pas de nostalgie pas d’envie pas de nostalgie pas
d’envie pas de nostalgie pas d’envie pas de nostalgie pas d’envie pas de nostalgie pas d’envie pas de nostalgie pas d’envie pas de
nostalgie pas d’envie pas de nostalgie pas d’envie pas de nostalgie pas d’envie pas de nostalgie pas d’envie pas de nostalgie pas
d’envie pas de nostalgie pas d’envie pas de nostalgie pas d’envie pas de nostalgie pas d’envie pas de nostalgie pas d’envie pas de
nostalgie pas d’envie pas de nostalgie pas d’envie pas de nostalgie pas d’envie pas de nostalgie pas d’envie pas de nostalgie pas
d’envie pas de nostalgie pas d’envie pas de nostalgie pas d’envie pas de nostalgie pas d’envie pas de nostalgie pas d’envie pas de
nostalgie pas d’envie pas de nostalgie pas d’envie pas de nostalgie pas d’envie pas de nostalgie pas d’envie pas de nostalgie pas
d’envie pas de nostalgie pas d’envie pas de nostalgie pas d’envie pas de nostalgie pas d’envie pas de nostalgie pas d’envie pas de
nostalgie pas d’envie pas de nostalgie pas d’envie pas de nostalgie pas d’envie pas de nostalgie pas d’envie pas de nostalgie pas
d’envie pas de nostalgie pas d’envie pas de nostalgie pas d’envie pas de nostalgie pas d’envie pas de nostalgie pas d’envie pas de
nostalgie pas d’envie pas de nostalgie pas d’envie pas de nostalgie pas d’envie pas de nostalgie pas d’envie pas de nostalgie pas
d’envie pas de nostalgie pas d’envie pas de nostalgie pas d’envie pas de nostalgie pas d’envie pas de nostalgie pas d’envie pas de
nostalgie pas d’envie pas de nostalgie pas d’envie pas de nostalgie pas d’envie pas de nostalgie pas d’envie pas de nostalgie pas
d’envie pas de nostalgie pas d’envie pas de nostalgie pas d’envie pas de nostalgie pas d’envie pas de nostalgie pas d’envie pas de
nostalgie pas d’envie pas de nostalgie pas d’envie pas de nostalgie pas d’envie pas de nostalgie pas d’envie pas de nostalgie pas
d’envie pas de nostalgie pas d’envie pas de nostalgie pas d’envie pas de nostalgie pas d’envie pas de nostalgie pas d’envie pas de
nostalgie pas d’envie pas de nostalgie pas d’envie pas de nostalgie pas d’envie pas de nostalgie pas d’envie pas de nostalgie pas
d’envie pas de nostalgie pas d’envie pas de nostalgie pas d’envie pas de nostalgie pas d’envie pas de nostalgie pas d’envie pas de
nostalgie pas d’envie pas de nostalgie pas d’envie pas de nostalgie pas d’envie pas de nostalgie pas d’envie pas de nostalgie pas
d’envie pas de nostalgie pas d’envie pas de nostalgie pas d’envie pas de nostalgie pas d’envie pas de nostalgie pas d’envie pas de
nostalgie pas d’envie pas de nostalgie pas d’envie pas de nostalgie pas d’envie pas de nostalgie pas d’envie pas de nostalgie pas
d’envie pas de nostalgie pas d’envie pas de nostalgie pas d’envie pas de nostalgie pas d’envie pas de nostalgie pas d’envie pas de
nostalgie pas d’envie pas de nostalgie pas d’envie pas de nostalgie pas d’envie pas de nostalgie pas d’envie pas de nostalgie pas
d’envie pas de nostalgie pas d’envie pas de nostalgie pas d’envie pas de nostalgie pas d’envie pas de nostalgie pas d’envie pas de
nostalgie pas d’envie pas de nostalgie pas d’envie pas de nostalgie pas d’envie pas de nostalgie pas d’envie pas de nostalgie pas
d’envie pas de nostalgie pas d’envie pas de nostalgie pas d’envie pas de nostalgie pas d’envie pas de nostalgie pas d’envie pas de
nostalgie pas d’envie pas de nostalgie pas d’envie pas de nostalgie pas d’envie pas de nostalgie pas d’envie pas de nostalgie pas
d’envie pas de nostalgie pas d’envie pas de nostalgie pas d’envie pas de nostalgie pas d’envie pas de nostalgie pas d’envie pas de
nostalgie pas d’envie pas de nostalgie pas d’envie pas de nostalgie pas d’envie pas de nostalgie pas d’envie pas de nostalgie pas
d’envie pas de nostalgie pas d’envie pas de nostalgie pas d’envie pas de nostalgie pas d’envie pas de nostalgie pas d’envie pas de
nostalgie pas d’envie pas de nostalgie pas d’envie pas de nostalgie pas d’envie pas de nostalgie pas d’envie pas de nostalgie pas
d’envie pas de nostalgie pas d’envie pas de nostalgie pas d’envie pas de nostalgie pas d’envie pas de nostalgie pas d’envie pas de
nostalgie pas d’envie pas de nostalgie pas d’envie pas de nostalgie pas d’envie pas de nostalgie pas d’envie pas de nostalgie pas
d’envie pas de nostalgie pas d’envie pas de nostalgie pas d’envie pas de nostalgie pas d’envie pas de nostalgie pas d’envie pas de
nostalgie pas d’envie pas de nostalgie pas d’envie pas de nostalgie pas d’envie pas de nostalgie pas d’envie pas de nostalgie pas
d’envie pas de nostalgie pas d’envie pas de nostalgie pas d’envie pas de nostalgie pas d’envie pas de nostalgie pas d’envie pas de
nostalgie pas d’envie pas de nostalgie pas d’envie pas de nostalgie pas d’envie pas de nostalgie pas d’envie pas de nostalgie pas
d’envie pas de nostalgie pas d’envie pas de nostalgie pas d’envie pas de nostalgie pas d’envie pas de nostalgie pas d’envie pas de
nostalgie pas d’envie pas de nostalgie pas d’envie pas de nostalgie pas d’envie pas de nostalgie pas d’envie pas de nostalgie pas
d’envie pas de nostalgie pas d’envie pas de nostalgie pas d’envie pas de nostalgie pas d’envie pas de nostalgie pas d’envie pas de
nostalgie pas d’envie pas de nostalgie pas d’envie pas de nostalgie pas d’envie pas de nostalgie pas d’envie pas de nostalgie pas
d’envie pas de nostalgie pas d’envie pas de nostalgie pas d’envie pas de nostalgie pas d’envie pas de nostalgie pas d’envie pas de
nostalgie pas d’envie pas de nostalgie pas d’envie pas de nostalgie pas d’envie pas de nostalgie pas d’envie pas de nostalgie pas
d’envie pas de nostalgie pas d’envie pas de nostalgie pas d’envie pas de nostalgie pas d’envie pas de nostalgie pas d’envie pas de
nostalgie pas d’envie pas de nostalgie pas d’envie pas de nostalgie pas d’envie pas de nostalgie pas d’envie pas de nostalgie pas
d’envie pas de nostalgie pas d’envie pas de nostalgie pas d’envie pas de nostalgie pas d’envie pas de nostalgie pas d’envie pas de
nostalgie pas d’envie pas de nostalgie pas d’envie pas de nostalgie pas d’envie pas de nostalgie pas d’envie pas de nostalgie pas
d’envie pas de nostalgie pas d’envie pas de nostalgie pas d’envie pas de nostalgie pas d’envie pas de nostalgie pas d’envie pas de
nostalgie pas d’envie pas de nostalgie pas d’envie pas de nostalgie pas d’envie pas de nostalgie pas d’envie pas de nostalgie pas
d’envie pas de nostalgie pas d’envie pas de nostalgie pas d’envie pas de nostalgie pas d’envie pas de nostalgie pas d’envie pas de
nostalgie pas d’envie pas de nostalgie pas d’envie pas de nostalgie pas d’envie pas de nostalgie pas d’envie pas de nostalgie pas
d’envie pas de nostalgie pas d’envie pas de nostalgie pas d’envie pas de nostalgie pas d’envie pas de nostalgie pas d’envie pas de
nostalgie pas d’envie pas de nostalgie pas d’envie pas de nostalgie pas d’envie pas de nostalgie pas d’envie pas de nostalgie pas
d’envie pas de nostalgie pas d’envie pas de nostalgie pas d’envie pas de nostalgie pas d’envie pas de nostalgie pas d’envie pas de
nostalgie pas d’envie pas de nostalgie pas d’envie pas de nostalgie pas d’envie pas de nostalgie pas d’envie pas de nostalgie pas
d’envie pas de nostalgie pas d’envie pas de nostalgie pas d’envie pas de nostalgie pas d’envie pas de nostalgie pas d’envie pas de
nostalgie pas d’envie pas de nostalgie pas d’envie pas de nostalgie pas d’envie pas de nostalgie pas d’envie pas de nostalgie pas
d’envie pas de nostalgie pas d’envie pas de nostalgie pas d’envie pas de nostalgie pas d’envie pas de nostalgie pas d’envie pas de
nostalgie pas d’envie pas de nostalgie pas d’envie pas de nostalgie pas d’envie pas de nostalgie pas d’envie pas de nostalgie pas
d’envie pas de nostalgie pas d’envie pas de nostalgie pas d’envie pas de nostalgie pas d’envie pas de nostalgie pas d’envie pas de
nostalgie pas d’envie pas de nostalgie pas d’envie pas de nostalgie pas d’envie pas de nostalgie pas d’envie pas de nostalgie pas
d’envie pas de nostalgie pas d’envie pas de nostalgie pas d’envie pas de nostalgie pas d’envie pas de nostalgie pas d’envie pas de
nostalgie pas d’envie pas de nostalgie pas d’envie pas de nostalgie pas d’envie pas de nostalgie pas d’envie pas de nostalgie pas
d’envie pas de nostalgie pas d’envie pas de nostalgie pas d’envie pas de nostalgie pas d’envie pas de nostalgie pas d’envie pas de
nostalgie pas d’envie pas de nostalgie pas d’envie pas de nostalgie pas d’envie pas de nostalgie pas d’envie pas de nostalgie pas
d’envie pas de nostalgie pas d’envie pas de nostalgie pas d’envie pas de nostalgie pas d’envie pas de nostalgie pas d’envie pas de
nostalgie pas d’envie pas de nostalgie pas d’envie pas de nostalgie pas d’envie pas de nostalgie pas d’envie pas de nostalgie pas
d’envie pas de nostalgie pas d’envie pas de nostalgie pas d’envie pas de nostalgie pas d’envie pas de nostalgie pas d’envie pas de
nostalgie pas d’envie pas de nostalgie pas d’envie pas de nostalgie pas d’envie pas de nostalgie pas d’envie pas de nostalgie pas
d’envie pas de nostalgie pas d’envie pas de nostalgie pas d’envie pas de nostalgie pas d’envie pas de nostalgie pas d’envie pas de
nostalgie pas d’envie pas de nostalgie pas d’envie pas de nostalgie pas d’envie pas de nostalgie pas d’envie pas de nostalgie pas
d’envie pas de nostalgie pas d’envie pas de nostalgie pas d’envie pas de nostalgie pas d’envie pas de nostalgie pas d’envie pas de
nostalgie pas d’envie pas de nostalgie pas d’envie pas de nostalgie pas d’envie pas de nostalgie pas d’envie pas de nostalgie pas
d’envie pas de nostalgie pas d’envie pas de nostalgie pas d’envie pas de nostalgie pas d’envie pas de nostalgie pas d’envie pas de
nostalgie pas d’envie pas de nostalgie pas d’envie pas de nostalgie pas d’envie pas de nostalgie pas d’envie pas de nostalgie pas
d’envie pas de nostalgie pas d’envie pas de nostalgie pas d’envie pas de nostalgie pas d’envie pas de nostalgie pas d’envie pas de
nostalgie pas d’envie pas de nostalgie pas d’envie pas de nostalgie pas d’envie pas de nostalgie pas d’envie pas de nostalgie pas
d’envie pas de nostalgie pas d’envie pas de nostalgie pas d’envie pas de nostalgie pas d’envie pas de nostalgie pas d’envie pas de
nostalgie pas d’envie pas de nostalgie pas d’envie pas de nostalgie pas d’envie pas de nostalgie pas d’envie pas de nostalgie pas
d’envie pas de nostalgie pas d’envie pas de nostalgie pas d’envie pas de nostalgie pas d’envie pas de nostalgie pas d’envie pas de
nostalgie pas d’envie pas de nostalgie pas d’envie pas de nostalgie pas d’envie pas de nostalgie pas d’envie pas de nostalgie pas
d’envie pas de nostalgie pas d’envie pas de nostalgie pas d’envie pas de nostalgie pas d’envie pas de nostalgie pas d’envie pas de
nostalgie pas d’envie pas de nostalgie pas d’envie pas de nostalgie pas d’envie pas de nostalgie pas d’envie pas de nostalgie pas
d’envie pas de nostalgie pas d’envie pas de nostalgie pas d’envie pas de nostalgie pas d’envie pas de nostalgie pas d’envie pas de
nostalgie pas d’envie pas de nostalgie pas d’envie pas de nostalgie pas d’envie pas de nostalgie pas d’envie pas de nostalgie pas
d’envie pas de nostalgie pas d’envie pas de nostalgie pas d’envie pas de nostalgie pas d’envie pas de nostalgie pas d’envie pas de
nostalgie pas d’envie pas de nostalgie pas d’envie pas de nostalgie pas d’envie pas de nostalgie pas d’envie pas de nostalgie pas
d’envie pas de nostalgie pas d’envie pas de nostalgie pas d’envie pas de nostalgie pas d’envie pas de nostalgie pas d’envie pas de
nostalgie pas d’envie pas de nostalgie pas d’envie pas de nostalgie pas d’envie pas de nostalgie pas d’envie pas de nostalgie pas
d’envie pas de nostalgie pas d’envie pas de nostalgie pas d’envie pas de nostalgie pas d’envie pas de nostalgie pas d’envie pas de
nostalgie pas d’envie pas de nostalgie pas d’envie pas de nostalgie pas d’envie pas de nostalgie pas d’envie pas de nostalgie pas
d’envie pas de nostalgie pas d’envie pas de nostalgie pas d’envie pas de nostalgie pas d’envie pas de nostalgie pas d’envie pas de
nostalgie pas d’envie pas de nostalgie pas d’envie pas de nostalgie pas d’envie pas de nostalgie pas d’envie pas de nostalgie pas
d’envie pas de nostalgie pas d’envie pas de nostalgie pas d’envie pas de nostalgie pas d’envie pas de nostalgie pas d’envie~~

. ~~*se sentir aigu et creux à la fois*~~ .

~~ciel ruisselant et nu menaçant jusqu’à~~ e x p i a t i o n ~~plages de vases sans vagues ciel~~
~~ruisselant et nu menaçant jusqu’à~~ e x p i a t i o n ~~plages de vases sans vagues ciel ruisselant~~
~~et nu menaçant jusqu’à~~ e x p i a t i o n ~~plages de vases sans vagues ciel ruisselant et nu~~
~~menaçant jusqu’à~~ e x p i a t i o n ~~plages de vases sans vagues ciel ruisselant et nu menaçant~~
~~jusqu’à~~ e x p i a t i o n ~~plages de vases sans vagues ciel ruisselant et nu menaçant jusqu’à~~ e
x p i a t i o n ~~plages de vases sans vagues ciel ruisselant et nu menaçant jusqu’à~~ e x p i a t i o
n ~~plages de vases sans vagues ciel ruisselant et nu menaçant jusqu’à~~ e x p i a t i o n ~~plages~~
~~de vases sans vagues ciel ruisselant et nu menaçant jusqu’à~~ e x p i a t i o n ~~plages de vases~~
~~sans vagues ciel ruisselant et nu menaçant jusqu’à~~ e x p i a t i o n ~~plages de vases sans~~
~~vagues ciel ruisselant et nu menaçant jusqu’à~~ e x p i a t i o n ~~plages de vases sans vagues ciel~~
~~ruisselant et nu menaçant jusqu’à~~ e x p i a t i o n ~~plages de vases sans vagues ciel ruisselant~~
~~et nu menaçant jusqu’à~~ e x p i a t i o n ~~plages de vases sans vagues ciel ruisselant et nu~~
~~menaçant jusqu’à~~ e x p i a t i o n ~~plages de vases sans vagues ciel ruisselant et nu menaçant~~
~~jusqu’à~~ e x p i a t i o n ~~plages de vases sans vagues ciel ruisselant et nu menaçant jusqu’à~~ e
x p i a t i o n ~~plages de vases sans vagues ciel ruisselant et nu menaçant jusqu’à~~ e x p i a t i o
n ~~plages de vases sans vagues ciel ruisselant et nu menaçant jusqu’à~~ e x p i a t i o n ~~plages~~
~~de vases sans vagues ciel ruisselant et nu menaçant jusqu’à~~ e x p i a t i o n ~~plages de vases~~
~~sans vagues ciel ruisselant et nu menaçant jusqu’à~~ e x p i a t i o n ~~plages de vases sans~~
~~vagues ciel ruisselant et nu menaçant jusqu’à~~ e x p i a t i o n ~~plages de vases sans vagues ciel~~
~~ruisselant et nu menaçant jusqu’à~~ e x p i a t i o n ~~plages de vases sans vagues ciel ruisselant~~
~~et nu menaçant jusqu’à~~ e x p i a t i o n ~~plages de vases sans vagues ciel ruisselant et nu~~
~~menaçant jusqu’à~~ e x p i a t i o n ~~plages de vases sans vagues ciel ruisselant et nu menaçant~~
~~jusqu’à~~ e x p i a t i o n ~~plages de vases sans vagues ciel ruisselant et nu menaçant jusqu’à~~ e
x p i a t i o n ~~plages de vases sans vagues ciel ruisselant et nu menaçant jusqu’à~~ e x p i a t i o
n ~~plages de vases sans vagues ciel ruisselant et nu menaçant jusqu’à~~ e x p i a t i o n ~~plages~~
~~de vases sans vagues ciel ruisselant et nu menaçant jusqu’à~~ e x p i a t i o n ~~plages de vases~~
~~sans vagues ciel ruisselant et nu menaçant jusqu’à~~ e x p i a t i o n ~~plages de vases sans~~
~~vagues ciel ruisselant et nu menaçant jusqu’à~~ e x p i a t i o n ~~plages de vases sans vagues ciel~~
~~ruisselant et nu menaçant jusqu’à~~ e x p i a t i o n ~~plages de vases sans vagues ciel ruisselant~~
~~et nu menaçant jusqu’à~~ e x p i a t i o n ~~plages de vases sans vagues ciel ruisselant et nu~~
~~menaçant jusqu’à~~ e x p i a t i o n ~~plages de vases sans vagues ciel ruisselant et nu menaçant~~
~~jusqu’à~~ e x p i a t i o n ~~plages de vases sans vagues ciel ruisselant et nu menaçant jusqu’à~~ e
x p i a t i o n ~~plages de vases sans vagues ciel ruisselant et nu menaçant jusqu’à~~ e x p i a t i o
n ~~plages de vases sans vagues ciel ruisselant et nu menaçant jusqu’à~~ e x p i a t i o n ~~plages~~
~~de vases sans vagues ciel ruisselant et nu menaçant jusqu’à~~ e x p i a t i o n ~~plages de vases~~
~~sans vagues ciel ruisselant et nu menaçant jusqu’à~~ e x p i a t i o n ~~plages de vases sans~~
~~vagues ciel ruisselant et nu menaçant jusqu’à~~ e x p i a t i o n ~~plages de vases sans vagues ciel~~
~~ruisselant et nu menaçant jusqu’à~~ e x p i a t i o n ~~plages de vases sans vagues ciel ruisselant~~
~~et nu menaçant jusqu’à~~ e x p i a t i o n ~~plages de vases sans vagues ciel ruisselant et nu~~
~~menaçant jusqu’à~~ e x p i a t i o n ~~plages de vases sans vagues ciel ruisselant et nu menaçant~~
~~jusqu’à~~ e x p i a t i o n ~~plages de vases sans vagues ciel ruisselant et nu menaçant jusqu’à~~ e
x p i a t i o n ~~plages de vases sans vagues ciel ruisselant et nu menaçant jusqu’à~~ e x p i a t i o
n ~~plages de vases sans vagues ciel ruisselant et nu menaçant jusqu’à~~ e x p i a t i o n ~~plages~~
~~de vases sans vagues ciel ruisselant et nu menaçant jusqu’à~~ e x p i a t i o n ~~plages de vases~~
~~sans vagues ciel ruisselant et nu menaçant jusqu’à~~ e x p i a t i o n ~~plages de vases sans~~
~~vagues ciel ruisselant et nu menaçant jusqu’à~~ e x p i a t i o n ~~plages de vases sans vagues ciel~~
~~ruisselant et nu menaçant jusqu’à~~ e x p i a t i o n ~~plages de vases sans vagues ciel ruisselant~~
~~et nu menaçant jusqu’à~~ e x p i a t i o n ~~plages de vases sans vagues ciel ruisselant et nu~~
~~menaçant jusqu’à~~ e x p i a t i o n ~~plages de vases sans vagues ciel ruisselant et nu menaçant~~
~~jusqu’à~~ e x p i a t i o n ~~plages de vases sans vagues ciel ruisselant et nu menaçant jusqu’à~~ e
x p i a t i o n ~~plages de vases sans vagues ciel ruisselant et nu menaçant jusqu’à~~ e x p i a t i o
n ~~plages de vases sans vagues ciel ruisselant et nu menaçant jusqu’à~~ e x p i a t i o n ~~plages~~
~~de vases sans vagues ciel ruisselant et nu menaçant jusqu’à~~ e x p i a t i o n ~~plages de vases~~
~~sans vagues ciel ruisselant et nu menaçant jusqu’à~~ e x p i a t i o n ~~plages de vases sans~~
~~vagues ciel ruisselant et nu menaçant jusqu’à~~ e x p i a t i o n ~~plages de vases sans vagues ciel~~
~~ruisselant et nu menaçant jusqu’à~~ e x p i a t i o n ~~plages de vases sans vagues ciel ruisselant~~
~~et nu menaçant jusqu’à~~ e x p i a t i o n ~~plages de vases sans vagues ciel ruisselant et nu~~
~~menaçant jusqu’à~~ e x p i a t i o n ~~plages de vases sans vagues ciel ruisselant et nu menaçant~~
~~jusqu’à~~ e x p i a t i o n ~~plages de vases sans vagues ciel ruisselant et nu menaçant jusqu’à~~ e
x p i a t i o n ~~plages de vases sans vagues ciel ruisselant et nu menaçant jusqu’à~~ e x p i a t i o
n ~~plages de vases sans vagues ciel ruisselant et nu menaçant jusqu’à~~ e x p i a t i o n ~~plages~~
~~de vases sans vagues ciel ruisselant et nu menaçant jusqu’à~~ e x p i a t i o n ~~plages de vases~~
~~sans vagues ciel ruisselant et nu menaçant jusqu’à~~ e x p i a t i o n ~~plages de vases sans vagues~~

un grand lion se fera battre l ' o i s e a u **conflitʇıʃɟuoɔ** *n ɐ ǝ s ı o ʻ l ǝɹʇʇɐq ɐɹǝɟ ǝs uoıl puɐɹƃ un*
un grand lion se fera battre l ' o i s e a u **conflitʇıʃɟuoɔ** *n ɐ ǝ s ı o ʻ l ǝɹʇʇɐq ɐɹǝɟ ǝs uoıl puɐɹƃ un*
un grand lion se fera battre l ' o i s e a u **conflitʇıʃɟuoɔ** *n ɐ ǝ s ı o ʻ l ǝɹʇʇɐq ɐɹǝɟ ǝs uoıl puɐɹƃ un*
un grand lion se fera battre l ' o i s e a u **conflitʇıʃɟuoɔ** *n ɐ ǝ s ı o ʻ l ǝɹʇʇɐq ɐɹǝɟ ǝs uoıl puɐɹƃ un*
un grand lion se fera battre l ' o i s e a u **conflitʇıʃɟuoɔ** *n ɐ ǝ s ı o ʻ l ǝɹʇʇɐq ɐɹǝɟ ǝs uoıl puɐɹƃ un*
un grand lion se fera battre l ' o i s e a u **conflitʇıʃɟuoɔ** *n ɐ ǝ s ı o ʻ l ǝɹʇʇɐq ɐɹǝɟ ǝs uoıl puɐɹƃ un*
un grand lion se fera battre l ' o i s e a u **conflitʇıʃɟuoɔ** *n ɐ ǝ s ı o ʻ l ǝɹʇʇɐq ɐɹǝɟ ǝs uoıl puɐɹƃ un*
un grand lion se fera battre l ' o i s e a u **conflitʇıʃɟuoɔ** *n ɐ ǝ s ı o ʻ l ǝɹʇʇɐq ɐɹǝɟ ǝs uoıl puɐɹƃ un*
un grand lion se fera battre l ' o i s e a u **conflitʇıʃɟuoɔ** *n ɐ ǝ s ı o ʻ l ǝɹʇʇɐq ɐɹǝɟ ǝs uoıl puɐɹƃ un*
un grand lion se fera battre l ' o i s e a u **conflitʇıʃɟuoɔ** *n ɐ ǝ s ı o ʻ l ǝɹʇʇɐq ɐɹǝɟ ǝs uoıl puɐɹƃ un*
un grand lion se fera battre l ' o i s e a u **conflitʇıʃɟuoɔ** *n ɐ ǝ s ı o ʻ l ǝɹʇʇɐq ɐɹǝɟ ǝs uoıl puɐɹƃ un*
un grand lion se fera battre l ' o i s e a u **conflitʇıʃɟuoɔ** *n ɐ ǝ s ı o ʻ l ǝɹʇʇɐq ɐɹǝɟ ǝs uoıl puɐɹƃ un*
un grand lion se fera battre l ' o i s e a u **conflitʇıʃɟuoɔ** *n ɐ ǝ s ı o ʻ l ǝɹʇʇɐq ɐɹǝɟ ǝs uoıl puɐɹƃ un*
un grand lion se fera battre l ' o i s e a u **conflitʇıʃɟuoɔ** *n ɐ ǝ s ı o ʻ l ǝɹʇʇɐq ɐɹǝɟ ǝs uoıl puɐɹƃ un*
un grand lion se fera battre l ' o i s e a u **conflitʇıʃɟuoɔ** *n ɐ ǝ s ı o ʻ l ǝɹʇʇɐq ɐɹǝɟ ǝs uoıl puɐɹƃ un*
un grand lion se fera battre l ' o i s e a u **conflitʇıʃɟuoɔ** *n ɐ ǝ s ı o ʻ l ǝɹʇʇɐq ɐɹǝɟ ǝs uoıl puɐɹƃ un*
un grand lion se fera battre l ' o i s e a u **conflitʇıʃɟuoɔ** *n ɐ ǝ s ı o ʻ l ǝɹʇʇɐq ɐɹǝɟ ǝs uoıl puɐɹƃ un*
un grand lion se fera battre l ' o i s e a u **conflitʇıʃɟuoɔ** *n ɐ ǝ s ı o ʻ l ǝɹʇʇɐq ɐɹǝɟ ǝs uoıl puɐɹƃ un*
un grand lion se fera battre l ' o i s e a u **conflitʇıʃɟuoɔ** *n ɐ ǝ s ı o ʻ l ǝɹʇʇɐq ɐɹǝɟ ǝs uoıl puɐɹƃ un*
un grand lion se fera battre l ' o i s e a u **conflitʇıʃɟuoɔ** *n ɐ ǝ s ı o ʻ l ǝɹʇʇɐq ɐɹǝɟ ǝs uoıl puɐɹƃ un*
un grand lion se fera battre l ' o i s e a u **conflitʇıʃɟuoɔ** *n ɐ ǝ s ı o ʻ l ǝɹʇʇɐq ɐɹǝɟ ǝs uoıl puɐɹƃ un*
un grand lion se fera battre l ' o i s e a u **conflitʇıʃɟuoɔ** *n ɐ ǝ s ı o ʻ l ǝɹʇʇɐq ɐɹǝɟ ǝs uoıl puɐɹƃ un*
un grand lion se fera battre l ' o i s e a u **conflitʇıʃɟuoɔ** *n ɐ ǝ s ı o ʻ l ǝɹʇʇɐq ɐɹǝɟ ǝs uoıl puɐɹƃ un*
un grand lion se fera battre l ' o i s e a u **conflitʇıʃɟuoɔ** *n ɐ ǝ s ı o ʻ l ǝɹʇʇɐq ɐɹǝɟ ǝs uoıl puɐɹƃ un*
un grand lion se fera battre l ' o i s e a u **conflitʇıʃɟuoɔ** *n ɐ ǝ s ı o ʻ l ǝɹʇʇɐq ɐɹǝɟ ǝs uoıl puɐɹƃ un*
un grand lion se fera battre l ' o i s e a u **conflitʇıʃɟuoɔ** *n ɐ ǝ s ı o ʻ l ǝɹʇʇɐq ɐɹǝɟ ǝs uoıl puɐɹƃ un*
un grand lion se fera battre l ' o i s e a u **conflitʇıʃɟuoɔ** *n ɐ ǝ s ı o ʻ l ǝɹʇʇɐq ɐɹǝɟ ǝs uoıl puɐɹƃ un*
un grand lion se fera battre l ' o i s e a u **conflitʇıʃɟuoɔ** *n ɐ ǝ s ı o ʻ l ǝɹʇʇɐq ɐɹǝɟ ǝs uoıl puɐɹƃ un*
un grand lion se fera battre l ' o i s e a u **conflitʇıʃɟuoɔ** *n ɐ ǝ s ı o ʻ l ǝɹʇʇɐq ɐɹǝɟ ǝs uoıl puɐɹƃ un*
un grand lion se fera battre l ' o i s e a u **conflitʇıʃɟuoɔ** *n ɐ ǝ s ı o ʻ l ǝɹʇʇɐq ɐɹǝɟ ǝs uoıl puɐɹƃ un*
un grand lion se fera battre l ' o i s e a u **conflitʇıʃɟuoɔ** *n ɐ ǝ s ı o ʻ l ǝɹʇʇɐq ɐɹǝɟ ǝs uoıl puɐɹƃ un*
un grand lion se fera battre l ' o i s e a u **conflitʇıʃɟuoɔ** *n ɐ ǝ s ı o ʻ l ǝɹʇʇɐq ɐɹǝɟ ǝs uoıl puɐɹƃ un*
un grand lion se fera battre l ' o i s e a u **conflitʇıʃɟuoɔ** *n ɐ ǝ s ı o ʻ l ǝɹʇʇɐq ɐɹǝɟ ǝs uoıl puɐɹƃ un*
un grand lion se fera battre l ' o i s e a u **conflitʇıʃɟuoɔ** *n ɐ ǝ s ı o ʻ l ǝɹʇʇɐq ɐɹǝɟ ǝs uoıl puɐɹƃ un*
un grand lion se fera battre l ' o i s e a u **conflitʇıʃɟuoɔ** *n ɐ ǝ s ı o ʻ l ǝɹʇʇɐq ɐɹǝɟ ǝs uoıl puɐɹƃ un*
un grand lion se fera battre l ' o i s e a u **conflitʇıʃɟuoɔ** *n ɐ ǝ s ı o ʻ l ǝɹʇʇɐq ɐɹǝɟ ǝs uoıl puɐɹƃ un*
un grand lion se fera battre l ' o i s e a u **conflitʇıʃɟuoɔ** *n ɐ ǝ s ı o ʻ l ǝɹʇʇɐq ɐɹǝɟ ǝs uoıl puɐɹƃ un*
un grand lion se fera battre l ' o i s e a u **conflitʇıʃɟuoɔ** *n ɐ ǝ s ı o ʻ l ǝɹʇʇɐq ɐɹǝɟ ǝs uoıl puɐɹƃ un*
un grand lion se fera battre l ' o i s e a u **conflitʇıʃɟuoɔ** *n ɐ ǝ s ı o ʻ l ǝɹʇʇɐq ɐɹǝɟ ǝs uoıl puɐɹƃ un*
un grand lion se fera battre l ' o i s e a u **conflitʇıʃɟuoɔ** *n ɐ ǝ s ı o ʻ l ǝɹʇʇɐq ɐɹǝɟ ǝs uoıl puɐɹƃ un*
un grand lion se fera battre l ' o i s e a u **conflitʇıʃɟuoɔ** *n ɐ ǝ s ı o ʻ l ǝɹʇʇɐq ɐɹǝɟ ǝs uoıl puɐɹƃ un*
un grand lion se fera battre l ' o i s e a u **conflitʇıʃɟuoɔ** *n ɐ ǝ s ı o ʻ l ǝɹʇʇɐq ɐɹǝɟ ǝs uoıl puɐɹƃ un*
un grand lion se fera battre l ' o i s e a u **conflitʇıʃɟuoɔ** *n ɐ ǝ s ı o ʻ l ǝɹʇʇɐq ɐɹǝɟ ǝs uoıl puɐɹƃ un*
un grand lion se fera battre l ' o i s e a u **conflitʇıʃɟuoɔ** *n ɐ ǝ s ı o ʻ l ǝɹʇʇɐq ɐɹǝɟ ǝs uoıl puɐɹƃ un*
un grand lion se fera battre l ' o i s e a u **conflitʇıʃɟuoɔ** *n ɐ ǝ s ı o ʻ l ǝɹʇʇɐq ɐɹǝɟ ǝs uoıl puɐɹƃ un*
un grand lion se fera battre l ' o i s e a u **conflitʇıʃɟuoɔ** *n ɐ ǝ s ı o ʻ l ǝɹʇʇɐq ɐɹǝɟ ǝs uoıl puɐɹƃ un*
un grand lion se fera battre l ' o i s e a u **conflitʇıʃɟuoɔ** *n ɐ ǝ s ı o ʻ l ǝɹʇʇɐq ɐɹǝɟ ǝs uoıl puɐɹƃ un*
un grand lion se fera battre l ' o i s e a u **conflitʇıʃɟuoɔ** *n ɐ ǝ s ı o ʻ l ǝɹʇʇɐq ɐɹǝɟ ǝs uoıl puɐɹƃ un*
un grand lion se fera battre l ' o i s e a u **conflitʇıʃɟuoɔ** *n ɐ ǝ s ı o ʻ l ǝɹʇʇɐq ɐɹǝɟ ǝs uoıl puɐɹƃ un*
un grand lion se fera battre l ' o i s e a u **conflitʇıʃɟuoɔ** *n ɐ ǝ s ı o ʻ l ǝɹʇʇɐq ɐɹǝɟ ǝs uoıl puɐɹƃ un*
un grand lion se fera battre l ' o i s e a u **conflitʇıʃɟuoɔ** *n ɐ ǝ s ı o ʻ l ǝɹʇʇɐq ɐɹǝɟ ǝs uoıl puɐɹƃ un*
un grand lion se fera battre l ' o i s e a u **conflitʇıʃɟuoɔ** *n ɐ ǝ s ı o ʻ l ǝɹʇʇɐq ɐɹǝɟ ǝs uoıl puɐɹƃ un*
un grand lion se fera battre l ' o i s e a u **conflitʇıʃɟuoɔ** *n ɐ ǝ s ı o ʻ l ǝɹʇʇɐq ɐɹǝɟ ǝs uoıl puɐɹƃ un*
un grand lion se fera battre l ' o i s e a u **conflitʇıʃɟuoɔ** *n ɐ ǝ s ı o ʻ l ǝɹʇʇɐq ɐɹǝɟ ǝs uoıl puɐɹƃ un*
un grand lion se fera battre l ' o i s e a u **conflitʇıʃɟuoɔ** *n ɐ ǝ s ı o ʻ l ǝɹʇʇɐq ɐɹǝɟ ǝs uoıl puɐɹƃ un*
un grand lion se fera battre l ' o i s e a u **conflitʇıʃɟuoɔ** *n ɐ ǝ s ı o ʻ l ǝɹʇʇɐq ɐɹǝɟ ǝs uoıl puɐɹƃ un*
un grand lion se fera battre l ' o i s e a u **conflitʇıʃɟuoɔ** *n ɐ ǝ s ı o ʻ l ǝɹʇʇɐq ɐɹǝɟ ǝs uoıl puɐɹƃ un*
un grand lion se fera battre l ' o i s e a u **conflitʇıʃɟuoɔ** *n ɐ ǝ s ı o ʻ l ǝɹʇʇɐq ɐɹǝɟ ǝs uoıl puɐɹƃ un*
un grand lion se fera battre l ' o i s e a u **conflitʇıʃɟuoɔ** *n ɐ ǝ s ı o ʻ l ǝɹʇʇɐq ɐɹǝɟ ǝs uoıl puɐɹƃ un*
un grand lion se fera battre l ' o i s e a u **conflitʇıʃɟuoɔ** *n ɐ ǝ s ı o ʻ l ǝɹʇʇɐq ɐɹǝɟ ǝs uoıl puɐɹƃ un*
un grand lion se fera battre l ' o i s e a u **conflitʇıʃɟuoɔ** *n ɐ ǝ s ı o ʻ l ǝɹʇʇɐq ɐɹǝɟ ǝs uoıl puɐɹƃ un*
un grand lion se fera battre l ' o i s e a u **conflitʇıʃɟuoɔ** *n ɐ ǝ s ı o ʻ l ǝɹʇʇɐq ɐɹǝɟ ǝs uoıl puɐɹƃ un*
un grand lion se fera battre l ' o i s e a u **conflitʇıʃɟuoɔ** *n ɐ ǝ s ı o ʻ l ǝɹʇʇɐq ɐɹǝɟ ǝs uoıl puɐɹƃ un*

ôôôô innocence suspecte mise en horreur ôôôô innocence suspecte course vers la Victoire Inceste Empire sans Milieu / course vers la Victoire Inceste Empire

ttttrrrraaaannnnsssseeee /////// vvvviiiibbbbrrrraaaattttooooiiiirrrreeee /////// ttttrrrraaaannnnsssseeee
vvvviiiibbbbrrrraaaattttooooiiiirrrreeee ttttrrrraaaannnnsssseeee vvvviiiibbbbrrrraaaattttooooiiiirrrreee
ttttrrrraaaannnnsssseeee /////// vvvviiiibbbbrrrraaaattttooooiiiirrrreeee /////// ttttrrrraaaannnnsssseeee
vvvviiiibbbbrrrraaaattttooooiiiirrrreeee ttttrrrraaaannnnsssseeee vvvviiiibbbbrrrraaaattttooooiiiirrrreee
ttttrrrraaaannnnsssseeee /////// vvvviiiibbbbrrrraaaattttooooiiiirrrreeee /////// ttttrrrraaaannnnsssseeee
vvvviiiibbbbrrrraaaattttooooiiiirrrreeee ttttrrrraaaannnnsssseeee vvvviiiibbbbrrrraaaattttooooiiiirrrreee
ttttrrrraaaannnnsssseeee /////// vvvviiiibbbbrrrraaaattttooooiiiirrrreeee /////// ttttrrrraaaannnnsssseeee
vvvviiiibbbbrrrraaaattttooooiiiirrrreeee ttttrrrraaaannnnsssseeee vvvviiiibbbbrrrraaaattttooooiiiirrrreee
ttttrrrraaaannnnsssseeee /////// vvvviiiibbbbrrrraaaattttooooiiiirrrreeee /////// ttttrrrraaaannnnsssseeee
vvvviiiibbbbrrrraaaattttooooiiiirrrreeee ttttrrrraaaannnnsssseeee vvvviiiibbbbrrrraaaattttooooiiiirrrreee
ttttrrrraaaannnnsssseeee /////// vvvviiiibbbbrrrraaaattttooooiiiirrrreeee /////// ttttrrrraaaannnnsssseeee
vvvviiiibbbbrrrraaaattttooooiiiirrrreeee ttttrrrraaaannnnsssseeee vvvviiiibbbbrrrraaaattttooooiiiirrrreee
ttttrrrraaaannnnsssseeee /////// vvvviiiibbbbrrrraaaattttooooiiiirrrreeee /////// ttttrrrraaaannnnsssseeee
vvvviiiibbbbrrrraaaattttooooiiiirrrreeee ttttrrrraaaannnnsssseeee vvvviiiibbbbrrrraaaattttooooiiiirrrreee
ttttrrrraaaannnnsssseeee /////// vvvviiiibbbbrrrraaaattttooooiiiirrrreeee /////// ttttrrrraaaannnnsssseeee
vvvviiiibbbbrrrraaaattttooooiiiirrrreeee ttttrrrraaaannnnsssseeee vvvviiiibbbbrrrraaaattttooooiiiirrrreee
ttttrrrraaaannnnsssseeee /////// vvvviiiibbbbrrrraaaattttooooiiiirrrreeee /////// ttttrrrraaaannnnsssseeee
vvvviiiibbbbrrrraaaattttooooiiiirrrreeee ttttrrrraaaannnnsssseeee vvvviiiibbbbrrrraaaattttooooiiiirrrreee
ttttrrrraaaannnnsssseeee /////// vvvviiiibbbbrrrraaaattttooooiiiirrrreeee /////// ttttrrrraaaannnnsssseeee
vvvviiiibbbbrrrraaaattttooooiiiirrrreeee ttttrrrraaaannnnsssseeee vvvviiiibbbbrrrraaaattttooooiiiirrrreee
ttttrrrraaaannnnsssseeee /////// vvvviiiibbbbrrrraaaattttooooiiiirrrreeee /////// ttttrrrraaaannnnsssseeee
vvvviiiibbbbrrrraaaattttooooiiiirrrreeee ttttrrrraaaannnnsssseeee vvvviiiibbbbrrrraaaattttooooiiiirrrreee
ttttrrrraaaannnnsssseeee /////// vvvviiiibbbbrrrraaaattttooooiiiirrrreeee /////// ttttrrrraaaannnnsssseeee
vvvviiiibbbbrrrraaaattttooooiiiirrrreeee ttttrrrraaaannnnsssseeee vvvviiiibbbbrrrraaaattttooooiiiirrrreee
ttttrrrraaaannnnsssseeee /////// vvvviiiibbbbrrrraaaattttooooiiiirrrreeee /////// ttttrrrraaaannnnsssseeee
vvvviiiibbbbrrrraaaattttooooiiiirrrreeee ttttrrrraaaannnnsssseeee vvvviiiibbbbrrrraaaattttooooiiiirrrreee
ttttrrrraaaannnnsssseeee /////// vvvviiiibbbbrrrraaaattttooooiiiirrrreeee /////// ttttrrrraaaannnnsssseeee
vvvviiiibbbbrrrraaaattttooooiiiirrrreeee ttttrrrraaaannnnsssseeee vvvviiiibbbbrrrraaaattttooooiiiirrrreee
ttttrrrraaaannnnsssseeee /////// vvvviiiibbbbrrrraaaattttooooiiiirrrreeee /////// ttttrrrraaaannnnsssseeee
vvvviiiibbbbrrrraaaattttooooiiiirrrreeee ttttrrrraaaannnnsssseeee vvvviiiibbbbrrrraaaattttooooiiiirrrreee
ttttrrrraaaannnnsssseeee /////// vvvviiiibbbbrrrraaaattttooooiiiirrrreeee /////// ttttrrrraaaannnnsssseeee
vvvviiiibbbbrrrraaaattttooooiiiirrrreeee ttttrrrraaaannnnsssseeee vvvviiiibbbbrrrraaaattttooooiiiirrrreee
ttttrrrraaaannnnsssseeee /////// vvvviiiibbbbrrrraaaattttooooiiiirrrreeee /////// ttttrrrraaaannnnsssseeee
vvvviiiibbbbrrrraaaattttooooiiiirrrreeee ttttrrrraaaannnnsssseeee vvvviiiibbbbrrrraaaattttooooiiiirrrreee
ttttrrrraaaannnnsssseeee /////// vvvviiiibbbbrrrraaaattttooooiiiirrrreeee /////// ttttrrrraaaannnnsssseeee
vvvviiiibbbbrrrraaaattttooooiiiirrrreeee ttttrrrraaaannnnsssseeee vvvviiiibbbbrrrraaaattttooooiiiirrrreee
ttttrrrraaaannnnsssseeee /////// vvvviiiibbbbrrrraaaattttooooiiiirrrreeee /////// ttttrrrraaaannnnsssseeee
vvvviiiibbbbrrrraaaattttooooiiiirrrreeee ttttrrrraaaannnnsssseeee vvvviiiibbbbrrrraaaattttooooiiiirrrreee
ttttrrrraaaannnnsssseeee /////// vvvviiiibbbbrrrraaaattttooooiiiirrrreeee /////// ttttrrrraaaannnnsssseeee
vvvviiiibbbbrrrraaaattttooooiiiirrrreeee ttttrrrraaaannnnsssseeee vvvviiiibbbbrrrraaaattttooooiiiirrrreee
ttttrrrraaaannnnsssseeee /////// vvvviiiibbbbrrrraaaattttooooiiiirrrreeee /////// ttttrrrraaaannnnsssseeee
vvvviiiibbbbrrrraaaattttooooiiiirrrreeee ttttrrrraaaannnnsssseeee vvvviiiibbbbrrrraaaattttooooiiiirrrreee
ttttrrrraaaannnnsssseeee /////// vvvviiiibbbbrrrraaaattttooooiiiirrrreeee /////// ttttrrrraaaannnnsssseeee
vvvviiiibbbbrrrraaaattttooooiiiirrrreeee ttttrrrraaaannnnsssseeee vvvviiiibbbbrrrraaaattttooooiiiirrrreee
ttttrrrraaaannnnsssseeee /////// vvvviiiibbbbrrrraaaattttooooiiiirrrreeee /////// ttttrrrraaaannnnsssseeee
vvvviiiibbbbrrrraaaattttooooiiiirrrreeee ttttrrrraaaannnnsssseeee vvvviiiibbbbrrrraaaattttooooiiiirrrreee
ttttrrrraaaannnnsssseeee /////// vvvviiiibbbbrrrraaaattttooooiiiirrrreeee /////// ttttrrrraaaannnnsssseeee
vvvviiiibbbbrrrraaaattttooooiiiirrrreeee ttttrrrraaaannnnsssseeee vvvviiiibbbbrrrraaaattttooooiiiirrrreee
ttttrrrraaaannnnsssseeee /////// vvvviiiibbbbrrrraaaattttooooiiiirrrreeee /////// ttttrrrraaaannnnsssseeee
vvvviiiibbbbrrrraaaattttooooiiiirrrreeee ttttrrrraaaannnnsssseeee vvvviiiibbbbrrrraaaattttooooiiiirrrreee
ttttrrrraaaannnnsssseeee /////// vvvviiiibbbbrrrraaaattttooooiiiirrrreeee /////// ttttrrrraaaannnnsssseeee
vvvviiiibbbbrrrraaaattttooooiiiirrrreeee ttttrrrraaaannnnsssseeee vvvviiiibbbbrrrraaaattttooooiiiirrrreee
ttttrrrraaaannnnsssseeee /////// vvvviiiibbbbrrrraaaattttooooiiiirrrreeee /////// ttttrrrraaaannnnsssseeee
vvvviiiibbbbrrrraaaattttooooiiiirrrreeee ttttrrrraaaannnnsssseeee vvvviiiibbbbrrrraaaattttooooiiiirrrreee
ttttrrrraaaannnnsssseeee /////// vvvviiiibbbbrrrraaaattttooooiiiirrrreeee /////// ttttrrrraaaannnnsssseeee
vvvviiiibbbbrrrraaaattttooooiiiirrrreeee ttttrrrraaaannnnsssseeee vvvviiiibbbbrrrraaaattttooooiiiirrrreee
ttttrrrraaaannnnsssseeee /////// vvvviiiibbbbrrrraaaattttooooiiiirrrreeee /////// ttttrrrraaaannnnsssseeee
vvvviiiibbbbrrrraaaattttooooiiiirrrreeee ttttrrrraaaannnnsssseeee vvvviiiibbbbrrrraaaattttooooiiiirrrreee
ttttrrrraaaannnnsssseeee /////// vvvviiiibbbbrrrraaaattttooooiiiirrrreeee /////// ttttrrrraaaannnnsssseeee
vvvviiiibbbbrrrraaaattttooooiiiirrrreeee ttttrrrraaaannnnsssseeee vvvviiiibbbbrrrraaaattttooooiiiirrrreee
ttttrrrraaaannnnsssseeee /////// vvvviiiibbbbrrrraaaattttooooiiiirrrreeee /////// ttttrrrraaaannnnsssseeee
vvvviiiibbbbrrrraaaattttooooiiiirrrreeee ttttrrrraaaannnnsssseeee vvvviiiibbbbrrrraaaattttooooiiiirrrreee
ttttrrrraaaannnnsssseeee /////// vvvviiiibbbbrrrraaaattttooooiiiirrrreeee /////// ttttrrrraaaannnnsssseeee

* la foi promise se verra en piteux désarroi
* la foi promise se verra en piteux désarroi
* la foi promise se verra en piteux désarroi
* la foi promise se verra en piteux désarroi
* la foi promise se verra en piteux désarroi
* la foi promise se verra en piteux désarroi
* la foi promise se verra en piteux désarroi
* la foi promise se verra en piteux désarroi
* la foi promise se verra en piteux désarroi
* la foi promise se verra en piteux désarroi
* la foi promise se verra en piteux désarroi
* la foi promise se verra en piteux désarroi
* la foi promise se verra en piteux désarroi
* la foi promise se verra en piteux désarroi
* la foi promise se verra en piteux désarroi
* la foi promise se verra en piteux désarroi
* la foi promise se verra en piteux désarroi
* la foi promise se verra en piteux désarroi
* la foi promise se verra en piteux désarroi
* la foi promise se verra en piteux désarroi
* la foi promise se verra en piteux désarroi
* la foi promise se verra en piteux désarroi
* la foi promise se verra en piteux désarroi
* la foi promise se verra en piteux désarroi
* la foi promise se verra en piteux désarroi
* la foi promise se verra en piteux désarroi
* la foi promise se verra en piteux désarroi
* la foi promise se verra en piteux désarroi
* la foi promise se verra en piteux désarroi
* la foi promise se verra en piteux désarroi
* la foi promise se verra en piteux désarroi
* la foi promise se verra en piteux désarroi
* la foi promise se verra en piteux désarroi
* la foi promise se verra en piteux désarroi
* la foi promise se verra en piteux désarroi
* la foi promise se verra en piteux désarroi
* la foi promise se verra en piteux désarroi
* la foi promise se verra en piteux désarroi
* la foi promise se verra en piteux désarroi
* la foi promise se verra en piteux désarroi
* la foi promise se verra en piteux désarroi
* la foi promise se verra en piteux désarroi
* la foi promise se verra en piteux désarroi
* la foi promise se verra en piteux désarroi
* la foi promise se verra en piteux désarroi
* la foi promise se verra en piteux désarroi
* la foi promise se verra en piteux désarroi
* la foi promise se verra en piteux désarroi
* la foi promise se verra en piteux désarroi
* la foi promise se verra en piteux désarroi
* la foi promise se verra en piteux désarroi
* la foi promise se verra en piteux désarroi
* la foi promise se verra en piteux désarroi
* la foi promise se verra en piteux désarroi
* la foi promise se verra en piteux désarroi
* la foi promise se verra en piteux désarroi
* la foi promise se verra en piteux désarroi
* la foi promise se verra en piteux désarroi
* la foi promise se verra en piteux désarroi
* la foi promise se verra en piteux désarroi
* la foi promise se verra en piteux désarroi
* la foi promise se verra en piteux désarroi
* la foi promise se verra en piteux désarroi

T e r r e A r i d e P a r L ‘ A i n e S o r t i e E t G r a n d
s D é l u g e s P a r L a D i s c o r d e T e r r e A r i d e P
a r L ‘ A i n e S o r t i e E t G r a n d s D é l u g e s P a r
L a D i s c o r d e T e r r e A r i d e P a r L ‘ A i n e S o r
t i e E t G r a n d s D é l u g e s P a r L a D i s c o r d e T
e r r e A r i d e P a r L ‘ A i n e S o r t i e E t G r a n d s
D é l u g e s P a r L a D i s c o r d e T e r r e A r i d e P a
r L ‘ A i n e S o r t i e E t G r a n d s D é l u g e s P a r L
a D i s c o r d e T e r r e A r i d e P a r L ‘ A i n e S o r t i
e E t G r a n d s D é l u g e s P a r L a D i s c o r d e T e r
r e A r i d e P a r L ‘ A i n e S o r t i e E t G r a n d s D é
l u g e s P a r L a D i s c o r d e T e r r e A r i d e P a r L
‘ A i n e S o r t i e E t G r a n d s D é l u g e s P a r L a D
i s c o r d e T e r r e A r i d e P a r L ‘ A i n e S o r t i e E
t G r a n d s D é l u g e s P a r L a D i s c o r d e T e r r e
A r i d e P a r L ‘ A i n e S o r t i e E t G r a n d s D é l u
g e s P a r L a D i s c o r d e T e r r e A r i d e P a r L ‘ A
i n e S o r t i e E t G r a n d s D é l u g e s P a r L a D i s
c o r d e T e r r e A r i d e P a r L ‘ A i n e S o r t i e E t
G r a n d s D é l u g e s P a r L a D i s c o r d e T e r r e A
r i d e P a r L ‘ A i n e S o r t i e E t G r a n d s D é l u g
e s P a r L a D i s c o r d e T e r r e A r i d e P a r L ‘ A i
n e S o r t i e E t G r a n d s D é l u g e s P a r L a D i s c
o r d e T e r r e A r i d e P a r L ‘ A i n e S o r t i e E t G r
a n d s D é l u g e s P a r L a D i s c o r d e T e r r e A r i
d e P a r L ‘ A i n e S o r t i e E t G r a n d s D é l u g e s
P a r L a D i s c o r d e T e r r e A r i d e P a r L ‘ A i n e
S o r t i e E t G r a n d s D é l u g e s P a r L a D i s c o r
d e T e r r e A r i d e P a r L ‘ A i n e S o r t i e E t G r a
n d s D é l u g e s P a r L a D i s c o r d e T e r r e A r i d
e P a r L ‘ A i n e S o r t i e E t G r a n d s D é l u g e s P
a r L a D i s c o r d e T e r r e A r i d e P a r L ‘ A i n e S
o r t i e E t G r a n d s D é l u g e s P a r L a D i s c o r d
e T e r r e A r i d e P a r L ‘ A i n e S o r t i e E t G r a n
d s D é l u g e s P a r L a D i s c o r d e T e r r e A r i d e
P a r L ‘ A i n e S o r t i e E t G r a n d s D é l u g e s P a
r L a D i s c o r d e T e r r e A r i d e P a r L ‘ A i n e S o
r t i e E t G r a n d s D é l u g e s P a r L a D i s c o r d e
T e r r e A r i d e P a r L ‘ A i n e S o r t i e E t G r a n d
s D é l u g e s P a r L a D i s c o r d e T e r r e A r i d e P
a r L ‘ A i n e S o r t i e E t G r a n d s D é l u g e s P a r
L a D i s c o r d e T e r r e A r i d e P a r L ‘ A i n e S o r
t i e E t G r a n d s D é l u g e s P a r L a D i s c o r d e T
e r r e A r i d e P a r L ‘ A i n e S o r t i e E t G r a n d s
D é l u g e s P a r L a D i s c o r d e T e r r e A r i d e P a
r L ‘ A i n e S o r t i e E t G r a n d s D é l u g e s P a r L
a D i s c o r d e T e r r e A r i d e P a r L ‘ A i n e S o r t i
e E t G r a n d s D é l u g e s P a r L a D i s c o r d e T e r
r e A r i d e P a r L ‘ A i n e S o r t i e E t G r a n d s D é
l u g e s P a r L a D i s c o r d e T e r r e A r i d e P a r L
‘ A i n e S o r t i e E t G r a n d s D é l u g e s P a r L a D
i s c o r d e T e r r e A r i d e P a r L ‘ A i n e S o r t i e E
t G r a n d s D é l u g e s P a r L a D i s c o r d e T e r r e
A r i d e P a r L ‘ A i n e S o r t i e E t G r a n d s D é l u
g e s P a r L a D i s c o r d e T e r r e A r i d e P a r L ‘ A
i n e S o r t i e E t G r a n d s D é l u g e s P a r L a D i s
c o r d e T e r r e A r i d e P a r L ‘ A i n e S o r t i e E t
G r a n d s D é l u g e s P a r L a D i s c o r d e T e r r e A
r i d e P a r L ‘ A i n e S o r t i e E t G r a n d s D é l u g
e s P a r L a D i s c o r d e T e r r e A r i d e P a r L ‘ A i
n e S o r t i e E t G r a n d s D é l u g e s P a r L a D i s c
o r d e T e r r e A r i d e P a r L ‘ A i n e S o r t i e E t G r
a n d s D é l u g e s P a r L a D i s c o r d e T e r r e

E n S o n H a u t P e s t e L e D o u b l e M i l l é n a i r e
E t E n S o n H a u t P e s t e L e D o u b l e M i l l é n a i
r e E t E n S o n H a u t P e s t e L e D o u b l e M i l l é n
a i r e E t E n S o n H a u t P e s t e L e D o u b l e M i l l
é n a i r e E t E n S o n H a u t P e s t e L e D o u b l e M
i l l é n a i r e E t E n S o n H a u t P e s t e L e D o u b l
e M i l l é n a i r e E t E n S o n H a u t P e s t e L e D o u
b l e M i l l é n a i r e E t E n S o n H a u t P e s t e L e D
o u b l e M i l l é n a i r e E t E n S o n H a u t P e s t e L
e D o u b l e M i l l é n a i r e E t E n S o n H a u t P e s t
e L e D o u b l e M i l l é n a i r e E t E n S o n H a u t P e
s t e L e D o u b l e M i l l é n a i r e E t E n S o n H a u t
P e s t e L e D o u b l e M i l l é n a i r e E t E n S o n H a
u t P e s t e L e D o u b l e M i l l é n a i r e E t E n S o n
H a u t P e s t e L e D o u b l e M i l l é n a i r e E t E n S
o n H a u t P e s t e L e D o u b l e M i l l é n a i r e E t E
n S o n H a u t P e s t e L e D o u b l e M i l l é n a i r e E
t E n S o n H a u t P e s t e L e D o u b l e M i l l é n a i r
e E t E n S o n H a u t P e s t e L e D o u b l e M i l l é n
a i r e E t E n S o n H a u t P e s t e L e D o u b l e M i l l
é n a i r e E t E n S o n H a u t P e s t e L e D o u b l e M
i l l é n a i r e E t E n S o n H a u t P e s t e L e D o u b l
e M i l l é n a i r e E t E n S o n H a u t P e s t e L e D o u
b l e M i l l é n a i r e E t E n S o n H a u t P e s t e L e D
o u b l e M i l l é n a i r e E t E n S o n H a u t P e s t e L
e D o u b l e M i l l é n a i r e E t E n S o n H a u t P e s t
e L e D o u b l e M i l l é n a i r e E t E n S o n H a u t P e
s t e L e D o u b l e M i l l é n a i r e E t E n S o n H a u t
P e s t e L e D o u b l e M i l l é n a i r e E t E n S o n H a
u t P e s t e L e D o u b l e M i l l é n a i r e E t E n S o n
H a u t P e s t e L e D o u b l e M i l l é n a i r e E t E n S
o n H a u t P e s t e L e D o u b l e M i l l é n a i r e E t E
n S o n H a u t P e s t e L e D o u b l e M i l l é n a i r e E
t E n S o n H a u t P e s t e L e D o u b l e M i l l é n a i r
e E t E n S o n H a u t P e s t e L e D o u b l e M i l l é n
a i r e E t E n S o n H a u t P e s t e L e D o u b l e M i l l
é n a i r e E t E n S o n H a u t P e s t e L e D o u b l e M
i l l é n a i r e E t E n S o n H a u t P e s t e L e D o u b l
e M i l l é n a i r e E t E n S o n H a u t P e s t e L e D o u
b l e M i l l é n a i r e E t E n S o n H a u t P e s t e L e D
o u b l e M i l l é n a i r e E t E n S o n H a u t P e s t e L
e D o u b l e M i l l é n a i r e E t E n S o n H a u t P e s t
e L e D o u b l e M i l l é n a i r e E t E n S o n H a u t P e
s t e L e D o u b l e M i l l é n a i r e E t E n S o n H a u t
P e s t e L e D o u b l e M i l l é n a i r e E t E n S o n H a
u t P e s t e L e D o u b l e M i l l é n a i r e E t E n S o n
H a u t P e s t e L e D o u b l e M i l l é n a i r e E t E n S
o n H a u t P e s t e L e D o u b l e M i l l é n a i r e E t E
n S o n H a u t P e s t e L e D o u b l e M i l l é n a i r e E
t E n S o n H a u t P e s t e L e D o u b l e M i l l é n a i r
e E t E n S o n H a u t P e s t e L e D o u b l e M i l l é n
a i r e E t E n S o n H a u t P e s t e L e D o u b l e M i l l
é n a i r e E t E n S o n H a u t P e s t e L e D o u b l e M
i l l é n a i r e E t E n S o n H a u t P e s t e L e D o u b l
e M i l l é n a i r e E t E n S o n H a u t P e s t e L e D o u
b l e M i l l é n a i r e E t E n S o n H a u t P e s t e L e D
o u b l e M i l l é n a i r e E t E n S o n H a u t P e s t e L
e D o u b l e M i l l é n a i r e E t E n S o n H a u t P e s t
e L e D o u b l e M i l l é n a i r e E t E n S o n H a u t P e
s t e L e D o u b l e M i l l é n a i r e E t E n S o n H a u t
P e s t e L e D o u b l e M i l l é n a i r e E t E n S o n H a
u t P e s t e L e D o u b l e M i l l é n a i r e E t E n S o n
H a u t P e s t e L e D o u b l e M i l l é n a i r e E t

C e Q u i V i e n d r a L é s e r G r ê l e C e Q u i V i e n d r a L é s e r G
r ê l e C e Q u i V i e n d r a L é s e r G r ê l e C e Q u i V i e n d r a L é
s e r G r ê l e C e Q u i V i e n d r a L é s e r G r ê l e C e Q u i V i e n d
r a L é s e r G r ê l e C e Q u i V i e n d r a L é s e r G r ê l e C e Q u i V
i e n d r a L é s e r G r ê l e C e Q u i V i e n d r a L é s e r G r ê l e C e
Q u i V i e n d r a L é s e r G r ê l e C e Q u i V i e n d r a L é s e r G r ê
l e C e Q u i V i e n d r a L é s e r G r ê l e C e Q u i V i e n d r a L é s e
r G r ê l e C e Q u i V i e n d r a L é s e r G r ê l e C e Q u i V i e n d r a
L é s e r G r ê l e C e Q u i V i e n d r a L é s e r G r ê l e C e Q u i V i e
n d r a L é s e r G r ê l e C e Q u i V i e n d r a L é s e r G r ê l e C e Q u
i V i e n d r a L é s e r G r ê l e C e Q u i V i e n d r a L é s e r G r ê l e
C e Q u i V i e n d r a L é s e r G r ê l e C e Q u i V i e n d r a L é s e r G
r ê l e C e Q u i V i e n d r a L é s e r G r ê l e C e Q u i V i e n d r a L é
s e r G r ê l e C e Q u i V i e n d r a L é s e r G r ê l e C e Q u i V i e n d
r a L é s e r G r ê l e C e Q u i V i e n d r a L é s e r G r ê l e C e Q u i V
i e n d r a L é s e r G r ê l e C e Q u i V i e n d r a L é s e r G r ê l e C e
Q u i V i e n d r a L é s e r G r ê l e C e Q u i V i e n d r a L é s e r G r ê
l e C e Q u i V i e n d r a L é s e r G r ê l e C e Q u i V i e n d r a L é s e
r G r ê l e C e Q u i V i e n d r a L é s e r G r ê l e C e Q u i V i e n d r a
L é s e r G r ê l e C e Q u i V i e n d r a L é s e r G r ê l e C e Q u i V i e
n d r a L é s e r G r ê l e C e Q u i V i e n d r a L é s e r G r ê l e C e Q u
i V i e n d r a L é s e r G r ê l e C e Q u i V i e n d r a L é s e r G r ê l e
C e Q u i V i e n d r a L é s e r G r ê l e C e Q u i V i e n d r a L é s e r G
r ê l e C e Q u i V i e n d r a L é s e r G r ê l e C e Q u i V i e n d r a L é
s e r G r ê l e C e Q u i V i e n d r a L é s e r G r ê l e C e Q u i V i e n d
r a L é s e r G r ê l e C e Q u i V i e n d r a L é s e r G r ê l e C e Q u i V
i e n d r a L é s e r G r ê l e C e Q u i V i e n d r a L é s e r G r ê l e C e
Q u i V i e n d r a L é s e r G r ê l e C e Q u i V i e n d r a L é s e r G r ê
l e C e Q u i V i e n d r a L é s e r G r ê l e C e Q u i V i e n d r a L é s e
r G r ê l e C e Q u i V i e n d r a L é s e r G r ê l e C e Q u i V i e n d r a
L é s e r G r ê l e C e Q u i V i e n d r a L é s e r G r ê l e C e Q u i V i e
n d r a L é s e r G r ê l e C e Q u i V i e n d r a L é s e r G r ê l e C e Q u
i V i e n d r a L é s e r G r ê l e C e Q u i V i e n d r a L é s e r G r ê l e
C e Q u i V i e n d r a L é s e r G r ê l e C e Q u i V i e n d r a L é s e r G
r ê l e C e Q u i V i e n d r a L é s e r G r ê l e C e Q u i V i e n d r a L é
s e r G r ê l e C e Q u i V i e n d r a L é s e r G r ê l e C e Q u i V i e n d
r a L é s e r G r ê l e C e Q u i V i e n d r a L é s e r G r ê l e C e Q u i V
i e n d r a L é s e r G r ê l e C e Q u i V i e n d r a L é s e r G r ê l e C e
Q u i V i e n d r a L é s e r G r ê l e C e Q u i V i e n d r a L é s e r G r ê
l e C e Q u i V i e n d r a L é s e r G r ê l e C e Q u i V i e n d r a L é s e
r G r ê l e C e Q u i V i e n d r a L é s e r G r ê l e C e Q u i V i e n d r a
L é s e r G r ê l e C e Q u i V i e n d r a L é s e r G r ê l e C e Q u i V i e
n d r a L é s e r G r ê l e C e Q u i V i e n d r a L é s e r G r ê l e C e Q u
i V i e n d r a L é s e r G r ê l e C e Q u i V i e n d r a L é s e r G r ê l e
C e Q u i V i e n d r a L é s e r G r ê l e C e Q u i V i e n d r a L é s e r G
r ê l e C e Q u i V i e n d r a L é s e r G r ê l e C e Q u i V i e n d r a L é
s e r G r ê l e C e Q u i V i e n d r a L é s e r G r ê l e C e Q u i V i e n d
r a L é s e r G r ê l e C e Q u i V i e n d r a L é s e r G r ê l e C e Q u i V
i e n d r a L é s e r G r ê l e C e Q u i V i e n d r a L é s e r G r ê l e C e
Q u i V i e n d r a L é s e r G r ê l e C e Q u i V i e n d r a L é s e r G r ê
l e C e Q u i V i e n d r a L é s e r G r ê l e C e Q u i V i e n d r a L é s e
r G r ê l e C e Q u i V i e n d r a L é s e r G r ê l e C e Q u i V i e n d r a
L é s e r G r ê l e C e Q u i V i e n d r a L é s e r G r ê l e C e Q u i V i e
n d r a L é s e r G r ê l e C e Q u i V i e n d r a L é s e r G r ê l e C e Q u
i V i e n d r a L é s e r G r ê l e C e Q u i V i e n d r a L é s e r G r ê l e
C e Q u i V i e n d r a L é s e r G r ê l e C e Q u i V i e n d r a L é s e r G
r ê l e C e Q u i V i e n d r a L é s e r G r ê l e C e Q u i V i e n d r a L é
s e r G r ê l e C e Q u i V i e n d r a L é s e r G r ê l e C e Q u i V i e n d
r a L é s e r G r ê l e C e Q u i V i e n d r a L é s e r G r ê l e C e Q u i V
i e n d r a L é s e r G r ê l e C e Q u i V i e n d r a L é s e r G r ê l e C e
Q u i V i e n d r a L é s e r G r ê l e C e Q u i V i e n d r a L é s e r G r ê l e
C e Q u i V i e n d r a L é s e r G r ê l e C e Q u i V i e n d r a L é s e r
G r ê l e C e Q u i V i e n d r a L é s e r G r ê l e C e Q u i V i e n d r a

AprèsLaVictoireAvalancheDevraSouffrirAprè
sLaVictoireAvalancheDevraSouffrirAprèsLaV
ictoireAvalancheDevraSouffrirAprèsLaVictoi
reAvalancheDevraSouffrirAprèsLaVictoireAv
alancheDevraSouffrirAprèsLaVictoireAvalan
cheDevraSouffrirAprèsLaVictoire Avalanche D
evraSouffrirAprèsLaVictoireAvalancheDevra
SouffrirAprèsLaVictoireAvalancheDevraSouf
frirAprèsLaVictoireAvalancheDevraSouffrirA
prèsLaVictoireAvalancheDevraSouffrirAprès
LaVictoireAvalancheDevraSouffrirAprèsLaVi
ctoireAvalancheDevraSouffrirAprèsLaVictoir
eAvalancheDevraSouffrirAprèsLaVictoireAva
lancheDevraSouffrirAprèsLaVictoireAvalanc
heDevraSouffrirAprèsLaVictoireAvalancheDe
vra SouffrirAprèsLaVictoire Avalanche DevraS
ouffrirAprèsLaVictoireAvalancheDevraSouffrir
AprèsLaVictoireAvalancheDevraSouffrirApr
èsLaVictoireAvalancheDevraSouffrirAprèsL
aVictoireAvalancheDevraSouffrirAprèsLaVic
toireAvalancheDevraSouffrirAprèsLaVictoir
eAvalanche DevraSouffrirAprèsLaVictoireAv
alancheDevraSouffrirAprèsLaVictoireAvala
ncheDevraSouffrirAprèsLaVictoireAvalanch
eDevraSouffrirAprèsLaVictoireAvalancheDe
vraSouffrirAprèsLaVictoireAvalancheDevra
SouffrirAprèsLaVictoireAvalancheDevraSou
ffrirAprèsLaVictoireAvalancheDevraSouffri
rAprèsLaVictoireAvalancheDevraSouffrirAp
rèsLaVictoireAvalancheDevraSouffrirAprèsL
aVictoireAvalancheDevraSouffrirAprèsLaVi
ctoireAvalancheDevraSouffrirAprèsLaVictoi
reAvalancheDevra Souffrir Après LaVictoire
Avalanche Devra uffrirAprèsLaVictoireAvala
ncheDevraSouffrirAprèsLaVictoireAvalanch
eDevraSouffrirAprèsLaVictoireAvalancheDe
vraSouffrirAprèsLaVictoireAvalancheDevra
SouffrirAprèsLaVictoireAvalancheDevraSou
ffrirAprèsLaVictoireAvalancheDevraSouffri
rAprèsLaVictoireAvalancheDevraSouffrirAp
rèsLaVictoireAvalancheDevraSouffrirAprèsL
aVictoireAvalancheDevraSouffrirAprèsLaVic
toireAvalancheDevraSuffrirAprèsLaVictoire
AvalancheDevraSouffrirAprèsLaVictoireAval
ancheDevraSouffrirAprèsLaVictoireAvalanc
heDevraSouffrirAprèsLaVictoireAvalancheD
evraSouffrirAprèsLaVictoireAvalancheDevra
SouffrirAprèsLaVictoireAvalanche DevraSou
ffrirAprèsLaVictoireAvalancheDevraSouffri
rAprèsLaVictoireAvalancheDevraSouffrirApr
èsLaVictoireAvalancheDevraSouffrirAprèsL
aVictoireAvalancheDevraSouffrirAprèsLaVi
ctoireAvalancheDevraSouffrirAprèsLaVictoi
reAvalancheDevraSouffrirAprèsLaVictoireA
valancheDevraSouffrirAprèsLaVictoireAval
ancheDevraSouffrirAprèsLaVictoireAvalanc
heDevraSouffrirAprèsLaVictoireAvalancheD
evraSouffrirAprèsLaVictoireAvalancheDevr
aSouffrirAprèsLaVictoireAvalancheDevraSu
ffrirAprèsLaVictoireAvalancheDevraSouffri
rAprèsLaVictoireAvalancheDevraSouffrirAp
rèsLaVictoireAvalancheDevraSouffrirAprèsL
aVictoireAvalancheDevraSouffrirAprèsLaVic

Perdu Viendra Pour D'Autres Vœux Sanguins De S
ouvenirs Perdu Viendra Pour D'Autres Vœux Sang
uins De Souvenirs Perdu Viendra Pour D'Autres V
œux Sanguins De Souvenirs Perdu Viendra Pour D
'Autres Vœux Sanguins De Souvenirs Perdu Viend
ra Pour D'Autres Vœux Sanguins De Souvenirs Per
du Viendra Pour D'Autres Vœux Sanguins De Souv
enirs Perdu Viendra Pour D'Autres Vœux Sanguin
s De Souvenirs Perdu Viendra Pour D'Autres Vœux
Sanguins De Souvenirs Perdu Viendra Pour D'Aut
res Vœux Sanguins De Souvenirs Perdu Viendra P
our D'Autres Vœux Sanguins De Souvenirs Perdu
Viendra Pour D'Autres Vœux Sanguins De Souven
irs Perdu Viendra Pour D'Autres Vœux Sanguins D
e Souvenirs Perdu Viendra Pour D'Autres Vœux Sa
nguins De Souvenirs Perdu Viendra Pour D'Autre
s Vœux Sanguins De Souvenirs Perdu Viendra Pou
r D'Autres Vœux Sanguins De Souvenirs Perdu Vie
ndra Pour D'Autres Vœux Sanguins De Souvenirs
Perdu Viendra Pour D'Autres Vœux Sanguins De S
ouvenirs Perdu Viendra Pour D'Autres Vœux Sang
uins De Souvenirs Perdu Viendra Pour D'Autres V
œux Sanguins De Souvenirs Perdu Viendra Pour D
'Autres Vœux Sanguins De Souvenirs Perdu Vien
dra Pour D'Autres Vœux Sanguins De Souvenirs Per
du Viendra Pour D'Autres Vœux Sanguins De Souv
enirs Perdu Viendra Pour D'Autres Vœux Sanguin
s De Souvenirs Perdu Viendra Pour D'Autres Vœux
Sanguins De Souvenirs Perdu Viendra Pour D'Aut
res Vœux Sanguins De Souvenirs Perdu Viendra P
our D'Autres Vœux Sanguins De Souvenirs Perdu
Viendra Pour D'Autres Vœux Sanguins De Souven
irs Perdu Viendra Pour D'Autres Vœux Sanguins D
e Souvenirs Perdu Viendra Pour D'Autres Vœux Sa
nguins De Souvenirs Perdu Viendra Pour D'Autre
s Vœux Sanguins De Souvenirs Perdu Viendra Pou
r D'Autres Vœux Sanguins De Souvenirs Perdu Vie
ndra Pour D'Autres Vœux Sanguins De Souvenirs
Perdu Viendra Pour D'Autres Vœux Sanguins De S
ouvenirs Perdu Viendra Pour D'Autres Vœux Sang
uins De Souvenirs Perdu Viendra Pour D'Autres V
œux Sanguins De Souvenirs Perdu Viendra Pour D
'Autres Vœux Sanguins De Souvenirs Perdu Viend
ra Pour D'Autres Vœux Sanguins De Souvenirs Per
du Viendra Pour D'Autres Vœux Sanguins De Souv
enirs Perdu Viendra Pour D'Autres Vœux Sanguin
s De Souvenirs Perdu Viendra Pour D'Autres Vœux
Sanguins De Souvenirs Perdu Viendra Pour D'Aut
res Vœux Sanguins De Souvenirs Perdu Viendra P
our D'Autres Vœux Sanguins De Souvenirs Perdu
Viendra Pour D'Autres Vœux Sanguins De Souven
irs Perdu Viendra Pour D'Autres Vœux Sanguins D
e Souvenirs Perdu Viendra Pour D'Autres Vœux Sa
nguins De Souvenirs Perdu Viendra Pour D'Autre
s Vœux Sanguins De Souvenirs Perdu Viendra Pou
r D'Autres Vœux Sanguins De Souvenirs Perdu Vie
ndra Pour D'Autres Vœux Sanguins De Souvenirs
Perdu Viendra Pour D'Autres Vœux Sanguins De S
ouvenirs Perdu Viendra Pour D'Autres Vœux Sang
uins De Souvenirs Perdu Viendra Pour D'Autres V
œux Sanguins De Souvenirs Perdu Viendra Pour D
'Autres Vœux Sanguins De Souvenirs Perdu Viend
ra Pour D'Autres Vœux Sanguins De Souvenirs

GrandeLaFoudreNoireSuivantConflitGrandeL
aFoudreNoireSuivantConflitGrandeLaFoudre
NoireSuivantConflitGrandeLaFoudreNoireSui
vantConflitGrandeLaFoudreNoireSuivantConf
litGrandeLaFoudreNoireSuivantConflitGrand
eLaFoudreNoireSuivantConflitGrandeLaFoud
reNoireSuivantConflitGrandeLaFoudreNoireS
uivantConflitGrandeLaFoudreNoireSuivantCo
nflitGrandeLaFoudreNoireSuivantConflitGra
ndeLaFoudreNoireSuivantConflitGrandeLaFo
udreNoireSuivantConflitGrandeLaFoudreNoir
eSuivantConflitGrandeLaFoudreNoireSuivant
Conflit GrandeLaFoudreNoireSuivantConflit G
randeLaFoudreNoireSuivantConflitGrandeLa
Foudre Noire Suivant ConflitGrandeLaFoudreN
oireSuivantConflitGrandeLaFoudreNoireSuiv
antConflitGrandeLaFoudreNoireSuivantConfl
itGrandeLaFoudreNoireSuivantConflitGrande
LaFoudreNoireSuivantConflitGrandeLaFoudr
eNoireSuivantConflitGrandeLaFoudreNoireSu
ivantConflitGrandeLaFoudreNoireSuivantCon
flitGrandeLaFoudreNoireSuivantConflitGran
deLaFoudreNoireSuivantConflitGrandeLaFou
dreNoireSuivantConflitGrandeLaFoudreNoire
SuivantConflitGrandeLaFoudreNoireSuivant C
onflit Grande La FoudreNoireSuivantConflitGr
ande La FoudreNoireSuivantConflit GrandeLaF
oudreNoireSuivantConflitGrandeLaFoudreNoi
reSuivantConflitGrandeLaFoudreNoireSuivan
tConflit GrandeLaFoudreNoireSuivantConflit
GrandeLaFoudreNoire SuivantConflitGrandeL
aFoudreNoireSuivantConflitGrande LaFoudre
NoireSuivantConflitGrandeLaFoudreNoireSui
vantConflitGrandeLaFoudreNoireSuivantConf
litGrandeLaFoudreNoireSuivantConflitGrand
eLaFoudreNoireSuivantConflitGrandeLaFoud
reNoireSuivantConflitGrandeLaFoudreNoireS
uivantConflitGrandeLaFoudreNoireSuivantCo
nflitGrandeLaFoudreNoireSuivantConflitGra
ndeLaFoudreNoireSuivantConflitGrandeLaFo
udreNoireSuivantConflitGrandeLaFoudreNoir
eSuivantConflitGrandeLaFoudreNoireSuivant
ConflitGrandeLaFoudreNoireSuivantConflitG
randeLaFoudreNoireSuivantConflitGrandeLa
Foudre NoireSuivant ConflitGrande LaFoudreN
oireSuivant ConflitGrandeLa FoudreNoireSuiv
antConflitGrandeLaFoudreNoire SuivantConfl
itGrandeLaFoudre NoireSuivantConflitGrande
La FoudreNoire Suivant ConflitGrandeLaFoudr
eNoireSuivantConflitGrandeLaFoudreNoireSu
ivantConflitGrandeLa FoudreNoireSuivantCon
flit Grande LaFoudreNoire SuivantConflitGran
de LaFoudre NoireSuivantConflitGrandeLaFou
dreNoireSuivantConflit GrandeLaFoudreNoire
SuivantConflitGrandeLaFoudreNoireSuivantC
onflit Grande LaFoudreNoire SuivantConflitGr
ande LaFoudre NoireSuivant ConflitGrandeLaF
oudreNoireSuivantConflitGrandeLaFoudreNoi
reSuivantConflitGrandeLaFoudreNoire Suivan
tConflit Grande LaFoudre Noire SuivantConflit
Grande LaFoudre NoireSuivant ConflitGrandeL
aFoudre Noire SuivantConflit Grande LaFoudre
Noire Suivant Conflit Grande La Foudre Noire

DessousNonLoinLaPeauToujoursDiminuéeEtQu
iDeToutSonLongMourraDessousNonLoinLaPeau
ToujoursDiminuéeEtQuiDeToutSonLongMourra
DessousNonLoinLaPeauToujoursDiminuéeE
tQuiDeToujoursDiminuéeEtQuiDeToutSonLong
MourraDessousNonLoinLaPeauToujoursDiminu
éeEtQuiDeToutSonLongMourraDessousNonLoin
LaPeauToujoursDiminuéeEtQuiDeToutSonLong
MourraDessousNonLoinLaPeauToujoursDiminu
éeEtQuiDeToutSonLongMourraDessousNonLoin
LaPeauToujoursDiminuéeEtQuiDeToujoursDimi
nuéeEtQuiDeToutSonLongMourraDessousNonL
oinLaPeauToujoursDiminuéeEtQuiDeToutSonL
ongMourraDessousNonLoinLaPeauToujoursDim
inuéeEtQuiDeToutSonLongMourraDessousNon
LoinLaPeauToujoursDiminuéeEtQuiDeToutSon
LongMourraDessousNonLoinLaPeauToujoursDi
minuéeEtQuiDeToujoursDiminuéeEtQuiDeTout
SonLongMourraDessousNonLoinLaPeauToujour
sDiminuéeEtQuiDeToutSonLongMourraDessous
NonLoinLaPeauToujoursDiminuéeEtQuiDeTout
SonLongMourraDessousNonLoinLaPeauToujour
sDiminuéeEtQuiDeToutSonLongMourraDessous
NonLoinLaPeauToujoursDiminuéeEtQuiDeTouj
oursDiminuéeEtQuiDeToutSonLongMourraDess
ousNonLoinLaPeauToujoursDiminuéeEtQuiDeT
outSonLongMourraDessousNonLoinLaPeauTouj
oursDiminuéeEtQuiDeToutSonLongMourraDess
ousNonLoinLaPeauToujoursDiminuéeEtQuiDeT
outSonLongMourraDessousNonLoinLaPeauTouj
oursDiminuéeEtQuiDeToujoursDiminuéeEtQuiD
eToutSonLongMourraDessousNonLoinLaPeauT
oujoursDiminuéeEtQuiDeToutSonLongMourraD
essousNonLoinLaPeauToujoursDiminuéeEtQui
DeToutSonLongMourraDessousNonLoinLaPeau
ToujoursDiminuéeEtQuiDeToutSonLongMourra
DessousNonLoinLaPeauToujoursDiminuéeEtQu
iDeToujoursDiminuéeEtQuiDeToutSonLongMou
rraDessousNonLoinLaPeauToujoursDiminuéeE
tQuiDeToutSonLongMourraDessousNonLoinLaP
eauToujoursDiminuéeEtQuiDeToutSonLongMou
rraDessousNonLoinLaPeauToujoursDiminuéeE
tQuiDeToutSonLongMourraDessousNonLoinLaP
eauToujoursDiminuéeEtQuiDeToujoursDiminué
eEtQuiDeToutSonLongMourraDessousNonLoin
LaPeauToujoursDiminuéeEtQuiDeToutSonLong
MourraDessousNonLoinLaPeauToujoursDiminu
éeEtQuiDeToutSonLongMourraDessousNonLoi
nLaPeauToujoursDiminuéeEtQuiDeToutSonLon
gMourraDessousNonLoinLaPeauToujoursDimin
uéeEtQuiDeToujoursDiminuéeEtQuiDeToutSon
LongMourraDessousNonLoinLaPeauToujoursDi
minuéeEtQuiDeToutSonLongMourraDessousNo
nLoinLaPeauToujoursDiminuéeEtQuiDeToutSo
nLongMourraDessousNonLoinLaPeauToujoursD
iminuéeEtQuiDeToutSonLongMourraDessousNo
nLoinLaPeauToujoursDiminuéeEtQuiDeToutSo
nLongMourraDessousNonLoinLaPeauToujoursD
iminuéeEtQuiDeToutSonLongMourraDessousNo
nLoinLaPeauToujoursDiminuéeEtQuiDeToujour
sDiminuéeEtQuiDeToutSonLongMourraDessou
sNonLoinLaPeauToujoursDiminuéeEtQuiDeTou
tSonLongMourraDessousNonLoinLaPeauToujou

TardDeN'AvoirInsistéViendraVerserTouteSon
EauDonnéeTardDeN'AvoirInsistéViendraVerse
rTouteSonEauDonnéeTardDeN'AvoirInsistéVie
ndraVerserTouteSonEauDonnéeTardDeN'Avoir
InsistéViendraVerserTouteSonEauDonnéeTar
dDeN'AvoirInsistéViendraVerserTouteSonEa
uDonnéeTardDeN'AvoirInsistéViendraVerserT
outeSonEauDonnéeTardDeN'AvoirInsistéVien
draVerserTouteSonEauDonnéeTardDeN'AvoirI
nsistéViendraVerserTouteSonEauDonnéeTard
DeN'AvoirInsistéViendraVerserTouteSonEau
DonnéeTardDeN'AvoirInsistéViendraVerserTo
uteSonEauDonnéeTardDeN'AvoirInsistéViendr
aVerserTouteSonEauDonnéeTardDeN'AvoirIns
istéViendraVerserTouteSonEauDonnéeTardDe
N'AvoirInsistéViendraVerserTouteSonEauDo
nnéeTardDeN'AvoirInsistéViendraVerserTout
eSonEauDonnéeTardDeN'AvoirInsistéViendra
VerserTouteSonEauDonnéeTardDeN'AvoirInsi
stéViendraVerserTouteSonEauDonnéeTardDeN
'AvoirInsistéViendraVerserTouteSonEauDonn
éeTardDeN'AvoirInsistéViendraVerserTouteS
onEauDonnéeTardDeN'AvoirInsistéViendraVer
serTouteSonEauDonnéeTardDeN'AvoirInsisté
ViendraVerserTouteSonEauDonnéeTardDeN'Av
oirInsistéViendraVerserTouteSonEauDonnée
TardDeN'AvoirInsistéViendraVerserTouteSon
EauDonnéeTardDeN'AvoirInsistéViendraVerse
rTouteSonEauDonnéeTardDeN'AvoirInsistéVie
ndraVerserTouteSonEauDonnéeTardDeN'Avoir
InsistéViendraVerserTouteSonEauDonnéeTar
dDeN'AvoirInsistéViendraVerserTouteSonEa
uDonnéeTardDeN'AvoirInsistéViendraVerserT
outeSonEauDonnéeTardDeN'AvoirInsistéVien
draVerserTouteSonEauDonnéeTardDeN'AvoirI
nsistéViendraVerserTouteSonEauDonnéeTard
DeN'AvoirInsistéViendraVerserTouteSonEau
DonnéeTardDeN'AvoirInsistéViendraVerserTo
uteSonEauDonnéeTardDeN'AvoirInsistéViendr
aVerserTouteSonEauDonnéeTardDeN'AvoirIns
istéViendraVerserTouteSonEauDonnéeTardDe
N'AvoirInsistéViendraVerserTouteSonEauDo
nnéeTardDeN'AvoirInsistéViendraVerserTout
eSonEauDonnéeTardDeN'AvoirInsistéViendra
VerserTouteSonEauDonnéeTardDeN'AvoirInsi
stéViendraVerserTouteSonEauDonnéeTardDeN
'AvoirInsistéViendraVerserTouteSonEauDonn
éeTardDeN'AvoirInsistéViendraVerserTouteS
onEauDonnéeTardDeN'AvoirInsistéViendraVer
serTouteSonEauDonnéeTardDeN'AvoirInsisté
ViendraVerserTouteSonEauDonnéeTardDeN'Av
oirInsistéViendraVerserTouteSonEauDonnée
TardDeN'AvoirInsistéViendraVerserTouteSon
EauDonnéeTardDeN'AvoirInsistéViendraVerse
rTouteSonEauDonnéeTardDeN'AvoirInsistéVie
ndraVerserTouteSonEauDonnéeTardDeN'Avoir
InsistéViendraVerserTouteSonEauDonnéeTar
dDeN'AvoirInsistéViendraVerserTouteSonEa
uDonnéeTardDeN'AvoirInsistéViendraVerserT
outeSonEauDonnéeTardDeN'AvoirInsistéVien
draVerserTouteSonEauDonnéeTardDeN'AvoirI
nsistéViendraVerserTouteSonEauDonnéeTard
DeN'AvoirInsistéViendraVerserTouteSonEau

être dans un pareil état après la mue

Ultime Carnaval

geste**S** tabou**S** tatoué**S** geste**S** tabou**S** tatoué**S** geste**S** tabou**S** tatoué**S** geste**S** tabou**S**
tatoué**S** geste**S** tabou**S** tatoué**S** geste**S** tabou**S** tatoué**S** geste**S** tabou**S** tatoué**S** geste**S**
tabou**S** tatoué**S** geste**S** tabou**S** tatoué**S** geste**S** tabou**S** tatoué**S** geste**S** tabou**S** tatoué**S**
geste**S** tabou**S** tatoué**S** geste**S** tabou**S** tatoué**S** geste**S** tabou**S** tatoué**S** geste**S** tabou**S**
tatoué**S** geste**S** tabou**S** tatoué**S** geste**S** tabou**S** tatoué**S** geste**S** tabou**S** tatoué**S** geste**S**
tabou**S** tatoué**S** geste**S** tabou**S** tatoué**S** geste**S** tabou**S** tatoué**S** geste**S** tabou**S** tatoué**S**
geste**S** tabou**S** tatoué**S** geste**S** tabou**S** tatoué**S** geste**S** tabou**S** tatoué**S** geste**S** tabou**S**
tatoué**S** geste**S** tabou**S** tatoué**S** geste**S** tabou**S** tatoué**S** geste**S** tabou**S** tatoué**S** geste**S**
tabou**S** tatoué**S** geste**S** tabou**S** tatoué**S** geste**S** tabou**S** tatoué**S** geste**S** tabou**S** tatoué**S**
geste**S** tabou**S** tatoué**S** geste**S** tabou**S** tatoué**S** geste**S** tabou**S** tatoué**S** geste**S** tabou**S**
tatoué**S** geste**S** tabou**S** tatoué**S** geste**S** tabou**S** tatoué**S** geste**S** tabou**S** tatoué**S** geste**S**
tabou**S** tatoué**S** geste**S** tabou**S** tatoué**S** geste**S** tabou**S** tatoué**S** geste**S** tabou**S** tatoué**S**
geste**S** tabou**S** tatoué**S** geste**S** tabou**S** tatoué**S** geste**S** tabou**S** tatoué**S** geste**S** tabou**S**
tatoué**S** geste**S** tabou**S** tatoué**S** geste**S** tabou**S** tatoué**S** geste**S** tabou**S** tatoué**S** geste**S**
tabou**S** tatoué**S** geste**S** tabou**S** tatoué**S** geste**S** tabou**S** tatoué**S** geste**S** tabou**S** tatoué**S**
geste**S** tabou**S** tatoué**S** geste**S** tabou**S** tatoué**S** geste**S** tabou**S** tatoué**S** geste**S** tabou**S**
tatoué**S** geste**S** tabou**S** tatoué**S** geste**S** tabou**S** tatoué**S** geste**S** tabou**S** tatoué**S** geste**S**
tabou**S** tatoué**S** geste**S** tabou**S** tatoué**S** geste**S** tabou**S** tatoué**S** geste**S** tabou**S** tatoué**S**
geste**S** tabou**S** tatoué**S** geste**S** tabou**S** tatoué**S** geste**S** tabou**S** tatoué**S** geste**S** tabou**S**
tatoué**S** geste**S** tabou**S** tatoué**S** geste**S** tabou**S** tatoué**S** geste**S** tabou**S** tatoué**S** geste**S**
tabou**S** tatoué**S** geste**S** tabou**S** tatoué**S** geste**S** tabou**S** tatoué**S** geste**S** tabou**S** tatoué**S**
geste**S** tabou**S** tatoué**S** geste**S** tabou**S** tatoué**S** geste**S** tabou**S** tatoué**S** geste**S** tabou**S**
tatoué**S** geste**S** tabou**S** tatoué**S** geste**S** tabou**S** tatoué**S** geste**S** tabou**S** tatoué**S** geste**S**
tabou**S** tatoué**S** geste**S** tabou**S** tatoué**S** geste**S** tabou**S** tatoué**S** geste**S** tabou**S** tatoué**S**
geste**S** tabou**S** tatoué**S** geste**S** tabou**S** tatoué**S** geste**S** tabou**S** tatoué**S** geste**S** tabou**S**
tatoué**S** geste**S** tabou**S** tatoué**S** geste**S** tabou**S** tatoué**S** geste**S** tabou**S** tatoué**S** geste**S**
tabou**S** tatoué**S** geste**S** tabou**S** tatoué**S** geste**S** tabou**S** tatoué**S** geste**S** tabou**S** tatoué**S**
geste**S** tabou**S** tatoué**S** geste**S** tabou**S** tatoué**S** geste**S** tabou**S** tatoué**S** geste**S** tabou**S**
tatoué**S** geste**S** tabou**S** tatoué**S** geste**S** tabou**S** tatoué**S** geste**S** tabou**S** tatoué**S** geste**S**
tabou**S** tatoué**S** geste**S** tabou**S** tatoué**S** geste**S** tabou**S** tatoué**S** geste**S** tabou**S** tatoué**S**
geste**S** tabou**S** tatoué**S** geste**S** tabou**S** tatoué**S** geste**S** tabou**S** tatoué**S** geste**S** tabou**S**
tatoué**S** geste**S** tabou**S** tatoué**S** geste**S** tabou**S** tatoué**S** geste**S** tabou**S** tatoué**S** geste**S**
tabou**S** tatoué**S** geste**S** tabou**S** tatoué**S** geste**S** tabou**S** tatoué**S** geste**S** tabou**S** tatoué**S**
geste**S** tabou**S** tatoué**S** geste**S** tabou**S** tatoué**S** geste**S** tabou**S** tatoué**S** geste**S** tabou**S**
tatoué**S** geste**S** tabou**S** tatoué**S** geste**S** tabou**S** tatoué**S** geste**S** tabou**S** tatoué**S** geste**S**
tabou**S** tatoué**S** geste**S** tabou**S** tatoué**S** geste**S** tabou**S** tatoué**S** geste**S** tabou**S** tatoué**S**
geste**S** tabou**S** tatoué**S** geste**S** tabou**S** tatoué**S** geste**S** tabou**S** tatoué**S** geste**S** tabou**S**
tatoué**S** geste**S** tabou**S** tatoué**S** geste**S** tabou**S** tatoué**S** geste**S** tabou**S** tatoué**S** geste**S**
tabou**S** tatoué**S** geste**S** tabou**S** tatoué**S** geste**S** tabou**S** tatoué**S** geste**S** tabou**S** tatoué**S**
geste**S** tabou**S** tatoué**S** geste**S** tabou**S** tatoué**S** geste**S** tabou**S** tatoué**S** geste**S** tabou**S**
tatoué**S** geste**S** tabou**S** tatoué**S** geste**S** tabou**S** tatoué**S** geste**S** tabou**S** tatoué**S** geste**S**
tabou**S** tatoué**S** geste**S** tabou**S** tatoué**S** geste**S** tabou**S** tatoué**S** geste**S** tabou**S** tatoué**S**
geste**S** tabou**S** tatoué**S** geste**S** tabou**S** tatoué**S** geste**S** tabou**S** tatoué**S** geste**S** tabou**S**

porter en **S**oi le glacé de**S** espace**S** infini**S** porter en **S**oi porter en **S**oi le glacé de**S** espace**S** infini**S** porter en **S**oi porter en **S**oi le glacé de**S** espace**S** infini**S** porter en **S**oi porter en **S**oi le glacé de**S** espace**S** infini**S** porter en **S**oi porter en **S**oi le glacé de**S** espace**S** infini**S** porter en **S**oi porter en **S**oi le glacé de**S** espace**S** infini**S** porter en **S**oi porter en **S**oi le glacé de**S** espace**S** infini**S** porter en **S**oi porter en **S**oi le glacé de**S** espace**S** infini**S** porter en **S**oi porter en **S**oi le glacé de**S** espace**S** infini**S** porter en **S**oi porter en **S**oi le glacé de**S** espace**S** infini**S** porter en **S**oi porter en **S**oi le glacé de**S** espace**S** infini**S** porter en **S**oi porter en **S**oi le glacé de**S** espace**S** infini**S** porter en **S**oi porter en **S**oi le glacé de**S** espace**S** infini**S** porter en **S**oi porter en **S**oi le glacé de**S** espace**S** infini**S** porter en **S**oi porter en **S**oi le glacé de**S** espace**S** infini**S** porter en **S**oi porter en **S**oi le glacé de**S** espace**S** infini**S** porter en **S**oi porter en **S**oi le glacé de**S** espace**S** infini**S** porter en **S**oi porter en **S**oi le glacé de**S** espace**S** infini**S** porter en **S**oi porter en **S**oi le glacé de**S** espace**S** infini**S** porter en **S**oi porter en **S**oi le glacé de**S** espace**S** infini**S** porter en **S**oi porter en **S**oi le glacé de**S** espace**S** infini**S** porter en **S**oi porter en **S**oi le glacé de**S** espace**S** infini**S** porter en **S**oi porter en **S**oi le glacé de**S** espace**S** infini**S** porter en **S**oi porter en **S**oi le glacé de**S** espace**S** infini**S** porter en **S**oi porter en **S**oi le glacé de**S** espace**S** infini**S** porter en **S**oi porter en **S**oi le glacé de**S** espace**S** infini**S** porter en **S**oi porter en **S**oi le glacé de**S** espace**S** infini**S** porter en **S**oi porter en **S**oi le glacé de**S** espace**S** infini**S** porter en **S**oi porter en **S**oi le glacé de**S** espace**S** infini**S** porter en **S**oi porter en **S**oi le glacé de**S** espace**S** infini**S** porter en **S**oi porter en **S**oi le glacé de**S** espace**S** infini**S** porter en **S**oi porter en **S**oi le glacé de**S** espace**S** infini**S** porter en **S**oi porter en **S**oi le glacé de**S** espace**S** infini**S** porter en **S**oi porter en **S**oi le glacé de**S** espace**S** infini**S** porter en **S**oi porter en **S**oi le glacé de**S** espace**S** infini**S** porter en **S**oi porter en **S**oi le glacé de**S** espace**S** infini**S** porter en **S**oi porter en **S**oi le glacé de**S** espace**S** infini**S** porter en **S**oi porter en **S**oi le glacé de**S** espace**S** infini**S** porter en **S**oi porter en **S**oi le glacé de**S** espace**S** infini**S** porter en **S**oi porter en **S**oi le glacé de**S** espace**S** infini**S** porter en **S**oi porter en **S**oi le glacé de**S** espace**S** infini**S** porter en **S**oi porter en **S**oi le glacé de**S** espace**S** infini**S** porter en **S**oi porter en **S**oi le glacé de**S** espace**S** infini**S** porter en **S**oi porter en **S**oi le glacé de**S** espace**S** infini**S** porter en **S**oi porter en **S**oi le glacé de**S** espace**S** infini**S** porter en **S**oi porter en **S**oi le glacé de**S** espace**S** infini**S** porter en **S**oi porter en **S**oi le glacé abcès, acathisie, acétonémie, acné, adénite, adénocarcinome, adénopathie, adénovirus, adiposité, aérobie, aérophagie, affection, agalaxie, agranulocytose, alcoolisme, alexie, aliénation, alopécie, amateurisme, amaurose, amblyopie, amétropie, anaphylaxie, anémie, anévrisme, anévrisme sacciforme, angine, angoisse, angor, anorexie, anthracnose, anthracose, anthrax, antifongique, antimycosique, anxiété, aortite, apathie, apepsie, aphasie, apnée, apoplexie, appendicite, arthérosclérose, arthrite, arthrose, arythmie, aspergillose, asphyxie, asthénie, asthme, ataraxie, athérome, autisme, autogreffe, autoplastie, autopsie, bacille, bactérie, balanite, ballonnement, basophile, blennorragie, blip, borborygme, borgne, bouffissure, boulimie, boursouflure, bouton, bradykinésie, bradypnée, bronchite, brûlure, bubon, bursite, cachexie, cardiomégalie, caillot, calcémie, calcul, calvitie, cancer, cancerophobie, candida, candidose, carcinome, carie, castration, cataracte, catarrhe, cécité, céphalée, champignon, chancre, charbon, choc anaphylactique, cholestérol, choriocarcinome, cyrhrose, claquage, claudication, clou, coagulum, coccygodynie, congestion, conjonctivite, constipation, contraction, convulsion, coronavirus, courbature, crétinisme, cri du Douglas, crise lacunaire, cryptococcose, cryptogamique, cryptosporidiose, cul-de-jatte, cyanose, cyclothymie, cystite, cytolyse, cytopénie, débilité, déchirure, dégénérescence, délire, délirium tremens, démence, dépôt, dépression, dermatophytie, dermatose, dextrocardie, diabète, diarrhée, diathèse, dilatation, diphtérie, distension, dopamine, douleur, dysenterie, dysgueusie, dyspepsie, dysphagie, dyspnée, dystrophie, ecchymose, échappement, échographie, eczéma, éléphantisme, émasculation, embolie, empâtement, encéphalite, endémie, endocardite, enflure, engelure, engourdissement, entorse, énurésie, enveloppe, enzyme, épanchement, épidémie, épilepsie, épiphytie, épisiotomie, épistaxis, épithélioma, épithélium, Epstein Barr Virus, étouffement, étourdissement, étranglement, évanouissement, exostose, favus, fibrome, fissure, fistule, fluxion, folie, fongicide, fongistatique, foulure, fracture, frisson, furoncle, gale, gamétocyte, ganglion, gangrène, gastrite, gène, génome, germe, giardiase, gingivite, glaucome, rhumatisme, glycémie, goître, gonflement, gonocoque, goutte, gravelle, grippe, gynécomastie, gynogenèse, hallucination, hématémèse, hématocrite, hématome, hématopoïèse, hématurie, héméralopie, hémiplégie, hémochromatose, hémoglobine, hémoglobinopathie, hémolyse, hémophilie, hémoptysie, hémorragie, hémorroïde, hépatite, hépatocèle, hépatocyte, hermaphrodisme, hernie, herpès, histamine, histoplasmose, homogreffe, hormone, hyperacidité, hyperacousie, hyperalgésie, hyperchlorhydrie, hyperchlorhydrie, hyperéchogène, hyperémie, hyperémotivité, hyperesthésie, hypergenèse, hyperlipidémie, hypermétropie, hypersomnie, hypertension, hypertrophie, hypnotisme, hypoacousie, hypocondrie, hystérie, ictère, idiosyncrasie, idiotie, imbécilité, immunodépression, immunodéficience, indisposition, ineptie, inertie, infarctus, infection opportuniste, infection, infirmité, inflammation, insomnie, intoxication, intumescence, irritation, Kala-Azar, Kaposi, kératotomie, kyste, lèpre, lésion, léthargie, leucémie, leucopénie, leucoplasie chevelue, lithiase, logorrhée, lunatique, lupus erythémateux, luxation, lymphadénopathie, lymphangite, lymphatisme, lymphe, lymphocyte, lymphogranulomatose, lymphoïde, lymphokine, lymphome, macrophage, maladie d'Addison, maladie d'Alzheimer, maladie de Bouillaud, maladie de Paget, maladie de Parkinson, maladie de Perthes, maladie honteuse, malaise, manchot, maniaco-drépressif, maniaque, masochisme, mastectomie, mastite, mégalomanie, mélancolie, membrane, méningite, ménopause, mérozoïte, météorisme, métrorragie, microbe, migraine, monocytes, monomanie, muguet, muqueuse, myalgie, myasthénie, mycose, mydriase, myélite, myélome, myocardiopathie, myocarde, myocardite, myopathie, myopie, myosite, narcolepsie, nausée, nécrose, néoplasme, nerfs, neurasthénie, neurinome, neutrophile, névralgie, névrite, névrodermite, névrose, nodule, obsession, obstruction, œdème, onanisme, oreillons, oropharynx, orthomyxovirus, ostéite, ostéomalacie, ostéophyte, ostéoporose, ostéosarcome, otite, otorrhée, ovariectomie, ovule, palpitation, paludisme, panaris, pancréatite, pancytopénie, pandémie, papovavirus, paralysie, paramyxovirus, paranoïaque, paraphasie, paraphimosis, paraphrénie, paraplégie, parasite, parasitose, parasympathique, perforation, péricardite, peste noire, phlegmon, phobie, phrénésie, picornavirus, pierre, plaie, plaquette, plasma, pneumocystose, pneumonie, pneumothorax, poliomyélite, polyarthrite rhumatoïde, polynévrite, polype presbytie, protéase, protozoaire, psoriasis psychose, purpura, pustule, radiculite, raptus, rash, rate, réovirus, rétinopathie, rétrovirus, rhume, ribosome, roséole, rougeole, rubéole, sadisme, sadomasochisme, saignement, saprophyte, sarcome, scarlatine, schizophrénie, sciatique, sclérose en plaques, septicémie, séroconversion, sidatique, somnambulisme, souffle, spasme, splénomégalie, sporozoïde, staphylocoque, sténose, stérile, stérilisation, stress, stomatite, varice, toux, tissu , stupidité, syndrome zona, surdité, syndrome, syphilis, tabagisme, teigne, tendinite, tendinopathie, ténosynovite, tétanos, tétradactyle, tétraplégie, tétraploïde, thyroïde thrombocytopénie, thrombose, thymocyte, thyrocalcitonine, thyroglobuline, toxoplasmose, tréponème, trisomie 21, trouble, trypanosome, trypanosomiase, tuberculose, typhus tuméfaction, tumeur, turbulence, turgescence, ulcère, unijambiste, valvulopathie, varicelle, vasectomie, vénérien, vergeture, verrue, vertige, vésicule, virémie, vitiligo, vomissement, zona,

ça sent rudement la mort le long des plinthes le crâne accéléré vers l'agonie **ça ça** sent
rudement la mort le long des plinthes le crâne accéléré vers l'agonie **ça ça ça** sent rudement la
mort le long des plinthes le crâne accéléré vers l'agonie **ça ça ça ça** sent rudement la mort le
long des plinthes le crâne accéléré vers l'agonie **ça ça ça ça ça** sent rudement la mort le long
des plinthes le crâne accéléré vers l'agonie **ça ça ça ça ça ça** sent rudement la mort le long des
plinthes le crâne accéléré vers l'agonie **ça ça ça ça ça ça ça** sent rudement la mort le long des
plinthes le crâne accéléré vers l'agonie **ça ça ça ça ça ça ça ça** sent rudement la mort le long
des plinthes le crâne accéléré vers l'agonie **ça ça ça ça ça ça ça ça ça** sent rudement la mort le
long des plinthes le crâne accéléré vers l'agonie **ça ça ça ça ça ça ça ça ça** sent rudement la
mort le long des plinthes le crâne accéléré vers l'agonie **ça ça ça ça ça ça ça ça ça ça** sent
rudement la mort le long des plinthes le crâne accéléré vers l'agonie **ça ça ça ça ça ça ça ça ça
ça ça** sent rudement la mort le long des plinthes le crâne accéléré vers l'agonie **ça ça ça ça ça
ça ça ça ça ça ça ça** sent rudement la mort le long des plinthes le crâne accéléré vers l'agonie
ça ça ça ça ça ça ça ça ça ça ça ça ça sent rudement la mort le long des plinthes le crâne
accéléré vers l'agonie **ça ça ça ça ça ça ça ça ça ça ça ça ça ça** sent rudement la mort le long
des plinthes le crâne accéléré vers l'agonie **ça ça ça ça ça ça ça ça ça ça ça ça ça ça ça** sent
rudement la mort le long des plinthes le crâne accéléré vers l'agonie **ça ça ça ça ça ça ça ça ça
ça ça ça ça ça ça ça** sent rudement la mort le long des plinthes le crâne accéléré vers l'agonie
ça ça sent rudement la mort le long des plinthes le crâne accéléré vers l'agonie **ça ça ça ça ça
ça ça ça ça ça ça ça ça ça ça ça ça** sent rudement la mort le long des plinthes le crâne
accéléré vers l'agonie **ça ça ça ça ça ça ça ça ça ça ça ça ça ça ça ça ça ça** sent rudement la
mort le long des plinthes le crâne accéléré vers l'agonie **ça ça ça ça ça ça ça ça ça ça ça ça ça
ça ça ça ça ça ça** sent rudement la mort le long des plinthes le crâne accéléré vers l'agonie **ça
ça ça ça ça ça** sent rudement la mort le long des plinthes le crâne accéléré vers l'agonie **ça ça
ça ça ça ça ça** sent rudement la mort le long des plinthes le crâne accéléré vers l'agonie **ça ça
ça ça ça ça ça ça** sent rudement la mort le long des plinthes le crâne accéléré vers l'agonie **ça
ça ça ça ça ça ça ça ça** sent rudement la mort le long des plinthes le crâne accéléré vers
l'agonie **ça ça ça ça ça ça ça ça ça** sent rudement la mort le long des plinthes le crâne accéléré
vers l'agonie **ça ça ça ça ça ça ça ça ça ça** sent rudement la mort le long des plinthes le crâne
accéléré vers l'agonie **ça ça ça ça ça ça ça ça ça ça ça** sent rudement la mort le long des
plinthes le crâne accéléré vers l'agonie **ça ça ça ça ça ça ça ça ça ça ça ça** sent rudement la
mort le long des plinthes le crâne accéléré vers l'agonie **ça ça ça ça ça ça ça ça ça ça ça ça ça**
sent rudement la mort le long des plinthes le crâne accéléré vers l'agonie **ça ça ça ça ça ça ça
ça ça ça ça ça ça ça** sent rudement la mort le long des plinthes le crâne accéléré vers l'agonie
ça ça ça ça ça ça ça ça ça ça ça ça ça ça ça sent rudement la mort le long des plinthes le
crâne accéléré vers l'agonie **ça ça ça ça ça ça ça ça ça ça ça ça ça ça ça ça** sent rudement la
mort le long des plinthes le crâne accéléré vers l'agonie **ça ça** sent rudement la mort le long des
plinthes le crâne accéléré vers l'agonie **ça ça ça** sent rudement la mort le long des plinthes le
crâne accéléré vers l'agonie **ça ça ça ça** sent rudement la mort le long des plinthes le crâne
accéléré vers l'agonie **ça ça ça ça ça ça** sent rudement la mort le long des plinthes le crâne
accéléré vers l'agonie **ça ça ça ça ça ça ça ça** sent rudement la mort le long des plinthes le
crâne accéléré vers l'agonie **ça ça ça ça ça ça ça ça** sent rudement la mort le long des plinthes
le crâne accéléré vers l'agonie **ça ça ça ça ça ça ça ça** sent rudement la mort le long des
plinthes le crâne accéléré vers l'agonie **ça ça ça ça ça ça ça ça ça** sent rudement la mort le
long des plinthes le crâne accéléré vers l'agonie **ça ça ça ça ça ça ça ça ça** sent rudement la
mort le long des plinthes le crâne accéléré vers l'agonie **ça ça ça ça ça ça ça ça ça ça** sent
rudement la mort le long des plinthes le crâne accéléré vers l'agonie **ça ça ça ça ça ça ça ça ça
ça ça** sent rudement la mort le long des plinthes le crâne accéléré vers l'agonie **ça ça ça ça ça
ça ça ça ça ça ça ça** sent rudement la mort le long des plinthes le crâne accéléré vers l'agonie
ça ça ça ça ça ça ça ça ça ça ça ça ça sent rudement la mort le long des plinthes le crâne
accéléré vers l'agonie **ça ça ça ça ça ça ça ça ça ça ça ça ça ça** sent rudement la mort le long
des plinthes le crâne accéléré vers l'agonie **ça ça ça ça ça ça ça ça ça ça ça ça ça ça ça** sent
rudement la mort le long des plinthes le crâne accéléré vers l'agonie **ça ça ça ça ça ça ça ça ça
ça ça ça ça ça ça ça** sent rudement la mort le long des plinthes le crâne accéléré vers l'agonie
ça ça sent rudement la mort le long des plinthes le crâne accéléré vers l'agonie **ça ça ça ça ça
ça ça ça ça ça ça ça ça ça ça ça ça** sent rudement la mort le long des plinthes le crâne
accéléré vers l'agonie **ça ça ça ça ça ça ça ça ça ça ça ça ça ça ça ça ça ça** sent rudement la
mort le long des plinthes le crâne accéléré vers l'agonie **ça ça ça ça ça ça ça ça ça ça ça ça ça
ça ça ça ça ça ça** sent rudement la mort le long des plinthes le crâne accéléré vers l'agonie **ça
ça ça ça ça ça** sent rudement la mort le long des plinthes le crâne accéléré vers l'agonie **ça ça
ça ça ça ça ça** sent rudement la mort le long des plinthes le crâne accéléré vers l'agonie **ça ça
ça ça ça ça ça ça** sent rudement la mort le long des plinthes le crâne accéléré vers l'agonie **ça
ça ça ça ça ça ça ça ça ça ça** sent rudement la mort le long des plinthes le crâne accéléré

et de plus en plus profond de plus en plus profond de plus en plus profond de plus en plus
profond de plus en plus profond de plus en plus profond de plus en plus profond de plus en plus
profond de plus en plus profond de plus en plus profond de plus en plus profond de plus en plus
profond de plus en plus profond de plus en plus profond de plus en plus profond de plus en plus
profond de plus en plus profond de plus en plus profond de plus en plus profond de plus en plus
profond de plus en plus profond de plus en plus profond de plus en plus profond de plus en plus
profond de plus en plus profond de plus en plus profond de plus en plus profond de plus en plus profond
de plus en plus profond de plus en plus profond de plus en plus profond de plus en plus profond de plus en
plus profond de plus en plus profond de plus en plus profond de plus en plus profond de plus en plus profond
de plus en plus profond de plus en plus profond de plus en plus profond de plus en plus profond de plus en
plus profond de plus en plus profond de plus en plus profond de plus en plus profond de plus en plus profond
de plus en plus profond de plus en plus profond de plus en plus profond de plus en plus profond de plus en plus
profond de plus en plus profond de plus en plus profond de plus en plus profond de plus en plus
profond de plus en plus profond de plus en plus profond de plus en plus profond de plus en plus profond de plus en plus
profond de plus en plus profond de plus en plus profond de plus en plus profond de plus en plus profond de plus en plus
profond de plus en plus profond de plus en plus profond de plus en plus profond de plus en plus profond de plus en plus
profond de plus en plus profond de plus en plus profond de plus en plus profond de plus en plus profond de plus en plus

profond de plus en plus profond de plus en plus profond de plus en plus profond de plus en plus profond
de plus en plus profond de plus en plus profond de plus en plus profond de plus en plus profond de plus en plus profond de plus en plus
profond de plus en plus profond de plus en plus profond de plus en plus profond de plus en plus profond de plus en plus profond de plus en plus profond de plus en plus profond de plus en plus
plus profond de plus en plus profond de plus en plus profond de plus en plus profond de plus en plus profond de plus en plus profond de plus en plus profond de plus en plus profond de
en plus profond de plus en plus profond de plus en plus profond de plus en plus profond de plus en plus profond de plus en plus profond de plus en plus profond de plus en plus profond de plu
s en plus profond de plus en plus profond de plus en plus profond de plus en plus
profond de plus en plus profond de plus en plus profond de plus en plus profond de plus en plus profond de plus en plus profond de plus en plus profond de plus en
plus profond de plus en plus profond de plus en plus profond de plus en plus profond de plus en plus profond de plus en plus profond de plus en plus profond de plus
en plus profond de plus en plus profond de plus en plus profond de plus en plus profond de plus en plus profond de plus en plus profond de plus en plus profond de
plus en plus profond de plus en plus

profond de plus en plus profond de plus en plus profond de plus en plus profond de plus en plus profond de plus en plus profond de plus en plus profond de plus en plus
profond de plus en plus profond de plus en plus profond de plus en plus profond de plus en plus profond de plus en plus profond de plus en plus profond de plus en plus
profond de plus en plus profond de plus en plus profond de plus en plus profond de plus en plus profond de plus en plus profond de plus en plus profond de plus en plus
profond de plus en plus profond de plus en plus profond de plus en plus profond de plus en plus profond de plus en plus profond de plus en plus profond de plus en plus profond
de plus en plus profond de plus en plus profond de plus en plus profond de plus en plus profond de plus en plus profond de plus en plus profond de plus en plus profond de plus en
plus profond de plus en plus profond de plus en

plus profond de plus en plus profond de plus en plus profond de plus en plus profond de plus en plus profond de plus en plus profond de plus en plus profond de plus en plus profond de plus en plus profond
de plus en plus profond de plus en plus profond de plus en plus profond de plus en plus profond de plus en plus profond de plus en plus profond de plus en plus profond de plus en
plus profond de plus en plus profond de plus en plus profond de plus en plus profond de plus en plus profond de plus en plus profond de plus en plus profond de plus en plus profond
de plus en plus profond de plus en plus profond de plus en plus profond

de plus en plus profond de plus en plus profond de plus en plus profond de plus en plus profond de plus en plus profond de plus en plus profond de plus en plus profond de plus en
plus profond de plus en plus profond de plus en plus profond de plus en plus profond de plus en plus profond de plus en plus profond de plus en plus profond de plus en plus profond

de plus en plus profond de plus en plus profond de plus en plus profond de plus en plus profond de plus en plus profond de plus en plus profond de plus en plus profo

d'une telle blancheur d'une telle blancheur d'une telle blancheur d'une telle blancheur d'une telle blancheur d'une telle blancheur d'une telle blancheur d'une telle blancheur d'une telle blancheur d'une telle blancheur
d'une telle blancheur d'une telle blancheur d'une telle blancheur d'une telle blancheur d'une telle blancheur d'une telle blancheur d'une telle blancheur d'une telle blancheur d'une telle blancheur
d'une telle blancheur d'une telle blancheur d'une telle blancheur d'une telle blancheur d'une telle blancheur d'une telle blancheur d'une telle blancheur d'une telle blancheur d'une telle blancheur d'une
d'une telle blancheur d'une telle blancheur d'une telle blancheur d'une telle blancheur d'une telle blancheur d'une telle blancheur d'une telle blancheur d'une
telle blancheur d'une telle blancheur d'une telle blancheur d'une telle blancheur d'une telle blancheur d'une telle blancheur d'une telle blancheur d'une telle blancheur
d'une telle blancheur d'une telle blancheur d'une telle blancheur d'une telle blancheur d'une telle blancheur d'une telle blancheur d'une telle blancheur d'une telle
blancheur d'une telle blancheur d'une telle blancheur d'une telle blancheur d'une telle blancheur d'une telle blancheur d'une telle blancheur d'une telle blancheur
d'une telle blancheur d'une telle blancheur d'une telle blancheur d'une telle blancheur d'une telle blancheur d'une telle blancheur d'une telle blancheur d'une telle
blancheur d'une telle blancheur d'une telle blancheur d'une telle blancheur d'une telle blancheur d'une telle blancheur d'une telle blancheur d'une telle blancheur
d'une telle blancheur d'une telle blancheur d'une telle blancheur d'une telle blancheur d'une telle blancheur d'une telle blancheur d'une telle d'une telle blancheur d'une telle blancheur
d'une telle blancheur d'une telle blancheur d'une telle blancheur d'une telle blancheur d'une telle blancheur d'une telle blancheur d'une telle
blancheur d'une telle blancheur d'une telle blancheur d'une telle blancheur d'une telle blancheur d'une telle blancheur d'une telle
blancheur d'une telle blancheur d'une telle blancheur d'une telle blancheur d'une telle blancheur d'une telle blancheur d'une telle
blancheur d'une telle blancheur d'une telle blancheur d'une telle blancheur d'une telle blancheur d'une telle blancheur d'une telle
blancheur d'une telle blancheur d'une telle blancheur d'une telle blancheur d'une telle blancheur d'une telle blancheur d'une telle
blancheur d'une telle blancheur d'une telle blancheur d'une telle blancheur d'une telle blancheur d'une telle blancheur d'une telle
blancheur d'une telle blancheur d'une telle blancheur d'une telle blancheur d'une telle blancheur d'une telle blancheur d'une telle
blancheur d'une telle blancheur d'une telle blancheur d'une telle blancheur d'une telle blancheur d'une telle blancheur d'une telle
blancheur d'une telle blancheur d'une telle blancheur d'une telle blancheur d'une telle blancheur d'une telle blancheur d'une telle
blancheur d'une telle blancheur d'une telle blancheur d'une telle blancheur d'une telle blancheur d'une telle blancheur d'une telle
blancheur d'une telle blancheur d'une telle blancheur d'une telle blancheur d'une telle blancheur d'une telle blancheur d'une telle
blancheur d'une telle blancheur d'une telle blancheur d'une telle blancheur d'une telle blancheur d'une telle blancheur d'une telle
blancheur d'une telle blancheur d'une telle blancheur d'une telle blancheur d'une telle blancheur d'une telle blancheur d'une telle blancheur d'une
telle blancheur d'une telle blancheur d'une telle blancheur d'une telle blancheur d'une telle blancheur d'une
telle blancheur d'une telle blancheur d'une telle blancheur d'une telle blancheur d'une telle blancheur d'une telle blancheur d'une telle
blancheur d'une telle blancheur d'une telle blancheur d'une telle blancheur d'une telle blancheur d'une telle blancheur
d'une telle blancheur d'une telle blancheur d'une telle blancheur d'une telle blancheur d'une telle blancheur d'une
telle blancheur d'une telle blancheur d'une telle blancheur d'une telle blancheur d'une telle blancheur d'une telle
blancheur d'une telle blancheur d'une telle blancheur d'une telle blancheur d'une telle blancheur d'une telle blancheur d'une telle blancheur
d'une telle blancheur d'une telle blancheur d'une telle blancheur d'une telle blancheur d'une telle blancheur d'une telle blancheur d'une
telle blancheur d'une telle blancheur d'une telle blancheur d'une telle blancheur d'une telle blancheur d'une telle
blancheur d'une telle blancheur d'une telle blancheur d'une telle blancheur d'une telle blancheur d'une telle blancheur d'une telle blancheur
d'une telle blancheur d'une telle blancheur d'une telle blancheur d'une telle blancheur d'une telle blancheur d'une telle blancheur d'une telle
blancheur d'une telle blancheur d'une telle blancheur d'une telle blancheur d'une telle blancheur d'une telle blancheur d'une telle blancheur d'une
blancheur d'une telle blancheur d'une telle blancheur d'une telle blancheur d'une telle blancheur d'une telle blancheur d'une telle blancheur d'une telle
blancheur d'une telle blancheur d'une telle blancheur d'une telle blancheur d'une telle blancheur d'une telle
blancheur d'une telle blancheur d'une telle blancheur d'une telle blancheur d'une telle blancheur d'une telle
blancheur d'une telle blancheur d'une telle blancheur d'une telle blancheur d'une telle blancheur d'une telle
blancheur d'une telle blancheur d'une telle blancheur d'une telle blancheur d'une telle blancheur d'une telle
blancheur d'une telle blancheur d'une telle blancheur d'une telle blancheur d'une telle blancheur d'une telle
blancheur d'une telle blancheur d'une telle blancheur d'une telle blancheur d'une telle blancheur d'une telle
blancheur d'une telle blancheur d'une telle blancheur d'une telle blancheur d'une telle blancheur d'une telle
blancheur d'une telle blancheur d'une telle blancheur d'une telle blancheur d'une telle blancheur d'une telle
blancheur d'une telle blancheur d'une telle blancheur d'une telle blancheur d'une telle blancheur d'une telle
blancheur d'une telle blancheur d'une telle blancheur d'une telle blancheur d'une telle blancheur d'une telle
blancheur d'une telle blancheur d'une telle blancheur d'une telle blancheur d'une telle blancheur
d'une telle blancheur d'une telle blancheur d'une telle blancheur d'une telle blancheur d'une telle blancheur d'une telle
blancheur d'une telle blancheur d'une telle blancheur d'une telle blancheur d'une telle blancheur d'une telle blancheur

se chargera de l’âge le long repos se chargera de l’âge le long repos se chargera
de l’âge le long repos se chargera de l’âge le long repos se chargera de l’âge le
long repos se chargera de l’âge le long repos se chargera de l’âge le long repos se
chargera de l’âge le long repos se chargera de l’âge le long repos se chargera de
l’âge le long repos se chargera de l’âge le long repos se chargera de l’âge le long
repos se chargera de l’âge le long repos se chargera de l’âge le long repos se
chargera de l’âge le long repos se chargera de l’âge le long repos se chargera de
l’âge le long repos se chargera de l’âge le long repos se chargera de l’âge le long
repos se chargera de l’âge le long repos se chargera de l’âge le long repos se
chargera de l’âge le long repos se chargera de l’âge le long repos se chargera de
l’âge le long repos se chargera de l’âge le long repos se chargera de l’âge le long
repos se chargera de l’âge le long repos se chargera de l’âge le long repos se
chargera de l’âge le long repos se chargera de l’âge le long repos se chargera de
l’âge le long repos se chargera de l’âge le long repos se chargera de l’âge le long
repos se chargera de l’âge le long repos se chargera de l’âge le long repos se
chargera de l’âge le long repos se chargera de l’âge le long repos se chargera de
l’âge le long repos se chargera de l’âge le long repos se chargera de l’âge le long
repos se chargera de l’âge le long repos se chargera de l’âge le long repos se
chargera de l’âge le long repos se chargera de l’âge le long repos se chargera de
l’âge le long repos se chargera de l’âge le long repos se chargera de l’âge le long
repos se chargera de l’âge le long repos se chargera de l’âge le long repos se
chargera de l’âge le long repos se chargera de l’âge le long repos se chargera de
l’âge le long repos se chargera de l’âge le long repos se chargera de l’âge le long
repos se chargera de l’âge le long repos se chargera de l’âge le long repos se
chargera de l’âge le long repos se chargera de l’âge le long repos se chargera de
l’âge le long repos se chargera de l’âge le long repos se chargera de l’âge le long
repos se chargera de l’âge le long repos se chargera de l’âge le long repos se
chargera de l’âge le long repos se chargera de l’âge le long repos se chargera de
l’âge le long repos se chargera de l’âge le long repos se chargera de l’âge le long
repos se chargera de l’âge le long repos se chargera de l’âge le long repos se
chargera de l’âge le long repos se chargera de l’âge le long repos se chargera de
l’âge le long repos se chargera de l’âge le long repos se chargera de l’âge le long
repos se chargera de l’âge le long repos se chargera de l’âge le long repos

le long **r**epos cha**r**ge**r**a la **r**age le long **r**epos

l e c i e l a b s e n t la montagne fouille et creuse l e c i e l a b s e n t la montagne fouille
et creuse l e c i e l a b s e n t la montagne fouille et creuse l e c i e l a b s e n t la
montagne fouille et creuse l e c i e l a b s e n t la montagne fouille et creuse l e c i e l a
b s e n t la montagne fouille et creuse l e c i e l a b s e n t la montagne fouille et creuse l
e c i e l a b s e n t la montagne fouille et creuse l e c i e l a b s e n t la montagne fouille
et creuse l e c i e l a b s e n t la montagne fouille et creuse l e c i e l a b s e n t la
montagne fouille et creuse l e c i e l a b s e n t la montagne fouille et creuse l e c i e l a
b s e n t la montagne fouille et creuse l e c i e l a b s e n t la montagne fouille et creuse l
e c i e l a b s e n t la montagne fouille et creuse l e c i e l a b s e n t la montagne fouille
et creuse l e c i e l a b s e n t la montagne fouille et creuse l e c i e l a b s e n t la
montagne fouille et creuse l e c i e l a b s e n t la montagne fouille et creuse l e c i e l a
b s e n t la montagne fouille et creuse l e c i e l a b s e n t la montagne fouille et creuse l
e c i e l a b s e n t la montagne fouille et creuse l e c i e l a b s e n t la montagne fouille
et creuse l e c i e l a b s e n t la montagne fouille et creuse l e c i e l a b s e n t la
montagne fouille et creuse l e c i e l a b s e n t la montagne fouille et creuse l e c i e l a
b s e n t la montagne fouille et creuse l e c i e l a b s e n t la montagne fouille et creuse l
e c i e l a b s e n t la montagne fouille et creuse l e c i e l a b s e n t la montagne fouille
et creuse l e c i e l a b s e n t la montagne fouille et creuse l e c i e l a b s e n t la
montagne fouille et creuse l e c i e l a b s e n t la montagne fouille et creuse l e c i e l a
b s e n t la montagne fouille et creuse l e c i e l a b s e n t la montagne fouille et creuse l
e c i e l a b s e n t la montagne fouille et creuse l e c i e l a b s e n t la montagne fouille
et creuse l e c i e l a b s e n t la montagne fouille et creuse l e c i e l a b s e n t la
montagne fouille et creuse l e c i e l a b s e n t la montagne fouille et creuse l e c i e l a
b s e n t la montagne fouille et creuse l e c i e l a b s e n t la montagne fouille et creuse l
e c i e l a b s e n t la montagne fouille et creuse l e c i e l a b s e n t la montagne fouille
et creuse l e c i e l a b s e n t la montagne fouille et creuse l e c i e l a b s e n t la
montagne fouille et creuse l e c i e l a b s e n t la montagne fouille et creuse l e c i e l a
b s e n t la montagne fouille et creuse l e c i e l a b s e n t la montagne fouille et creuse l
e c i e l a b s e n t la montagne fouille et creuse l e c i e l a b s e n t la montagne fouille
et creuse l e c i e l a b s e n t la montagne fouille et creuse l e c i e l a b s e n t la
montagne fouille et creuse l e c i e l a b s e n t la montagne fouille et creuse l e c i e l a
b s e n t la montagne fouille et creuse l e c i e l a b s e n t la montagne fouille et creuse l
e c i e l a b s e n t la montagne fouille et creuse l e c i e l a b s e n t la montagne fouille
et creuse l e c i e l a b s e n t la montagne fouille et creuse l e c i e l a b s e n t la
montagne fouille et creuse l e c i e l a b s e n t la montagne fouille et creuse l e c i e l a
b s e n t la montagne fouille et creuse l e c i e l a b s e n t la montagne fouille et creuse l
e c i e l a b s e n t la montagne fouille et creuse l e c i e l a b s e n t la montagne fouille
et creuse l e c i e l a b s e n t la montagne fouille et creuse l e c i e l a b s e n t la
montagne fouille et creuse l e c i e l a b s e n t la montagne fouille et creuse l e c i e l a
b s e n t la montagne fouille et creuse l e c i e l a b s e n t la montagne fouille et creuse l
e c i e l a b s e n t la montagne fouille et creuse l e c i e l a b s e n t la montagne fouille
et creuse l e c i e l a b s e n t la montagne fouille et creuse l e c i e l a b s e n t la
montagne fouille et creuse l e c i e l a b s e n t la montagne fouille et creuse l e c i e l a
b s e n t la montagne fouille et creuse l e c i e l a b s e n t la montagne fouille et creuse l
e c i e l a b s e n t la montagne fouille et creuse l e c i e l a b s e n t la montagne fouille
et creuse l e c i e l a b s e n t la montagne fouille et creuse l e c i e l a b s e n t la
montagne fouille et creuse l e c i e l a b s e n t la montagne fouille et creuse l e c i e l a
b s e n t la montagne fouille et creuse l e c i e l a b s e n t la montagne fouille et creuse l
e c i e l a b s e n t la montagne fouille et creuse l e c i e l a b s e n t la montagne fouille
et creuse l e c i e l a b s e n t la montagne fouille et creuse l e c i e l a b s e n t la
montagne fouille et creuse l e c i e l a b s e n t la montagne fouille et creuse l e c i e l a
b s e n t la montagne fouille et creuse l e c i e l a b s e n t la montagne fouille et creuse l
e c i e l a b s e n t la montagne fouille et creuse l e c i e l a b s e n t la montagne fouille
et creuse l e c i e l a b s e n t la montagne fouille et creuse l e c i e l a b s e n t la
montagne fouille et creuse l e c i e l a b s e n t la montagne fouille et creuse l e c i e l a
b s e n t la montagne fouille et creuse l e c i e l a b s e n t la montagne fouille et creuse l
e c i e l a b s e n t la montagne fouille et creuse l e c i e l a b s e n t la montagne fouille
et creuse l e c i e l a b s e n t la montagne fouille et creuse l e c i e l a b s e n t la
montagne fouille et creuse l e c i e l a b s e n t la montagne fouille et creuse l e c i e l a
b s e n t la montagne fouille et creuse l e c i e l a b s e n t la montagne fouille et creuse l
e c i e l a b s e n t la montagne fouille et creuse l e c i e l a b s e n t la montagne fouille
et creuse l e c i e l a b s e n t la montagne fouille et creuse fouille et creuse l e c i e l a
b s e n t la montagne fouille et creuse l e c i e l a b s e n t la montagne fouille et creuse

... chute chante le vide indifférent e-s-c-a-l-i-e-r---d’-o-s---e-t---d-e---b-r-a-s chute chante le vide
indifférent e-s-c-a-l-i-e-r---d’-o-s---e-t---d-e---b-r-a-s chute chante le vide indifférent e-s-c-a-l-i-e-r---d’-
o-s---e-t---d-e---b-r-a-s chute chante le vide indifférent e-s-c-a-l-i-e-r---d’-o-s---e-t---d-e---b-r-a-s chute
chante le vide indifférent e-s-c-a-l-i-e-r---d’-o-s---e-t---d-e---b-r-a-s chute chante le vide indifférent e-
s-c-a-l-i-e-r---d’-o-s---e-t---d-e---b-r-a-s chute chante le vide indifférent e-s-c-a-l-i-e-r---d’-o-s---e-t---d-
e---b-r-a-s chute chante le vide indifférent e-s-c-a-l-i-e-r---d’-o-s---e-t---d-e---b-r-a-s chute chante le
vide indifférent e-s-c-a-l-i-e-r---d’-o-s---e-t---d-e---b-r-a-s chute chante le vide indifférent e-s-c-a-l-i-e-
r---d’-o-s---e-t---d-e---b-r-a-s chute chante le vide indifférent e-s-c-a-l-i-e-r---d’-o-s---e-t---d-e---b-r-a-s
chute chante le vide indifférent e-s-c-a-l-i-e-r---d’-o-s---e-t---d-e---b-r-a-s chute chante le vide
indifférent e-s-c-a-l-i-e-r---d’-o-s---e-t---d-e---b-r-a-s chute chante le vide indifférent e-s-c-a-l-i-e-r---d’-
o-s---e-t---d-e---b-r-a-s chute chante le vide indifférent e-s-c-a-l-i-e-r---d’-o-s---e-t---d-e---b-r-a-s chute
chante le vide indifférent e-s-c-a-l-i-e-r---d’-o-s---e-t---d-e---b-r-a-s chute chante le vide indifférent e-
s-c-a-l-i-e-r---d’-o-s---e-t---d-e---b-r-a-s chute chante le vide indifférent e-s-c-a-l-i-e-r---d’-o-s---e-t---d-
e---b-r-a-s chute chante le vide indifférent e-s-c-a-l-i-e-r---d’-o-s---e-t---d-e---b-r-a-s chute chante le
vide indifférent e-s-c-a-l-i-e-r---d’-o-s---e-t---d-e---b-r-a-s chute chante le vide indifférent e-s-c-a-l-i-e-
r---d’-o-s---e-t---d-e---b-r-a-s chute chante le vide indifférent e-s-c-a-l-i-e-r---d’-o-s---e-t---d-e---b-r-a-s
chute chante le vide indifférent e-s-c-a-l-i-e-r---d’-o-s---e-t---d-e---b-r-a-s chute chante le vide
indifférent e-s-c-a-l-i-e-r---d’-o-s---e-t---d-e---b-r-a-s chute chante le vide indifférent e-s-c-a-l-i-e-r---d’-
o-s---e-t---d-e---b-r-a-s chute chante le vide indifférent e-s-c-a-l-i-e-r---d’-o-s---e-t---d-e---b-r-a-s chute
chante le vide indifférent e-s-c-a-l-i-e-r---d’-o-s---e-t---d-e---b-r-a-s chute chante le vide indifférent e-
s-c-a-l-i-e-r---d’-o-s---e-t---d-e---b-r-a-s chute chante le vide indifférent e-s-c-a-l-i-e-r---d’-o-s---e-t---d-
e---b-r-a-s chute chante le vide indifférent e-s-c-a-l-i-e-r---d’-o-s---e-t---d-e---b-r-a-s chute chante le
vide indifférent e-s-c-a-l-i-e-r---d’-o-s---e-t---d-e---b-r-a-s chute chante le vide indifférent e-s-c-a-l-i-e-
r---d’-o-s---e-t---d-e---b-r-a-s chute chante le vide indifférent e-s-c-a-l-i-e-r---d’-o-s---e-t---d-e---b-r-a-s
chute chante le vide indifférent e-s-c-a-l-i-e-r---d’-o-s---e-t---d-e---b-r-a-s chute chante le vide
indifférent e-s-c-a-l-i-e-r---d’-o-s---e-t---d-e---b-r-a-s chute chante le vide indifférent e-s-c-a-l-i-e-r---d’-
o-s---e-t---d-e---b-r-a-s chute chante le vide indifférent e-s-c-a-l-i-e-r---d’-o-s---e-t---d-e---b-r-a-s chute
chante le vide indifférent e-s-c-a-l-i-e-r---d’-o-s---e-t---d-e---b-r-a-s chute chante le vide indifférent e-
s-c-a-l-i-e-r---d’-o-s---e-t---d-e---b-r-a-s chute chante le vide indifférent e-s-c-a-l-i-e-r---d’-o-s---e-t---d-
e---b-r-a-s chute chante le vide indifférent e-s-c-a-l-i-e-r---d’-o-s---e-t---d-e---b-r-a-s chute chante le
vide indifférent e-s-c-a-l-i-e-r---d’-o-s---e-t---d-e---b-r-a-s chute chante le vide indifférent e-s-c-a-l-i-e-
r---d’-o-s---e-t---d-e---b-r-a-s chute chante le vide indifférent e-s-c-a-l-i-e-r---d’-o-s---e-t---d-e---b-r-a-s
chute chante le vide indifférent e-s-c-a-l-i-e-r---d’-o-s---e-t---d-e---b-r-a-s chute chante le vide
indifférent e-s-c-a-l-i-e-r---d’-o-s---e-t---d-e---b-r-a-s chute chante le vide indifférent e-s-c-a-l-i-e-r---d’-
o-s---e-t---d-e---b-r-a-s chute chante le vide indifférent e-s-c-a-l-i-e-r---d’-o-s---e-t---d-e---b-r-a-s chute
chante le vide indifférent e-s-c-a-l-i-e-r---d’-o-s---e-t---d-e---b-r-a-s chute chante le vide indifférent e-
s-c-a-l-i-e-r---d’-o-s---e-t---d-e---b-r-a-s chute chante le vide indifférent e-s-c-a-l-i-e-r---d’-o-s---e-t---d-
e---b-r-a-s chute chante le vide indifférent e-s-c-a-l-i-e-r---d’-o-s---e-t---d-e---b-r-a-s chute chante le
vide indifférent e-s-c-a-l-i-e-r---d’-o-s---e-t---d-e---b-r-a-s chute chante le vide indifférent e-s-c-a-l-i-e-
r---d’-o-s---e-t---d-e---b-r-a-s chute chante le vide indifférent e-s-c-a-l-i-e-r---d’-o-s---e-t---d-e---b-r-a-s
chute chante le vide indifférent e-s-c-a-l-i-e-r---d’-o-s---e-t---d-e---b-r-a-s chute chante le vide
indifférent e-s-c-a-l-i-e-r---d’-o-s---e-t---d-e---b-r-a-s chute chante le vide indifférent e-s-c-a-l-i-e-r---d’-
o-s---e-t---d-e---b-r-a-s chute chante le vide indifférent e-s-c-a-l-i-e-r---d’-o-s---e-t---d-e---b-r-a-s chute
chante le vide indifférent e-s-c-a-l-i-e-r---d’-o-s---e-t---d-e---b-r-a-s chute chante le vide indifférent e-
s-c-a-l-i-e-r---d’-o-s---e-t---d-e---b-r-a-s chute chante le vide indifférent e-s-c-a-l-i-e-r---d’-o-s---e-t---d-
e---b-r-a-s chute chante le vide indifférent e-s-c-a-l-i-e-r---d’-o-s---e-t---d-e---b-r-a-s chute chante le
vide indifférent e-s-c-a-l-i-e-r---d’-o-s---e-t---d-e---b-r-a-s chute chante le vide indifférent e-s-c-a-l-i-e-
r---d’-o-s---e-t---d-e---b-r-a-s chute chante le vide indifférent e-s-c-a-l-i-e-r---d’-o-s---e-t---d-e---b-r-a-s
chute chante le vide indifférent e-s-c-a-l-i-e-r---d’-o-s---e-t---d-e---b-r-a-s chute chante le vide
indifférent e-s-c-a-l-i-e-r---d’-o-s---e-t---d-e---b-r-a-s chute chante le vide indifférent e-s-c-a-l-i-e-r---d’-
o-s---e-t---d-e---b-r-a-s chute chante le vide indifférent e-s-c-a-l-i-e-r---d’-o-s---e-t---d-e---b-r-a-s chute
chante le vide indifférent e-s-c-a-l-i-e-r---d’-o-s---e-t---d-e---b-r-a-s chute chante le vide indifférent e-
s-c-a-l-i-e-r---d’-o-s---e-t---d-e---b-r-a-s chute chante le vide indifférent e-s-c-a-l-i-e-r---d’-o-s---e-t---d-
e---b-r-a-s chute chante le vide indifférent e-s-c-a-l-i-e-r---d’-o-s---e-t---d-e---b-r-a-s chute chante le
vide indifférent e-s-c-a-l-i-e-r---d’-o-s---e-t---d-e---b-r-a-s chute chante le vide indifférent e-s-c-a-l-i-e-
r---d’-o-s---e-t---d-e---b-r-a-s chute chante le vide indifférent e-s-c-a-l-i-e-r---d’-o-s---e-t---d-e---b-r-a-s
chute chante le vide indifférent e-s-c-a-l-i-e-r---d’-o-s---e-t---d-e---b-r-a-s chute chante le vide
indifférent e-s-c-a-l-i-e-r---d’-o-s---e-t---d-e---b-r-a-s chute chante le vide indifférent e-s-c-a-l-i-e-r---d’-
o-s---e-t---d-e---b-r-a-s chute chante le vide indifférent e-s-c-a-l-i-e-r---d’-o-s---e-t---d-e---b-r-a-s chute
chante le vide indifférent e-s-c-a-l-i-e-r---d’-o-s---e-t---d-e---b-r-a-s chute chante le vide indifférent e-
s-c-a-l-i-e-r---d’-o-s---e-t---d-e---b-r-a-s chute chante le vide indifférent e-s-c-a-l-i-e-r---d’-o-s---e-t---d-
e---b-r-a-s chute chante le vide indifférent e-s-c-a-l-i-e-r---d’-o-s---e-t---d-e---b-r-a-s chute chante le
vide indifférent e-s-c-a-l-i-e-r---d’-o-s---e-t---d-e---b-r-a-s chute chante le vide indifférent e-s-c-a-l-i-e-r-

la somme tend vers le moindre........puis vidé emploi futur la somme tend vers le moindre.......la
somme tend vers le moindre.......la somme tend vers le moindre........puis vidé emploi futur la
somme tend vers le moindre.......la somme tend vers le moindre.......la somme tend vers le
moindre........puis vidé emploi futur la somme tend vers le moindre.......la somme tend vers le
moindre.......la somme tend vers le moindre........puis vidé emploi futur la somme tend vers le
moindre.......la somme tend vers le moindre.......la somme tend vers le moindre........puis vidé
emploi futur la somme tend vers le moindre.......la somme tend vers le moindre.......la somme
tend vers le moindre........puis vidé emploi futur la somme tend vers le moindre.......la somme tend
vers le moindre.......la somme tend vers le moindre........puis vidé emploi futur la somme tend
vers le moindre.......la somme tend vers le moindre.......la somme tend vers le moindre........puis
vidé emploi futur la somme tend vers le moindre.......la somme tend vers le moindre.......la
somme tend vers le moindre........puis vidé emploi futur la somme tend vers le moindre.......la
somme tend vers le moindre.......la somme tend vers le moindre........puis vidé emploi futur la
somme tend vers le moindre.......la somme tend vers le moindre.......la somme tend vers le
moindre........puis vidé emploi futur la somme tend vers le moindre.......la somme tend vers le
moindre.......la somme tend vers le moindre........puis vidé emploi futur la somme tend vers le
moindre.......la somme tend vers le moindre.......la somme tend vers le moindre........puis vidé
emploi futur la somme tend vers le moindre.......la somme tend vers le moindre.......la somme
tend vers le moindre........puis vidé emploi futur la somme tend vers le moindre.......la somme tend
vers le moindre.......la somme tend vers le moindre........puis vidé emploi futur la somme tend
vers le moindre.......la somme tend vers le moindre.......la somme tend vers le moindre........puis
vidé emploi futur la somme tend vers le moindre.......la somme tend vers le moindre.......la
somme tend vers le moindre........puis vidé emploi futur la somme tend vers le moindre.......la
somme tend vers le moindre.......la somme tend vers le moindre........puis vidé emploi futur la
somme tend vers le moindre.......la somme tend vers le moindre.......la somme tend vers le
moindre........puis vidé emploi futur la somme tend vers le moindre.......la somme tend vers le
moindre.......la somme tend vers le moindre........puis vidé emploi futur la somme tend vers le
moindre.......la somme tend vers le moindre.......la somme tend vers le moindre........puis vidé
emploi futur la somme tend vers le moindre.......la somme tend vers le moindre.......la somme
tend vers le moindre........puis vidé emploi futur la somme tend vers le moindre.......la somme tend
vers le moindre.......la somme tend vers le moindre........puis vidé emploi futur la somme tend
vers le moindre.......la somme tend vers le moindre.......la somme tend vers le moindre........puis
vidé emploi futur la somme tend vers le moindre.......la somme tend vers le moindre.......la
somme tend vers le moindre........puis vidé emploi futur la somme tend vers le moindre.......la
somme tend vers le moindre.......la somme tend vers le moindre........puis vidé emploi futur la
somme tend vers le moindre.......la somme tend vers le moindre.......la somme tend vers le
moindre........puis vidé emploi futur la somme tend vers le moindre.......la somme tend vers le
moindre.......la somme tend vers le moindre........puis vidé emploi futur la somme tend vers le
moindre.......la somme tend vers le moindre.......la somme tend vers le moindre........puis vidé
emploi futur la somme tend vers le moindre.......la somme tend vers le moindre.......la somme
tend vers le moindre........puis vidé emploi futur la somme tend vers le moindre.......la somme tend
vers le moindre.......la somme tend vers le moindre........puis vidé emploi futur la somme tend
vers le moindre.......la somme tend vers le moindre.......la somme tend vers le moindre........puis
vidé emploi futur la somme tend vers le moindre.......la somme tend vers le moindre.......la
somme tend vers le moindre........puis vidé emploi futur la somme tend vers le moindre.......la
somme tend vers le moindre.......la somme tend vers le moindre........puis vidé emploi futur la
somme tend vers le moindre.......la somme tend vers le moindre.......la somme tend vers le
moindre........puis vidé emploi futur la somme tend vers le moindre.......la somme tend vers le
moindre.......la somme tend vers le moindre........puis vidé emploi futur la somme tend vers le
moindre.......la somme tend vers le moindre.......la somme tend vers le moindre........puis vidé
emploi futur la somme tend vers le moindre.......la somme tend vers le moindre.......la somme
tend vers le moindre........puis vidé emploi futur la somme tend vers le moindre.......la somme tend
vers le moindre.......la somme tend vers le moindre........puis vidé emploi futur la somme tend
vers le moindre.......la somme tend vers le moindre.......la somme tend vers le moindre........puis
vidé emploi futur la somme tend vers le moindre.......la somme tend vers le moindre.......la
somme tend vers le moindre........puis vidé emploi futur la somme tend vers le moindre.......la
somme tend vers le moindre.......la somme tend vers le moindre........puis vidé emploi futur la
somme tend vers le moindre.......la somme tend vers le moindre.......la somme tend vers le
moindre........puis vidé emploi futur la somme tend vers le moindre.......la somme tend vers le
moindre.......la somme tend vers le moindre........puis vidé emploi futur la somme tend vers le
moindre.......la somme tend vers le moindre.......la somme tend vers le moindre........puis vidé
emploi futur la somme tend vers le moindre.......la somme tend vers le moindre.......la somme
tend vers le moindre........puis vidé emploi futur la somme tend vers le moindre........le moindre......

toujours *en péril* le **geste toujours attentif** nuisible la chair toujours *en péril* le **geste toujours attentif** nuisible la chair toujours *en péril* le **geste toujours attentif** nuisible la chair toujours *en péril* le **geste toujours attentif** nuisible la chair toujours *en péril* le **geste toujours attentif** nuisible la chair toujours *en péril* le **geste toujours attentif** nuisible la chair toujours *en péril* le **geste toujours attentif** nuisible la chair toujours *en péril* le **geste toujours attentif** nuisible la chair toujours *en péril* le **geste toujours attentif** nuisible la chair toujours *en péril* le **geste toujours attentif** nuisible la chair toujours *en péril* le **geste toujours attentif** nuisible la chair toujours *en péril* le **geste toujours attentif** nuisible la chair toujours *en péril* le **geste toujours attentif** nuisible la chair toujours *en péril* le **geste toujours attentif** nuisible la chair toujours *en péril* le **geste toujours attentif** nuisible la chair toujours *en péril* le **geste toujours attentif** nuisible la chair toujours *en péril* le **geste toujours attentif** nuisible la chair toujours *en péril* le **geste toujours attentif** nuisible la chair toujours *en péril* le **geste toujours attentif** nuisible la chair toujours *en péril* le **geste toujours attentif** nuisible la chair toujours *en péril* le **geste toujours attentif** nuisible la chair toujours *en péril* le **geste toujours attentif** nuisible la chair toujours *en péril* le **geste toujours attentif** nuisible la chair toujours *en péril* le **geste toujours attentif** nuisible la chair toujours *en péril* le **geste toujours attentif** nuisible la chair toujours *en péril* le **geste toujours attentif** nuisible la chair toujours *en péril* le **geste toujours attentif** nuisible la chair toujours *en péril* le **geste toujours attentif** nuisible la chair toujours *en péril* le **geste toujours attentif** nuisible la chair toujours *en péril* le **geste toujours attentif** nuisible la chair toujours *en péril* le **geste toujours attentif** nuisible la chair toujours *en péril* le **geste toujours attentif** nuisible la chair toujours *en péril* le **geste toujours attentif** nuisible la chair toujours *en péril* le **geste toujours attentif** nuisible la chair toujours *en péril* le **geste toujours attentif** nuisible la chair toujours *en péril* le **geste toujours attentif** nuisible la chair toujours *en péril* le **geste toujours attentif** nuisible la chair toujours *en péril* le **geste toujours attentif** nuisible la chair toujours *en péril* le **geste toujours attentif** nuisible la chair toujours *en péril* le **geste toujours attentif** nuisible la chair toujours *en péril* le **geste toujours attentif** nuisible la chair toujours *en péril* le **geste toujours attentif** nuisible la chair toujours *en péril* le **geste toujours attentif** nuisible la chair toujours *en péril* le **geste toujours attentif** nuisible la chair toujours *en péril* le **geste toujours attentif** nuisible la chair toujours *en péril* le **geste toujours attentif** nuisible la chair toujours *en péril* le **geste toujours attentif** nuisible la chair toujours *en péril* le **geste toujours attentif** nuisible la chair toujours *en péril* le **geste toujours attentif** nuisible la chair toujours *en péril* le **geste toujours attentif** nuisible la chair toujours *en péril* le **geste toujours attentif** nuisible la chair toujours *en péril* le **geste toujours attentif** nuisible la chair toujours *en péril* le **geste toujours attentif** nuisible la chair toujours *en péril* le **geste toujours attentif** nuisible la chair toujours *en péril* le **geste toujours attentif** nuisible la chair toujours *en péril* le **geste toujours attentif** nuisible la chair toujours *en péril* le **geste toujours attentif** nuisible la chair toujours *en péril* le **geste toujours attentif** nuisible la chair toujours *en péril* le **geste toujours attentif** nuisible la chair toujours *en péril* le **geste toujours attentif** nuisible la chair toujours *en péril* le **geste toujours attentif** nuisible la chair toujours *en péril* le **geste toujours attentif** nuisible la chair toujours *en péril* le **geste toujours attentif** nuisible la chair toujours *en péril* le **geste toujours attentif** nuisible la chair toujours *en péril* le **geste toujours attentif** nuisible la chair toujours *en péril* le **geste toujours attentif** nuisible la chair toujours *en péril* le **geste toujours attentif** nuisible la chair toujours *en péril* le **geste toujours attentif** nuisible la chair toujours *en péril* le **geste toujours attentif** nuisible la chair toujours *en péril* le **geste toujours attentif** nuisible la chair toujours *en péril* le **geste toujours attentif** nuisible la chair toujours *en péril* le **geste toujours attentif** nuisible la chair toujours *en péril* le **geste toujours attentif** nuisible la chair toujours *en péril* le **geste toujours attentif** nuisible la chair toujours *en péril* le **geste toujours attentif** nuisible la chair toujours *en péril* le **geste toujours attentif** nuisible la chair toujours *en péril* le **geste toujours attentif** nuisible la chair toujours *en péril* le **geste toujours attentif** nuisible la chair toujours *en péril* le **geste toujours attentif** nuisible la chair toujours *en péril* le **geste toujours attentif** nuisible la chair toujours *en péril* le **geste toujours attentif** nuisible la chair toujours *en péril* le **geste toujours attentif** nuisible la chair toujours *en péril* le **geste toujours attentif** nuisible la chair toujours *en péril* le **geste toujours attentif** nuisible la chair toujours *en péril* le **geste toujours attentif** nuisible la chair toujours *en péril* le **geste toujours attentif** nuisible la chair toujours *en péril* le **geste toujours attentif** nuisible la chair toujours *en péril* le **geste toujours attentif** nuisible la chair toujours *en péril* le **geste toujours attentif** nuisible la chair toujours *en péril* le **geste toujours attentif** nuisible la chair toujours *en péril* le **geste toujours attentif** nuisible la chair toujours *en péril* le **geste toujours attentif** nuisible la chair toujours *en péril* le **geste toujours attentif** nuisible la chair toujours *en péril* le **geste toujours attentif** nuisible la chair toujours *en péril* le **geste toujours attentif** nuisible la chair toujours *en péril* le **geste toujours attentif** nuisible la chair toujours *en péril* le **geste toujours attentif** nuisible la chair toujours *en péril* le **geste toujours attentif** nuisible la chair toujours *en péril* le **geste toujours attentif** nuisible la chair toujours *en péril* le **geste toujours attentif** nuisible la chair toujours *en péril* le **geste toujours attentif** nuisible la chair toujours *en péril* le **geste toujours attentif** nuisible la chair toujours *en péril* le **geste toujours attentif** nuisible la chair toujours *en péril* le **geste toujours attentif** nuisible la chair toujours *en péril* le **geste toujours attentif** nuisible la chair toujours *en péril* le **geste toujours attentif** nuisible la chair toujours *en péril* le **geste toujours attentif** nuisible

geste pur tiré en plein vol happé en plein deuil par un matin empoisonné désespéré ***geste pur***
tiré en plein vol happé en plein deuil par un matin empoisonné désespéré ***geste pur*** tiré en plein
vol happé en plein deuil par un matin empoisonné désespéré ***geste pur*** tiré en plein vol happé
en plein deuil par un matin empoisonné désespéré ***geste pur*** tiré en plein vol happé en plein
deuil par un matin empoisonné désespéré ***geste pur*** tiré en plein vol happé en plein deuil par un
matin empoisonné désespéré ***geste pur*** tiré en plein vol happé en plein deuil par un matin
empoisonné désespéré ***geste pur*** tiré en plein vol happé en plein deuil par un matin empoisonné
désespéré ***geste pur*** tiré en plein vol happé en plein deuil par un matin empoisonné désespéré
geste pur tiré en plein vol happé en plein deuil par un matin empoisonné désespéré ***geste pur***
tiré en plein vol happé en plein deuil par un matin empoisonné désespéré ***geste pur*** tiré en plein
vol happé en plein deuil par un matin empoisonné désespéré ***geste pur*** tiré en plein vol happé
en plein deuil par un matin empoisonné désespéré ***geste pur*** tiré en plein vol happé en plein
deuil par un matin empoisonné désespéré ***geste pur*** tiré en plein vol happé en plein deuil par un
matin empoisonné désespéré ***geste pur*** tiré en plein vol happé en plein deuil par un matin
empoisonné désespéré ***geste pur*** tiré en plein vol happé en plein deuil par un matin empoisonné
désespéré ***geste pur*** tiré en plein vol happé en plein deuil par un matin empoisonné désespéré
geste pur tiré en plein vol happé en plein deuil par un matin empoisonné désespéré ***geste pur***
tiré en plein vol happé en plein deuil par un matin empoisonné désespéré ***geste pur*** tiré en plein
vol happé en plein deuil par un matin empoisonné désespéré ***geste pur*** tiré en plein vol happé
en plein deuil par un matin empoisonné désespéré ***geste pur*** tiré en plein vol happé en plein
deuil par un matin empoisonné désespéré ***geste pur*** tiré en plein vol happé en plein deuil par un
matin empoisonné désespéré ***geste pur*** tiré en plein vol happé en plein deuil par un matin
empoisonné désespéré ***geste pur*** tiré en plein vol happé en plein deuil par un matin empoisonné
désespéré ***geste pur*** tiré en plein vol happé en plein deuil par un matin empoisonné désespéré
geste pur tiré en plein vol happé en plein deuil par un matin empoisonné désespéré ***geste pur***
tiré en plein vol happé en plein deuil par un matin empoisonné désespéré ***geste pur*** tiré en plein
vol happé en plein deuil par un matin empoisonné désespéré ***geste pur*** tiré en plein vol happé
en plein deuil par un matin empoisonné désespéré ***geste pur*** tiré en plein vol happé en plein
deuil par un matin empoisonné désespéré ***geste pur*** tiré en plein vol happé en plein deuil par un
matin empoisonné désespéré ***geste pur*** tiré en plein vol happé en plein deuil par un matin
empoisonné désespéré ***geste pur*** tiré en plein vol happé en plein deuil par un matin empoisonné
désespéré ***geste pur*** tiré en plein vol happé en plein deuil par un matin empoisonné désespéré
geste pur tiré en plein vol happé en plein deuil par un matin empoisonné désespéré ***geste pur***
tiré en plein vol happé en plein deuil par un matin empoisonné désespéré ***geste pur*** tiré en plein
vol happé en plein deuil par un matin empoisonné désespéré ***geste pur*** tiré en plein vol happé
en plein deuil par un matin empoisonné désespéré ***geste pur*** tiré en plein vol happé en plein
deuil par un matin empoisonné désespéré ***geste pur*** tiré en plein vol happé en plein deuil par un
matin empoisonné désespéré ***geste pur*** tiré en plein vol happé en plein deuil par un matin
empoisonné désespéré ***geste pur*** tiré en plein vol happé en plein deuil par un matin empoisonné
désespéré ***geste pur*** tiré en plein vol happé en plein deuil par un matin empoisonné désespéré
geste pur tiré en plein vol happé en plein deuil par un matin empoisonné désespéré ***geste pur***
tiré en plein vol happé en plein deuil par un matin empoisonné désespéré ***geste pur*** tiré en plein
vol happé en plein deuil par un matin empoisonné désespéré ***geste pur*** tiré en plein vol happé
en plein deuil par un matin empoisonné désespéré ***geste pur*** tiré en plein vol happé en plein
deuil par un matin empoisonné désespéré ***geste pur*** tiré en plein vol happé en plein deuil par un
matin empoisonné désespéré ***geste pur*** tiré en plein vol happé en plein deuil par un matin
empoisonné désespéré ***geste pur*** tiré en plein vol happé en plein deuil par un matin empoisonné
désespéré ***geste pur*** tiré en plein vol happé en plein deuil par un matin empoisonné désespéré
geste pur tiré en plein vol happé en plein deuil par un matin empoisonné désespéré ***geste pur***
tiré en plein vol happé en plein deuil par un matin empoisonné désespéré ***geste pur*** tiré en plein
vol happé en plein deuil par un matin empoisonné désespéré ***geste pur*** tiré en plein vol happé
en plein deuil par un matin empoisonné désespéré ***geste pur*** tiré en plein vol happé en plein
deuil par un matin empoisonné désespéré ***geste pur*** tiré en plein vol happé en plein deuil par un
matin empoisonné désespéré ***geste pur*** tiré en plein vol happé en plein deuil par un matin
empoisonné désespéré ***geste pur*** tiré en plein vol happé en plein deuil par un matin empoisonné
désespéré ***geste pur*** tiré en plein vol happé en plein deuil par un matin empoisonné désespéré
geste pur tiré en plein vol happé en plein deuil par un matin empoisonné désespéré ***geste pur***
tiré en plein vol happé en plein deuil par un matin empoisonné désespéré ***geste pur*** tiré en plein
vol happé en plein deuil par un matin empoisonné désespéré ***geste pur*** tiré en plein vol happé
en plein deuil par un matin empoisonné désespéré ***geste pur*** tiré en plein vol happé en plein
deuil par un matin empoisonné désespéré ***geste pur*** tiré en plein vol happé en plein deuil par un
matin empoisonné désespéré ***geste pur*** tiré en plein vol happé en plein deuil par un matin
empoisonné désespéré ***geste pur*** tiré en plein vol happé en plein deuil par un matin empoisonné

... fidèle bave de sommeil suivi de délires de sauterelles / remous des dunes ***DUNES...*** le fidèle bave de sommeil suivi de délires de sauterelles / remous des dunes ***DUNES...*** le fidèle bave de sommeil suivi de délires de sauterelles / remous des dunes ***DUNES...*** le fidèle bave de sommeil suivi de délires de sauterelles / remous des dunes ***DUNES...*** le fidèle bave de sommeil suivi de délires de sauterelles / remous des dunes ***DUNES...*** le fidèle bave de sommeil suivi de délires de sauterelles / remous des dunes ***DUNES...*** le fidèle bave de sommeil suivi de délires de sauterelles / remous des dunes ***DUNES...*** le fidèle bave de sommeil suivi de délires de sauterelles / remous des dunes ***DUNES...*** le fidèle bave de sommeil suivi de délires de sauterelles / remous des dunes ***DUNES...*** le fidèle bave de sommeil suivi de délires de sauterelles / remous des dunes ***DUNES...*** le fidèle bave de sommeil suivi de délires de sauterelles / remous des dunes ***DUNES...*** le fidèle bave de sommeil suivi de délires de sauterelles / remous des dunes ***DUNES...*** le fidèle bave de sommeil suivi de délires de sauterelles / remous des dunes ***DUNES...*** le fidèle bave de sommeil suivi de délires de sauterelles / remous des dunes ***DUNES...*** le fidèle bave de sommeil suivi de délires de sauterelles / remous des dunes ***DUNES...*** le fidèle bave de sommeil suivi de délires de sauterelles / remous des dunes ***DUNES...*** le fidèle bave de sommeil suivi de délires de sauterelles / remous des dunes ***DUNES...*** le fidèle bave de sommeil suivi de délires de sauterelles / remous des dunes ***DUNES...*** le fidèle bave de sommeil suivi de délires de sauterelles / remous des dunes ***DUNES...*** le fidèle bave de sommeil suivi de délires de sauterelles / remous des dunes ***DUNES...*** le fidèle bave de sommeil suivi de délires de sauterelles / remous des dunes ***DUNES...*** le fidèle bave de sommeil suivi de délires de sauterelles / remous des dunes ***DUNES...*** le fidèle bave de sommeil suivi de délires de sauterelles / remous des dunes ***DUNES...*** le fidèle bave de sommeil suivi de délires de sauterelles / remous des dunes ***DUNES...*** le fidèle bave de sommeil suivi de délires de sauterelles / remous des dunes ***DUNES...*** le fidèle bave de sommeil suivi de délires de sauterelles / remous des dunes ***DUNES...*** le fidèle bave de sommeil suivi de délires de sauterelles / remous des dunes ***DUNES...*** le fidèle bave de sommeil suivi de délires de sauterelles / remous des dunes ***DUNES...*** le fidèle bave de sommeil suivi de délires de sauterelles / remous des dunes ***DUNES...*** le fidèle bave de sommeil suivi de délires de sauterelles / remous des dunes ***DUNES...*** le fidèle bave de sommeil suivi de délires de sauterelles / remous des dunes ***DUNES...*** le fidèle bave de sommeil suivi de délires de sauterelles / remous des dunes ***DUNES...*** le fidèle bave de sommeil suivi de délires de sauterelles / remous des dunes ***DUNES...*** le fidèle bave de sommeil suivi de délires de sauterelles / remous des dunes ***DUNES...*** le fidèle bave de sommeil suivi de délires de sauterelles / remous des dunes ***DUNES...*** le fidèle bave de sommeil suivi de délires de sauterelles / remous des dunes ***DUNES...*** le fidèle bave de sommeil suivi de délires de sauterelles / remous des dunes ***DUNES...*** le fidèle bave de sommeil suivi de délires de sauterelles / remous des dunes ***DUNES...*** le fidèle bave de sommeil suivi de délires de sauterelles / remous des dunes ***DUNES...*** le fidèle bave de sommeil suivi de délires de sauterelles / remous des dunes ***DUNES...*** le fidèle bave de sommeil suivi de délires de sauterelles / remous des dunes ***DUNES...*** le fidèle bave de sommeil suivi de délires de sauterelles / remous des dunes ***DUNES...*** le fidèle bave de sommeil suivi de délires de sauterelles / remous des dunes ***DUNES...*** le fidèle bave de sommeil suivi de délires de sauterelles / remous des dunes ***DUNES...*** le fidèle bave de sommeil suivi de délires de sauterelles / remous des dunes ***DUNES...*** le fidèle bave de sommeil suivi de délires de sauterelles / remous des dunes ***DUNES...*** le fidèle bave de sommeil suivi de délires de sauterelles / remous des dunes ***DUNES...*** le fidèle bave de sommeil suivi de délires de sauterelles / remous des dunes ***DUNES...*** le fidèle bave de sommeil suivi de délires de sauterelles / remous des dunes ***DUNES...*** le fidèle bave de sommeil suivi de délires de sauterelles / remous des dunes ***DUNES...*** le fidèle bave de sommeil suivi de délires de sauterelles / remous des dunes ***DUNES...*** le fidèle bave de sommeil suivi de délires de sauterelles / remous des dunes ***DUNES...*** le fidèle bave de sommeil suivi de délires de sauterelles / remous des dunes ***DUNES...*** le fidèle bave de sommeil suivi de délires de sauterelles / remous des dunes ***DUNES...*** le fidèle bave de sommeil suivi de délires de sauterelles / remous des dunes ***DUNES...*** le fidèle bave de sommeil suivi de délires de sauterelles / remous des dunes ***DUNES...*** le fidèle bave de sommeil suivi de délires de sauterelles / remous des dunes ***DUNES...*** le fidèle bave de sommeil suivi de délires de sauterelles / remous des dunes ***DUNES...*** le fidèle bave de sommeil suivi de délires de sauterelles / remous des dunes ***DUNES...*** le fidèle bave de sommeil suivi de délires de sauterelles / remous des dunes ***DUNES...*** le fidèle bave de sommeil suivi de délires de sauterelles / remous des dunes ***DUNES...*** le fidèle bave de sommeil suivi de délires de sauterelles / remous des dunes ***DUNES...*** le fidèle bave de sommeil suivi de délires de sauterelles / remous des dunes ***DUNES...*** le fidèle bave de sommeil suivi de délires de sauterelles / remous des dunes ***DUNES...*** le fidèle bave de sommeil suivi de délires de sauterelles / remous des dunes ***DUNES...*** le fidèle bave de sommeil suivi de délires de sauterelles / remous des dunes ***DUNES...*** le fidèle bave de sommeil suivi de délires de sauterelles / remous des dunes ***DUNES...*** le fidèle bave de sommeil suivi de délires de sauterelles / remous des dunes ***DUNES...*** le fidèle bave de sommeil suivi de délires de sauterelles / remous des dunes ***DUNES...*** le fidèle bave de sommeil suivi de délires de sauterelles / remous des dunes ***DUNES...***

terreur être là tel un aliment surgelé **un cri de terreur** être là tel un aliment surgelé **un cri**
terreur être là tel un aliment surgelé **un cri de terreur** être là tel un aliment surgelé **un cri**
terreur être là tel un aliment surgelé **un cri de terreur** être là tel un aliment surgelé **un cri**
terreur être là tel un aliment surgelé **un cri de terreur** être là tel un aliment surgelé **un cri**
terreur être là tel un aliment surgelé **un cri de terreur** être là tel un aliment surgelé **un cri**
terreur être là tel un aliment surgelé **un cri de terreur** être là tel un aliment surgelé **un cri**
terreur être là tel un aliment surgelé **un cri de terreur** être là tel un aliment surgelé **un cri**
terreur être là tel un aliment surgelé **un cri de terreur** être là tel un aliment surgelé **un cri**
terreur être là tel un aliment surgelé **un cri de terreur** être là tel un aliment surgelé **un cri**
terreur être là tel un aliment surgelé **un cri de terreur** être là tel un aliment surgelé **un cri**
terreur être là tel un aliment surgelé **un cri de terreur** être là tel un aliment surgelé **un cri**
terreur être là tel un aliment surgelé **un cri de terreur** être là tel un aliment surgelé **un cri**
terreur être là tel un aliment surgelé **un cri de terreur** être là tel un aliment surgelé **un cri**
terreur être là tel un aliment surgelé **un cri de terreur** être là tel un aliment surgelé **un cri**
terreur être là tel un aliment surgelé **un cri de terreur** être là tel un aliment surgelé **un cri**
terreur être là tel un aliment surgelé **un cri de terreur** être là tel un aliment surgelé **un cri**
terreur être là tel un aliment surgelé **un cri de terreur** être là tel un aliment surgelé **un cri**
terreur être là tel un aliment surgelé **un cri de terreur** être là tel un aliment surgelé **un cri**
terreur être là tel un aliment surgelé **un cri de terreur** être là tel un aliment surgelé **un cri**
terreur être là tel un aliment surgelé **un cri de terreur** être là tel un aliment surgelé **un cri**
terreur être là tel un aliment surgelé **un cri de terreur** être là tel un aliment surgelé **un cri**
terreur être là tel un aliment surgelé **un cri de terreur** être là tel un aliment surgelé **un cri**
terreur être là tel un aliment surgelé **un cri de terreur** être là tel un aliment surgelé **un cri**
terreur être là tel un aliment surgelé **un cri de terreur** être là tel un aliment surgelé **un cri**
terreur être là tel un aliment surgelé **un cri de terreur** être là tel un aliment surgelé **un cri**
terreur être là tel un aliment surgelé **un cri de terreur** être là tel un aliment surgelé **un cri**
terreur être là tel un aliment surgelé **un cri de terreur** être là tel un aliment surgelé **un cri**
terreur être là tel un aliment surgelé **un cri de terreur** être là tel un aliment surgelé **un cri**
terreur être là tel un aliment surgelé **un cri de terreur** être là tel un aliment surgelé **un cri**
terreur être là tel un aliment surgelé **un cri de terreur** être là tel un aliment surgelé **un cri**
terreur être là tel un aliment surgelé **un cri de terreur** être là tel un aliment surgelé **un cri**
terreur être là tel un aliment surgelé **un cri de terreur** être là tel un aliment surgelé **un cri**
terreur être là tel un aliment surgelé **un cri de terreur** être là tel un aliment surgelé **un cri**
terreur être là tel un aliment surgelé **un cri de terreur** être là tel un aliment surgelé **un cri**
terreur être là tel un aliment surgelé **un cri de terreur** être là tel un aliment surgelé **un cri**
terreur être là tel un aliment surgelé **un cri de terreur** être là tel un aliment surgelé **un cri**
terreur être là tel un aliment surgelé **un cri de terreur** être là tel un aliment surgelé **un cri**
terreur être là tel un aliment surgelé **un cri de terreur** être là tel un aliment surgelé **un cri**
terreur être là tel un aliment surgelé **un cri de terreur** être là tel un aliment surgelé **un cri**
terreur être là tel un aliment surgelé **un cri de terreur** être là tel un aliment surgelé **un cri**
terreur être là tel un aliment surgelé **un cri de terreur** être là tel un aliment surgelé **un cri**
terreur être là tel un aliment surgelé **un cri de terreur** être là tel un aliment surgelé **un cri**
terreur être là tel un aliment surgelé **un cri de terreur** être là tel un aliment surgelé **un cri**
terreur être là tel un aliment surgelé **un cri de terreur** être là tel un aliment surgelé **un cri**
terreur être là tel un aliment surgelé **un cri de terreur** être là tel un aliment surgelé **un cri**
terreur être là tel un aliment surgelé **un cri de terreur** être là tel un aliment surgelé **un cri**
terreur être là tel un aliment surgelé **un cri de terreur** être là tel un aliment surgelé **un cri**
terreur être là tel un aliment surgelé **un cri de terreur** être là tel un aliment surgelé **un cri**
terreur être là tel un aliment surgelé **un cri de terreur** être là tel un aliment surgelé **un cri**
terreur être là tel un aliment surgelé **un cri de terreur** être là tel un aliment surgelé **un cri**
terreur être là tel un aliment surgelé **un cri de terreur** être là tel un aliment surgelé **un cri**
terreur être là tel un aliment surgelé **un cri de terreur** être là tel un aliment surgelé **un cri**
terreur être là tel un aliment surgelé **un cri de terreur** être là tel un aliment surgelé **un cri**
terreur être là tel un aliment surgelé **un cri de terreur** être là tel un aliment surgelé **un cri**
terreur être là tel un aliment surgelé **un cri de terreur** être là tel un aliment surgelé **un cri**
terreur être là tel un aliment surgelé **un cri de terreur** être là tel un aliment surgelé **un cri**
terreur être là tel un aliment surgelé **un cri de terreur** être là tel un aliment surgelé **un cri**
terreur être là tel un aliment surgelé **un cri de terreur** être là tel un aliment surgelé **un cri**
terreur être là tel un aliment surgelé **un cri de terreur** être là tel un aliment surgelé **un cri**
terreur être là tel un aliment surgelé **un cri de terreur** être là tel un aliment surgelé **un cri**
terreur être là tel un aliment surgelé **un cri de terreur** être là tel un aliment surgelé **un cri**
terreur être là tel un aliment surgelé **un cri de terreur** être là tel un aliment surgelé **un cri**
terreur être là tel un aliment surgelé **un cri de terreur** être là tel un aliment surgelé **un cri**

seulseulseulseulseulseulseulseulseulseulseulseulseulseulseulseulseulseulseulseulseulseulseulseulseulse
ulseulseulseulseulseulseulseulseulseulseulseulseulseulseulseulseulseulseulseulseulseulseulseulseulseuls
eulseulseulseulseulseulseulseulseulseulseulseulseulseulseulseulseulseulseulseulseulseulseulseulseulseul
seulseulseulseulseulseulseulseulseulseulseulseulseulseulseulseulseulseulseulseulseulseulseulseulseulse
ulseulseulseulseulseulseulseulseulseulseulseulseulseulseulseulseulseulseulseulseulseulseulseulseulseuls
eulseulseulseulseulseulseulseulseulseulseulseulseulseulseulseulseulseulseulseulseulseulseulseulseulseul
seulseulseulseulseulseulseulseulseulseulseulseulseulseulseulseulseulseulseulseulseulseulseulseulseulse
ulseulseulseulseulseulseulseulseulseulseulseulseulseulseulseulseulseulseulseulseulseulseulseulseulseuls
eulseulseulseulseulseulseulseulseulseulseulseulseulseulseulseulseulseulseulseulseulseulseulseulseulseul
seulseulseulseulseulseulseulseulseulseulseulseulseulseulseulseulseulseulseulseulseulseulseulseulseulse
ulseulseulseulseulseulseulseulseulseulseulseulseulseulseulseulseulseulseulseulseulseulseulseulseulseuls
eulseulseulseulseulseulseulseulseulseulseulseulseulseulseulseulseulseulseulseulseulseulseulseulseulseul
seulseulseulseulseulseulseulseulseulseulseulseulseulseulseulseulseulseulseulseulseulseulseulseulseulse
ulseulseulseulseulseulseulseulseulseulseulseulseulseulseulseulseulseulseulseulseulseulseulseulseulseuls
eulseulseulseulseulseulseulseulseulseulseulseulseulseulseulseulseulseulseulseulseulseulseulseulseulseul
seulseulseulseulseulseulseulseulseulseulseulseulseulseulseulseulseulseulseulseulseulseulseulseulseulse
ulseulseulseulseulseulseulseulseulseulseulseulseulseulseulseulseulseulseulseulseulseulseulseulseulseuls
eulseulseulseulseulseulseulseulseulseulseulseulseulseulseulseulseulseulseulseulseulseulseulseulseulseul
seulseulseulseulseulseulseulseulseulseulseulseulseulseulseulseulseulseulseulseulseulseulseulseulseulse
ulseulseulseulseulseulseulseulseulseulseulseulseulseulseulseulseulseulseulseulseulseulseulseulseulseuls
eulseulseulseulseulseulseulseulseulseulseulseulseulseulseulseulseulseulseulseulseulseulseulseulseulseul
seulseulseulseulseulseulseulseulseulseulseulseulseulseulseulseulseulseulseulseulseulseulseulseulseulse
ulseulseulseulseulseulseulseulseulseulseulseulseulseulseulseulseulseulseulseulseulseulseulseulseulseuls
eulseulseulseulseulseulseulseulseulseulseulseulseulseulseulseulseulseulseulseulseulseulseulseulseulseul
seulseulseulseulseulseulseulseulseulseulseulseulseulseulseulseulseulseulseulseulseulseulseulseulseulse
ulseulseulseulseulseulseulseulseulseulseulseulseulseulseulseulseulseulseulseulseulseulseulseulseulseuls
eulseulseulseulseulseulseulseulseulseulseulseulseulseulseulseulseulseulseulseulseulseulseulseulseulseul
seulseulseulseulseulseulseulseulseulseulseulseulseulseulseulseulseulseulseulseulseulseulseulseulseulse
ulseulseulseulseulseulseulseulseulseulseulseulseulseulseulseulseulseulseulseulseulseulseulseulseulseuls
eulseulseulseulseulseulseulseulseulseulseulseulseulseulseulseulseulseulseulseulseulseulseulseulseulseul
seulseulseulseulseulseulseulseulseulseulseulseulseulseulseulseulseulseulseulseulseulseulseulseulseulse
ulseulseulseulseulseulseulseulseulseulseulseulseulseulseulseulseulseulseulseulseulseulseulseulseulseuls
eulseulseulseulseulseulseulseulseulseulseulseulseulseulseulseulseulseulseulseulseulseulseulseulseulseul
seulseulseulseulseulseulseulseulseulseulseulseulseulseulseulseulseulseulseulseulseulseulseulseulseulse
ulseulseulseulseulseulseulseulseulseulseulseulseulseulseulseulseulseulseulseulseulseulseulseulseulseuls
eulseulseulseulseulseulseulseulseulseulseulseulseulseulseulseulseulseulseulseulseulseulseulseulseulseul
seulseulseulseulseulseulseulseulseulseulseulseulseulseulseulseulseulseulseulseulseulseulseulseulseulse
ulseulseulseulseulseulseulseulseulseulseulseulseulseulseulseulseulseulseulseulseulseulseulseulseulseuls
eulseulseulseulseulseulseulseulseulseulseulseulseulseulseulseulseulseulseulseulseulseulseulseulseulseul
seulseulseulseulseulseulseulseulseulseulseulseulseulseulseulseulseulseulseulseulseulseulseulseulseulse
ulseulseulseulseulseulseulseulseulseulseulseulseulseulseulseulseulseulseulseulseulseulseulseulseulseuls
eulseulseulseulseulseulseulseulseulseulseulseulseulseulseulseulseulseulseulseulseulseulseulseulseulseul
seulseulseulseulseulseulseulseulseulseulseulseulseulseulseulseulseulseulseulseulseulseulseulseulseulse
ulseulseulseulseulseulseulseulseulseulseulseulseulseulseulseulseulseulseulseulseulseulseulseulseulseuls
eulseulseulseulseulseulseulseulseulseulseulseulseulseulseulseulseulseulseulseulseulseulseulseulseulseul
seulseulseulseulseulseulseulseulseulseulseulseulseulseulseulseulseulseulseulseulseulseulseulseulseulse
ulseulseulseulseulseulseulseulseulseulseulseulseulseulseulseulseulseulseulseulseulseulseulseulseulseuls
eulseulseulseulseulseulseulseulseulseulseulseulseulseulseulseulseulseulseulseulseulseulseulseulseulseul
seulseulseulseulseulseulseulseulseulseulseulseulseulseulseulseulseulseulseulseulseulseulseulseulseulse
ulseulseulseulseulseulseulseulseulseulseulseulseulseulseulseulseulseulseulseulseulseulseulseulseulseuls
eulseulseulseulseulseulseulseulseulseulseulseulseulseulseulseulseulseulseulseulseulseulseulseulseulseul
seulseulseulseulseulseulseulseulseulseulseulseulseulseulseulseulseulseulseulseulseulseulseulseulseulse
ulseulseulseulseulseulseulseulseulseulseulseulseulseulseulseulseulseulseulseulseulseulseulseulseulseuls
eulseulseulseulseulseulseulseulseulseulseulseulseulseulseulseulseulseulseulseulseulseulseulseulseulseul
seulseulseulseulseulseulseulseulseulseulseulseulseulseulseulseulseulseulseulseulseulseulseulseulseulse
ulseulseulseulseulseulseulseulseulseulseulseulseulseulseulseulseulseulseulseulseulseulseulseulseulseuls
eulseulseulseulseulseulseulseulseulseulseulseulseulseulseulseulseulseulseulseulseulseulseulseulseulseul
seulseulseulseulseulseulseulseulseulseulseulseulseulseulseulseulseulseulseulseulseulseulseulseulseulse
ulseulseulseulseulseulseulseulseulseulseulseulseulseulseulseulseulseulseulseulseulseulseulseulseulseuls
eulseulseulseulseulseulseulseulseulseulseulseulseulseulseulseulseulseulseulseulseulseulseulseulseulseul
seulseulseulseulseulseulseulseulseulseulseulseulseulseulseulseulseulseulseulseulseulseulseulseulseulse
ulseulseulseulseulseulseulseulseulseulseulseulseulseulseulseulseulseulseulseulseulseulseulseulseulseuls
eulseulseulseulseulseulseulseulseulseulseulseulseulseulseulseulseulseulseulseulseulseulseulseulseulseul

corpspâlefenducorpspâlefenducorpspâlefenducorpspâlefenducorpspâlefenducorpspâlefenducorpspâlefenducor
pspâlefenducorpspâlefenducorpspâlefenducorpspâlefenducorpspâlefenducorpspâlefenducorpspâlefenducorpsp
âlefenducorpspâlefenducorpspâlefenducorpspâlefenducorpspâlefenducorpspâlefenducorpspâlefenducorpspâlef
enducorpspâlefenducorpspâlefenducorpspâlefenducorpspâlefenducorpspâlefenducorpspâlefenducorpspâlefend
ucorpspâlefenducorpspâlefenducorpspâlefenducorpspâlefenducorpspâlefenducorpspâlefenducorpspâlefenduco
rpspâlefenducorpspâlefenducorpspâlefenducorpspâlefenducorpspâlefenducorpspâlefenducorpspâlefenducorps
pâlefenducorpspâlefenducorpspâlefenducorpspâlefenducorpspâlefenducorpspâlefenducorpspâlefenducorpspâl
efenducorpspâlefenducorpspâlefenducorpspâlefenducorpspâlefenducorpspâlefenducorpspâlefenducorpspâlefe
nducorpspâlefenducorpspâlefenducorpspâlefenducorpspâlefenducorpspâlefenducorpspâlefenducorpspâlefendu
corpspâlefenducorpspâlefenducorpspâlefenducorpspâlefenducorpspâlefenducorpspâlefenducorpspâlefenducor
pspâlefenducorpspâlefenducorpspâlefenducorpspâlefenducorpspâlefenducorpspâlefenducorpspâlefenducorpsp
âlefenducorpspâlefenducorpspâlefenducorpspâlefenducorpspâlefenducorpspâlefenducorpspâlefenducorpspâlef
enducorpspâlefenducorpspâlefenducorpspâlefenducorpspâlefenducorpspâlefenducorpspâlefenducorpspâlefend
ucorpspâlefenducorpspâlefenducorpspâlefenducorpspâlefenducorpspâlefenducorpspâlefenducorpspâlefenduco
rpspâlefenducorpspâlefenducorpspâlefenducorpspâlefenducorpspâlefenducorpspâlefenducorpspâlefenducorps
pâlefenducorpspâlefenducorpspâlefenducorpspâlefenducorpspâlefenducorpspâlefenducorpspâlefenducorpspâl
efenducorpspâlefenducorpspâlefenducorpspâlefenducorpspâlefenducorpspâlefenducorpspâlefenducorpspâlefe
nducorpspâlefenducorpspâlefenducorpspâlefenducorpspâlefenducorpspâlefenducorpspâlefenducorpspâlefendu
corpspâlefenducorpspâlefenducorpspâlefenducorpspâlefenducorpspâlefenducorpspâlefenducorpspâlefenducor
pspâlefenducorpspâlefenducorpspâlefenducorpspâlefenducorpspâlefenducorpspâlefenducorpspâlefenducorpsp
âlefenducorpspâlefenducorpspâlefenducorpspâlefenducorpspâlefenducorpspâlefenducorpspâlefenducorpspâlef
enducorpspâlefenducorpspâlefenducorpspâlefenducorpspâlefenducorpspâlefenducorpspâlefenducorpspâlefend
ucorpspâlefenducorpspâlefenducorpspâlefenducorpspâlefenducorpspâlefenducorpspâlefenducorpspâlefenduco
rpspâlefenducorpspâlefenducorpspâlefenducorpspâlefenducorpspâlefenducorpspâlefenducorpspâlefenducorps
pâlefenducorpspâlefenducorpspâlefenducorpspâlefenducorpspâlefenducorpspâlefenducorpspâlefenducorpspâl
efenducorpspâlefenducorpspâlefenducorpspâlefenducorpspâlefenducorpspâlefenducorpspâlefenducorpspâlefe
nducorpspâlefenducorpspâlefenducorpspâlefenducorpspâlefenducorpspâlefenducorpspâlefenducorpspâlefendu
corpspâlefenducorpspâlefenducorpspâlefenducorpspâlefenducorpspâlefenducorpspâlefenducorpspâlefenducor
pspâlefenducorpspâlefenducorpspâlefenducorpspâlefenducorpspâlefenducorpspâlefenducorpspâlefenducorpsp
âlefenducorpspâlefenducorpspâlefenducorpspâlefenducorpspâlefenducorpspâlefenducorpspâlefenducorpspâlef
enducorpspâlefenducorpspâlefenducorpspâlefenducorpspâlefenducorpspâlefenducorpspâlefenducorpspâlefend
ucorpspâlefenducorpspâlefenducorpspâlefenducorpspâlefenducorpspâlefenducorpspâlefenducorpspâlefenduco
rpspâlefenducorpspâlefenducorpspâlefenducorpspâlefenducorpspâlefenducorpspâlefenducorpspâlefenducorps
pâlefenducorpspâlefenducorpspâlefenducorpspâlefenducorpspâlefenducorpspâlefenducorpspâlefenducorpspâl
efenducorpspâlefenducorpspâlefenducorpspâlefenducorpspâlefenducorpspâlefenducorpspâlefenducorpspâlefe
nducorpspâlefenducorpspâlefenducorpspâlefenducorpspâlefenducorpspâlefenducorpspâlefenducorpspâlefendu
corpspâlefenducorpspâlefenducorpspâlefenducorpspâlefenducorpspâlefenducorpspâlefenducorpspâlefenducor
pspâlefenducorpspâlefenducorpspâlefenducorpspâlefenducorpspâlefenducorpspâlefenducorpspâlefenducorpsp
âlefenducorpspâlefenducorpspâlefenducorpspâlefenducorpspâlefenducorpspâlefenducorpspâlefenducorpspâlef
enducorpspâlefenducorpspâlefenducorpspâlefenducorpspâlefenducorpspâlefenducorpspâlefenducorpspâlefend
ucorpspâlefenducorpspâlefenducorpspâlefenducorpspâlefenducorpspâlefenducorpspâlefenducorpspâlefenduco
rpspâlefenducorpspâlefenducorpspâlefenducorpspâlefenducorpspâlefenducorpspâlefenducorpspâlefenducorps
pâlefenducorpspâlefenducorpspâlefenducorpspâlefenducorpspâlefenducorpspâlefenducorpspâlefenducorpspâl
efenducorpspâlefenducorpspâlefenducorpspâlefenducorpspâlefenducorpspâlefenducorpspâlefenducorpspâlefe
nducorpspâlefenducorpspâlefenducorpspâlefenducorpspâlefenducorpspâlefenducorpspâlefenducorpspâlefendu
corpspâlefenducorpspâlefenducorpspâlefenducorpspâlefenducorpspâlefenducorpspâlefenducorpspâlefenducor
pspâlefenducorpspâlefenducorpspâlefenducorpspâlefenducorpspâlefenducorpspâlefenducorpspâlefenducorpsp
âlefenducorpspâlefenducorpspâlefenducorpspâlefenducorpspâlefenducorpspâlefenducorpspâlefenducorpspâlef
enducorpspâlefenducorpspâlefenducorpspâlefenducorpspâlefenducorpspâlefenducorpspâlefenducorpspâlefend
ucorpspâlefenducorpspâlefenducorpspâlefenducorpspâlefenducorpspâlefenducorpspâlefenducorpspâlefenduco
rpspâlefenducorpspâlefenducorpspâlefenducorpspâlefenducorpspâlefenducorpspâlefenducorpspâlefenducorps
pâlefenducorpspâlefenducorpspâlefenducorpspâlefenducorpspâlefenducorpspâlefenducorpspâlefenducorpspâl
efenducorpspâlefenducorpspâlefenducorpspâlefenducorpspâlefenducorpspâlefenducorpspâlefenducorpspâlefe
nducorpspâlefenducorpspâlefenducorpspâlefenducorpspâlefenducorpspâlefenducorpspâlefenducorpspâlefendu
corpspâlefenducorpspâlefenducorpspâlefenducorpspâlefenducorpspâlefenducorpspâlefenducorpspâlefenducor
pspâlefenducorpspâlefenducorpspâlefenducorpspâlefenducorpspâlefenducorpspâlefenducorpspâlefenducorpsp
âlefenducorpspâlefenducorpspâlefenducorpspâlefenducorpspâlefenducorpspâlefenducorpspâlefenducorpspâlef
enducorpspâlefenducorpspâlefenducorpspâlefenducorpspâlefenducorpspâlefenducorpspâlefenducorpspâlefend
ucorpspâlefenducorpspâlefenducorpspâlefenducorpspâlefenducorpspâlefenducorpspâlefenducorpspâlefenduco
rpspâlefenducorpspâlefenducorpspâlefenducorpspâlefenducorpspâlefenducorpspâlefenducorpspâlefenducorps
pâlefenducorpspâlefenducorpspâlefenducorpspâlefenducorpspâlefenducorpspâlefenducorpspâlefenducorpspâl
efenducorpspâlefenducorpspâlefenducorpspâlefenducorpspâlefenducorpspâlefenducorpspâlefenducorpspâlefe
nducorpspâlefenducorpspâlefenducorpspâlefenducorpspâlefenducorpspâlefenducorpspâlefenducorpspâlefendu

langue-lagune, spirale-cataracte ourlée de crimes //////////////////// langue-lagune, spirale-cataracte ourlée de crimes //////////////////// langue-lagune, spirale-cataracte ourlée de crimes //////////////////// langue-lagune, spirale-cataracte ourlée de crimes //////////////////// langue-lagune, spirale-cataracte ourlée de crimes //////////////////// langue-lagune, spirale-cataracte ourlée de crimes //////////////////// langue-lagune, spirale-cataracte ourlée de crimes //////////////////// langue-lagune, spirale-cataracte ourlée de crimes //////////////////// langue-lagune, spirale-cataracte ourlée de crimes //////////////////// langue-lagune, spirale-cataracte ourlée de crimes //////////////////// langue-lagune, spirale-cataracte ourlée de crimes //////////////////// langue-lagune, spirale-cataracte ourlée de crimes //////////////////// langue-lagune, spirale-cataracte ourlée de crimes //////////////////// langue-lagune, spirale-cataracte ourlée de crimes //////////////////// langue-lagune, spirale-cataracte ourlée de crimes //////////////////// langue-lagune, spirale-cataracte ourlée de crimes //////////////////// langue-lagune, spirale-cataracte ourlée de crimes //////////////////// langue-lagune, spirale-cataracte ourlée de crimes //////////////////// langue-lagune, spirale-cataracte ourlée de crimes //////////////////// langue-lagune, spirale-cataracte ourlée de crimes //////////////////// langue-lagune, spirale-cataracte ourlée de crimes //////////////////// langue-lagune, spirale-cataracte ourlée de crimes //////////////////// langue-lagune, spirale-cataracte ourlée de crimes //////////////////// langue-lagune, spirale-cataracte ourlée de crimes //////////////////// langue-lagune, spirale-cataracte ourlée de crimes //////////////////// langue-lagune, spirale-cataracte ourlée de crimes //////////////////// langue-lagune, spirale-cataracte ourlée de crimes //////////////////// langue-lagune, spirale-cataracte ourlée de crimes //////////////////// langue-lagune, spirale-cataracte ourlée de crimes //////////////////// langue-lagune, spirale-cataracte ourlée de crimes //////////////////// langue-lagune, spirale-cataracte ourlée de crimes //////////////////// langue-lagune, spirale-cataracte ourlée de crimes //////////////////// langue-lagune, spirale-cataracte ourlée de crimes //////////////////// langue-lagune, spirale-cataracte ourlée de crimes //////////////////// langue-lagune, spirale-cataracte ourlée de crimes //////////////////// langue-lagune, spirale-cataracte ourlée de crimes //////////////////// langue-lagune, spirale-cataracte ourlée de crimes //////////////////// langue-lagune, spirale-cataracte ourlée de crimes //////////////////// langue-lagune, spirale-cataracte ourlée de crimes //////////////////// langue-lagune, spirale-cataracte ourlée de crimes //////////////////// langue-lagune, spirale-cataracte ourlée de crimes //////////////////// langue-lagune, spirale-cataracte ourlée de crimes //////////////////// langue-lagune, spirale-cataracte ourlée de crimes //////////////////// langue-lagune, spirale-cataracte ourlée de crimes //////////////////// langue-lagune, spirale-cataracte ourlée de crimes //////////////////// langue-lagune, spirale-cataracte ourlée de crimes //////////////////// langue-lagune, spirale-cataracte ourlée de crimes //////////////////// langue-lagune, spirale-cataracte ourlée de crimes //////////////////// langue-lagune, spirale-cataracte ourlée de crimes //////////////////// langue-lagune, spirale-cataracte ourlée de crimes //////////////////// langue-lagune, spirale-cataracte ourlée de crimes //////////////////// langue-lagune, spirale-cataracte ourlée de crimes //////////////////// langue-lagune, spirale-cataracte ourlée de crimes //////////////////// langue-lagune, spirale-cataracte ourlée de crimes //////////////////// langue-lagune, spirale-cataracte ourlée de crimes //////////////////// langue-lagune, spirale-cataracte ourlée de crimes //////////////////// langue-lagune, spirale-cataracte ourlée de crimes //////////////////// langue-lagune, spirale-cataracte ourlée de crimes //////////////////// langue-lagune, spirale-cataracte ourlée de crimes //////////////////// langue-lagune, spirale-cataracte ourlée de crimes //////////////////// langue-lagune, spirale-cataracte ourlée de crimes //////////////////// langue-lagune, spirale-cataracte ourlée de crimes //////////////////// langue-lagune, spirale-cataracte ourlée de crimes //////////////////// langue-lagune, spirale-cataracte ourlée de crimes //////////////////// langue-lagune, spirale-cataracte ourlée de crimes //////////////////// langue-lagune, spirale-cataracte ourlée de crimes //////////////////// langue-lagune, spirale-cataracte ourlée de crimes //////////////////// langue-lagune, spirale-cataracte ourlée de crimes //////////////////// langue-lagune, spirale-cataracte ourlée de crimes //////////////////// langue-lagune, spirale-cataracte ourlée de crimes //////////////////// langue-lagune, spirale-cataracte ourlée de crimes //////////////////// langue-lagune, spirale-cataracte ourlée de crimes //////////////////// langue-lagune, spirale-cataracte ourlée de crimes //////////////////// langue-lagune, spirale-cataracte ourlée de crimes //////////////////// langue-lagune, spirale-cataracte ourlée de crimes //////////////////// langue-lagune, spirale-cataracte ourlée de crimes //////////////////// langue-lagune, spirale-cataracte ourlée de crimes //////////////////// langue-lagune, spirale-cataracte ourlée de crimes //////////////////// langue-lagune, spirale-cataracte ourlée de crimes //////////////////// langue-lagune, spirale-cataracte ourlée de crimes //////////////////// langue-lagune, spirale-cataracte ourlée de crimes //////////////////// langue-lagune, spirale-cataracte ourlée de crimes //////////////////// langue-lagune, spirale-cataracte ourlée de crimes //////////////////// langue-lagune, spirale-cataracte ourlée de crimes //////////////////// langue-lagune, spirale-cataracte ourlée de crimes ///////////////////////////////////

et le cri s'élevait de la boue le cri, gorge déployée boursouflée de fièvre
et le cri s'élevait de la boue le cri, gorge déployée boursouflée de fièvre
et le cri s'élevait de la boue le cri, gorge déployée boursouflée de fièvre
et le cri s'élevait de la boue le cri, gorge déployée boursouflée de fièvre
et le cri s'élevait de la boue le cri, gorge déployée boursouflée de fièvre
et le cri s'élevait de la boue le cri, gorge déployée boursouflée de fièvre
et le cri s'élevait de la boue le cri, gorge déployée boursouflée de fièvre
et le cri s'élevait de la boue le cri, gorge déployée boursouflée de fièvre
et le cri s'élevait de la boue le cri, gorge déployée boursouflée de fièvre
et le cri s'élevait de la boue le cri, gorge déployée boursouflée de fièvre
et le cri s'élevait de la boue le cri, gorge déployée boursouflée de fièvre
et le cri s'élevait de la boue le cri, gorge déployée boursouflée de fièvre
*et le cri s'éleva*it *de la boue le cri, gorge déployée boursouflée de fièvre*
et le cri s'élevait de la boue le cri, gorge déployée boursouflée de fièvre
et le cri s'élevait de la boue le cri, gorge déployée boursouflée de fièvre
et le cri s'élevait de la boue le cri, gorge déployée boursouflée de fièvre
et le cri s'élevait de la boue le cri, gorge déployée boursouflée de fièvre
et le cri s'élevait de la boue le cri, gorge déployée boursouflée de fièvre
et le cri s'élevait de la boue le cri, gorge déployée boursouflée de fièvre
et le cri s'élevait de la boue le cri, gorge déployée boursouflée de fièvre
et le cri s'élevait de la boue le cri, gorge déployée boursouflée de fièvre
et le cri s'élevait de la boue le cri, gorge déployée boursouflée de fièvre
et le cri s'élevait de la boue le cri, gorge déployée boursouflée de fièvre
et le cri s'élevait de la boue le cri, gorge déployée boursouflée de fièvre
et le cri s'élevait de la boue le cri, gorge déployée boursouflée de fièvre
et le cri s'élevait de la boue le cri, gorge déployée boursouflée de fièvre
et le cri s'élevait de la boue le cri, gorge déployée boursouflée de fièvre
et le cri s'élevait de la boue le cri, gorge déployée boursouflée de fièvre
et le cri s'élevait de la boue le cri, gorge déployée boursouflée de fièvre
et le cri s'élevait de la boue le cri, gorge déployée boursouflée de fièvre
et le cri s'élevait de la boue le cri, gorge déployée boursouflée de fièvre
et le cri s'élevait de la boue le cri, gorge déployée boursouflée de fièvre
et le cri s'élevait de la boue le cri, gorge déployée boursouflée de fièvre
et le cri s'élevait de la boue le cri, gorge déployée boursouflée de fièvre
et le cri s'élevait de la boue le cri, gorge déployée boursouflée de fièvre
et le cri s'élevait de la boue le cri, gorge déployée boursouflée de fièvre
et le cri s'élevait de la boue le cri, gorge déployée boursouflée de fièvre
et le cri s'élevait de la boue le cri, gorge déployée boursouflée de fièvre
et le cri s'élevait de la boue le cri, gorge déployée boursouflée de fièvre
et le cri s'élevait de la boue le cri, gorge déployée boursouflée de fièvre
et le cri s'élevait de la boue le cri, gorge déployée boursouflée de fièvre
et le cri s'élevait de la boue le cri, gorge déployée boursouflée de fièvre
et le cri s'élevait de la boue le cri, gorge déployée boursouflée de fièvre
et le cri s'élevait de la boue le cri, gorge déployée boursouflée de fièvre
et le cri s'élevait de la boue le cri, gorge déployée boursouflée de fièvre
et le cri s'élevait de la boue le cri, gorge déployée boursouflée de fièvre
et le cri s'élevait de la boue le cri, gorge déployée boursouflée de fièvre
et le cri s'élevait de la boue le cri, gorge déployée boursouflée de fièvre
et le cri s'élevait de la boue le cri, gorge déployée boursouflée de fièvre
et le cri s'élevait de la boue le cri, gorge déployée boursouflée de fièvre
et le cri s'élevait de la boue le cri, gorge déployée boursouflée de fièvre
et le cri s'élevait de la boue le cri, gorge déployée boursouflée de fièvre
et le cri s'élevait de la boue le cri, gorge déployée boursouflée de fièvre
et le cri s'élevait de la boue le cri, gorge déployée boursouflée de fièvre
et le cri s'élevait de la boue le cri, gorge déployée boursouflée de fièvre
et le cri s'élevait de la boue le cri, gorge déployée boursouflée de fièvre
et le cri s'élevait de la boue le cri, gorge déployée boursouflée de fièvre
et le cri s'élevait de la boue le cri, gorge déployée boursouflée de fièvre
et le cri s'élevait de la boue le cri, gorge déployée boursouflée de fièvre
et le cri s'élevait de la boue le cri, gorge déployée boursouflée de fièvre
et le cri s'élevait de la boue le cri, gorge déployée boursouflée de fièvre
et le cri s'élevait de la boue le cri, gorge déployée boursouflée de fièvre
et le cri s'élevait de la boue le cri, gorge déployée boursouflée de fièvre

~~…bâiller tout son crâne et joindre à la salive l'horreur…n'est pas à la portée de tout le monde~~
~~…bâiller tout son crâne et joindre à la salive l'horreur…n'est pas à la portée de tout le monde~~
~~…bâiller tout son crâne et joindre à la salive l'horreur…n'est pas à la portée de tout le monde~~
~~…bâiller tout son crâne et joindre à la salive l'horreur…n'est pas à la portée de tout le monde~~
~~…bâiller tout son crâne et joindre à la salive l'horreur…n'est pas à la portée de tout le monde~~
~~…bâiller tout son crâne et joindre à la salive l'horreur…n'est pas à la portée de tout le monde~~
~~…bâiller tout son crâne et joindre à la salive l'horreur…n'est pas à la portée de tout le monde~~
~~…bâiller tout son crâne et joindre à la salive l'horreur…n'est pas à la portée de tout le monde~~
~~…bâiller tout son crâne et joindre à la salive l'horreur…n'est pas à la portée de tout le monde~~
~~…bâiller tout son crâne et joindre à la salive l'horreur…n'est pas à la portée de tout le monde~~
~~…bâiller tout son crâne et joindre à la salive l'horreur…n'est pas à la portée de tout le monde~~
~~…bâiller tout son crâne et joindre à la salive l'horreur…n'est pas à la portée de tout le monde~~
~~…bâiller tout son crâne et joindre à la salive l'horreur…n'est pas à la portée de tout le monde~~
~~…bâiller tout son crâne et joindre à la salive l'horreur…n'est pas à la portée de tout le monde~~
~~…bâiller tout son crâne et joindre à la salive l'horreur…n'est pas à la portée de tout le monde~~
~~…bâiller tout son crâne et joindre à la salive l'horreur…n'est pas à la portée de tout le monde~~
~~…bâiller tout son crâne et joindre à la salive l'horreur…n'est pas à la portée de tout le monde~~
~~…bâiller tout son crâne et joindre à la salive l'horreur…n'est pas à la portée de tout le monde~~
~~…bâiller tout son crâne et joindre à la salive l'horreur…n'est pas à la portée de tout le monde~~
~~…bâiller tout son crâne et joindre à la salive l'horreur…n'est pas à la portée de tout le monde~~
~~…bâiller tout son crâne et joindre à la salive l'horreur…n'est pas à la portée de tout le monde~~
~~…bâiller tout son crâne et joindre à la salive l'horreur…n'est pas à la portée de tout le monde~~
~~…bâiller tout son crâne et joindre à la salive l'horreur…n'est pas à la portée de tout le monde~~
~~…bâiller tout son crâne et joindre à la salive l'horreur…n'est pas à la portée de tout le monde~~
~~…bâiller tout son crâne et joindre à la salive l'horreur…n'est pas à la portée de tout le monde~~
~~…bâiller tout son crâne et joindre à la salive l'horreur…n'est pas à la portée de tout le monde~~
~~…bâiller tout son crâne et joindre à la salive l'horreur…n'est pas à la portée de tout le monde~~
~~…bâiller tout son crâne et joindre à la salive l'horreur…n'est pas à la portée de tout le monde~~
~~…bâiller tout son crâne et joindre à la salive l'horreur…n'est pas à la portée de tout le monde~~
~~…bâiller tout son crâne et joindre à la salive l'horreur…n'est pas à la portée de tout le monde~~
~~…bâiller tout son crâne et joindre à la salive l'horreur…n'est pas à la portée de tout le monde~~
~~…bâiller tout son crâne et joindre à la salive l'horreur…n'est pas à la portée de tout le monde~~
~~…bâiller tout son crâne et joindre à la salive l'horreur…n'est pas à la portée de tout le monde~~
~~…bâiller tout son crâne et joindre à la salive l'horreur…n'est pas à la portée de tout le monde~~
~~…bâiller tout son crâne et joindre à la salive l'horreur…n'est pas à la portée de tout le monde~~
~~…bâiller tout son crâne et joindre à la salive l'horreur…n'est pas à la portée de tout le monde~~
~~…bâiller tout son crâne et joindre à la salive l'horreur…n'est pas à la portée de tout le monde~~
~~…bâiller tout son crâne et joindre à la salive l'horreur…n'est pas à la portée de tout le monde~~
~~…bâiller tout son crâne et joindre à la salive l'horreur…n'est pas à la portée de tout le monde~~
~~…bâiller tout son crâne et joindre à la salive l'horreur…n'est pas à la portée de tout le monde~~
~~…bâiller tout son crâne et joindre à la salive l'horreur…n'est pas à la portée de tout le monde~~
~~…bâiller tout son crâne et joindre à la salive l'horreur…n'est pas à la portée de tout le monde~~
~~…bâiller tout son crâne et joindre à la salive l'horreur…n'est pas à la portée de tout le monde~~
~~…bâiller tout son crâne et joindre à la salive l'horreur…n'est pas à la portée de tout le monde~~
~~…bâiller tout son crâne et joindre à la salive l'horreur…n'est pas à la portée de tout le monde~~
~~…bâiller tout son crâne et joindre à la salive l'horreur…n'est pas à la portée de tout le monde~~
~~…bâiller tout son crâne et joindre à la salive l'horreur…n'est pas à la portée de tout le monde~~
~~…bâiller tout son crâne et joindre à la salive l'horreur…n'est pas à la portée de tout le monde~~
~~…bâiller tout son crâne et joindre à la salive l'horreur…n'est pas à la portée de tout le monde~~
~~…bâiller tout son crâne et joindre à la salive l'horreur…n'est pas à la portée de tout le monde~~
~~…bâiller tout son crâne et joindre à la salive l'horreur…n'est pas à la portée de tout le monde~~
~~…bâiller tout son crâne et joindre à la salive l'horreur…n'est pas à la portée de tout le monde~~
~~…bâiller tout son crâne et joindre à la salive l'horreur…n'est pas à la portée de tout le monde~~
~~…bâiller tout son crâne et joindre à la salive l'horreur…n'est pas à la portée de tout le monde~~
~~…bâiller tout son crâne et joindre à la salive l'horreur…n'est pas à la portée de tout le monde~~
~~…bâiller tout son crâne et joindre à la salive l'horreur…n'est pas à la portée de tout le monde~~
~~…bâiller tout son crâne et joindre à la salive l'horreur…n'est pas à la portée de tout le monde~~
~~…bâiller tout son crâne et joindre à la salive l'horreur…n'est pas à la portée de tout le monde~~
~~…bâiller tout son crâne et joindre à la salive l'horreur…n'est pas à la portée de tout le monde~~
~~…bâiller tout son crâne et joindre à la salive l'horreur…n'est pas à la portée de tout le monde~~
~~…bâiller tout son crâne et joindre à la salive l'horreur…n'est pas à la portée de tout le monde~~
~~…bâiller tout son crâne et joindre à la salive l'horreur…n'est pas à la portée de tout le monde~~
~~…bâiller tout son crâne et joindre à la salive l'horreur…n'est pas à la portée de tout le monde~~
~~…bâiller tout son crâne et joindre à la salive l'horreur…n'est pas à la portée de tout le monde~~
~~…bâiller tout son crâne et joindre à la salive l'horreur…n'est pas à la portée de tout le monde~~
~~…bâiller tout son crâne et joindre à la salive l'horreur…n'est pas à la portée de tout le monde~~
~~…bâiller tout son crâne et joindre à la salive l'horreur…n'est pas à la portée de tout le monde~~
~~…bâiller tout son crâne et joindre à la salive l'horreur…n'est pas à la portée de tout le monde~~

cerveau-harpon jusqu'à la clavicule rencontre et depuis le sternum dépouillé se plisse s'arrache
mou noir déjà intime dehors hors s s s s s s s s s s s cerveau-harpon jusqu'à la clavicule rencontre
et depuis le sternum dépouillé se plisse s'arrache mou noir déjà intime dehors hors s s s s s s s s
s s s cerveau-harpon jusqu'à la clavicule rencontre et depuis le sternum dépouillé se plisse
s'arrache mou noir déjà intime dehors hors s s s s s s s s s s s cerveau-harpon jusqu'à la clavicule
rencontre et depuis le sternum dépouillé se plisse s'arrache mou noir déjà intime dehors hors s s
s s s s s s s s s cerveau-harpon jusqu'à la clavicule rencontre et depuis le sternum dépouillé se
plisse s'arrache mou noir déjà intime dehors hors s s s s s s s s s s s cerveau-harpon jusqu'à la
clavicule rencontre et depuis le sternum dépouillé se plisse s'arrache mou noir déjà intime dehors
hors s s s s s s s s s s s cerveau-harpon jusqu'à la clavicule rencontre et depuis le sternum
dépouillé se plisse s'arrache mou noir déjà intime dehors hors s s s s s s s s s s s cerveau-harpon
jusqu'à la clavicule rencontre et depuis le sternum dépouillé se plisse s'arrache mou noir déjà
intime dehors hors s s s s s s s s s s s cerveau-harpon jusqu'à la clavicule rencontre et depuis le
sternum dépouillé se plisse s'arrache mou noir déjà intime dehors hors s s s s s s s s s s s
cerveau-harpon jusqu'à la clavicule rencontre et depuis le sternum dépouillé se plisse s'arrache
mou noir déjà intime dehors hors s s s s s s s s s s s cerveau-harpon jusqu'à la clavicule rencontre
et depuis le sternum dépouillé se plisse s'arrache mou noir déjà intime dehors hors s s s s s s s s
s s s cerveau-harpon jusqu'à la clavicule rencontre et depuis le sternum dépouillé se plisse
s'arrache mou noir déjà intime dehors hors s s s s s s s s s s s cerveau-harpon jusqu'à la clavicule
rencontre et depuis le sternum dépouillé se plisse s'arrache mou noir déjà intime dehors hors s s
s s s s s s s s s cerveau-harpon jusqu'à la clavicule rencontre et depuis le sternum dépouillé se
plisse s'arrache mou noir déjà intime dehors hors s s s s s s s s s s s cerveau-harpon jusqu'à la
clavicule rencontre et depuis le sternum dépouillé se plisse s'arrache mou noir déjà intime dehors
hors s s s s s s s s s s s cerveau-harpon jusqu'à la clavicule rencontre et depuis le sternum
dépouillé se plisse s'arrache mou noir déjà intime dehors hors s s s s s s s s s s s cerveau-harpon
jusqu'à la clavicule rencontre et depuis le sternum dépouillé se plisse s'arrache mou noir déjà
intime dehors hors s s s s s s s s s s s cerveau-harpon jusqu'à la clavicule rencontre et depuis le
sternum dépouillé se plisse s'arrache mou noir déjà intime dehors hors s s s s s s s s s s s
cerveau-harpon jusqu'à la clavicule rencontre et depuis le sternum dépouillé se plisse s'arrache
mou noir déjà intime dehors hors s s s s s s s s s s s cerveau-harpon jusqu'à la clavicule rencontre
et depuis le sternum dépouillé se plisse s'arrache mou noir déjà intime dehors hors s s s s s s s s
s s s cerveau-harpon jusqu'à la clavicule rencontre et depuis le sternum dépouillé se plisse
s'arrache mou noir déjà intime dehors hors s s s s s s s s s s s cerveau-harpon jusqu'à la clavicule
rencontre et depuis le sternum dépouillé se plisse s'arrache mou noir déjà intime dehors hors s s
s s s s s s s s s cerveau-harpon jusqu'à la clavicule rencontre et depuis le sternum dépouillé se
plisse s'arrache mou noir déjà intime dehors hors s s s s s s s s s s s cerveau-harpon jusqu'à la
clavicule rencontre et depuis le sternum dépouillé se plisse s'arrache mou noir déjà intime dehors
hors s s s s s s s s s s s cerveau-harpon jusqu'à la clavicule rencontre et depuis le sternum
dépouillé se plisse s'arrache mou noir déjà intime dehors hors s s s s s s s s s s s cerveau-harpon
jusqu'à la clavicule rencontre et depuis le sternum dépouillé se plisse s'arrache mou noir déjà
intime dehors hors s s s s s s s s s s s cerveau-harpon jusqu'à la clavicule rencontre et depuis le
sternum dépouillé se plisse s'arrache mou noir déjà intime dehors hors s s s s s s s s s s s
cerveau-harpon jusqu'à la clavicule rencontre et depuis le sternum dépouillé se plisse s'arrache
mou noir déjà intime dehors hors s s s s s s s s s s s cerveau-harpon jusqu'à la clavicule rencontre
et depuis le sternum dépouillé se plisse s'arrache mou noir déjà intime dehors hors s s s s s s s s
s s s cerveau-harpon jusqu'à la clavicule rencontre et depuis le sternum dépouillé se plisse
s'arrache mou noir déjà intime dehors hors s s s s s s s s s s s cerveau-harpon jusqu'à la clavicule
rencontre et depuis le sternum dépouillé se plisse s'arrache mou noir déjà intime dehors hors s s
s s s s s s s s s cerveau-harpon jusqu'à la clavicule rencontre et depuis le sternum dépouillé se
plisse s'arrache mou noir déjà intime dehors hors s s s s s s s s s s s cerveau-harpon jusqu'à la
clavicule rencontre et depuis le sternum dépouillé se plisse s'arrache mou noir déjà intime dehors
hors s s s s s s s s s s s cerveau-harpon jusqu'à la clavicule rencontre et depuis le sternum
dépouillé se plisse s'arrache mou noir déjà intime dehors hors s s s s s s s s s s s cerveau-harpon
jusqu'à la clavicule rencontre et depuis le sternum dépouillé se plisse s'arrache mou noir déjà
intime dehors hors s s s s s s s s s s s cerveau-harpon jusqu'à la clavicule rencontre et depuis le
sternum dépouillé se plisse s'arrache mou noir déjà intime dehors hors s s s s s s s s s s s
cerveau-harpon jusqu'à la clavicule rencontre et depuis le sternum dépouillé se plisse s'arrache
mou noir déjà intime dehors hors s s s s s s s s s s s cerveau-harpon jusqu'à la clavicule rencontre
et depuis le sternum dépouillé se plisse s'arrache mou noir déjà intime dehors hors s s s s s s s s
s s s cerveau-harpon jusqu'à la clavicule rencontre et depuis le sternum dépouillé se plisse
s'arrache mou noir déjà intime dehors hors s s s s s s s s s s s cerveau-harpon jusqu'à la clavicule
rencontre et depuis le sternum dépouillé se plisse s'arrache mou noir déjà intime dehors hors s s
s s s s s s s s s cerveau-harpon jusqu'à la clavicule rencontre et depuis le sternum dépouillé

salive rebelle sauvage d’échos rite verbal arrache livre le noyau orifice roule au milieu du front et
sous l’effort s’enfonce dans les artères chute sang remué use use à coups de cauchemars
moignon éclair accroche et désordre le réveil la peau en souvenir absorbe cette même peau en
désordre salive rebelle sauvage d’échos rite verbal arrache livre le noyau orifice roule au milieu du
front et sous l’effort s’enfonce dans les artères chute sang remué use use à coups de cauchemars
moignon éclair accroche et désordre le réveil la peau en souvenir absorbe cette même peau en
désordre salive rebelle sauvage d’échos rite verbal arrache livre le noyau orifice roule au milieu du
front et sous l’effort s’enfonce dans les artères chute sang remué use use à coups de cauchemars
moignon éclair accroche et désordre le réveil la peau en souvenir absorbe cette même peau en
désordre salive rebelle sauvage d’échos rite verbal arrache livre le noyau orifice roule au milieu du
front et sous l’effort s’enfonce dans les artères chute sang remué use use à coups de cauchemars
moignon éclair accroche et désordre le réveil la peau en souvenir absorbe cette même peau en
désordre salive rebelle sauvage d’échos rite verbal arrache livre le noyau orifice roule au milieu du
front et sous l’effort s’enfonce dans les artères chute sang remué use use à coups de cauchemars
moignon éclair accroche et désordre le réveil la peau en souvenir absorbe cette même peau en
désordre salive rebelle sauvage d’échos rite verbal arrache livre le noyau orifice roule au milieu du
front et sous l’effort s’enfonce dans les artères chute sang remué use use à coups de cauchemars
moignon éclair accroche et désordre le réveil la peau en souvenir absorbe cette même peau en
désordre salive rebelle sauvage d’échos rite verbal arrache livre le noyau orifice roule au milieu du
front et sous l’effort s’enfonce dans les artères chute sang remué use use à coups de cauchemars
moignon éclair accroche et désordre le réveil la peau en souvenir absorbe cette même peau en
désordre salive rebelle sauvage d’échos rite verbal arrache livre le noyau orifice roule au milieu du
front et sous l’effort s’enfonce dans les artères chute sang remué use use à coups de cauchemars
moignon éclair accroche et désordre le réveil la peau en souvenir absorbe cette même peau en
désordre salive rebelle sauvage d’échos rite verbal arrache livre le noyau orifice roule au milieu du
front et sous l’effort s’enfonce dans les artères chute sang remué use use à coups de cauchemars
moignon éclair accroche et désordre le réveil la peau en souvenir absorbe cette même peau en
désordre salive rebelle sauvage d’échos rite verbal arrache livre le noyau orifice roule au milieu du
front et sous l’effort s’enfonce dans les artères chute sang remué use use à coups de cauchemars
moignon éclair accroche et désordre le réveil la peau en souvenir absorbe cette même peau en
désordre salive rebelle sauvage d’échos rite verbal arrache livre le noyau orifice roule au milieu du
front et sous l’effort s’enfonce dans les artères chute sang remué use use à coups de cauchemars
moignon éclair accroche et désordre le réveil la peau en souvenir absorbe cette même peau en
désordre salive rebelle sauvage d’échos rite verbal arrache livre le noyau orifice roule au milieu du
front et sous l’effort s’enfonce dans les artères chute sang remué use use à coups de cauchemars
moignon éclair accroche et désordre le réveil la peau en souvenir absorbe cette même peau en
désordre salive rebelle sauvage d’échos rite verbal arrache livre le noyau orifice roule au milieu du
front et sous l’effort s’enfonce dans les artères chute sang remué use use à coups de cauchemars
moignon éclair accroche et désordre le réveil la peau en souvenir absorbe cette même peau en
désordre salive rebelle sauvage d’échos rite verbal arrache livre le noyau orifice roule au milieu du
front et sous l’effort s’enfonce dans les artères chute sang remué use use à coups de cauchemars
moignon éclair accroche et désordre le réveil la peau en souvenir absorbe cette même peau en
désordre salive rebelle sauvage d’échos rite verbal arrache livre le noyau orifice roule au milieu du
front et sous l’effort s’enfonce dans les artères chute sang remué use use à coups de cauchemars
moignon éclair accroche et désordre le réveil la peau en souvenir absorbe cette même peau en
désordre salive rebelle sauvage d’échos rite verbal arrache livre le noyau orifice roule au milieu du
front et sous l’effort s’enfonce dans les artères chute sang remué use use à coups de cauchemars
moignon éclair accroche et désordre le réveil la peau en souvenir absorbe cette même peau en
désordre salive rebelle sauvage d’échos rite verbal arrache livre le noyau orifice roule au milieu du
front et sous l’effort s’enfonce dans les artères chute sang remué use use à coups de cauchemars
moignon éclair accroche et désordre le réveil la peau en souvenir absorbe cette même peau en
désordre salive rebelle sauvage d’échos rite verbal arrache livre le noyau orifice roule au milieu du
front et sous l’effort s’enfonce dans les artères chute sang remué use use à coups de cauchemars
moignon éclair accroche et désordre le réveil la peau en souvenir absorbe cette même peau en
désordre salive rebelle sauvage d’échos rite verbal arrache livre le noyau orifice roule au milieu du
front et sous l’effort s’enfonce dans les artères chute sang remué use use à coups de cauchemars
moignon éclair accroche et désordre le réveil la peau en souvenir absorbe cette même peau en
désordre salive rebelle sauvage d’échos rite verbal arrache livre le noyau orifice roule au milieu du
front et sous l’effort s’enfonce dans les artères chute sang remué use use à coups de cauchemars
moignon éclair accroche et désordre le réveil la peau en souvenir absorbe cette même peau en
désordre salive rebelle sauvage d’échos rite verbal arrache livre le noyau orifice roule au milieu du
front et sous l’effort s’enfonce dans les artères chute sang remué use use à coups de cauchemars
moignon éclair accroche et désordre le réveil la peau en souvenir absorbe cette même peau en

reins à hauteur d’os et autres ganglions plantés dans la chair percent l’évidence abîment les ailes démembrées reins à hauteur d’os et autres ganglions plantés dans la chair percent l’évidence abîment les ailes démembrées reins à hauteur d’os et autres ganglions plantés dans la chair percent l’évidence abîment les ailes démembrées reins à hauteur d’os et autres ganglions plantés dans la chair percent l’évidence abîment les ailes démembrées reins à hauteur d’os et autres ganglions plantés dans la chair percent l’évidence abîment les ailes démembrées reins à hauteur d’os et autres ganglions plantés dans la chair percent l’évidence abîment les ailes démembrées reins à hauteur d’os et autres ganglions plantés dans la chair percent l’évidence abîment les ailes démembrées reins à hauteur d’os et autres ganglions plantés dans la chair percent l’évidence abîment les ailes démembrées reins à hauteur d’os et autres ganglions plantés dans la chair percent l’évidence abîment les ailes démembrées reins à hauteur d’os et autres ganglions plantés dans la chair percent l’évidence abîment les ailes démembrées reins à hauteur d’os et autres ganglions plantés dans la chair percent l’évidence abîment les ailes démembrées reins à hauteur d’os et autres ganglions plantés dans la chair percent l’évidence abîment les ailes démembrées reins à hauteur d’os et autres ganglions plantés dans la chair percent l’évidence abîment les ailes démembrées reins à hauteur d’os et autres ganglions plantés dans la chair percent l’évidence abîment les ailes démembrées reins à hauteur d’os et autres ganglions plantés dans la chair percent l’évidence abîment les ailes démembrées reins à hauteur d’os et autres ganglions plantés dans la chair percent l’évidence abîment les ailes démembrées reins à hauteur d’os et autres ganglions plantés dans la chair percent l’évidence abîment les ailes démembrées reins à hauteur d’os et autres ganglions plantés dans la chair percent l’évidence abîment les ailes démembrées reins à hauteur d’os et autres ganglions plantés dans la chair percent l’évidence abîment les ailes démembrées reins à hauteur d’os et autres ganglions plantés dans la chair percent l’évidence abîment les ailes démembrées reins à hauteur d’os et autres ganglions plantés dans la chair percent l’évidence abîment les ailes démembrées reins à hauteur d’os et autres ganglions plantés dans la chair percent l’évidence abîment les ailes démembrées reins à hauteur d’os et autres ganglions plantés dans la chair percent l’évidence abîment les ailes démembrées reins à hauteur d’os et autres ganglions plantés dans la chair percent l’évidence abîment les ailes démembrées reins à hauteur d’os et autres ganglions plantés dans la chair percent l’évidence abîment les ailes démembrées reins à hauteur d’os et autres ganglions plantés dans la chair percent l’évidence abîment les ailes démembrées reins à hauteur d’os et autres ganglions plantés dans la chair percent l’évidence abîment les ailes démembrées reins à hauteur d’os et autres ganglions plantés dans la chair percent l’évidence abîment les ailes démembrées reins à hauteur d’os et autres ganglions plantés dans la chair percent l’évidence abîment les ailes démembrées reins à hauteur d’os et autres ganglions plantés dans la chair percent l’évidence abîment les ailes démembrées reins à hauteur d’os et autres ganglions plantés dans la chair percent l’évidence abîment les ailes démembrées reins à hauteur d’os et autres ganglions plantés dans la chair percent l’évidence abîment les ailes démembrées reins à hauteur d’os et autres ganglions plantés dans la chair percent l’évidence abîment les ailes démembrées reins à hauteur d’os et autres ganglions plantés dans la chair percent l’évidence abîment les ailes démembrées reins à hauteur d’os et autres ganglions plantés dans la chair percent l’évidence abîment les ailes démembrées reins à hauteur d’os et autres ganglions plantés dans la chair percent l’évidence abîment les ailes démembrées reins à hauteur d’os et autres ganglions plantés dans la chair percent l’évidence abîment les ailes démembrées reins à hauteur d’os et autres ganglions plantés dans la chair percent l’évidence abîment les ailes démembrées reins à hauteur d’os et autres ganglions plantés dans la chair percent l’évidence abîment les ailes démembrées reins à hauteur d’os et autres ganglions plantés dans la chair percent l’évidence abîment les ailes démembrées reins à hauteur d’os et autres ganglions plantés dans la chair percent l’évidence abîment les ailes démembrées reins à hauteur d’os et autres ganglions plantés dans la chair percent l’évidence abîment les ailes démembrées reins à hauteur d’os et autres ganglions plantés dans la chair percent l’évidence abîment les ailes démembrées reins à hauteur d’os et autres ganglions plantés dans la chair percent l’évidence abîment les ailes démembrées reins à hauteur d’os et autres ganglions plantés dans la chair percent l’évidence abîment les ailes démembrées reins à hauteur d’os et autres ganglions plantés dans la chair percent l’évidence abîment les ailes démembrées reins à hauteur d’os et autres ganglions plantés dans la chair percent l’évidence abîment les ailes démembrées reins à hauteur d’os et autres ganglions plantés dans la chair percent l’évidence abîment les ailes démembrées reins à hauteur d’os et autres ganglions plantés dans la chair percent l’évidence abîment les ailes démembrées reins à hauteur d’os et autres ganglions plantés dans la chair percent l’évidence abîment les ailes démembrées reins à hauteur d’os et autres ganglions plantés dans la chair percent l’évidence abîment les ailes démembrées reins à hauteur d'os et autres ganglions plantés dans la chair percent l'évidence abîment les ailes démembrées l'homme ailé regarde vers l'os douleur comme flancs secoussent encor' au gouffre de la hanche et se gonfle l'échancrure en signe tranchant l'homme ailé regarde vers l'os douleur comme flancs secoussent encor' au gouffre de la hanche et se gonfle l'échancrure en signe tranchant l'homme ailé regarde vers l'os douleur comme flancs secoussent encor' au gouffre de la hanche et se gonfle l'échancrure en signe tranchant l'homme ailé regarde vers l'os douleur comme flancs secoussent encor' au gouffre de la hanche et se gonfle l'échancrure en signe tranchant l'homme ailé regarde vers l'os douleur comme flancs secoussent encor' au gouffre de la hanche et se gonfle l'échancrure en signe tranchant l'homme ailé regarde vers l'os douleur comme flancs secoussent encor' au gouffre de la hanche et se gonfle l'échancrure en signe tranchant l'homme ailé regarde vers l'os douleur comme flancs secoussent encor' au gouffre de la hanche et se gonfle l'échancrure en signe tranchant l'homme ailé regarde vers l'os douleur comme flancs secoussent encor' au gouffre de la hanche et se gonfle l'échancrure en signe tranchant l'homme ailé regarde vers l'os douleur comme flancs secoussent encor' au gouffre de la hanche et se gonfle l'échancrure en signe tranchant l'homme ailé regarde vers l'os douleur comme flancs secoussent encor' au gouffre de la hanche et se gonfle l'échancrure en signe tranchant l'homme ailé regarde vers l'os douleur comme flancs secoussent encor' au gouffre de la hanche et se gonfle l'échancrure en signe tranchant l'homme ailé regarde vers l'os douleur comme flancs secoussent encor' au gouffre de la hanche et se gonfle l'échancrure en signe tranchant l'homme ailé regarde vers l'os douleur comme flancs secoussent encor' au gouffre de la hanche et se gonfle l'échancrure en signe tranchant l'homme ailé regarde vers l'os douleur comme flancs secoussent encor' au gouffre de la hanche et se gonfle l'échancrure en signe tranchant l'homme ailé regarde vers l'os douleur comme flancs secoussent encor' au gouffre de la hanche et se gonfle l'échancrure en signe tranchant l'homme ailé regarde vers l'os douleur comme flancs secoussent encor' au gouffre de la hanche et se gonfle l'échancrure en signe tranchant l'homme ailé regarde vers l'os douleur comme flancs secoussent encor' au gouffre de la hanche et se gonfle l'échancrure en signe tranchant l'homme ailé regarde vers l'os douleur comme flancs secoussent encor' au gouffre de la hanche et se gonfle l'échancrure en signe tranchant l'homme ailé regarde vers l'os douleur comme flancs secoussent encor' au gouffre de la hanche et se gonfle l'échancrure en signe tranchant l'homme ailé regarde vers l'os douleur comme flancs secoussent encor' au gouffre de la hanche et se gonfle l'échancrure en signe tranchant l'homme ailé regarde vers l'os douleur comme flancs secoussent encor' au gouffre de la hanche et se gonfle l'échancrure en signe tranchant l'homme ailé regarde vers l'os douleur comme flancs secoussent encor' au gouffre de la hanche et se gonfle l'échancrure en signe tranchant l'homme

rien emballé en ombre d'innocence soit embuscade épie et hachure en cascades des minces
traînées d'obscurités désert attente rocaille s'épuise aussi de colère muette minée d'harmonie
morne oubli lucide s'enfonce encor' tripatouillé d'intempéries nécropoles / âme inerte / en
attente d'étoiles incolores cadenassées. *Le doute*. froid froissé comprimé de mirage en passage
jusqu'à épuisement étouffe l'extase et sans raison balaye est infini serré d'angoisses se fraye est
celui qui erre cri blesse est plus épais encor' qu'un roc toujours en mouvement s'anal somme
toute siffle l'air les bras hors du jeu hors du jeu hors du jeu rien emballé en ombre d'innocence
soit embuscade épie et hachure en cascades des minces traînées d'obscurités désert attente
rocaille s'épuise aussi de colère muette minée d'harmonie morne oubli lucide s'enfonce encor'
tripatouillé d'intempéries nécropoles / âme inerte / en attente d'étoiles incolores cadenassées.
Le doute. froid froissé comprimé de mirage en passage jusqu'à épuisement étouffe l'extase et
sans raison balaye est infini serré d'angoisses se fraye est celui qui erre cri blesse est plus épais
encor' qu'un roc toujours en mouvement s'anal somme toute siffle l'air les bras hors du jeu hors
du jeu hors du jeu rien emballé en ombre d'innocence soit embuscade épie et hachure en
cascades des minces traînées d'obscurités désert attente rocaille s'épuise aussi de colère muette
minée d'harmonie morne oubli lucide s'enfonce encor' tripatouillé d'intempéries nécropoles / âme
inerte / en attente d'étoiles incolores cadenassées. *Le doute*. froid froissé comprimé de mirage
en passage jusqu'à épuisement étouffe l'extase et sans raison balaye est infini serré d'angoisses
se fraye est celui qui erre cri blesse est plus épais encor' qu'un roc toujours en mouvement s'anal
somme toute siffle l'air les bras hors du jeu hors du jeu hors du jeu rien emballé en ombre
d'innocence soit embuscade épie et hachure en cascades des minces traînées d'obscurités
désert attente rocaille s'épuise aussi de colère muette minée d'harmonie morne oubli lucide
s'enfonce encor' tripatouillé d'intempéries nécropoles / âme inerte / en attente d'étoiles incolores
cadenassées. *Le doute*. froid froissé comprimé de mirage en passage jusqu'à épuisement
étouffe l'extase et sans raison balaye est infini serré d'angoisses se fraye est celui qui erre cri
blesse est plus épais encor' qu'un roc toujours en mouvement s'anal somme toute siffle l'air les
bras hors du jeu hors du jeu hors du jeu rien emballé en ombre d'innocence soit embuscade épie
et hachure en cascades des minces traînées d'obscurités désert attente rocaille s'épuise aussi
de colère muette minée d'harmonie morne oubli lucide s'enfonce encor' tripatouillé d'intempéries
nécropoles / âme inerte / en attente d'étoiles incolores cadenassées. *Le doute*. froid froissé
comprimé de mirage en passage jusqu'à épuisement étouffe l'extase et sans raison balaye est
infini serré d'angoisses se fraye est celui qui erre cri blesse est plus épais encor' qu'un roc
toujours en mouvement s'anal somme toute siffle l'air les bras hors du jeu hors du jeu hors du jeu
rien emballé en ombre d'innocence soit embuscade épie et hachure en cascades des minces
traînées d'obscurités désert attente rocaille s'épuise aussi de colère muette minée d'harmonie
morne oubli lucide s'enfonce encor' tripatouillé d'intempéries nécropoles / âme inerte / en
attente d'étoiles incolores cadenassées. *Le doute*. froid froissé comprimé de mirage en passage
jusqu'à épuisement étouffe l'extase et sans raison balaye est infini serré d'angoisses se fraye est
celui qui erre cri blesse est plus épais encor' qu'un roc toujours en mouvement s'anal somme
toute siffle l'air les bras hors du jeu hors du jeu hors du jeu rien emballé en ombre d'innocence
soit embuscade épie et hachure en cascades des minces traînées d'obscurités désert attente
rocaille s'épuise aussi de colère muette minée d'harmonie morne oubli lucide s'enfonce encor'
tripatouillé d'intempéries nécropoles / âme inerte / en attente d'étoiles incolores cadenassées.
Le doute. froid froissé comprimé de mirage en passage jusqu'à épuisement étouffe l'extase et
sans raison balaye est infini serré d'angoisses se fraye est celui qui erre cri blesse est plus épais
encor' qu'un roc toujours en mouvement s'anal somme toute siffle l'air les bras hors du jeu hors
du jeu hors du jeu rien emballé en ombre d'innocence soit embuscade épie et hachure en
cascades des minces traînées d'obscurités désert attente rocaille s'épuise aussi de colère muette
minée d'harmonie morne oubli lucide s'enfonce encor' tripatouillé d'intempéries nécropoles / âme
inerte / en attente d'étoiles incolores cadenassées. *Le doute*. froid froissé comprimé de mirage
en passage jusqu'à épuisement étouffe l'extase et sans raison balaye est infini serré d'angoisses
se fraye est celui qui erre cri blesse est plus épais encor' qu'un roc toujours en mouvement s'anal
somme toute siffle l'air les bras hors du jeu hors du jeu hors du jeu rien emballé en ombre
d'innocence soit embuscade épie et hachure en cascades des minces traînées d'obscurités
désert attente rocaille s'épuise aussi de colère muette minée d'harmonie morne oubli lucide
s'enfonce encor' tripatouillé d'intempéries nécropoles / âme inerte / en attente d'étoiles incolores
cadenassées. *Le doute*. froid froissé comprimé de mirage en passage jusqu'à épuisement
étouffe l'extase et sans raison balaye est infini serré d'angoisses se fraye est celui qui erre cri
blesse est plus épais encor' qu'un roc toujours en mouvement s'anal somme toute siffle l'air les
bras hors du jeu hors du jeu hors du jeu rien emballé en ombre d'innocence soit embuscade épie
et hachure en cascades des minces traînées d'obscurités désert attente rocaille s'épuise aussi
de colère muette minée d'harmonie morne oubli lucide s'enfonce encor' tripatouillé d'intempéries
nécropoles / âme inerte / en attente d'étoiles incolores cadenassées. *Le doute*.

sangsue-morsure à nouveau perfore à distance disperse à son acharnement arrache le cœur acné le cri retenu / chute sans mémoire, l'officiant couché étale emporte cet extrême à peine en équilibre à la limite toujours conscient à la limite sangsue-morsure à nouveau perfore à distance disperse à son acharnement arrache le cœur acné le cri retenu / chute sans mémoire, l'officiant couché étale emporte cet extrême à peine en équilibre à la limite toujours conscient à la limite sangsue-morsure à nouveau perfore à distance disperse à son acharnement arrache le cœur acné le cri retenu / chute sans mémoire, l'officiant couché étale emporte cet extrême à peine en équilibre à la limite toujours conscient à la limite sangsue-morsure à nouveau perfore à distance disperse à son acharnement arrache le cœur acné le cri retenu / chute sans mémoire, l'officiant couché étale emporte cet extrême à peine en équilibre à la limite toujours conscient à la limite sangsue-morsure à nouveau perfore à distance disperse à son acharnement arrache le cœur acné le cri retenu / chute sans mémoire, l'officiant couché étale emporte cet extrême à peine en équilibre à la limite toujours conscient à la limite sangsue-morsure à nouveau perfore à distance disperse à son acharnement arrache le cœur acné le cri retenu / chute sans mémoire, l'officiant couché étale emporte cet extrême à peine en équilibre à la limite toujours conscient à la limite sangsue-morsure à nouveau perfore à distance disperse à son acharnement arrache le cœur acné le cri retenu / chute sans mémoire, l'officiant couché étale emporte cet extrême à peine en équilibre à la limite toujours conscient à la limite sangsue-morsure à nouveau perfore à distance disperse à son acharnement arrache le cœur acné le cri retenu / chute sans mémoire, l'officiant couché étale emporte cet extrême à peine en équilibre à la limite toujours conscient à la limite sangsue-morsure à nouveau perfore à distance disperse à son acharnement arrache le cœur acné le cri retenu / chute sans mémoire, l'officiant couché étale emporte cet extrême à peine en équilibre à la limite toujours conscient à la limite sangsue-morsure à nouveau perfore à distance disperse à son acharnement arrache le cœur acné le cri retenu / chute sans mémoire, l'officiant couché étale emporte cet extrême à peine en équilibre à la limite toujours conscient à la limite sangsue-morsure à nouveau perfore à distance disperse à son acharnement arrache le cœur acné le cri retenu / chute sans mémoire, l'officiant couché étale emporte cet extrême à peine en équilibre à la limite toujours conscient à la limite sangsue-morsure à nouveau perfore à distance disperse à son acharnement arrache le cœur acné le cri retenu / chute sans mémoire, l'officiant couché étale emporte cet extrême à peine en équilibre à la limite toujours conscient à la limite sangsue-morsure à nouveau perfore à distance disperse à son acharnement arrache le cœur acné le cri retenu / chute sans mémoire, l'officiant couché étale emporte cet extrême à peine en équilibre à la limite toujours conscient à la limite sangsue-morsure à nouveau perfore à distance disperse à son acharnement arrache le cœur acné le cri retenu / chute sans mémoire, l'officiant couché étale emporte cet extrême à peine en équilibre à la limite toujours conscient à la limite sangsue-morsure à nouveau perfore à distance disperse à son acharnement arrache le cœur acné le cri retenu / chute sans mémoire, l'officiant couché étale emporte cet extrême à peine en équilibre à la limite toujours conscient à la limite sangsue-morsure à nouveau perfore à distance disperse à son acharnement arrache le cœur acné le cri retenu / chute sans mémoire, l'officiant couché étale emporte cet extrême à peine en équilibre à la limite toujours conscient à la limite sangsue-morsure à nouveau perfore à distance disperse à son acharnement arrache le cœur acné le cri retenu / chute sans mémoire, l'officiant couché étale emporte cet extrême à peine en équilibre à la limite toujours conscient à la limite sangsue-morsure à nouveau perfore à distance disperse à son acharnement arrache le cœur acné le cri retenu / chute sans mémoire, l'officiant couché étale emporte cet extrême à peine en équilibre à la limite toujours conscient à la limite sangsue-morsure à nouveau perfore à distance disperse à son acharnement arrache le cœur acné le cri retenu / chute sans mémoire, l'officiant couché étale emporte cet extrême à peine en équilibre à la limite toujours conscient à la limite sangsue-morsure à nouveau perfore à distance disperse à son acharnement arrache le cœur acné le cri retenu / chute sans mémoire, l'officiant couché étale emporte cet extrême à peine en équilibre à la limite toujours conscient à la limite sangsue-morsure à nouveau perfore à distance disperse à son acharnement arrache le cœur acné le cri retenu / chute sans mémoire, l'officiant couché étale emporte cet extrême à peine en équilibre à la limite toujours conscient à la limite sangsue-morsure à nouveau perfore à distance disperse à son acharnement arrache le cœur acné le cri retenu / chute sans mémoire, l'officiant couché étale emporte cet extrême à peine en équilibre à la limite toujours conscient à la limite sangsue-morsure à nouveau perfore à distance disperse à son acharnement arrache le cœur acné le cri retenu / chute sans mémoire, l'officiant couché étale emporte cet extrême à peine en équilibre à la limite toujours conscient à la limite sangsue-morsure à nouveau perfore à distance disperse à son acharnement arrache le cœur acné le cri retenu / chute sans mémoire, l'officiant couché étale emporte cet extrême à peine en équilibre à la limite toujours conscient à la limite sangsue-morsure à nouveau perfore à distance disperse à son acharnement arrache le cœur acné le cri retenu / chute sans mémoire, l'officiant couché étale emporte cet extrême à peine en équilibre à la limite toujours conscient à la limite sangsue-morsure à nouveau perfore à distance l'eau grimace l'éclair moignon à fleur de peau l'effort noyau roule la tête au milieu du front tendu de langues rite l'extase étouffe incessants mirages comprimés froissés de riens sursautés (?) lucide s'épuise en rocaille soit en herbe l'impasse fouillée ombre de rien rien qui remonte aussi des pierres dans le noir et la suie qui regagne l'origine par la voûte l'eau grimace l'éclair moignon à fleur de peau l'effort noyau roule la tête au milieu du front tendu de langues rite l'extase étouffe incessants mirages comprimés froissés de riens sursautés (?) lucide s'épuise en rocaille soit en herbe l'impasse fouillée ombre de rien rien qui remonte aussi des pierres dans le noir et la suie qui regagne l'origine par la voûte l'eau grimace l'éclair moignon à fleur de peau l'effort noyau roule la tête au milieu du front tendu de langues rite l'extase étouffe incessants mirages comprimés froissés de riens sursautés (?) lucide s'épuise en rocaille soit en herbe l'impasse fouillée ombre de rien rien qui remonte aussi des pierres dans le noir et la suie qui regagne l'origine par la voûte l'eau grimace l'éclair moignon à fleur de peau l'effort noyau roule la tête au milieu du front tendu de langues rite l'extase étouffe incessants mirages comprimés froissés de riens sursautés (?) lucide s'épuise en rocaille soit en herbe l'impasse fouillée ombre de rien rien qui remonte aussi des pierres dans le noir et la suie qui regagne l'origine par la voûte l'eau grimace l'éclair moignon à fleur de peau l'effort noyau roule la tête au milieu du front tendu de langues rite l'extase étouffe incessants mirages comprimés froissés de riens sursautés (?) lucide s'épuise en rocaille soit en herbe l'impasse fouillée ombre de rien rien qui remonte aussi des pierres dans le noir et la suie qui regagne l'origine par la voûte l'eau grimace l'éclair moignon l’esclave couché pliant son corps de soie… l’esclave couché pliant son corps de soie… l’esclave couché pliant son corps de soie… l’esclave couché pliant son corps de soie… l’esclave couché pliant son corps de soie… l’esclave couché pliant son corps de soie… l’esclave couché pliant son corps de soie… l’esclave couché pliant son corps de soie… l’esclave couché pliant son corps de soie...l'esclave couché pliant son corps de soie... l'esclave couché pliant son corps de soie... l'esclave couché pliant son corps de soie... l'esclave couché pliant son corps de soie... l'esclave couché pliant son corps de soie... l'esclave couché pliant son corps de soie... l'esclave couché pliant son corps de soie... l'esclave couché pliant son corps de soie... l'esclave couché pliant son corps de soie... l'esclave

couché pliant son corps de
soie… l’esclave couché
pliant son corps de soie…
l’esclave couché pliant son
corps de soie… l’esclave
couché pliant son corps de
soie… l’esclave couché
pliant son corps de soie…
l’esclave couché pliant son
corps de soie… l’esclave
couché pliant son corps de
soie… l’esclave couché
pliant son corps de soie…
l’esclave couché pliant son
corps de soie… l’esclave
couché pliant son corps

la montagne fouille et creuse
le
ciel
absent

demande aube toute terre demande aube toute terre demande aube toute terre demande aube
toute terre demande aube toute terre demande aube toute terre demande aube toute terre
demande aube toute terre demande aube toute terre demande aube toute terre demande aube
toute terre demande aube toute terre demande aube toute terre demande aube toute terre
demande aube toute terre demande aube toute terre demande aube toute terre demande aube
toute terre demande aube toute terre demande aube toute terre demande aube toute terre
demande aube toute terre demande aube toute terre demande aube toute terre demande aube
toute terre demande aube toute terre demande aube toute terre demande aube toute terre
demande aube toute terre demande aube toute terre demande aube toute terre demande aube
toute terre demande aube toute terre demande aube toute terre demande aube toute terre
demande aube toute terre demande aube toute terre demande aube toute terre demande aube
toute terre demande aube toute terre demande aube toute terre demande aube toute terre
demande aube toute terre demande aube toute terre demande aube toute terre demande aube
toute terre demande aube toute terre demande aube toute terre demande aube toute terre
demande aube toute terre demande aube toute terre demande aube toute terre demande aube
toute terre demande aube toute terre demande aube toute terre demande aube toute terre
demande aube toute terre demande aube toute terre demande aube toute terre demande aube
toute terre demande aube toute terre demande aube toute terre demande aube toute terre
demande aube toute terre demande aube toute terre demande aube toute terre demande aube
toute terre demande aube toute terre demande aube toute terre demande aube toute terre
demande aube toute terre demande aube toute terre demande aube toute terre demande aube
toute terre demande aube toute terre demande aube toute terre demande aube toute terre
demande aube toute terre demande aube toute terre demande aube toute terre demande aube
toute terre demande aube toute terre demande aube toute terre demande aube toute terre
demande aube toute terre demande aube toute terre demande aube toute terre demande aube
toute terre demande aube toute terre demande aube toute terre demande aube toute terre
demande aube toute terre demande aube toute terre demande aube toute terre demande aube
toute terre demande aube toute terre demande aube toute terre demande aube toute terre
demande aube toute terre demande aube toute terre demande aube toute terre demande aube
toute terre demande aube toute terre demande aube toute terre demande aube toute terre
demande aube toute terre demande aube toute terre demande aube toute terre demande aube
toute terre demande aube toute terre demande aube toute terre demande aube toute terre
demande aube toute terre demande aube toute terre demande aube toute terre demande aube
toute terre demande aube toute terre demande aube toute terre demande aube toute terre
demande aube toute terre demande aube toute terre demande aube toute terre demande aube
toute terre demande aube toute terre demande aube toute terre demande aube toute terre
demande aube toute terre demande aube toute terre demande aube toute terre demande aube
toute terre demande aube toute terre demande aube toute terre demande aube toute terre
demande aube toute terre demande aube toute terre demande aube toute terre demande aube
toute terre demande aube toute terre demande aube toute terre demande aube toute terre
demande aube toute terre demande aube toute terre demande aube toute terre demande aube
toute terre demande aube toute terre demande aube toute terre demande aube toute terre
demande aube toute terre demande aube toute terre demande aube toute terre demande aube
toute terre demande aube toute terre demande aube toute terre demande aube toute terre
demande aube toute terre demande aube toute terre demande aube toute terre demande aube
toute terre demande aube toute terre demande aube toute terre demande aube toute terre
demande aube toute terre demande aube toute terre demande aube toute terre demande aube
toute terre demande aube toute terre demande aube toute terre demande aube toute terre
demande aube toute terre demande aube toute terre demande aube toute terre demande aube
toute terre demande aube toute terre demande aube toute terre demande aube toute terre
demande aube toute terre demande aube toute terre demande aube toute terre demande aube
toute terre demande aube toute terre demande aube toute terre demande aube toute terre
demande aube toute terre demande aube toute terre demande aube toute terre demande aube
toute terre demande aube toute terre demande aube toute terre demande aube toute terre
demande aube toute terre demande aube toute terre demande aube toute terre demande aube
toute terre demande aube toute terre demande aube toute terre demande aube toute terre
demande aube toute terre demande aube toute terre demande aube toute terre demande aube
toute terre demande aube toute terre demande aube toute terre demande aube toute terre
demande aube toute terre demande aube toute terre demande aube toute terre demande aube
toute terre demande aube toute terre demande aube toute terre demande aube toute terre
demande aube toute terre demande aube toute terre demande aube toute terre demande aube
toute terre demande aube toute terre demande aube toute terre demande aube toute terre
demande aube toute terre demande aube toute terre demande aube toute terre demande aube

il **suffit** de choisir son unique instant de *salut* il *suffit* de **choisir** son unique instant *de* salut
il suffit *de* choisir son **unique** *instant* de salut il suffit de *choisir* son *unique* **instant** de salut
il suffit de choisir *son* unique instant de **salut** il **suffit** de *choisir* son *unique* instant de salut
il suffit *de* **choisir** son unique *instant* de salut il *suffit* de choisir son **unique** instant *de* salut
il suffit de choisir son unique **instant** de *salut* il *suffit* de choisir son unique instant *de* **salut**
il **suffit** de choisir son unique instant de *salut* il *suffit* de **choisir** son unique instant *de* salut
il suffit *de* choisir son **unique** *instant* de salut il suffit de *choisir* son *unique* **instant** de salut
il suffit de choisir *son* unique instant de **salut** il **suffit** de *choisir* son *unique* instant de salut
il suffit *de* **choisir** son unique *instant* de salut il *suffit* de choisir son **unique** instant *de* salut
il suffit de choisir son unique **instant** de *salut* il *suffit* de choisir son unique instant *de* **salut**
il **suffit** de choisir son unique instant de *salut* il *suffit* de **choisir** son unique instant *de* salut
il suffit *de* choisir son **unique** *instant* de salut il suffit de *choisir* son *unique* **instant** de salut
il suffit de choisir *son* unique instant de **salut** il **suffit** de *choisir* son *unique* instant de salut
il suffit *de* **choisir** son unique *instant* de salut il *suffit* de choisir son **unique** instant *de* salut
il suffit de choisir son unique **instant** de *salut* il *suffit* de choisir son unique instant *de* **salut**
il **suffit** de choisir son unique instant de *salut* il *suffit* de **choisir** son unique instant *de* salut
il suffit *de* choisir son **unique** *instant* de salut il suffit de *choisir* son *unique* **instant** de salut
il suffit de choisir *son* unique instant de **salut** il **suffit** de *choisir* son *unique* instant de salut
il suffit *de* **choisir** son unique *instant* de salut il *suffit* de choisir son **unique** instant *de* salut
il suffit de choisir son unique **instant** de *salut* il *suffit* de choisir son unique instant *de* **salut**
il **suffit** de choisir son unique instant de *salut* il *suffit* de **choisir** son unique instant *de* salut
il suffit *de* choisir son **unique** *instant* de salut il suffit de *choisir* son *unique* **instant** de salut
il suffit de choisir *son* unique instant de **salut** il **suffit** de *choisir* son *unique* instant de salut
il suffit *de* **choisir** son unique *instant* de salut il *suffit* de choisir son **unique** instant *de* salut
il suffit de choisir son unique **instant** de *salut* il *suffit* de choisir son unique instant *de* **salut**
il **suffit** de choisir son unique instant de *salut* il *suffit* de **choisir** son unique instant *de* salut
il suffit *de* choisir son **unique** *instant* de salut il suffit de *choisir* son *unique* **instant** de salut
il suffit de choisir *son* unique instant de **salut** il **suffit** de *choisir* son *unique* instant de salut
il suffit *de* **choisir** son unique *instant* de salut il *suffit* de choisir son **unique** instant *de* salut
il suffit de choisir son unique **instant** de *salut* il *suffit* de choisir son unique instant *de* **salut**
il **suffit** de choisir son unique instant de *salut* il *suffit* de **choisir** son unique instant *de* salut
il suffit *de* choisir son **unique** *instant* de salut il suffit de *choisir* son *unique* **instant** de salut
il suffit de choisir *son* unique instant de **salut** il **suffit** de *choisir* son *unique* instant de salut
il suffit *de* **choisir** son unique *instant* de salut il *suffit* de choisir son **unique** instant *de* salut
il suffit de choisir son unique **instant** de *salut* il *suffit* de choisir son unique instant *de* **salut**
il **suffit** de choisir son unique instant de *salut* il *suffit* de **choisir** son unique instant *de* salut
il suffit *de* choisir son **unique** *instant* de salut il suffit de *choisir* son *unique* **instant** de salut
il suffit de choisir *son* unique instant de **salut** il **suffit** de *choisir* son *unique* instant de salut
il suffit *de* **choisir** son unique *instant* de salut il *suffit* de choisir son **unique** instant *de* salut
il suffit de choisir son unique **instant** de *salut* il *suffit* de choisir son unique instant *de* **salut**
il **suffit** de choisir son unique instant de *salut* il *suffit* de **choisir** son unique instant *de* salut
il suffit *de* choisir son **unique** *instant* de salut il suffit de *choisir* son *unique* **instant** de salut
il suffit de choisir *son* unique instant de **salut** il **suffit** de *choisir* son *unique* instant de salut
il suffit *de* **choisir** son unique *instant* de salut il *suffit* de choisir son **unique** instant *de* salut
il suffit de choisir son unique **instant** de *salut* il *suffit* de choisir son unique instant *de* **salut**
il **suffit** de choisir son unique instant de *salut* il *suffit* de **choisir** son unique instant *de* salut
il suffit *de* choisir son **unique** *instant* de salut il suffit de *choisir* son *unique* **instant** de salut
il suffit de choisir *son* unique instant de **salut** il **suffit** de *choisir* son *unique* instant de salut
il suffit *de* **choisir** son unique *instant* de salut il *suffit* de choisir son **unique** instant *de* salut
il suffit de choisir son unique **instant** de *salut* il *suffit* de choisir son unique instant *de* **salut**
il **suffit** de choisir son unique instant de *salut* il *suffit* de **choisir** son unique instant *de* salut
il suffit *de* choisir son **unique** *instant* de salut il suffit de *choisir* son *unique* **instant** de salut
il suffit de choisir *son* unique instant de **salut** il **suffit** de *choisir* son *unique* instant de salut
il suffit *de* **choisir** son unique *instant* de salut il *suffit* de choisir son **unique** instant *de* salut
il suffit de choisir son unique **instant** de *salut* il *suffit* de choisir son unique instant *de* **salut**
il **suffit** de choisir son unique instant de *salut* il *suffit* de **choisir** son unique instant *de* salut
il suffit *de* choisir son **unique** *instant* de salut il suffit de *choisir* son *unique* **instant** de salut
il suffit de choisir *son* unique instant de **salut** il **suffit** de *choisir* son *unique* instant de salut
il suffit *de* **choisir** son unique *instant* de salut il *suffit* de choisir son **unique** instant *de* salut
il suffit de choisir son unique **instant** de *salut* il *suffit* de choisir son unique instant *de* **salut**
il **suffit** de choisir son unique instant de *salut* il *suffit* de **choisir** son unique instant *de* salut
il suffit *de* choisir son **unique** *instant* de salut il suffit de *choisir* son *unique* **instant** de salut
il suffit de choisir *son* unique instant de **salut** il **suffit** de *choisir* son *unique* instant de salut

il suffit *de* **choisir** son unique *instant* de salut il *suffit* de choisir son **unique** instant *de* salut
il suffit de choisir son unique **instant** de *salut* il *suffit* de choisir son unique instant *de* **salut**
il **suffit** de choisir son unique instant de *salut* il *suffit* de **choisir** son unique instant *de* salut
il suffit *de* choisir son **unique** *instant* de salut il suffit de *choisir* son *unique* **instant** de salut
il suffit de choisir *son* unique instant de **salut** il **suffit** de *choisir* son *unique* instant de salut
il suffit *de* **choisir** son unique *instant* de salut il *suffit* de choisir son **unique** instant *de* salut
il suffit de choisir son unique **instant** de *salut* il *suffit* de choisir son unique instant *de* **salut**
il **suffit** de choisir son unique instant de *salut* il *suffit* de **choisir** son unique instant *de* salut
il suffit *de* choisir son **unique** *instant* de salut il suffit de *choisir* son *unique* **instant** de salut
il suffit de choisir *son* unique instant de **salut** il **suffit** de *choisir* son *unique* instant de salut
il suffit *de* **choisir** son unique *instant* de salut il *suffit* de choisir son **unique** instant *de* salut
il suffit de choisir son unique **instant** de *salut* il *suffit* de choisir son unique instant *de* **salut**
il **suffit** de choisir son unique instant de *salut* il *suffit* de **choisir** son unique instant *de* salut
il suffit *de* choisir son **unique** *instant* de salut il suffit de *choisir* son *unique* **instant** de salut
il suffit de choisir *son* unique instant de **salut** il **suffit** de *choisir* son *unique* instant de salut
il suffit *de* **choisir** son unique *instant* de salut il *suffit* de choisir son **unique** instant *de* salut
il suffit de choisir son unique **instant** de *salut* il *suffit* de choisir son unique instant *de* **salut**
il **suffit** de choisir son unique instant de *salut* il *suffit* de **choisir** son unique instant *de* salut
il suffit *de* choisir son **unique** *instant* de salut il suffit de *choisir* son *unique* **instant** de salut
il suffit de choisir *son* unique instant de **salut** il **suffit** de *choisir* son *unique* instant de salut
il suffit *de* **choisir** son unique *instant* de salut il *suffit* de choisir son **unique** instant *de* salut
il suffit de choisir son unique **instant** de *salut* il *suffit* de choisir son unique instant *de* **salut**
il **suffit** de choisir son unique instant de *salut* il *suffit* de **choisir** son unique instant *de* salut
il suffit *de* choisir son **unique** *instant* de salut il suffit de *choisir* son *unique* **instant** de salut
il suffit de choisir *son* unique instant de **salut** il **suffit** de *choisir* son *unique* instant de salut
il suffit *de* **choisir** son unique *instant* de salut il *suffit* de choisir son **unique** instant *de* salut
il suffit de choisir son unique **instant** de *salut* il *suffit* de choisir son unique instant *de* **salut**
il **suffit** de choisir son unique instant de *salut* il *suffit* de **choisir** son unique instant *de* salut
il suffit *de* choisir son **unique** *instant* de salut il suffit de *choisir* son *unique* **instant** de salut
il suffit de choisir *son* unique instant de **salut** il **suffit** de *choisir* son *unique* instant de salut
il suffit *de* **choisir** son unique *instant* de salut il *suffit* de choisir son **unique** instant *de* salut
il suffit de choisir son unique **instant** de *salut* il *suffit* de choisir son unique instant *de* **salut**
il **suffit** de choisir son unique instant de *salut* il *suffit* de **choisir** son unique instant *de* salut
il suffit *de* choisir son **unique** *instant* de salut il suffit de *choisir* son *unique* **instant** de salut
il suffit de choisir *son* unique instant de **salut** il **suffit** de *choisir* son *unique* instant de salut
il suffit *de* **choisir** son unique *instant* de salut il *suffit* de choisir son **unique** instant *de* salut
il suffit de choisir son unique **instant** de *salut* il *suffit* de choisir son unique instant *de* **salut**
il **suffit** de choisir son unique instant de *salut* il *suffit* de **choisir** son unique instant *de* salut
il suffit *de* choisir son **unique** *instant* de salut il suffit de *choisir* son *unique* **instant** de salut
il suffit de choisir *son* unique instant de **salut** il **suffit** de *choisir* son *unique* instant de salut
il suffit *de* **choisir** son unique *instant* de salut il *suffit* de choisir son **unique** instant *de* salut
il suffit de choisir son unique **instant** de *salut* il *suffit* de choisir son unique instant *de* **salut**
il **suffit** de choisir son unique instant de *salut* il *suffit* de **choisir** son unique instant *de* salut
il suffit *de* choisir son **unique** *instant* de salut il suffit de *choisir* son *unique* **instant** de salut
il suffit de choisir *son* unique instant de **salut** il **suffit** de *choisir* son *unique* instant de salut
il suffit *de* **choisir** son unique *instant* de salut il *suffit* de choisir son **unique** instant *de* salut
il suffit de choisir son unique **instant** de *salut* il *suffit* de choisir son unique instant *de* **salut**
il **suffit** de choisir son unique instant de *salut* il *suffit* de **choisir** son unique instant *de* salut
il suffit *de* choisir son **unique** *instant* de salut il suffit de *choisir* son *unique* **instant** de salut
il suffit de choisir *son* unique instant de **salut** il **suffit** de *choisir* son *unique* instant de salut
il suffit *de* **choisir** son unique *instant* de salut il *suffit* de choisir son **unique** instant *de* salut
il suffit de choisir son unique **instant** de *salut* il *suffit* de choisir son unique instant *de* **salut**
il **suffit** de choisir son unique instant de *salut* il *suffit* de **choisir** son unique instant *de* salut

connaître un brin d'herbe, oui...
l’instant qu’on arrache
connaître un brin d'herbe, oui...
l’instant qu’on arrache
connaître un brin d'herbe, oui...
l’instant qu’on arrache
connaître un brin d'herbe, oui...
l’instant qu’on arrache
connaître un brin d'herbe, oui...
l’instant qu’on arrache
connaître un brin d'herbe, oui...
l’instant qu’on arrache
connaître un brin d'herbe, oui...
l’instant qu’on arrache
connaître un brin d'herbe, oui...
l’instant qu’on arrache

connaître un brin d'herbe, oui...
l’instant qu’on arrache
connaître un brin d'herbe, oui...
l’instant qu’on arrache
connaître un brin d'herbe, oui...
l’instant qu’on arrache
connaître un brin d'herbe, oui...
l’instant qu’on arrache
connaître un brin d'herbe, oui...
l’instant qu’on arrache
connaître un brin d'herbe, oui...
l’instant qu’on arrache
connaître un brin d'herbe, oui...
l’instant qu’on arrache
connaître un brin d'herbe, oui...
l’instant qu’on arrache

connaître un brin d'herbe, oui...
l’instant qu’on arrache
connaître un brin d'herbe, oui...
l’instant qu’on arrache
connaître un brin d'herbe, oui...
l’instant qu’on arrache
connaître un brin d'herbe, oui...
l’instant qu’on arrache
connaître un brin d'herbe, oui...
l’instant qu’on arrache
connaître un brin d'herbe, oui...
l’instant qu’on arrache
connaître un brin d'herbe, oui...
l’instant qu’on arrache
connaître un brin d'herbe, oui...
l’instant qu’on arrache

connaître un brin d'herbe, oui...
l’instant qu’on arrache
connaître un brin d'herbe, oui...
l’instant qu’on arrache
connaître un brin d'herbe, oui...
l’instant qu’on arrache
connaître un brin d'herbe, oui...
l’instant qu’on arrache
connaître un brin d'herbe, oui...
l’instant qu’on arrache
connaître un brin d'herbe, oui...
l’instant qu’on arrache
connaître un brin d'herbe, oui...
l’instant qu’on arrache
connaître un brin d'herbe, oui...
l’instant qu’on arrache

connaître un brin d'herbe, oui...
l’instant qu’on arrache
connaître un brin d'herbe, oui...
l’instant qu’on arrache
connaître un brin d'herbe, oui...
l’instant qu’on arrache
connaître un brin d'herbe, oui...
l’instant qu’on arrache
connaître un brin d'herbe, oui...
l’instant qu’on arrache
connaître un brin d'herbe, oui...
l’instant qu’on arrache
connaître un brin d'herbe, oui...
l’instant qu’on arrache
connaître un brin d'herbe, oui...
l’instant qu’on arrache

connaître un brin d'herbe, oui...
l’instant qu’on arrache
connaître un brin d'herbe, oui...
l’instant qu’on arrache
connaître un brin d'herbe, oui...
l’instant qu’on arrache
connaître un brin d'herbe, oui...
l’instant qu’on arrache
connaître un brin d'herbe, oui...
l’instant qu’on arrache
connaître un brin d'herbe, oui...
l’instant qu’on arrache
connaître un brin d'herbe, oui...
l’instant qu’on arrache
connaître un brin d'herbe, oui...
l’instant qu’on arrache

connaître un brin d'herbe, oui...
l’instant qu’on arrache
connaître un brin d'herbe, oui...
l’instant qu’on arrache
connaître un brin d'herbe, oui...
l’instant qu’on arrache
connaître un brin d'herbe, oui...
l’instant qu’on arrache
connaître un brin d'herbe, oui...
l’instant qu’on arrache
connaître un brin d'herbe, oui...
l’instant qu’on arrache
connaître un brin d'herbe, oui...
l’instant qu’on arrache
connaître un brin d'herbe, oui...
l’instant qu’on arrache

connaître un brin d'herbe, oui...
l’instant qu’on arrache
connaître un brin d'herbe, oui...
l’instant qu’on arrache
connaître un brin d'herbe, oui...
l’instant qu’on arrache
connaître un brin d'herbe, oui...
l’instant qu’on arrache
connaître un brin d'herbe, oui...
l’instant qu’on arrache
connaître un brin d'herbe, oui...
l’instant qu’on arrache
connaître un brin d'herbe, oui...
l’instant qu’on arrache

l'instant qu'on arrache
connaître un brin d’herbe, oui…
l'instant qu'on arrache
connaître un brin d’herbe, oui…
l'instant qu'on arrache
connaître un brin d’herbe, oui…
l'instant qu'on arrache
connaître un brin d’herbe, oui…
l'instant qu'on arrache
connaître un brin d’herbe, oui…
l'instant qu'on arrache
connaître un brin d’herbe, oui…
l'instant qu'on arrache
connaître un brin d’herbe, oui…
l'instant qu'on arrache
connaître un brin d’herbe, oui…
l'instant qu'on arrache
connaître un brin d’herbe, oui…
l'instant qu'on arrache
connaître un brin d’herbe, oui…
l'instant qu'on arrache
connaître un brin d’herbe, oui…
l'instant qu'on arrache
connaître un brin d’herbe, oui…
l'instant qu'on arrache
connaître un brin d’herbe, oui…
l'instant qu'on arrache
connaître un brin d’herbe, oui…
l'instant qu'on arrache
connaître un brin d’herbe, oui…
l'instant qu'on arrache
connaître un brin d’herbe, oui…
l'instant qu'on arrache
connaître un brin d’herbe, oui…
l'instant qu'on arrache
connaître un brin d’herbe, oui…
l'instant qu'on arrache
connaître un brin d’herbe, oui…
l'instant qu'on arrache
connaître un brin d’herbe, oui…
l'instant qu'on arrache
connaître un brin d’herbe, oui…
l'instant qu'on arrache
connaître un brin d’herbe, oui…
l'instant qu'on arrache
connaître un brin d’herbe, oui…
l'instant qu'on arrache
connaître un brin d’herbe, oui…
l'instant qu'on arrache
connaître un brin d’herbe, oui…
l'instant qu'on arrache
connaître un brin d’herbe, oui…
l'instant qu'on arrache
connaître un brin d’herbe, oui…
l'instant qu'on arrache
connaître un brin d’herbe, oui…
l'instant qu'on arrache
connaître un brin d’herbe, oui…
l'instant qu'on arrache
connaître un brin d’herbe, oui…
l'instant qu'on arrache
connaître un brin d’herbe, oui…
l'instant qu'on arrache
connaître un brin d’herbe, oui…
l'instant qu'on arrache
connaître un brin d’herbe, oui…
l'instant qu'on arrache
connaître un brin d’herbe, oui…
l'instant qu'on arrache
connaître un brin d’herbe, oui…
l'instant qu'on arrache
connaître un brin d’herbe, oui…
l'instant qu'on arrache
connaître un brin d’herbe, oui…
l'instant qu'on arrache
connaître un brin d’herbe, oui…
l'instant qu'on arrache
connaître un brin d’herbe, oui…
l'instant qu'on arrache
connaître un brin d’herbe, oui…
l'instant qu'on arrache
connaître un brin d’herbe, oui…
l'instant qu'on arrache
connaître un brin d’herbe, oui…
l'instant qu'on arrache
connaître un brin d’herbe, oui…
l'instant qu'on arrache
connaître un brin d’herbe, oui…
l'instant qu'on arrache
connaître un brin d’herbe, oui…
l'instant qu'on arrache
connaître un brin d’herbe, oui…
l'instant qu'on arrache
connaître un brin d’herbe, oui…
l'instant qu'on arrache
connaître un brin d’herbe, oui…
l'instant qu'on arrache
connaître un brin d’herbe, oui…
l'instant qu'on arrache
connaître un brin d’herbe, oui…
l'instant qu'on arrache
connaître un brin d’herbe, oui…
l'instant qu'on arrache
connaître un brin d’herbe, oui…
l'instant qu'on arrache
connaître un brin d’herbe, oui…
l'instant qu'on arrache
connaître un brin d’herbe, oui…
l'instant qu'on arrache
connaître un brin d’herbe, oui…
l'instant qu'on arrache
connaître un brin d’herbe, oui…
l'instant qu'on arrache
connaître un brin d’herbe, oui…
l'instant qu'on arrache
connaître un brin d’herbe, oui…
l'instant qu'on arrache
connaître un brin d’herbe, oui…
l'instant qu'on arrache
connaître un brin d’herbe, oui…
l'instant qu'on arrache
connaître un brin d’herbe, oui…
l'instant qu'on arrache
connaître un brin d’herbe, oui…
l'instant qu'on arrache
connaître un brin d’herbe, oui…
l'instant qu'on arrache
connaître un brin d’herbe, oui…
l'instant qu'on arrache
connaître un brin d’herbe, oui…
l'instant qu'on arrache
connaître un brin d’herbe, oui…
l'instant qu'on arrache
connaître un brin d’herbe, oui…
l'instant qu'on arrache
connaître un brin d’herbe, oui…
l'instant qu'on arrache
connaître un brin d’herbe, oui…
l'instant qu'on arrache
connaître un brin d’herbe, oui…

temps sur-saute (?)

?)(?
)(?)(
?)(?
)(?)(
?)(?
)(?)(
?)(?
)(?)(
?)(?
)(?)(
?)(?
)(?)(
?)(?
)(?)(
?)(?
)(?)(
?)(?
)(?)(
?)(?
)(?)(
?)(?
)(?)(
?)(?
)(?)(
?)(?
)(?)(
?)(?
)(?)(
?)(?
)(?)(
?)(?
)(?)(
?)(?
)(?)(
?)(?
)(?)(
?)(?
)(?)(
?)(?

en silence... par de petites secousses secousses secousses secousses
secousses secousses secousses secousses secousses secousses**secousses secousses**
secousses secousses secousses secousses
secousses secousses secousses secousses secousses secousses**secousses secousses**
secousses secousses secousses secousses
secousses secousses secousses secousses secousses secousses**secousses secousses**
secousses secousses secousses secousses
secousses secousses secousses secousses secousses secousses**secousses secousses**
secousses secousses secousses secousses
secousses secousses secousses secousses secousses secousses**secousses secousses**
secousses secousses secousses secousses
secousses secousses secousses secousses secousses secousses**secousses secousses**
secousses secousses secousses secousses
secousses secousses secousses secousses secousses secousses**secousses secousses**
secousses secousses secousses secousses
secousses secousses secousses secousses secousses secousses**secousses secousses**
secousses secousses secousses secousses
secousses secousses secousses secousses secousses secousses**secousses secousses**
secousses secousses secousses secousses
secousses secousses secousses secousses secousses secousses**secousses secousses**
secousses secousses secousses secousses
secousses secousses secousses secousses secousses secousses**secousses secousses**
secousses secousses secousses secousses
secousses secousses secousses secousses secousses secousses**secousses secousses**
secousses secousses secousses secousses
secousses secousses secousses secousses secousses secousses**secousses secousses**
secousses secousses secousses secousses
secousses secousses secousses secousses secousses secousses**secousses secousses**
secousses secousses secousses secousses
secousses secousses secousses secousses secousses secousses**secousses secousses**
secousses secousses secousses secousses
secousses secousses secousses secousses secousses secousses**secousses secousses**
secousses secousses secousses secousses
secousses secousses secousses secousses secousses secousses**secousses secousses**
secousses secousses secousses secousses
secousses secousses secousses secousses secousses secousses**secousses secousses**
secousses secousses secousses secousses
secousses secousses secousses secousses secousses secousses**secousses secousses**
secousses secousses secousses secousses
secousses secousses secousses secousses secousses secousses**secousses secousses**
secousses secousses secousses secousses
secousses secousses secousses secousses secousses secousses**secousses secousses**
secousses secousses secousses secousses
secousses secousses secousses secousses secousses secousses**secousses secousses**
secousses secousses secousses secousses
secousses secousses secousses secousses secousses secousses**secousses secousses**
secousses secousses secousses secousses
secousses secousses secousses secousses secousses secousses**secousses secousses**
secousses secousses secousses secousses
secousses secousses secousses secousses secousses secousses**secousses secousses**
secousses secousses secousses secousses
secousses secousses secousses secousses secousses secousses**secousses secousses**
secousses secousses secousses secousses
secousses secousses secousses secousses secousses secousses**secousses secousses**
secousses secousses secousses secousses
secousses secousses secousses secousses secousses secousses**secousses secousses**
secousses secousses secousses secousses
secousses secousses secousses secousses secousses secousses**secousses secousses**
secousses secousses secousses secousses
secousses secousses secousses secousses secousses secousses**secousses secousses**
secousses secousses secousses secousses
secousses secousses secousses secousses secousses secousses**secousses secousses**
en silence…

hermétiquehermétiquehermétiquehermétiquehermétiquehermétiquehermétiquehermétiqueherméti
quehermétiquehermétiquehermétiquehermétiquehermétiquehermétiquehermétiquehermétiqueher
métiquehermétiquehermétiquehermétiquehermétiquehermétiquehermétiquehermétiquehermétiqu
ehermétiquehermétiquehermétiquehermétiquehermétiquehermétiquehermétiquehermétiquehermé
tiquehermétiquehermétiquehermétiquehermétiquehermétiquehermétiquehermétiquehermétiquehe
rmétiquehermétiquehermétiquehermétiquehermétiquehermétiquehermétiquehermétiquehermétiqu
ehermétiquehermétiquehermétiquehermétiquehermétiquehermétiquehermétiquehermétiquehermé
tiquehermétiquehermétiquehermétiquehermétiquehermétiquehermétiquehermétiquehermétiquehe
rmétiquehermétiquehermétiquehermétiquehermétiquehermétiquehermétiquehermétiquehermétiqu
ehermétiquehermétiquehermétiquehermétiquehermétiquehermétiquehermétiquehermétiquehermé
tiquehermétiquehermétiquehermétiquehermétiquehermétiquehermétiquehermétiquehermétiquehe
rmétiquehermétiquehermétiquehermétiquehermétiquehermétiquehermétiquehermétiquehermétiqu
ehermétiquehermétiquehermétiquehermétiquehermétiquehermétiquehermétiquehermétiquehermé
tiquehermétiquehermétiquehermétiquehermétiquehermétiquehermétiquehermétiquehermétiquehe
rmétiquehermétiquehermétiquehermétiquehermétiquehermétiquehermétiquehermétiquehermétiqu
ehermétiquehermétiquehermétiquehermétiquehermétiquehermétiquehermétiquehermétiquehermé
tiquehermétiquehermétiquehermétiquehermétiquehermétiquehermétiquehermétiquehermétiquehe
rmétiquehermétiquehermétiquehermétiquehermétiquehermétiquehermétiquehermétiquehermétiqu
ehermétiquehermétiquehermétiquehermétiquehermétiquehermétiquehermétiquehermétiquehermé
tiquehermétiquehermétiquehermétiquehermétiquehermétiquehermétiquehermétiquehermétiquehe
rmétiquehermétiquehermétiquehermétiquehermétiquehermétiquehermétiquehermétiquehermétiqu
ehermétiquehermétiquehermétiquehermétiquehermétiquehermétiquehermétiquehermétiquehermé
tiquehermétiquehermétiquehermétiquehermétiquehermétiquehermétiquehermétiquehermétiquehe
rmétiquehermétiquehermétiquehermétiquehermétiquehermétiquehermétiquehermétiquehermétiqu
ehermétiquehermétiquehermétiquehermétiquehermétiquehermétiquehermétiquehermétiquehermé
tiquehermétiquehermétiquehermétiquehermétiquehermétiquehermétiquehermétiquehermétiquehe
rmétiquehermétiquehermétiquehermétiquehermétiquehermétiquehermétiquehermétiquehermétiqu
ehermétiquehermétiquehermétiquehermétiquehermétiquehermétiquehermétiquehermétiquehermé
tiquehermétiquehermétiquehermétiquehermétiquehermétiquehermétiquehermétiquehermétiquehe
rmétiquehermétiquehermétiquehermétiquehermétiquehermétiquehermétiquehermétiquehermétiqu
ehermétiquehermétiquehermétiquehermétiquehermétiquehermétiquehermétiquehermétiquehermé
tiquehermétiquehermétiquehermétiquehermétiquehermétiquehermétiquehermétiquehermétiquehe
rmétiquehermétiquehermétiquehermétiquehermétiquehermétiquehermétiquehermétiquehermétiqu
ehermétiquehermétiquehermétiquehermétiquehermétiquehermétiquehermétiquehermétiquehermé
tiquehermétiquehermétiquehermétiquehermétiquehermétiquehermétiquehermétiquehermétiquehe
rmétiquehermétiquehermétiquehermétiquehermétiquehermétiquehermétiquehermétiquehermétiqu
ehermétiquehermétiquehermétiquehermétiquehermétiquehermétiquehermétiquehermétiquehermé
tiquehermétiquehermétiquehermétiquehermétiquehermétiquehermétiquehermétiquehermétiquehe
rmétiquehermétiquehermétiquehermétiquehermétiquehermétiquehermétiquehermétiquehermétiqu
ehermétiquehermétiquehermétiquehermétiquehermétiquehermétiquehermétiquehermétiquehermé
tiquehermétiquehermétiquehermétiquehermétiquehermétiquehermétiquehermétiquehermétiquehe
rmétiquehermétiquehermétiquehermétiquehermétiquehermétiquehermétiquehermétiquehermétiqu
ehermétiquehermétiquehermétiquehermétiquehermétiquehermétiquehermétiquehermétiquehermé
tiquehermétiquehermétiquehermétiquehermétiquehermétiquehermétiquehermétiquehermétiquehe
rmétiquehermétiquehermétiquehermétiquehermétiquehermétiquehermétiquehermétiquehermétiqu
ehermétiquehermétiquehermétiquehermétiquehermétiquehermétiquehermétiquehermétiquehermé
tiquehermétiquehermétiquehermétiquehermétiquehermétiquehermétiquehermétiquehermétiquehe
rmétiquehermétiquehermétiquehermétiquehermétiquehermétiquehermétiquehermétiquehermétiqu
ehermétiquehermétiquehermétiquehermétiquehermétiquehermétiquehermétiquehermétiquehermé
tiquehermétiquehermétiquehermétiquehermétiquehermétiquehermétiquehermétiquehermétiquehe
rmétiquehermétiquehermétiquehermétiquehermétiquehermétiquehermétiquehermétiquehermétiqu
ehermétiquehermétiquehermétiquehermétiquehermétiquehermétiquehermétiquehermétiquehermé
tiquehermétiquehermétiquehermétiquehermétiquehermétiquehermétiquehermétiquehermétiquehe
rmétiquehermétiquehermétiquehermétiquehermétiquehermétiquehermétiquehermétiquehermétiqu
ehermétiquehermétiquehermétiquehermétiquehermétiquehermétiquehermétiquehermétiquehermé
tiquehermétiquehermétiquehermétiquehermétiquehermétiquehermétiquehermétiquehermétiquehe
rmétiquehermétiquehermétiquehermétiquehermétiquehermétiquehermétiquehermétiquehermétiqu
ehermétiquehermétiquehermétiquehermétiquehermétiquehermétiquehermétiquehermétiquehermé
tiquehermétiquehermétiquehermétiquehermétiquehermétiquehermétiquehermétiquehermétiquehe
rmétiquehermétiquehermétiquehermétiquehermétiquehermétiquehermétiquehermétiquehermétiqu
ehermétiquehermétiquehermétiquehermétiquehermétiquehermétiquehermétiquehermétiquehermé
tiquehermétiquehermétiquehermétiquehermétiquehermétiquehermétiquehermétiquehermétiquehe
rmétiquehermétiquehermétiquehermétiquehermétiquehermétiquehermétiquehermétiquehermétiqu
ehermétiquehermétiquehermétiquehermétiquehermétiquehermétiquehermétiquehermétiquehermé
tiquehermétiquehermétiquehermétiquehermétiquehermétiquehermétiquehermétiquehermétiquehe
rmétiquehermétiquehermétiquehermétiquehermétiquehermétiquehermétiquehermétiquehermétiqu

hors la contrariété de son noyau sorti hors la contrariété de son noyau sorti hors
hors la contrariété de son noyau sorti hors la contrariété de son noyau sorti hors
hors la contrariété de son noyau sorti hors la contrariété de son noyau sorti hors
hors la contrariété de son noyau sorti hors la contrariété de son noyau sorti hors
hors la contrariété de son noyau sorti hors la contrariété de son noyau sorti hors
hors la contrariété de son noyau sorti hors la contrariété de son noyau sorti hors
hors la contrariété de son noyau sorti hors la contrariété de son noyau sorti hors
hors la contrariété de son noyau sorti hors la contrariété de son noyau sorti hors
hors la contrariété de son noyau sorti hors la contrariété de son noyau sorti hors
hors la contrariété de son noyau sorti hors la contrariété de son noyau sorti hors
hors la contrariété de son noyau sorti hors la contrariété de son noyau sorti hors
hors la contrariété de son noyau sorti hors la contrariété de son noyau sorti hors
hors la contrariété de son noyau sorti hors la contrariété de son noyau sorti hors
hors la contrariété de son noyau sorti hors la contrariété de son noyau sorti hors
hors la contrariété de son noyau sorti hors la contrariété de son noyau sorti hors
hors la contrariété de son noyau sorti hors la contrariété de son noyau sorti hors
hors la contrariété de son noyau sorti hors la contrariété de son noyau sorti hors
hors la contrariété de son noyau sorti hors la contrariété de son noyau sorti hors
hors la contrariété de son noyau sorti hors la contrariété de son noyau sorti hors
hors la contrariété de son noyau sorti hors la contrariété de son noyau sorti hors
hors la contrariété de son noyau sorti hors la contrariété de son noyau sorti hors
hors la contrariété de son noyau sorti hors la contrariété de son noyau sorti hors
hors la contrariété de son noyau sorti hors la contrariété de son noyau sorti hors
hors la contrariété de son noyau sorti hors la contrariété de son noyau sorti hors
hors la contrariété de son noyau sorti hors la contrariété de son noyau sorti hors
hors la contrariété de son noyau sorti hors la contrariété de son noyau sorti hors
hors la contrariété de son noyau sorti hors la contrariété de son noyau sorti hors
hors la contrariété de son noyau sorti hors la contrariété de son noyau sorti hors
hors la contrariété de son noyau sorti hors la contrariété de son noyau sorti hors
hors la contrariété de son noyau sorti hors la contrariété de son noyau sorti hors
hors la contrariété de son noyau sorti hors la contrariété de son noyau sorti hors
hors la contrariété de son noyau sorti hors la contrariété de son noyau sorti hors
hors la contrariété de son noyau sorti hors la contrariété de son noyau sorti hors
hors la contrariété de son noyau sorti hors la contrariété de son noyau sorti hors
hors la contrariété de son noyau sorti hors la contrariété de son noyau sorti hors
hors la contrariété de son noyau sorti hors la contrariété de son noyau sorti hors
hors la contrariété de son noyau sorti hors la contrariété de son noyau sorti hors
hors la contrariété de son noyau sorti hors la contrariété de son noyau sorti hors
hors la contrariété de son noyau sorti hors la contrariété de son noyau sorti hors
hors la contrariété de son noyau sorti hors la contrariété de son noyau sorti hors
hors la contrariété de son noyau sorti hors la contrariété de son noyau sorti hors
hors la contrariété de son noyau sorti hors la contrariété de son noyau sorti hors
hors la contrariété de son noyau sorti hors la contrariété de son noyau sorti hors
hors la contrariété de son noyau sorti hors la contrariété de son noyau sorti hors
hors la contrariété de son noyau sorti hors la contrariété de son noyau sorti hors
hors la contrariété de son noyau sorti hors la contrariété de son noyau sorti hors
hors la contrariété de son noyau sorti hors la contrariété de son noyau sorti hors
hors la contrariété de son noyau sorti hors la contrariété de son noyau sorti hors
hors la contrariété de son noyau sorti hors la contrariété de son noyau sorti hors
hors la contrariété de son noyau sorti hors la contrariété de son noyau sorti hors
hors la contrariété de son noyau sorti hors la contrariété de son noyau sorti hors
hors la contrariété de son noyau sorti hors la contrariété de son noyau sorti hors
hors la contrariété de son noyau sorti hors la contrariété de son noyau sorti hors
hors la contrariété de son noyau sorti hors la contrariété de son noyau sorti hors
hors la contrariété de son noyau sorti hors la contrariété de son noyau sorti hors
hors la contrariété de son noyau sorti hors la contrariété de son noyau sorti hors
hors la contrariété de son noyau sorti hors la contrariété de son noyau sorti hors
hors la contrariété de son noyau sorti hors la contrariété de son noyau sorti hors
hors la contrariété de son noyau sorti hors la contrariété de son noyau sorti hors
hors la contrariété de son noyau sorti hors la contrariété de son noyau sorti hors
hors la contrariété de son noyau sorti hors la contrariété de son noyau sorti hors
hors la contrariété de son noyau sorti hors la contrariété de son noyau sorti hors
hors la contrariété de son noyau sorti hors la contrariété de son noyau sorti hors

et quand bien même profond redoutant jusqu'en nos ventres semble assoupie, la nuit en cercle boucle l'ennui le temps écho la glaise. et quand bien même profond
me consoler blanc silence me consoler blanc
me consoler blanc silence me consoler blanc me
consoler blanc silence me consoler blanc me consoler
blanc silence me consoler blanc me consoler blanc
silence me consoler blanc
et quand bien même profond redoutant jusqu'en nos ventres semble assoupie, la nuit en cercle boucle l'ennui le temps écho la glaise. et quand bien même profond
me consoler blanc silence me consoler blanc
me consoler blanc silence me consoler blanc me
consoler blanc silence me consoler blanc me consoler
blanc silence me consoler blanc me consoler blanc
silence me consoler blanc
et quand bien même profond redoutant jusqu'en nos ventres semble assoupie, la nuit en cercle boucle l'ennui le temps écho la glaise. et quand bien même profond
me consoler blanc silence me consoler blanc
me consoler blanc silence me consoler blanc me
consoler blanc silence me consoler blanc me consoler
blanc silence me consoler blanc me consoler blanc
silence me consoler blanc
et quand bien même profond redoutant jusqu'en nos ventres semble assoupie, la nuit en cercle boucle l'ennui le temps écho la glaise. et quand bien même profond
me consoler blanc silence me consoler blanc
me consoler blanc silence me consoler blanc me
consoler blanc silence me consoler blanc me consoler
blanc silence me consoler blanc me consoler blanc
silence me consoler blanc
et quand bien même profond redoutant jusqu'en nos ventres semble assoupie, la nuit en cercle boucle l'ennui le temps écho la glaise. et quand bien même profond
me consoler blanc silence me consoler blanc
me consoler blanc silence me consoler blanc me
consoler blanc silence me consoler blanc me consoler
blanc silence me consoler blanc me consoler blanc
silence me consoler blanc
et quand bien même profond redoutant jusqu'en nos ventres semble assoupie, la nuit en cercle boucle l'ennui le temps écho la glaise. et quand bien même profond
me consoler blanc silence me consoler blanc
me consoler blanc silence me consoler blanc me
consoler blanc silence me consoler blanc me consoler
blanc silence me consoler blanc me consoler blanc
silence me consoler blanc
et quand bien même profond redoutant jusqu'en nos ventres semble assoupie, la nuit en cercle boucle l'ennui le temps écho la glaise. et quand bien même profond
me consoler blanc silence me consoler blanc
me consoler blanc silence me consoler blanc me
consoler blanc silence me consoler blanc me consoler
blanc silence me consoler blanc me consoler blanc
silence me consoler blanc
et quand bien même profond redoutant jusqu'en nos ventres semble assoupie, la nuit en cercle boucle l'ennui le temps écho la glaise. et quand bien même profond
me consoler blanc silence me consoler blanc
me consoler blanc silence me consoler blanc me
consoler blanc silence me consoler blanc me consoler
blanc silence me consoler blanc me consoler blanc
silence me consoler blanc
et quand bien même profond redoutant jusqu'en nos ventres semble assoupie, la nuit en cercle boucle l'ennui le temps écho la glaise. et quand bien même profond
me consoler blanc silence me consoler blanc
me consoler blanc silence me consoler blanc me
consoler blanc silence me consoler blanc me consoler
blanc silence me consoler blanc me consoler blanc
silence me consoler blanc

m.o.m.i.e.s.d.é.s.a.r.t.i.c.u.l.é.e.s.m.o.m.i.e.s.d.é.s.a.r.t.i.c.u.l.é.e.s.m.o.m.i.e.s.d.é.s.a.r.t.i.c.u.l.é.e.
s.m.o.m.i.e.s.d.é.s.a.r.t.i.c.u.l.é.e.s.m.o.m.i.e.s.d.é.s.a.r.t.i.c.u.l.é.e.s.m.o.m.i.e.s.d.é.s.a.r.t.i.c.u.l.é.
e.s.m.o.m.i.e.s.d.é.s.a.r.t.i.c.u.l.é.e.s.m.o.m.i.e.s.d.é.s.a.r.t.i.c.u.l.é.e.s.m.o.m.i.e.s.d.é.s.a.r.t.i.c.u.l.
é.e.s.m.o.m.i.e.s.d.é.s.a.r.t.i.c.u.l.é.e.s.m.o.m.i.e.s.d.é.s.a.r.t.i.c.u.l.é.e.s.m.o.m.i.e.s.d.é.s.a.r.t.i.c.u
.l.é.e.s.m.o.m.i.e.s.d.é.s.a.r.t.i.c.u.l.é.e.s.m.o.m.i.e.s.d.é.s.a.r.t.i.c.u.l.é.e.s.m.o.m.i.e.s.d.é.s.a.r.t.i.c
.u.l.é.e.s.m.o.m.i.e.s.d.é.s.a.r.t.i.c.u.l.é.e.s.m.o.m.i.e.s.d.é.s.a.r.t.i.c.u.l.é.e.s.m.o.m.i.e.s.d.é.s.a.r.t.i
.c.u.l.é.e.s.m.o.m.i.e.s.d.é.s.a.r.t.i.c.u.l.é.e.s.m.o.m.i.e.s.d.é.s.a.r.t.i.c.u.l.é.e.s.m.o.m.i.e.s.d.é.s.a.r.
t.i.c.u.l.é.e.s.m.o.m.i.e.s.d.é.s.a.r.t.i.c.u.l.é.e.s.m.o.m.i.e.s.d.é.s.a.r.t.i.c.u.l.é.e.s.m.o.m.i.e.s.d.é.s.a
.r.t.i.c.u.l.é.e.s.m.o.m.i.e.s.d.é.s.a.r.t.i.c.u.l.é.e.s.m.o.m.i.e.s.d.é.s.a.r.t.i.c.u.l.é.e.s.m.o.m.i.e.s.d.é.s
.a.r.t.i.c.u.l.é.e.s.m.o.m.i.e.s.d.é.s.a.r.t.i.c.u.l.é.e.s.m.o.m.i.e.s.d.é.s.a.r.t.i.c.u.l.é.e.s.m.o.m.i.e.s.d.é
.s.a.r.t.i.c.u.l.é.e.s.m.o.m.i.e.s.d.é.s.a.r.t.i.c.u.l.é.e.s.m.o.m.i.e.s.d.é.s.a.r.t.i.c.u.l.é.e.s.m.o.m.i.e.s.d
.é.s.a.r.t.i.c.u.l.é.e.s.m.o.m.i.e.s.d.é.s.a.r.t.i.c.u.l.é.e.s.m.o.m.i.e.s.d.é.s.a.r.t.i.c.u.l.é.e.s.m.o.m.i.e.s
.d.é.s.a.r.t.i.c.u.l.é.e.s.m.o.m.i.e.s.d.é.s.a.r.t.i.c.u.l.é.e.s.m.o.m.i.e.s.d.é.s.a.r.t.i.c.u.l.é.e.s.m.o.m.i.e
.s.d.é.s.a.r.t.i.c.u.l.é.e.s.m.o.m.i.e.s.d.é.s.a.r.t.i.c.u.l.é.e.s.m.o.m.i.e.s.d.é.s.a.r.t.i.c.u.l.é.e.s.m.o.m.i
.e.s.d.é.s.a.r.t.i.c.u.l.é.e.s.m.o.m.i.e.s.d.é.s.a.r.t.i.c.u.l.é.e.s.m.o.m.i.e.s.d.é.s.a.r.t.i.c.u.l.é.e.s.m.o.
m.i.e.s.d.é.s.a.r.t.i.c.u.l.é.e.s.m.o.m.i.e.s.d.é.s.a.r.t.i.c.u.l.é.e.s.m.o.m.i.e.s.d.é.s.a.r.t.i.c.u.l.é.e.s.m.
o.m.i.e.s.d.é.s.a.r.t.i.c.u.l.é.e.s.m.o.m.i.e.s.d.é.s.a.r.t.i.c.u.l.é.e.s.m.o.m.i.e.s.d.é.s.a.r.t.i.c.u.l.é.e.s.
m.o.m.i.e.s.d.é.s.a.r.t.i.c.u.l.é.e.s.m.o.m.i.e.s.d.é.s.a.r.t.i.c.u.l.é.e.s.m.o.m.i.e.s.d.é.s.a.r.t.i.c.u.l.é.e.
s.m.o.m.i.e.s.d.é.s.a.r.t.i.c.u.l.é.e.s.m.o.m.i.e.s.d.é.s.a.r.t.i.c.u.l.é.e.s.m.o.m.i.e.s.d.é.s.a.r.t.i.c.u.l.é.
e.s.m.o.m.i.e.s.d.é.s.a.r.t.i.c.u.l.é.e.s.m.o.m.i.e.s.d.é.s.a.r.t.i.c.u.l.é.e.s.m.o.m.i.e.s.d.é.s.a.r.t.i.c.u.l.
é.e.s.m.o.m.i.e.s.d.é.s.a.r.t.i.c.u.l.é.e.s.m.o.m.i.e.s.d.é.s.a.r.t.i.c.u.l.é.e.s.m.o.m.i.e.s.d.é.s.a.r.t.i.c.u
.l.é.e.s.m.o.m.i.e.s.d.é.s.a.r.t.i.c.u.l.é.e.s.m.o.m.i.e.s.d.é.s.a.r.t.i.c.u.l.é.e.s.m.o.m.i.e.s.d.é.s.a.r.t.i.c
.u.l.é.e.s.m.o.m.i.e.s.d.é.s.a.r.t.i.c.u.l.é.e.s.m.o.m.i.e.s.d.é.s.a.r.t.i.c.u.l.é.e.s.m.o.m.i.e.s.d.é.s.a.r.t.i
.c.u.l.é.e.s.m.o.m.i.e.s.d.é.s.a.r.t.i.c.u.l.é.e.s.m.o.m.i.e.s.d.é.s.a.r.t.i.c.u.l.é.e.s.m.o.m.i.e.s.d.é.s.a.r.
t.i.c.u.l.é.e.s.m.o.m.i.e.s.d.é.s.a.r.t.i.c.u.l.é.e.s.m.o.m.i.e.s.d.é.s.a.r.t.i.c.u.l.é.e.s.m.o.m.i.e.s.d.é.s.a
.r.t.i.c.u.l.é.e.s.m.o.m.i.e.s.d.é.s.a.r.t.i.c.u.l.é.e.s.m.o.m.i.e.s.d.é.s.a.r.t.i.c.u.l.é.e.s.m.o.m.i.e.s.d.é.s
.a.r.t.i.c.u.l.é.e.s.m.o.m.i.e.s.d.é.s.a.r.t.i.c.u.l.é.e.s.m.o.m.i.e.s.d.é.s.a.r.t.i.c.u.l.é.e.s.m.o.m.i.e.s.d.é
.s.a.r.t.i.c.u.l.é.e.s.m.o.m.i.e.s.d.é.s.a.r.t.i.c.u.l.é.e.s.m.o.m.i.e.s.d.é.s.a.r.t.i.c.u.l.é.e.s.m.o.m.i.e.s.d
.é.s.a.r.t.i.c.u.l.é.e.s.m.o.m.i.e.s.d.é.s.a.r.t.i.c.u.l.é.e.s.m.o.m.i.e.s.d.é.s.a.r.t.i.c.u.l.é.e.s.m.o.m.i.e.s
.d.é.s.a.r.t.i.c.u.l.é.e.s.m.o.m.i.e.s.d.é.s.a.r.t.i.c.u.l.é.e.s.m.o.m.i.e.s.d.é.s.a.r.t.i.c.u.l.é.e.s.m.o.m.i.e
.s.d.é.s.a.r.t.i.c.u.l.é.e.s.m.o.m.i.e.s.d.é.s.a.r.t.i.c.u.l.é.e.s.m.o.m.i.e.s.d.é.s.a.r.t.i.c.u.l.é.e.s.m.o.m.i
.e.s.d.é.s.a.r.t.i.c.u.l.é.e.s.m.o.m.i.e.s.d.é.s.a.r.t.i.c.u.l.é.e.s.m.o.m.i.e.s.d.é.s.a.r.t.i.c.u.l.é.e.s.m.o.
m.i.e.s.d.é.s.a.r.t.i.c.u.l.é.e.s.m.o.m.i.e.s.d.é.s.a.r.t.i.c.u.l.é.e.s.m.o.m.i.e.s.d.é.s.a.r.t.i.c.u.l.é.e.s.m.
o.m.i.e.s.d.é.s.a.r.t.i.c.u.l.é.e.s.m.o.m.i.e.s.d.é.s.a.r.t.i.c.u.l.é.e.s.m.o.m.i.e.s.d.é.s.a.r.t.i.c.u.l.é.e.s.
m.o.m.i.e.s.d.é.s.a.r.t.i.c.u.l.é.e.s.m.o.m.i.e.s.d.é.s.a.r.t.i.c.u.l.é.e.s.m.o.m.i.e.s.d.é.s.a.r.t.i.c.u.l.é.e.
s.m.o.m.i.e.s.d.é.s.a.r.t.i.c.u.l.é.e.s.m.o.m.i.e.s.d.é.s.a.r.t.i.c.u.l.é.e.s.m.o.m.i.e.s.d.é.s.a.r.t.i.c.u.l.é.
e.s.m.o.m.i.e.s.d.é.s.a.r.t.i.c.u.l.é.e.s.m.o.m.i.e.s.d.é.s.a.r.t.i.c.u.l.é.e.s.m.o.m.i.e.s.d.é.s.a.r.t.i.c.u.l.
é.e.s.m.o.m.i.e.s.d.é.s.a.r.t.i.c.u.l.é.e.s.m.o.m.i.e.s.d.é.s.a.r.t.i.c.u.l.é.e.s.m.o.m.i.e.s.d.é.s.a.r.t.i.c.u
.l.é.e.s.m.o.m.i.e.s.d.é.s.a.r.t.i.c.u.l.é.e.s.m.o.m.i.e.s.d.é.s.a.r.t.i.c.u.l.é.e.s.m.o.m.i.e.s.d.é.s.a.r.t.i.c
.u.l.é.e.s.m.o.m.i.e.s.d.é.s.a.r.t.i.c.u.l.é.e.s.m.o.m.i.e.s.d.é.s.a.r.t.i.c.u.l.é.e.s.m.o.m.i.e.s.d.é.s.a.r.t.i
.c.u.l.é.e.s.m.o.m.i.e.s.d.é.s.a.r.t.i.c.u.l.é.e.s.m.o.m.i.e.s.d.é.s.a.r.t.i.c.u.l.é.e.s.m.o.m.i.e.s.d.é.s.a.r.
t.i.c.u.l.é.e.s.m.o.m.i.e.s.d.é.s.a.r.t.i.c.u.l.é.e.s.m.o.m.i.e.s.d.é.s.a.r.t.i.c.u.l.é.e.s.m.o.m.i.e.s.d.é.s.a
.r.t.i.c.u.l.é.e.s.m.o.m.i.e.s.d.é.s.a.r.t.i.c.u.l.é.e.s.m.o.m.i.e.s.d.é.s.a.r.t.i.c.u.l.é.e.s.m.o.m.i.e.s.d.é.s
.a.r.t.i.c.u.l.é.e.s.m.o.m.i.e.s.d.é.s.a.r.t.i.c.u.l.é.e.s.m.o.m.i.e.s.d.é.s.a.r.t.i.c.u.l.é.e.s.m.o.m.i.e.s.d.é
.s.a.r.t.i.c.u.l.é.e.s.m.o.m.i.e.s.d.é.s.a.r.t.i.c.u.l.é.e.s.m.o.m.i.e.s.d.é.s.a.r.t.i.c.u.l.é.e.s.m.o.m.i.e.s.d
.é.s.a.r.t.i.c.u.l.é.e.s.m.o.m.i.e.s.d.é.s.a.r.t.i.c.u.l.é.e.s.m.o.m.i.e.s.d.é.s.a.r.t.i.c.u.l.é.e.s.m.o.m.i.e.s
.d.é.s.a.r.t.i.c.u.l.é.e.s.m.o.m.i.e.s.d.é.s.a.r.t.i.c.u.l.é.e.s.m.o.m.i.e.s.d.é.s.a.r.t.i.c.u.l.é.e.s.m.o.m.i.e
.s.d.é.s.a.r.t.i.c.u.l.é.e.s.m.o.m.i.e.s.d.é.s.a.r.t.i.c.u.l.é.e.s.m.o.m.i.e.s.d.é.s.a.r.t.i.c.u.l.é.e.s.m.o.m.i
.e.s.d.é.s.a.r.t.i.c.u.l.é.e.s.m.o.m.i.e.s.d.é.s.a.r.t.i.c.u.l.é.e.s.m.o.m.i.e.s.d.é.s.a.r.t.i.c.u.l.é.e.s.m.o.
m.i.e.s.d.é.s.a.r.t.i.c.u.l.é.e.s.m.o.m.i.e.s.d.é.s.a.r.t.i.c.u.l.é.e.s.m.o.m.i.e.s.d.é.s.a.r.t.i.c.u.l.é.e.s.m.
o.m.i.e.s.d.é.s.a.r.t.i.c.u.l.é.e.s.m.o.m.i.e.s.d.é.s.a.r.t.i.c.u.l.é.e.s.m.o.m.i.e.s.d.é.s.a.r.t.i.c.u.l.é.e.s.
m.o.m.i.e.s.d.é.s.a.r.t.i.c.u.l.é.e.s.m.o.m.i.e.s.d.é.s.a.r.t.i.c.u.l.é.e.s.m.o.m.i.e.s.d.é.s.a.r.t.i.c.u.l.é.e.
s.m.o.m.i.e.s.d.é.s.a.r.t.i.c.u.l.é.e.s.m.o.m.i.e.s.d.é.s.a.r.t.i.c.u.l.é.e.s.m.o.m.i.e.s.d.é.s.a.r.t.i.c.u.l.é.
e.s.m.o.m.i.e.s.d.é.s.a.r.t.i.c.u.l.é.e.s.m.o.m.i.e.s.d.é.s.a.r.t.i.c.u.l.é.e.s.m.o.m.i.e.s.d.é.s.a.r.t.i.c.u.l.
é.e.s.m.o.m.i.e.s.d.é.s.a.r.t.i.c.u.l.é.e.s.m.o.m.i.e.s.d.é.s.a.r.t.i.c.u.l.é.e.s.m.o.m.i.e.s.d.é.s.a.r.t.i.c.u
.l.é.e.s.m.o.m.i.e.s.d.é.s.a.r.t.i.c.u.l.é.e.s.m.o.m.i.e.s.d.é.s.a.r.t.i.c.u.l.é.e.s.m.o.m.i.e.s.d.é.s.a.r.t.i.c
.u.l.é.e.s.m.o.m.i.e.s.d.é.s.a.r.t.i.c.u.l.é.e.s.m.o.m.i.e.s.d.é.s.a.r.t.i.c.u.l.é.e.s.m.o.m.i.e.s.d.é.s.a.r.t.i
.c.u.l.é.e.s.m.o.m.i.e.s.d.é.s.a.r.t.i.c.u.l.é.e.s.m.o.m.i.e.s.d.é.s.a.r.t.i.c.u.l.é.e.s.m.o.m.i.e.s.d.é.s.a.r.
t.i.c.u.l.é.e.s.m.o.m.i.e.s.d.é.s.a.r.t.i.c.u.l.é.e.s.m.o.m.i.e.s.d.é.s.a.r.t.i.c.u.l.é.e.s.m.o.m.i.e.s.d.é.s.a
.r.t.i.c.u.l.é.e.s.m.o.m.i.e.s.d.é.s.a.r.t.i.c.u.l.é.e.s.m.o.m.i.e.s.d.é.s.a.r.t.i.c.u.l.é.e.s.m.o.m.i.e.s.d.é.s
.a.r.t.i.c.u.l.é.e.s.m.o.m.i.e.s.d.é.s.a.r.t.i.c.u.l.é.e.s.m.o.m.i.e.s.d.é.s.a.r.t.i.c.u.l.é.e.s.m.o.m.i.e.s.d.é
.s.a.r.t.i.c.u.l.é.e.s.m.o.m.i.e.s.d.é.s.a.r.t.i.c.u.l.é.e.s.m.o.m.i.e.s.d.é.s.a.r.t.i.c.u.l.é.e.s.m.o.m.i.e.s.d
.é.s.a.r.t.i.c.u.l.é.e.s.m.o.m.i.e.s.d.é.s.a.r.t.i.c.u.l.é.e.s.m.o.m.i.e.s.d.é.s.a.r.t.i.c.u.l.é.e.s.m.o.m.i.e.s

~~*RUINES BÂTIES DEMEURENT...*~~
~~*RUINES BÂTIES DEMEURENT...*~~
~~*RUINES BÂTIES DEMEURENT...*~~
~~*RUINES BÂTIES DEMEURENT...*~~
~~*RUINES BÂTIES DEMEURENT...*~~
~~*RUINES BÂTIES DEMEURENT...*~~
~~*RUINES BÂTIES DEMEURENT...*~~
~~*RUINES BÂTIES DEMEURENT...*~~
~~*RUINES BÂTIES DEMEURENT...*~~
~~*RUINES BÂTIES DEMEURENT...*~~
~~*RUINES BÂTIES DEMEURENT...*~~
~~*RUINES BÂTIES DEMEURENT...*~~
~~*RUINES BÂTIES DEMEURENT...*~~
~~*RUINES BÂTIES DEMEURENT...*~~
~~*RUINES BÂTIES DEMEURENT...*~~
~~*RUINES BÂTIES DEMEURENT...*~~
~~*RUINES BÂTIES DEMEURENT...*~~
~~*RUINES BÂTIES DEMEURENT...*~~
~~*RUINES BÂTIES DEMEURENT...*~~
~~*RUINES BÂTIES DEMEURENT...*~~
~~*RUINES BÂTIES DEMEURENT...*~~
~~*RUINES BÂTIES DEMEURENT...*~~
~~*RUINES BÂTIES DEMEURENT...*~~
~~*RUINES BÂTIES DEMEURENT...*~~
~~*RUINES BÂTIES DEMEURENT...*~~
~~*RUINES BÂTIES DEMEURENT...*~~
~~*RUINES BÂTIES DEMEURENT...*~~
~~*RUINES BÂTIES DEMEURENT...*~~
~~*RUINES BÂTIES DEMEURENT...*~~
~~*RUINES BÂTIES DEMEURENT...*~~
~~*RUINES BÂTIES DEMEURENT...*~~
~~*RUINES BÂTIES DEMEURENT...*~~
~~*RUINES BÂTIES DEMEURENT...*~~
~~*RUINES BÂTIES DEMEURENT...*~~
~~*RUINES BÂTIES DEMEURENT...*~~
~~*RUINES BÂTIES DEMEURENT...*~~
~~*RUINES BÂTIES DEMEURENT...*~~
~~*RUINES BÂTIES DEMEURENT...*~~
~~*RUINES BÂTIES DEMEURENT...*~~
~~*RUINES BÂTIES DEMEURENT...*~~
~~*RUINES BÂTIES DEMEURENT...*~~
~~*RUINES BÂTIES DEMEURENT...*~~
~~*RUINES BÂTIES DEMEURENT...*~~
~~*RUINES BÂTIES DEMEURENT...*~~
~~*RUINES BÂTIES DEMEURENT...*~~
~~*RUINES BÂTIES DEMEURENT...*~~
~~*RUINES BÂTIES DEMEURENT...*~~
~~*RUINES BÂTIES DEMEURENT...*~~
~~*RUINES BÂTIES DEMEURENT...*~~
~~*RUINES BÂTIES DEMEURENT...*~~
~~*RUINES BÂTIES DEMEURENT...*~~
~~*RUINES BÂTIES DEMEURENT...*~~
~~*RUINES BÂTIES DEMEURENT...*~~
~~*RUINES BÂTIES DEMEURENT...*~~
~~*RUINES BÂTIES DEMEURENT...*~~
~~*RUINES BÂTIES DEMEURENT...*~~
~~*RUINES BÂTIES DEMEURENT...*~~
~~*RUINES BÂTIES DEMEURENT...*~~
~~*RUINES BÂTIES DEMEURENT...*~~
~~*RUINES BÂTIES DEMEURENT...*~~
~~*RUINES BÂTIES DEMEURENT...*~~
~~*RUINES BÂTIES DEMEURENT...*~~
~~*RUINES BÂTIES DEMEURENT...*~~
~~*RUINES BÂTIES DEMEURENT...*~~
~~*RUINES BÂTIES DEMEURENT...*~~
~~*RUINES BÂTIES DEMEURENT...*~~

léger nuage aromatique léger nuage
aromatique léger nuage aromatique léger
nuage aromatique léger nuage
aromatique léger nuage aromatique léger
nuage aromatique léger nuage aromatique
léger nuage aromatique léger nuage
aromatique léger nuage aromatique léger
nuage aromatique léger nuage aromatique
léger nuage aromatique léger nuage
aromatique léger nuage aromatique léger
nuage aromatique léger nuage aromatique
léger nuage aromatique léger nuage
aromatique léger nuage aromatique léger
nuage aromatique léger nuage aromatique
léger nuage aromatique léger nuage
aromatique léger nuage aromatique léger
nuage aromatique léger nuage aromatique
léger nuage aromatique léger nuage
aromatique léger nuage aromatique léger
nuage aromatique léger nuage aromatique
léger nuage aromatique léger nuage
aromatique léger nuage aromatique léger
nuage aromatique léger nuage aromatique
léger nuage aromatique léger nuage
aromatique léger nuage aromatique léger
nuage aromatique léger nuage aromatique
léger nuage aromatique léger nuage
aromatique léger nuage aromatique léger
nuage aromatique léger nuage aromatique
léger nuage aromatique léger nuage
aromatique léger nuage aromatique léger
nuage aromatique léger nuage aromatique
léger nuage aromatique léger nuage
aromatique léger nuage aromatique léger
nuage aromatique léger nuage aromatique
léger nuage aromatique léger nuage
aromatique léger nuage aromatique léger
nuage aromatique léger nuage aromatique
léger nuage aromatique léger nuage
aromatique léger nuage aromatique léger
nuage aromatique léger nuage aromatique
léger nuage aromatique léger nuage
aromatique léger nuage aromatique léger
nuage aromatique léger nuage aromatique
léger nuage aromatique léger nuage
aromatique léger nuage aromatique léger
nuage aromatique léger nuage aromatique
léger nuage aromatique léger nuage
aromatique léger nuage aromatique léger
nuage aromatique léger nuage aromatique
léger nuage aromatique léger nuage
aromatique léger nuage aromatique léger
nuage aromatique léger nuage aromatique
léger nuage aromatique léger nuage
aromatique léger nuage aromatique léger
nuage aromatique léger nuage aromatique
léger nuage aromatique léger nuage
aromatique léger nuage aromatique léger
nuage aromatique léger nuage aromatique
léger nuage aromatique léger nuage
aromatique léger nuage aromatique léger
nuage aromatique léger nuage aromatique
léger nuage aromatique léger nuage
aromatique léger nuage aromatique léger
nuage aromatique léger nuage aromatique
léger nuage aromatique léger nuage
aromatique léger nuage aromatique léger
nuage aromatique léger nuage aromatique
léger nuage aromatique léger nuage
aromatique léger nuage aromatique léger
nuage aromatique léger nuage aromatique
léger nuage aromatique léger nuage
aromatique léger nuage aromatique léger
nuage aromatique léger nuage aromatique
léger nuage aromatique léger nuage
aromatique léger nuage aromatique léger
nuage aromatique léger nuage aromatique
léger nuage aromatique léger nuage
aromatique léger nuage aromatique léger
nuage aromatique léger nuage aromatique
léger nuage aromatique léger nuage
aromatique léger nuage aromatique léger
nuage aromatique léger nuage aromatique
léger nuage aromatique léger nuage
aromatique léger nuage aromatique léger
nuage aromatique léger nuage aromatique
léger nuage aromatique léger nuage
aromatique léger nuage aromatique léger
nuage aromatique léger nuage aromatique
léger nuage aromatique léger nuage
aromatique léger nuage aromatique léger
nuage aromatique léger nuage aromatique
léger nuage aromatique léger nuage
aromatique léger nuage aromatique léger
nuage aromatique léger nuage aromatique
léger nuage aromatique léger nuage
aromatique léger nuage aromatique léger
nuage aromatique léger nuage aromatique
léger

le sable blême de
lourdeur
de soupçons /
voix-boomerang
, chant vorace
... à chacun son cri
sans cesse

--------------------------dans les sombres marais
--------------------------l'aurore boréale au sein des nerfs effilés
--------------------------arc-en-ciel caméléons et lézards au-delà l'horizon pourpre
--------------------------reconnaissent la cécité de l'Immortalité
--------------------------dans les sombres marais
--------------------------l'aurore boréale au sein des nerfs effilés
--------------------------arc-en-ciel caméléons et lézards au-delà l'horizon pourpre
--------------------------reconnaissent la cécité de l'Immortalité
--------------------------dans les sombres marais
--------------------------l'aurore boréale au sein des nerfs effilés
--------------------------arc-en-ciel caméléons et lézards au-delà l'horizon pourpre
--------------------------reconnaissent la cécité de l'Immortalité
--------------------------dans les sombres marais
--------------------------l'aurore boréale au sein des nerfs effilés
--------------------------arc-en-ciel caméléons et lézards au-delà l'horizon pourpre
--------------------------reconnaissent la cécité de l'Immortalité
--------------------------dans les sombres marais
--------------------------l'aurore boréale au sein des nerfs effilés
--------------------------arc-en-ciel caméléons et lézards au-delà l'horizon pourpre
--------------------------reconnaissent la cécité de l'Immortalité
--------------------------dans les sombres marais
--------------------------l'aurore boréale au sein des nerfs effilés
--------------------------arc-en-ciel caméléons et lézards au-delà l'horizon pourpre
--------------------------reconnaissent la cécité de l'Immortalité
--------------------------dans les sombres marais
--------------------------l'aurore boréale au sein des nerfs effilés
--------------------------arc-en-ciel caméléons et lézards au-delà l'horizon pourpre
--------------------------reconnaissent la cécité de l'Immortalité
--------------------------dans les sombres marais
--------------------------l'aurore boréale au sein des nerfs effilés
--------------------------arc-en-ciel caméléons et lézards au-delà l'horizon pourpre
--------------------------reconnaissent la cécité de l'Immortalité
--------------------------dans les sombres marais
--------------------------l'aurore boréale au sein des nerfs effilés
--------------------------arc-en-ciel caméléons et lézards au-delà l'horizon pourpre
--------------------------reconnaissent la cécité de l'Immortalité
--------------------------dans les sombres marais
--------------------------l'aurore boréale au sein des nerfs effilés
--------------------------arc-en-ciel caméléons et lézards au-delà l'horizon pourpre
--------------------------reconnaissent la cécité de l'Immortalité
--------------------------dans les sombres marais
--------------------------l'aurore boréale au sein des nerfs effilés
--------------------------arc-en-ciel caméléons et lézards au-delà l'horizon pourpre
--------------------------reconnaissent la cécité de l'Immortalité
--------------------------dans les sombres marais
--------------------------l'aurore boréale au sein des nerfs effilés
--------------------------arc-en-ciel caméléons et lézards au-delà l'horizon pourpre
--------------------------reconnaissent la cécité de l'Immortalité
--------------------------dans les sombres marais
--------------------------l'aurore boréale au sein des nerfs effilés
--------------------------arc-en-ciel caméléons et lézards au-delà l'horizon pourpre
--------------------------reconnaissent la cécité de l'Immortalité
--------------------------dans les sombres marais
--------------------------l'aurore boréale au sein des nerfs effilés
--------------------------arc-en-ciel caméléons et lézards au-delà l'horizon pourpre
--------------------------reconnaissent la cécité de l'Immortalité
--------------------------dans les sombres marais
--------------------------l'aurore boréale au sein des nerfs effilés
--------------------------arc-en-ciel caméléons et lézards au-delà l'horizon pourpre
--------------------------reconnaissent la cécité de l'Immortalité

respirant les profondes haleines cachées quant à celui qui regarde par le trou percé, c'est
souvent *souffrir* le cœur en pointe d'écueil
respirant les profondes haleines cachées quant à celui qui regarde par le trou percé, c'est
souvent *souffrir* le cœur en pointe d'écueil
respirant les profondes haleines cachées quant à celui qui regarde par le trou percé, c'est
souvent *souffrir* le cœur en pointe d'écueil
respirant les profondes haleines cachées quant à celui qui regarde par le trou percé, c'est
souvent *souffrir* le cœur en pointe d'écueil
respirant les profondes haleines cachées quant à celui qui regarde par le trou percé, c'est
souvent *souffrir* le cœur en pointe d'écueil
respirant les profondes haleines cachées quant à celui qui regarde par le trou percé, c'est
souvent *souffrir* le cœur en pointe d'écueil
respirant les profondes haleines cachées quant à celui qui regarde par le trou percé, c'est
souvent *souffrir* le cœur en pointe d'écueil
respirant les profondes haleines cachées quant à celui qui regarde par le trou percé, c'est
souvent *souffrir* le cœur en pointe d'écueil
respirant les profondes haleines cachées quant à celui qui regarde par le trou percé, c'est
souvent *souffrir* le cœur en pointe d'écueil
respirant les profondes haleines cachées quant à celui qui regarde par le trou percé, c'est
souvent *souffrir* le cœur en pointe d'écueil
respirant les profondes haleines cachées quant à celui qui regarde par le trou percé, c'est
souvent *souffrir* le cœur en pointe d'écueil
respirant les profondes haleines cachées quant à celui qui regarde par le trou percé, c'est
souvent *souffrir* le cœur en pointe d'écueil
respirant les profondes haleines cachées quant à celui qui regarde par le trou percé, c'est
souvent *souffrir* le cœur en pointe d'écueil
respirant les profondes haleines cachées quant à celui qui regarde par le trou percé, c'est
souvent *souffrir* le cœur en pointe d'écueil
respirant les profondes haleines cachées quant à celui qui regarde par le trou percé, c'est
souvent *souffrir* le cœur en pointe d'écueil
respirant les profondes haleines cachées quant à celui qui regarde par le trou percé, c'est
souvent *souffrir* le cœur en pointe d'écueil
respirant les profondes haleines cachées quant à celui qui regarde par le trou percé, c'est
souvent *souffrir* le cœur en pointe d'écueil
respirant les profondes haleines cachées quant à celui qui regarde par le trou percé, c'est
souvent *souffrir* le cœur en pointe d'écueil
respirant les profondes haleines cachées quant à celui qui regarde par le trou percé, c'est
souvent *souffrir* le cœur en pointe d'écueil
respirant les profondes haleines cachées quant à celui qui regarde par le trou percé, c'est
souvent *souffrir* le cœur en pointe d'écueil
respirant les profondes haleines cachées quant à celui qui regarde par le trou percé, c'est
souvent *souffrir* le cœur en pointe d'écueil
respirant les profondes haleines cachées quant à celui qui regarde par le trou percé, c'est
souvent *souffrir* le cœur en pointe d'écueil
respirant les profondes haleines cachées quant à celui qui regarde par le trou percé, c'est
souvent *souffrir* le cœur en pointe d'écueil
respirant les profondes haleines cachées quant à celui qui regarde par le trou percé, c'est
souvent *souffrir* le cœur en pointe d'écueil
respirant les profondes haleines cachées quant à celui qui regarde par le trou percé, c'est
souvent *souffrir* le cœur en pointe d'écueil
respirant les profondes haleines cachées quant à celui qui regarde par le trou percé, c'est
souvent *souffrir* le cœur en pointe d'écueil
respirant les profondes haleines cachées quant à celui qui regarde par le trou percé, c'est
souvent *souffrir* le cœur en pointe d'écueil
respirant les profondes haleines cachées quant à celui qui regarde par le trou percé, c'est
souvent *souffrir* le cœur en pointe d'écueil
respirant les profondes haleines cachées quant à celui qui regarde par le trou percé, c'est
souvent *souffrir* le cœur en pointe d'écueil
respirant les profondes haleines cachées quant à celui qui regarde par le trou percé, c'est
souvent *souffrir* le cœur en pointe d'écueil
respirant les profondes haleines cachées quant à celui qui regarde par le trou percé, c'est
souvent *souffrir* le cœur en pointe d'écueil
respirant les profondes haleines cachées quant à celui qui regarde par le trou percé,

peur d’être (vu)

l’Éternité figée vers l’axe naissance s’anal... ordre fatal l’Éternité figée vers l’axe naissance
s’anal... ordre fatal l’Éternité figée vers l’axe naissance s’anal... ordre fatal l’Éternité figée vers
l’axe naissance s’anal... ordre fatal l’Éternité figée vers l’axe naissance s’anal... ordre fatal
l’Éternité figée vers l’axe naissance s’anal... ordre fatal l’Éternité figée vers l’axe naissance
s’anal... ordre fatal l’Éternité figée vers l’axe naissance s’anal... ordre fatal l’Éternité figée vers
l’axe naissance s’anal... ordre fatal l’Éternité figée vers l’axe naissance s’anal... ordre fatal
l’Éternité figée vers l’axe naissance s’anal... ordre fatal l’Éternité figée vers l’axe naissance
s’anal... ordre fatal l’Éternité figée vers l’axe naissance s’anal... ordre fatal l’Éternité figée vers
l’axe naissance s’anal... ordre fatal l’Éternité figée vers l’axe naissance s’anal... ordre fatal
l’Éternité figée vers l’axe naissance s’anal... ordre fatal l’Éternité figée vers l’axe naissance
s’anal... ordre fatal l’Éternité figée vers l’axe naissance s’anal... ordre fatal l’Éternité figée vers
l’axe naissance s’anal... ordre fatal l’Éternité figée vers l’axe naissance s’anal... ordre fatal
l’Éternité figée vers l’axe naissance s’anal... ordre fatal l’Éternité figée vers l’axe naissance
s’anal... ordre fatal l’Éternité figée vers l’axe naissance s’anal... ordre fatal l’Éternité figée vers
l’axe naissance s’anal... ordre fatal l’Éternité figée vers l’axe naissance s’anal... ordre fatal
l’Éternité figée vers l’axe naissance s’anal... ordre fatal l’Éternité figée vers l’axe naissance
s’anal... ordre fatal l’Éternité figée vers l’axe naissance s’anal... ordre fatal l’Éternité figée vers
l’axe naissance s’anal... ordre fatal l’Éternité figée vers l’axe naissance s’anal... ordre fatal
l’Éternité figée vers l’axe naissance s’anal... ordre fatal l’Éternité figée vers l’axe naissance
s’anal... ordre fatal l’Éternité figée vers l’axe naissance s’anal... ordre fatal l’Éternité figée vers
l’axe naissance s’anal... ordre fatal l’Éternité figée vers l’axe naissance s’anal... ordre fatal
l’Éternité figée vers l’axe naissance s’anal... ordre fatal l’Éternité figée vers l’axe naissance
s’anal... ordre fatal l’Éternité figée vers l’axe naissance s’anal... ordre fatal l’Éternité figée vers
l’axe naissance s’anal... ordre fatal l’Éternité figée vers l’axe naissance s’anal... ordre fatal
l’Éternité figée vers l’axe naissance s’anal... ordre fatal l’Éternité figée vers l’axe naissance
s’anal... ordre fatal l’Éternité figée vers l’axe naissance s’anal... ordre fatal l’Éternité figée vers
l’axe naissance s’anal... ordre fatal l’Éternité figée vers l’axe naissance s’anal... ordre fatal
l’Éternité figée vers l’axe naissance s’anal... ordre fatal l’Éternité figée vers l’axe naissance
s’anal... ordre fatal l’Éternité figée vers l’axe naissance s’anal... ordre fatal l’Éternité figée vers
l’axe naissance s’anal... ordre fatal l’Éternité figée vers l’axe naissance s’anal... ordre fatal
l’Éternité figée vers l’axe naissance s’anal... ordre fatal l’Éternité figée vers l’axe naissance
s’anal... ordre fatal l’Éternité figée vers l’axe naissance s’anal... ordre fatal l’Éternité figée vers
l’axe naissance s’anal... ordre fatal l’Éternité figée vers l’axe naissance s’anal... ordre fatal
l’Éternité figée vers l’axe naissance s’anal... ordre fatal l’Éternité figée vers l’axe naissance
s’anal... ordre fatal l’Éternité figée vers l’axe naissance s’anal... ordre fatal l’Éternité figée vers
l’axe naissance s’anal... ordre fatal l’Éternité figée vers l’axe naissance s’anal... ordre fatal
l’Éternité figée vers l’axe naissance s’anal... ordre fatal l’Éternité figée vers l’axe naissance
s’anal... ordre fatal l’Éternité figée vers l’axe naissance s’anal... ordre fatal l’Éternité figée vers
l’axe naissance s’anal... ordre fatal l’Éternité figée vers l’axe naissance s’anal... ordre fatal
l’Éternité figée vers l’axe naissance s’anal... ordre fatal l’Éternité figée vers l’axe naissance
s’anal... ordre fatal l’Éternité figée vers l’axe naissance s’anal... ordre fatal l’Éternité figée vers
l’axe naissance s’anal... ordre fatal l’Éternité figée vers l’axe naissance s’anal... ordre fatal
l’Éternité figée vers l’axe naissance s’anal... ordre fatal l’Éternité figée vers l’axe naissance
s’anal... ordre fatal l’Éternité figée vers l’axe naissance s’anal... ordre fatal l’Éternité figée vers
l’axe naissance s’anal... ordre fatal l’Éternité figée vers l’axe naissance s’anal... ordre fatal
l’Éternité figée vers l’axe naissance s’anal... ordre fatal l’Éternité figée vers l’axe naissance
s’anal... ordre fatal l’Éternité figée vers l’axe naissance s’anal... ordre fatal l’Éternité figée vers
l’axe naissance s’anal... ordre fatal l’Éternité figée vers l’axe naissance s’anal... ordre fatal
l’Éternité figée vers l’axe naissance s’anal... ordre fatal l’Éternité figée vers l’axe naissance
s’anal... ordre fatal l’Éternité figée vers l’axe naissance s’anal... ordre fatal l’Éternité figée vers
l’axe naissance s’anal... ordre fatal l’Éternité figée vers l’axe naissance s’anal... ordre fatal
l’Éternité figée vers l’axe naissance s’anal... ordre fatal l’Éternité figée vers l’axe naissance
s’anal... ordre fatal l’Éternité figée vers l’axe naissance s’anal... ordre fatal l’Éternité figée vers
l’axe naissance s’anal... ordre fatal l’Éternité figée vers l’axe naissance s’anal... ordre fatal
l’Éternité figée vers l’axe naissance s’anal... ordre fatal l’Éternité figée vers l’axe naissance
s’anal... ordre fatal l’Éternité figée vers l’axe naissance s’anal... ordre fatal l’Éternité figée vers
l’axe naissance s’anal... ordre fatal l’Éternité figée vers l’axe naissance s’anal... ordre fatal
l’Éternité figée vers l’axe naissance s’anal... ordre fatal l’Éternité figée vers l’axe naissance
s’anal... ordre fatal l’Éternité figée vers l’axe naissance s’anal... ordre fatal l’Éternité figée vers
l’axe naissance s’anal... ordre fatal l’Éternité figée vers l’axe naissance s’anal... ordre fatal
l’Éternité figée vers l’axe naissance s’anal... ordre fatal l’Éternité figée vers l’axe naissance
s’anal... ordre fatal l’Éternité figée vers l’axe naissance s’anal... ordre fatal l’Éternité figée vers
l’axe naissance s’anal... ordre fatal l’Éternité figée vers l’axe naissance s’anal... ordre fatal

Nom	Prénom	Age	Corpulence	Date	Signature

épaulépaulépaulépaulépaulépaulépaulépaulépaulépaulépaulépaulépaulépaulépaulépaulépaulépaulé
paulépaulépaulépaulépaulépaulépaulépaulépaulépaulépaulépaulépaulépaulépaulépaulépaulépaulép
aulépaulépaulépaulépaulépaulépaulépaulépaulépaulépaulépaulépaulépaulépaulépaulépaulépaulépa
ulépaulépaulépaulépaulépaulépaulépaulépaulépaulépaulépaulépaulépaulépaulépaulépaulépaulépaul
épaulépaulépaulépaulépaulépaulépaulépaulépaulépaulépaulépaulépaulépaulépaulépaulépaulépaulé
paulépaulépaulépaulépaulépaulépaulépaulépaulépaulépaulépaulépaulépaulépaulépaulépaulépaulép
aulépaulépaulépaulépaulépaulépaulépaulépaulépaulépaulépaulépaulépaulépaulépaulépaulépaulépa
ulépaulépaulépaulépaulépaulépaulépaulépaulépaulépaulépaulépaulépaulépaulépaulépaulépaulépaul
épaulépaulépaulépaulépaulépaulépaulépaulépaulépaulépaulépaulépaulépaulépaulépaulépaulépaulé
paulépaulépaulépaulépaulépaulépaulépaulépaulépaulépaulépaulépaulépaulépaulépaulépaulépaulép
aulépaulépaulépaulépaulépaulépaulépaulépaulépaulépaulépaulépaulépaulépaulépaulépaulépaulépa
ulépaulépaulépaulépaulépaulépaulépaulépaulépaulépaulépaulépaulépaulépaulépaulépaulépaulépaul
épaulépaulépaulépaulépaulépaulépaulépaulépaulépaulépaulépaulépaulépaulépaulépaulépaulépaulé
paulépaulépaulépaulépaulépaulépaulépaulépaulépaulépaulépaulépaulépaulépaulépaulépaulépaulép
aulépaulépaulépaulépaulépaulépaulépaulépaulépaulépaulépaulépaulépaulépaulépaulépaulépaulépa
ulépaulépaulépaulépaulépaulépaulépaulépaulépaulépaulépaulépaulépaulépaulépaulépaulépaulépaul
épaulépaulépaulépaulépaulépaulépaulépaulépaulépaulépaulépaulépaulépaulépaulépaulépaulépaulé
paulépaulépaulépaulépaulépaulépaulépaulépaulépaulépaulépaulépaulépaulépaulépaulépaulépaulép
aulépaulépaulépaulépaulépaulépaulépaulépaulépaulépaulépaulépaulépaulépaulépaulépaulépaulépa
ulépaulépaulépaulépaulépaulépaulépaulépaulépaulépaulépaulépaulépaulépaulépaulépaulépaulépaul
épaulépaulépaulépaulépaulépaulépaulépaulépaulépaulépaulépaulépaulépaulépaulépaulépaulépaulé
paulépaulépaulépaulépaulépaulépaulépaulépaulépaulépaulépaulépaulépaulépaulépaulépaulépaulép
aulépaulépaulépaulépaulépaulépaulépaulépaulépaulépaulépaulépaulépaulépaulépaulépaulépaulépa
ulépaulépaulépaulépaulépaulépaulépaulépaulépaulépaulépaulépaulépaulépaulépaulépaulépaulépaul
épaulépaulépaulépaulépaulépaulépaulépaulépaulépaulépaulépaulépaulépaulépaulépaulépaulépaulé
paulépaulépaulépaulépaulépaulépaulépaulépaulépaulépaulépaulépaulépaulépaulépaulépaulépaulép
aulépaulépaulépaulépaulépaulépaulépaulépaulépaulépaulépaulépaulépaulépaulépaulépaulépaulépa
ulépaulépaulépaulépaulépaulépaulépaulépaulépaulépaulépaulépaulépaulépaulépaulépaulépaulépaul
épaulépaulépaulépaulépaulépaulépaulépaulépaulépaulépaulépaulépaulépaulépaulépaulépaulépaulé
paulépaulépaulépaulépaulépaulépaulépaulépaulépaulépaulépaulépaulépaulépaulépaulépaulépaulép
aulépaulépaulépaulépaulépaulépaulépaulépaulépaulépaulépaulépaulépaulépaulépaulépaulépaulépa
ulépaulépaulépaulépaulépaulépaulépaulépaulépaulépaulépaulépaulépaulépaulépaulépaulépaulépaul
épaulépaulépaulépaulépaulépaulépaulépaulépaulépaulépaulépaulépaulépaulépaulépaulépaulépaulé
paulépaulépaulépaulépaulépaulépaulépaulépaulépaulépaulépaulépaulépaulépaulépaulépaulépaulép
aulépaulépaulépaulépaulépaulépaulépaulépaulépaulépaulépaulépaulépaulépaulépaulépaulépaulépa
ulépaulépaulépaulépaulépaulépaulépaulépaulépaulépaulépaulépaulépaulépaulépaulépaulépaulépaul
épaulépaulépaulépaulépaulépaulépaulépaulépaulépaulépaulépaulépaulépaulépaulépaulépaulépaulé
paulépaulépaulépaulépaulépaulépaulépaulépaulépaulépaulépaulépaulépaulépaulépaulépaulépaulép
aulépaulépaulépaulépaulépaulépaulépaulépaulépaulépaulépaulépaulépaulépaulépaulépaulépaulépa
ulépaulépaulépaulépaulépaulépaulépaulépaulépaulépaulépaulépaulépaulépaulépaulépaulépaulépaul
épaulépaulépaulépaulépaulépaulépaulépaulépaulépaulépaulépaulépaulépaulépaulépaulépaulépaulé
paulépaulépaulépaulépaulépaulépaulépaulépaulépaulépaulépaulépaulépaulépaulépaulépaulépaulép
aulépaulépaulépaulépaulépaulépaulépaulépaulépaulépaulépaulépaulépaulépaulépaulépaulépaulépa
ulépaulépaulépaulépaulépaulépaulépaulépaulépaulépaulépaulépaulépaulépaulépaulépaulépaulépaul
épaulépaulépaulépaulépaulépaulépaulépaulépaulépaulépaulépaulépaulépaulépaulépaulépaulépaulé
paulépaulépaulépaulépaulépaulépaulépaulépaulépaulépaulépaulépaulépaulépaulépaulépaulépaulép
aulépaulépaulépaulépaulépaulépaulépaulépaulépaulépaulépaulépaulépaulépaulépaulépaulépaulépa
ulépaulépaulépaulépaulépaulépaulépaulépaulépaulépaulépaulépaulépaulépaulépaulépaulépaulépaul
épaulépaulépaulépaulépaulépaulépaulépaulépaulépaulépaulépaulépaulépaulépaulépaulépaulépaulé
paulépaulépaulépaulépaulépaulépaulépaulépaulépaulépaulépaulépaulépaulépaulépaulépaulépaulép
aulépaulépaulépaulépaulépaulépaulépaulépaulépaulépaulépaulépaulépaulépaulépaulépaulépaulépa
ulépaulépaulépaulépaulépaulépaulépaulépaulépaulépaulépaulépaulépaulépaulépaulépaulépaulépaul
épaulépaulépaulépaulépaulépaulépaulépaulépaulépaulépaulépaulépaulépaulépaulépaulépaulépaulé
paulépaulépaulépaulépaulépaulépaulépaulépaulépaulépaulépaulépaulépaulépaulépaulépaulépaulép
aulépaulépaulépaulépaulépaulépaulépaulépaulépaulépaulépaulépaulépaulépaulépaulépaulépaulépa
ulépaulépaulépaulépaulépaulépaulépaulépaulépaulépaulépaulépaulépaulépaulépaulépaulépaulépaul
épaulépaulépaulépaulépaulépaulépaulépaulépaulépaulépaulépaulépaulépaulépaulépaulépaulépaulé
paulépaulépaulépaulépaulépaulépaulépaulépaulépaulépaulépaulépaulépaulépaulépaulépaulépaulép
aulépaulépaulépaulépaulépaulépaulépaulépaulépaulépaulépaulépaulépaulépaulépaulépaulépaulépa
ulépaulépaulépaulépaulépaulépaulépaulépaulépaulépaulépaulépaulépaulépaulépaulépaulépaulépaul
épaulépaulépaulépaulépaulépaulépaulépaulépaulépaulépaulépaulépaulépaulépaulépaulépaulépaulé
paulépaulépaulépaulépaulépaulépaulépaulépaulépaulépaulépaulépaulépaulépaulépaulépaulépaulépa
ulépaulépaulépaulépaulépaulépaulépaulépaulépaulépaulépaulépaulépaulépaulépaulépaulépaulépaul

; *et se sentir soudain associé à quelque chose*---------------------------**de fabuleux...**
; *et se sentir soudain associé à quelque chose*---------------------------**d'inexplicable... de fabuleux...**
; *et se sentir soudain associé à quelque chose*---------------------------**de fabuleux...**
; *et se sentir soudain associé à quelque chose*---------------------------**d'inexplicable...**
; *et se sentir soudain associé à quelque chose*---------------------------**de fabuleux... d'inexplicable...**
; *et se sentir soudain associé à quelque chose*---------------------------**d'inexplicable...**
; *et se sentir soudain associé à quelque chose*---------------------------**de fabuleux...**
; *et se sentir soudain associé à quelque chose*---------------------------**d'inexplicable... de fabuleux...**
; *et se sentir soudain associé à quelque chose*---------------------------**de fabuleux...**
; *et se sentir soudain associé à quelque chose*---------------------------**d'inexplicable...**
; *et se sentir soudain associé à quelque chose*---------------------------**de fabuleux... d'inexplicable...**
; *et se sentir soudain associé à quelque chose*---------------------------**d'inexplicable...**
; *et se sentir soudain associé à quelque chose*---------------------------**de fabuleux...**
; *et se sentir soudain associé à quelque chose*---------------------------**d'inexplicable... de fabuleux...**
; *et se sentir soudain associé à quelque chose*---------------------------**de fabuleux...**
; *et se sentir soudain associé à quelque chose*---------------------------**d'inexplicable...**
; *et se sentir soudain associé à quelque chose*---------------------------**de fabuleux... d'inexplicable...**
; *et se sentir soudain associé à quelque chose*---------------------------**d'inexplicable...**
; *et se sentir soudain associé à quelque chose*---------------------------**de fabuleux...**
; *et se sentir soudain associé à quelque chose*---------------------------**d'inexplicable... de fabuleux...**
; *et se sentir soudain associé à quelque chose*---------------------------**de fabuleux...**
; *et se sentir soudain associé à quelque chose*---------------------------**d'inexplicable...**
; *et se sentir soudain associé à quelque chose*---------------------------**de fabuleux... d'inexplicable...**
; *et se sentir soudain associé à quelque chose*---------------------------**d'inexplicable...**
; *et se sentir soudain associé à quelque chose*---------------------------**de fabuleux...**
; *et se sentir soudain associé à quelque chose*---------------------------**d'inexplicable... de fabuleux...**
; *et se sentir soudain associé à quelque chose*---------------------------**de fabuleux...**
; *et se sentir soudain associé à quelque chose*---------------------------**d'inexplicable...**
; *et se sentir soudain associé à quelque chose*---------------------------**de fabuleux... d'inexplicable...**
; *et se sentir soudain associé à quelque chose*---------------------------**d'inexplicable...**
; *et se sentir soudain associé à quelque chose*---------------------------**de fabuleux...**
; *et se sentir soudain associé à quelque chose*---------------------------**d'inexplicable... de fabuleux...**
; *et se sentir soudain associé à quelque chose*---------------------------**de fabuleux...**
; *et se sentir soudain associé à quelque chose*---------------------------**d'inexplicable...**
; *et se sentir soudain associé à quelque chose*---------------------------**de fabuleux... d'inexplicable...**
; *et se sentir soudain associé à quelque chose*---------------------------**d'inexplicable...**
; *et se sentir soudain associé à quelque chose*---------------------------**de fabuleux...**
; *et se sentir soudain associé à quelque chose*---------------------------**d'inexplicable... de fabuleux...**
; *et se sentir soudain associé à quelque chose*---------------------------**de fabuleux...**
; *et se sentir soudain associé à quelque chose*---------------------------**d'inexplicable...**
; *et se sentir soudain associé à quelque chose*---------------------------**de fabuleux... d'inexplicable...**
; *et se sentir soudain associé à quelque chose*---------------------------**d'inexplicable...**
; *et se sentir soudain associé à quelque chose*---------------------------**de fabuleux...**
; *et se sentir soudain associé à quelque chose*---------------------------**d'inexplicable... de fabuleux...**
; *et se sentir soudain associé à quelque chose*---------------------------**de fabuleux...**
; *et se sentir soudain associé à quelque chose*---------------------------**d'inexplicable...**
; *et se sentir soudain associé à quelque chose*---------------------------**de fabuleux... d'inexplicable...**
; *et se sentir soudain associé à quelque chose*---------------------------**d'inexplicable...**
; *et se sentir soudain associé à quelque chose*---------------------------**de fabuleux...**
; *et se sentir soudain associé à quelque chose*---------------------------**d'inexplicable... de fabuleux...**
; *et se sentir soudain associé à quelque chose*---------------------------**de fabuleux...**
; *et se sentir soudain associé à quelque chose*---------------------------**d'inexplicable...**
; *et se sentir soudain associé à quelque chose*---------------------------**de fabuleux... d'inexplicable...**
; *et se sentir soudain associé à quelque chose*---------------------------**d'inexplicable...**
; *et se sentir soudain associé à quelque chose*---------------------------**de fabuleux...**
; *et se sentir soudain associé à quelque chose*---------------------------**d'inexplicable... de fabuleux...**
; *et se sentir soudain associé à quelque chose*---------------------------**de fabuleux...**
; *et se sentir soudain associé à quelque chose*---------------------------**d'inexplicable...**

c'est **pourquoi** le temps **caresse** les coins———c'est **pourqu**
oi le temps **caresse** les coins———c'est **pourquoi** le temps **c**
aresse les coins———c'est **pourquoi** le temps **caresse** les c
oins———c'est **pourquoi** le temps **caresse** les coins———c'es
t **pourquoi** le temps **caresse** les coins———c'est **pourquoi** le
temps **caresse** les coins———c'est **pourquoi** le temps **cares**
se les coins temps caresse les coins———c'est **pourquoi** le t
emps **caresse** les coins———c'est **pourquoi** le temps **caress**
e les coins———c'est **pourquoi** le temps **caresse** les coins
———c'est **pourquoi** le temps **caresse** les coins———c'est **p**
ourquoi le temps **caresse** les coins temps caresse les coins
———c'est **pourquoi** le temps **caresse** les coins———c'est **p**
ourquoi le temps **caresse** les coins———c'est **pourquoi** le te
mps **caresse** les coins———c'est **pourquoi** le temps **caresse**
les coins———c'est **pourquoi** le temps **caresse** les coins tem
ps caresse les coins———c'est **pourquoi** le temps **caresse** l
es coins———c'est **pourquoi** le temps **caresse** les coins
———c'est **pourquoi** le temps **caresse** les coins———c'est **p**
ourquoi le temps **caresse** les coins———c'est **pourquoi** le te
mps **caresse** les coins temps caresse les coins———c'est **po**
urquoi le temps **caresse** les coins———c'est **pourquoi** le te
mps **caresse** les coins———c'est **pourquoi** le temps **caresse**
les coins———c'est **pourquoi** le temps **caresse** les coins
———c'est **pourquoi** le temps **caresse** les coins temps cares
se les coins———c'est **pourquoi** le temps **caresse** les coins
———c'est **pourquoi** le temps **caresse** les coins———c'est **p**
ourquoi le temps **caresse** les coins———c'est **pourquoi** le te
mps **caresse** les coins———c'est **pourquoi** le temps **caresse**
les coins temps caresse les coins———c'est **pourquoi** le tem
ps **caresse** les coins———c'est **pourquoi** le temps **caresse** l
es coins———c'est **pourquoi** le temps **caresse** les coins
———c'est **pourquoi** le temps **caresse** les coins———c'est **p**
ourquoi le temps **caresse** les coins temps caresse les coins
———c'est **pourquoi** le temps **caresse** les coins———c'est **p**
ourquoi le temps **caresse** les coins———c'est **pourquoi** le te
mps **caresse** les coins———c'est **pourquoi** le temps **caresse**
les coins———c'est **pourquoi** le temps **caresse** les coins tem
ps caresse les coins———c'est **pourquoi** le temps **caresse** l
es coins———c'est **pourquoi** le temps **caresse** les coins
———c'est **pourquoi** le temps **caresse** les coins———c'est **p**
ourquoi le temps **caresse** les coins———c'est **pourquoi** le te
mps **caresse** les coins temps caresse les coins———c'est **po**
urquoi le temps **caresse** les coins———c'est **pourquoi** le te
mps **caresse** les coins———c'est **pourquoi** le temps **caresse**
les coins———c'est **pourquoi** le temps **caresse** les coins
———c'est **pourquoi** le temps **caresse** les coins temps cares
se les coins———c'est **pourquoi** le temps **caresse** les coins
———c'est **pourquoi** le temps **caresse** les coins———c'est **p**
ourquoi le temps **caresse** les coins———c'est **pourquoi** le te
mps **caresse** les coins———c'est **pourquoi** le temps **caresse**
les coins temps caresse les coins———c'est **pourquoi** le tem
ps **caresse** les coins———c'est **pourquoi** le temps **caresse** l
es coins———c'est **pourquoi** le temps **caresse** les coins
———c'est **pourquoi** le temps **caresse** les coins———c'est **p**
ourquoi le temps **caresse** les coins temps caresse les coins
———c'est **pourquoi** le temps **caresse** les coins———c'est **p**
ourquoi le temps **caresse** les coins———c'est **pourquoi** le te
mps **caresse** les coins———c'est **pourquoi** le temps **caresse**
les coins———c'est **pourquoi** le temps **caresse** les coins tem
ps caresse les coins———c'est **pourquoi** le temps **caresse** l
es coins———c'est **pourquoi** le temps **caresse** les coins
———c'est **pourquoi** le temps **caresse** les coins———c'est **p**
ourquoi le temps **caresse** les coins———c'est **pourquoi**

une ——— sorte——— d'ivresse——— toujours——— insoupçonnée ——— dans
——— le ——— sang ——— dans ——— la ——— fronde ——— dans ——— le
——— chaud ——— où ——— se ——— mêle ——— la ——— fatale ———
incohérence ——— ordonnée... **béante veloutée**——— une ——— sorte———
d'ivresse——— toujours——— insoupçonnée ——— dans ——— le ——— sang
——— dans ——— la ——— fronde ——— dans ——— le ——— chaud ———
où ——— se ——— mêle ——— la ——— fatale ——— incohérence ———
ordonnée... **béante veloutée**——— une ——— sorte——— d'ivresse———
toujours——— insoupçonnée ——— dans ——— le ——— sang ——— dans ———
la ——— fronde ——— dans ——— le ——— chaud ——— où ——— se ———
mêle ——— la ——— fatale ——— incohérence ——— ordonnée... **béante**
veloutée——— une ——— sorte——— d'ivresse——— toujours——— insoupçonnée
——— dans ——— le ——— sang ——— dans ——— la ——— fronde ———
dans ——— le ——— chaud ——— où ——— se ——— mêle ——— la
——— fatale ——— incohérence ——— ordonnée... **béante veloutée**——— une
——— sorte——— d'ivresse——— toujours——— insoupçonnée ——— dans
——— le ——— sang ——— dans ——— la ——— fronde ——— dans ——— le
——— chaud ——— où ——— se ——— mêle ——— la ——— fatale ———
incohérence ——— ordonnée... **béante veloutée**——— une ——— sorte———
d'ivresse——— toujours——— insoupçonnée ——— dans ——— le ——— sang
——— dans ——— la ——— fronde ——— dans ——— le ——— chaud ———
où ——— se ——— mêle ——— la ——— fatale ——— incohérence ———
ordonnée... **béante veloutée**——— une ——— sorte——— d'ivresse———
toujours——— insoupçonnée ——— dans ——— le ——— sang ——— dans ———
la ——— fronde ——— dans ——— le ——— chaud ——— où ——— se ———
mêle ——— la ——— fatale ——— incohérence ——— ordonnée... **béante**
veloutée——— une ——— sorte——— d'ivresse——— toujours——— insoupçonnée
——— dans ——— le ——— sang ——— dans ——— la ——— fronde ———
dans ——— le ——— chaud ——— où ——— se ——— mêle ——— la
——— fatale ——— incohérence ——— ordonnée... **béante veloutée**——— une
——— sorte——— d'ivresse——— toujours——— insoupçonnée ——— dans
——— le ——— sang ——— dans ——— la ——— fronde ——— dans ——— le
——— chaud ——— où ——— se ——— mêle ——— la ——— fatale ———
incohérence ——— ordonnée... **béante veloutée**——— une ——— sorte———
d'ivresse——— toujours——— insoupçonnée ——— dans ——— le ——— sang
——— dans ——— la ——— fronde ——— dans ——— le ——— chaud ———
où ——— se ——— mêle ——— la ——— fatale ——— incohérence ———
ordonnée... **béante veloutée**——— une ——— sorte——— d'ivresse———
toujours——— insoupçonnée ——— dans ——— le ——— sang ——— dans ———
la ——— fronde ——— dans ——— le ——— chaud ——— où ——— se ———
mêle ——— la ——— fatale ——— incohérence ——— ordonnée... **béante**
veloutée——— une ——— sorte——— d'ivresse——— toujours——— insoupçonnée
——— dans ——— le ——— sang ——— dans ——— la ——— fronde ———
dans ——— le ——— chaud ——— où ——— se ——— mêle ——— la
——— fatale ——— incohérence ——— ordonnée... **béante veloutée**——— une
——— sorte——— d'ivresse——— toujours——— insoupçonnée ——— dans
——— le ——— sang ——— dans ——— la ——— fronde ——— dans ——— le
——— chaud ——— où ——— se ——— mêle ——— la ——— fatale ———
incohérence ——— ordonnée... **béante veloutée**——— une ——— sorte———
d'ivresse——— toujours——— insoupçonnée ——— dans ——— le ——— sang
——— dans ——— la ——— fronde ——— dans ——— le ——— chaud ———
où ——— se ——— mêle ——— la ——— fatale ——— incohérence ———
ordonnée... **béante veloutée**——— une ——— sorte——— d'ivresse———
toujours——— insoupçonnée ——— dans ——— le ——— sang ——— dans ———
la ——— fronde ——— dans ——— le ——— chaud ——— où ——— se ———
mêle ——— la ——— fatale ——— incohérence ——— ordonnée... **béante**
veloutée——— une ——— sorte——— d'ivresse——— toujours——— insoupçonnée
——— dans ——— le ——— sang ——— dans ——— la ——— fronde ———
dans ——— le ——— chaud ——— où ——— se ——— mêle ——— la
——— fatale ——— incohérence ——— ordonnée... **béante veloutée**——— une
——— sorte——— d'ivresse——— toujours——— insoupçonnée ——— dans
——— le ——— sang ——— dans ——— la ——— fronde ——— dans ——— le
——— chaud ——— ——— ——— ——— ——— ———

PUIS ATTENDRE EN SON AXE LES ATTACHES BRISÉES ET SENTIR LA MORT CÉLESTE SORTIR DE SA POITRINE PUIS ATTENDRE EN SON AXE LES ATTACHES BRISÉES ET SENTIR LA MORT CÉLESTE SORTIR DE SA POITRINE PUIS ATTENDRE EN SON AXE LES ATTACHES BRISÉES ET SENTIR LA MORT CÉLESTE SORTIR DE SA POITRINE PUIS ATTENDRE EN SON AXE LES ATTACHES BRISÉES ET SENTIR LA MORT CÉLESTE SORTIR DE SA POITRINE PUIS ATTENDRE EN SON AXE LES ATTACHES BRISÉES ET SENTIR LA MORT CÉLESTE SORTIR DE SA POITRINE PUIS ATTENDRE EN SON AXE LES ATTACHES BRISÉES ET SENTIR LA MORT CÉLESTE SORTIR DE SA POITRINE PUIS ATTENDRE EN SON AXE LES ATTACHES BRISÉES ET SENTIR LA MORT CÉLESTE SORTIR DE SA POITRINE

+++++(hors d’état de nuire)+++++(hors d’état de nuire)+++++(hors d’état de nuire)+++++(hors
d’état de nuire)+++++(hors d’état de nuire)+++++(hors d’état de nuire)+++++(hors d’état de
nuire)+++++(hors d’état de nuire)+++++(hors d’état de nuire)+++++(hors d’état de
nuire)+++++(hors d’état de nuire)+++++(hors d’état de nuire)+++++(hors d’état de
nuire)+++++(hors d’état de nuire)+++++(hors d’état de nuire)+++++(hors d’état de
nuire)+++++(hors d’état de nuire)+++++(hors d’état de nuire)
+++++(hors d’état de nuire)+++++(hors d’état de nuire)+++++(hors d’état de nuire)+++++(hors
d’état de nuire)+++++(hors d’état de nuire)+++++(hors d’état de nuire)+++++(hors d’état de
nuire)+++++(hors d’état de nuire)+++++(hors d’état de nuire)+++++(hors d’état de
nuire)+++++(hors d’état de nuire)+++++(hors d’état de nuire)+++++(hors d’état de
nuire)+++++(hors d’état de nuire)+++++(hors d’état de nuire)+++++(hors d’état de
nuire)+++++(hors d’état de nuire)+++++(hors d’état de nuire)
+++++(hors d’état de nuire)+++++(hors d’état de nuire)+++++(hors d’état de nuire)+++++(hors
d’état de nuire)+++++(hors d’état de nuire)+++++(hors d’état de nuire)+++++(hors d’état de
nuire)+++++(hors d’état de nuire)+++++(hors d’état de nuire)+++++(hors d’état de
nuire)+++++(hors d’état de nuire)+++++(hors d’état de nuire)+++++(hors d’état de
nuire)+++++(hors d’état de nuire)+++++(hors d’état de nuire)+++++(hors d’état de
nuire)+++++(hors d’état de nuire)+++++(hors d’état de nuire)
+++++(hors d’état de nuire)+++++(hors d’état de nuire)+++++(hors d’état de nuire)+++++(hors
d’état de nuire)+++++(hors d’état de nuire)+++++(hors d’état de nuire)+++++(hors d’état de
nuire)+++++(hors d’état de nuire)+++++(hors d’état de nuire)+++++(hors d’état de
nuire)+++++(hors d’état de nuire)+++++(hors d’état de nuire)+++++(hors d’état de
nuire)+++++(hors d’état de nuire)+++++(hors d’état de nuire)+++++(hors d’état de
nuire)+++++(hors d’état de nuire)+++++(hors d’état de nuire)
+++++(hors d’état de nuire)+++++(hors d’état de nuire)+++++(hors d’état de nuire)+++++(hors
d’état de nuire)+++++(hors d’état de nuire)+++++(hors d’état de nuire)+++++(hors d’état de
nuire)+++++(hors d’état de nuire)+++++(hors d’état de nuire)+++++(hors d’état de
nuire)+++++(hors d’état de nuire)+++++(hors d’état de nuire)+++++(hors d’état de
nuire)+++++(hors d’état de nuire)+++++(hors d’état de nuire)+++++(hors d’état de
nuire)+++++(hors d’état de nuire)+++++(hors d’état de nuire)
+++++(hors d’état de nuire)+++++(hors d’état de nuire)+++++(hors d’état de nuire)+++++(hors
d’état de nuire)+++++(hors d’état de nuire)+++++(hors d’état de nuire)+++++(hors d’état de
nuire)+++++(hors d’état de nuire)+++++(hors d’état de nuire)+++++(hors d’état de
nuire)+++++(hors d’état de nuire)+++++(hors d’état de nuire)+++++(hors d’état de
nuire)+++++(hors d’état de nuire)+++++(hors d’état de nuire)+++++(hors d’état de
nuire)+++++(hors d’état de nuire)+++++(hors d’état de nuire)
+++++(hors d’état de nuire)+++++(hors d’état de nuire)+++++(hors d’état de nuire)+++++(hors
d’état de nuire)+++++(hors d’état de nuire)+++++(hors d’état de nuire)+++++(hors d’état de
nuire)+++++(hors d’état de nuire)+++++(hors d’état de nuire)+++++(hors d’état de
nuire)+++++(hors d’état de nuire)+++++(hors d’état de nuire)+++++(hors d’état de
nuire)+++++(hors d’état de nuire)+++++(hors d’état de nuire)+++++(hors d’état de
nuire)+++++(hors d’état de nuire)+++++(hors d’état de nuire)
+++++(hors d’état de nuire)+++++(hors d’état de nuire)+++++(hors d’état de nuire)+++++(hors
d’état de nuire)+++++(hors d’état de nuire)+++++(hors d’état de nuire)+++++(hors d’état de
nuire)+++++(hors d’état de nuire)+++++(hors d’état de nuire)+++++(hors d’état de
nuire)+++++(hors d’état de nuire)+++++(hors d’état de nuire)+++++(hors d’état de
nuire)+++++(hors d’état de nuire)+++++(hors d’état de nuire)+++++(hors d’état de
nuire)+++++(hors d’état de nuire)+++++(hors d’état de nuire)
+++++(hors d’état de nuire)+++++(hors d’état de nuire)+++++(hors d’état de nuire)+++++(hors
d’état de nuire)+++++(hors d’état de nuire)+++++(hors d’état de nuire)+++++(hors d’état de
nuire)+++++(hors d’état de nuire)+++++(hors d’état de nuire)+++++(hors d’état de
nuire)+++++(hors d’état de nuire)+++++(hors d’état de nuire)+++++(hors d’état de
nuire)+++++(hors d’état de nuire)+++++(hors d’état de nuire)+++++(hors d’état de
nuire)+++++(hors d’état de nuire)+++++(hors d’état de nuire)
+++++(hors d’état de nuire)+++++(hors d’état de nuire)+++++(hors d’état de nuire)+++++(hors
d’état de nuire)+++++(hors d’état de nuire)+++++(hors d’état de nuire)+++++(hors d’état de
nuire)+++++(hors d’état de nuire)+++++(hors d’état de nuire)+++++(hors d’état de
nuire)+++++(hors d’état de nuire)+++++(hors d’état de nuire)+++++(hors d’état de
nuire)+++++(hors d’état de nuire)+++++(hors d’état de nuire)+++++(hors d’état de
nuire)+++++(hors d’état de nuire)+++++(hors d’état de nuire)
+++++(hors d’état de nuire)+++++(hors d’état de nuire)+++++(hors d’état de nuire)+++++(hors
d’état de nuire)+++++(hors d’état de nuire)+++++(hors d’état de nuire)+++++(hors d’état de
nuire)+++++(hors d’état de nuire)+++++(hors d’état de nuire)+++++(hors d’état

au blanc de perle .... l'ange dans un p r o f o n d c o m a au blanc de perle .... l'ange
dans un p r o f o n d c o m a au blanc de perle .... l'ange dans un p r o f o n d c o m a au
blanc de perle .... l'ange dans un p r o f o n d c o m a au blanc de perle .... l'ange dans
un p r o f o n d c o m a au blanc de perle .... l'ange dans un p r o f o n d c o m a au blanc
de perle .... l'ange dans un p r o f o n d c o m a au blanc de perle .... l'ange dans un p r
o f o n d c o m a au blanc de perle .... l'ange dans un p r o f o n d c o m a au blanc de
perle .... l'ange dans un p r o f o n d c o m a au blanc de perle .... l'ange dans un p r o f
o n d c o m a au blanc de perle....... l'ange dans un p r o f o n d c o m a au blanc de perle
.... l'ange dans un p r o f o n d c o m a au blanc de perle .... l'ange dans un p r o f o n d
c o m a au blanc de perle .... l'ange dans un p r o f o n d c o m a au blanc de perle ....
l'ange dans un p r o f o n d c o m a au blanc de perle .... l'ange dans un p r o f o n d c o
m a au blanc de perle .... l'ange dans un p r o f o n d c o m a au blanc de perle .... l'ange
dans un p r o f o n d c o m a au blanc de perle .... l'ange dans un p r o f o n d c o m a au
blanc de perle .... l'ange dans un p r o f o n d c o m a au blanc de perle .... l'ange dans
un p r o f o n d c o m a au blanc de perle .... l'ange dans un p r o f o n d c o m a au blanc
de perle .... l'ange dans un p r o f o n d c o m a au blanc de perle .... l'ange dans un p r
o f o n d c o m a au blanc de perle .... l'ange dans un p r o f o n d c o m a au blanc de
perle .... l'ange dans un p r o f o n d c o m a au blanc de perle .... l'ange dans un p r o f
o n d c o m a au blanc de perle .... l'ange dans un p r o f o n d c o m a au blanc de perle
.... l'ange dans un p r o f o n d c o m a au blanc de perle .... l'ange dans un p r o f o n d
c o m a au blanc de perle .... l'ange dans un p r o f o n d c o m a au blanc de perle ....
l'ange dans un p r o f o n d c o m a au blanc de perle .... l'ange dans un p r o f o n d c o
m a au blanc de perle .... l'ange dans un p r o f o n d c o m a au blanc de perle .... l'ange
dans un p r o f o n d c o m a au blanc de perle .... l'ange dans un p r o f o n d c o m a au
blanc de perle .... l'ange dans un p r o f o n d c o m a au blanc de perle .... l'ange dans
un p r o f o n d c o m a au blanc de perle .... l'ange dans un p r o f o n d c o m a au blanc
de perle .... l'ange dans un p r o f o n d c o m a au blanc de perle .... l'ange dans un p r
o f o n d c o m a au blanc de perle .... l'ange dans un p r o f o n d c o m a au blanc de
perle .... l'ange dans un p r o f o n d c o m a au blanc de perle .... l'ange dans un p r o f
o n d c o m a au blanc de perle .... l'ange dans un p r o f o n d c o m a au blanc de perle
.... l'ange dans un p r o f o n d c o m a au blanc de perle .... l'ange dans un p r o f o n d
c o m a au blanc de perle .... l'ange dans un p r o f o n d c o m a au blanc de perle ....
l'ange dans un p r o f o n d c o m a au blanc de perle .... l'ange dans un p r o f o n d c o
m a au blanc de perle .... l'ange dans un p r o f o n d c o m a au blanc de perle .... l'ange
dans un p r o f o n d c o m a au blanc de perle .... l'ange dans un p r o f o n d c o m a au
blanc de perle .... l'ange dans un p r o f o n d c o m a au blanc de perle .... l'ange dans
un p r o f o n d c o m a au blanc de perle .... l'ange dans un p r o f o n d c o m a au blanc
de perle .... l'ange dans un p r o f o n d c o m a au blanc de perle .... l'ange dans un p r
o f o n d c o m a au blanc de perle .... l'ange dans un p r o f o n d c o m a au blanc de
perle .... l'ange dans un p r o f o n d c o m a au blanc de perle .... l'ange dans un p r o f
o n d c o m a au blanc de perle .... l'ange dans un p r o f o n d c o m a au blanc de perle
.... l'ange dans un p r o f o n d c o m a au blanc de perle .... l'ange dans un p r o f o n d
c o m a au blanc de perle .... l'ange dans un p r o f o n d c o m a au blanc de perle ....
l'ange dans un p r o f o n d c o m a au blanc de perle .... l'ange dans un p r o f o n d c o
m a au blanc de perle .... l'ange dans un p r o f o n d c o m a au blanc de perle .... l'ange
dans un p r o f o n d c o m a au blanc de perle .... l'ange dans un p r o f o n d c o m a au
blanc de perle .... l'ange dans un p r o f o n d c o m a au blanc de perle .... l'ange dans
un p r o f o n d c o m a au blanc de perle .... l'ange dans un p r o f o n d c o m a au blanc
de perle .... l'ange dans un p r o f o n d c o m a au blanc de perle .... l'ange dans un p r
o f o n d c o m a au blanc de perle .... l'ange dans un p r o f o n d c o m a au blanc de
perle .... l'ange dans un p r o f o n d c o m a au blanc de perle .... l'ange dans un p r o f
o n d c o m a au blanc de perle .... l'ange dans un p r o f o n d c o m a au blanc de perle
.... l'ange dans un p r o f o n d c o m a au blanc de perle .... l'ange dans un p r o f o n d
c o m a au blanc de perle .... l'ange dans un p r o f o n d c o m a au blanc de perle ....
l'ange dans un p r o f o n d c o m a au blanc de perle .... l'ange dans un p r o f o n d c o
m a au blanc de perle .... l'ange dans un p r o f o n d c o m a au blanc de perle .... l'ange
dans un p r o f o n d c o m a au blanc de perle .... l'ange dans un p r o f o n d c o m a au
blanc de perle .... l'ange dans un p r o f o n d c o m a au blanc de perle .... l'ange dans
un p r o f o n d c o m a au blanc de perle .... l'ange dans un p r o f o n d c o m a au blanc
de perle .... l'ange dans un p r o f o n d c o m a au blanc de perle .... l'ange dans un p r
o f o n d c o m a au blanc de perle .... l'ange dans un p r o f o n d c o m a au blanc de
perle .... l'ange dans un p r o f o n d c o m a au blanc de perle .... l'ange dans un p r o f
o n d c o m a au blanc de perle .... l'ange dans un p r o f o n d c o m a au blanc de perle

l ' a i l e m a t e r n e l l e doit faire ses preuves ou disparaître d i s p a r a î t r e l ' a i l
e m a t e r n e l l e doit faire ses preuves ou disparaître d i s p a r a î t r e l ' a i l e m a t
e r n e l l e doit faire ses preuves ou disparaître d i s p a r a î t r e l ' a i l e m a t e r n e l l
e doit faire ses preuves ou disparaître d i s p a r a î t r e l ' a i l e m a t e r n e l l e doit
faire ses preuves ou disparaître d i s p a r a î t r e l ' a i l e m a t e r n e l l e doit faire ses
preuves ou disparaître d i s p a r a î t r e l ' a i l e m a t e r n e l l e doit faire ses preuves
l ' a i l e m a t e r n e l l e doit faire ses preuves ou disparaître d i s p a r a î t r e l ' a i l
e m a t e r n e l l e doit faire ses preuves ou disparaître d i s p a r a î t r e l ' a i l e m a t
e r n e l l e doit faire ses preuves ou disparaître d i s p a r a î t r e l ' a i l e m a t e r n e l l
e doit faire ses preuves ou disparaître d i s p a r a î t r e l ' a i l e m a t e r n e l l e doit
faire ses preuves ou disparaître d i s p a r a î t r e l ' a i l e m a t e r n e l l e doit faire ses
preuves ou disparaître d i s p a r a î t r e l ' a i l e m a t e r n e l l e doit faire ses preuves
l ' a i l e m a t e r n e l l e doit faire ses preuves ou disparaître d i s p a r a î t r e l ' a i l
e m a t e r n e l l e doit faire ses preuves ou disparaître d i s p a r a î t r e l ' a i l e m a t
e r n e l l e doit faire ses preuves ou disparaître d i s p a r a î t r e l ' a i l e m a t e r n e l l
e doit faire ses preuves ou disparaître d i s p a r a î t r e l ' a i l e m a t e r n e l l e doit
faire ses preuves ou disparaître d i s p a r a î t r e l ' a i l e m a t e r n e l l e doit faire ses
preuves ou disparaître d i s p a r a î t r e l ' a i l e m a t e r n e l l e doit faire ses preuves
l ' a i l e m a t e r n e l l e doit faire ses preuves ou disparaître d i s p a r a î t r e l ' a i l
e m a t e r n e l l e doit faire ses preuves ou disparaître d i s p a r a î t r e l ' a i l e m a t
e r n e l l e doit faire ses preuves ou disparaître d i s p a r a î t r e l ' a i l e m a t e r n e l l
e doit faire ses preuves ou disparaître d i s p a r a î t r e l ' a i l e m a t e r n e l l e doit
faire ses preuves ou disparaître d i s p a r a î t r e l ' a i l e m a t e r n e l l e doit faire ses
preuves ou disparaître d i s p a r a î t r e l ' a i l e m a t e r n e l l e doit faire ses preuves
l ' a i l e m a t e r n e l l e doit faire ses preuves ou disparaître d i s p a r a î t r e l ' a i l
e m a t e r n e l l e doit faire ses preuves ou disparaître d i s p a r a î t r e l ' a i l e m a t
e r n e l l e doit faire ses preuves ou disparaître d i s p a r a î t r e l ' a i l e m a t e r n e l l
e doit faire ses preuves ou disparaître d i s p a r a î t r e l ' a i l e m a t e r n e l l e doit
faire ses preuves ou disparaître d i s p a r a î t r e l ' a i l e m a t e r n e l l e doit faire ses
preuves ou disparaître d i s p a r a î t r e l ' a i l e m a t e r n e l l e doit faire ses preuves
l ' a i l e m a t e r n e l l e doit faire ses preuves ou disparaître d i s p a r a î t r e l ' a i l
e m a t e r n e l l e doit faire ses preuves ou disparaître d i s p a r a î t r e l ' a i l e m a t
e r n e l l e doit faire ses preuves ou disparaître d i s p a r a î t r e l ' a i l e m a t e r n e l l
e doit faire ses preuves ou disparaître d i s p a r a î t r e l ' a i l e m a t e r n e l l e doit
faire ses preuves ou disparaître d i s p a r a î t r e l ' a i l e m a t e r n e l l e doit faire ses
preuves ou disparaître d i s p a r a î t r e l ' a i l e m a t e r n e l l e doit faire ses preuves
l ' a i l e m a t e r n e l l e doit faire ses preuves ou disparaître d i s p a r a î t r e l ' a i l
e m a t e r n e l l e doit faire ses preuves ou disparaître d i s p a r a î t r e l ' a i l e m a t
e r n e l l e doit faire ses preuves ou disparaître d i s p a r a î t r e l ' a i l e m a t e r n e l l
e doit faire ses preuves ou disparaître d i s p a r a î t r e l ' a i l e m a t e r n e l l e doit
faire ses preuves ou disparaître d i s p a r a î t r e l ' a i l e m a t e r n e l l e doit faire ses
preuves ou disparaître d i s p a r a î t r e l ' a i l e m a t e r n e l l e doit faire ses preuves
l ' a i l e m a t e r n e l l e doit faire ses preuves ou disparaître d i s p a r a î t r e l ' a i l
e m a t e r n e l l e doit faire ses preuves ou disparaître d i s p a r a î t r e l ' a i l e m a t
e r n e l l e doit faire ses preuves ou disparaître d i s p a r a î t r e l ' a i l e m a t e r n e l l
e doit faire ses preuves ou disparaître d i s p a r a î t r e l ' a i l e m a t e r n e l l e doit
faire ses preuves ou disparaître d i s p a r a î t r e l ' a i l e m a t e r n e l l e doit faire ses
preuves ou disparaître d i s p a r a î t r e l ' a i l e m a t e r n e l l e doit faire ses preuves
l ' a i l e m a t e r n e l l e doit faire ses preuves ou disparaître d i s p a r a î t r e l ' a i l
e m a t e r n e l l e doit faire ses preuves ou disparaître d i s p a r a î t r e l ' a i l e m a t
e r n e l l e doit faire ses preuves ou disparaître d i s p a r a î t r e l ' a i l e m a t e r n e l l
e doit faire ses preuves ou disparaître d i s p a r a î t r e l ' a i l e m a t e r n e l l e doit
faire ses preuves ou disparaître d i s p a r a î t r e l ' a i l e m a t e r n e l l e doit faire ses
preuves ou disparaître d i s p a r a î t r e l ' a i l e m a t e r n e l l e doit faire ses preuves
l ' a i l e m a t e r n e l l e doit faire ses preuves ou disparaître d i s p a r a î t r e l ' a i l
e m a t e r n e l l e doit faire ses preuves ou disparaître d i s p a r a î t r e l ' a i l e m a t
e r n e l l e doit faire ses preuves ou disparaître d i s p a r a î t r e l ' a i l e m a t e r n e l l
e doit faire ses preuves ou disparaître d i s p a r a î t r e l ' a i l e m a t e r n e l l e doit
faire ses preuves ou disparaître d i s p a r a î t r e l ' a i l e m a t e r n e l l e doit faire ses
preuves ou disparaître d i s p a r a î t r e l ' a i l e m a t e r n e l l e doit faire ses preuves
l ' a i l e m a t e r n e l l e doit faire ses preuves ou disparaître d i s p a r a î t r e l ' a i l
e m a t e r n e l l e doit faire ses preuves ou disparaître d i s p a r a î t r e l ' a i l e m a t
e r n e l l e doit faire ses preuves ou disparaître d i s p a r a î t r e l ' a i l e m a t e r n e l l e

et ~~par principe~~ (par principe) de la racine à la terre soigneusement te charnel des coins oiseaux et
~~par principe~~ (par principe) de la racine à la terre soigneusement te charnel des coins oiseaux et
~~par principe~~ (par principe) de la racine à la terre soigneusement te charnel des coins oiseaux et
~~par principe~~ (par principe) de la racine à la terre soigneusement te charnel des coins oiseaux et
~~par principe~~ (par principe) de la racine à la terre soigneusement te charnel des coins oiseaux et
~~par principe~~ (par principe) de la racine à la terre soigneusement te charnel des coins oiseaux et
~~par principe~~ (par principe) de la racine à la terre soigneusement te charnel des coins oiseaux et
~~par principe~~ (par principe) de la racine à la terre soigneusement te charnel des coins oiseaux et
~~par principe~~ (par principe) de la racine à la terre soigneusement te charnel des coins oiseaux et
~~par principe~~ (par principe) de la racine à la terre soigneusement te charnel des coins oiseaux et
~~par principe~~ (par principe) de la racine à la terre soigneusement te charnel des coins oiseaux et
~~par principe~~ (par principe) de la racine à la terre soigneusement te charnel des coins oiseaux et
~~par principe~~ (par principe) de la racine à la terre soigneusement te charnel des coins oiseaux et
~~par principe~~ (par principe) de la racine à la terre soigneusement te charnel des coins oiseaux et
~~par principe~~ (par principe) de la racine à la terre soigneusement te charnel des coins oiseaux et
~~par principe~~ (par principe) de la racine à la terre soigneusement te charnel des coins oiseaux et
~~par principe~~ (par principe) de la racine à la terre soigneusement te charnel des coins oiseaux et
~~par principe~~ (par principe) de la racine à la terre soigneusement te charnel des coins oiseaux et
~~par principe~~ (par principe) de la racine à la terre soigneusement te charnel des coins oiseaux et
~~par principe~~ (par principe) de la racine à la terre soigneusement te charnel des coins oiseaux et
~~par principe~~ (par principe) de la racine à la terre soigneusement te charnel des coins oiseaux et
~~par principe~~ (par principe) de la racine à la terre soigneusement te charnel des coins oiseaux et
~~par principe~~ (par principe) de la racine à la terre soigneusement te charnel des coins oiseaux et
~~par principe~~ (par principe) de la racine à la terre soigneusement te charnel des coins oiseaux et
~~par principe~~ (par principe) de la racine à la terre soigneusement te charnel des coins oiseaux et
~~par principe~~ (par principe) de la racine à la terre soigneusement te charnel des coins oiseaux et
~~par principe~~ (par principe) de la racine à la terre soigneusement te charnel des coins oiseaux et
~~par principe~~ (par principe) de la racine à la terre soigneusement te charnel des coins oiseaux et
~~par principe~~ (par principe) de la racine à la terre soigneusement te charnel des coins oiseaux et
~~par principe~~ (par principe) de la racine à la terre soigneusement te charnel des coins oiseaux et
~~par principe~~ (par principe) de la racine à la terre soigneusement te charnel des coins oiseaux et
~~par principe~~ (par principe) de la racine à la terre soigneusement te charnel des coins oiseaux et
~~par principe~~ (par principe) de la racine à la terre soigneusement te charnel des coins oiseaux et
~~par principe~~ (par principe) de la racine à la terre soigneusement te charnel des coins oiseaux et
~~par principe~~ (par principe) de la racine à la terre soigneusement te charnel des coins oiseaux et
~~par principe~~ (par principe) de la racine à la terre soigneusement te charnel des coins oiseaux et
~~par principe~~ (par principe) de la racine à la terre soigneusement te charnel des coins oiseaux et
~~par principe~~ (par principe) de la racine à la terre soigneusement te charnel des coins oiseaux et
~~par principe~~ (par principe) de la racine à la terre soigneusement te charnel des coins oiseaux et
~~par principe~~ (par principe) de la racine à la terre soigneusement te charnel des coins oiseaux et
~~par principe~~ (par principe) de la racine à la terre soigneusement te charnel des coins oiseaux et
~~par principe~~ (par principe) de la racine à la terre soigneusement te charnel des coins oiseaux et
~~par principe~~ (par principe) de la racine à la terre soigneusement te charnel des coins oiseaux et
~~par principe~~ (par principe) de la racine à la terre soigneusement te charnel des coins oiseaux et
~~par principe~~ (par principe) de la racine à la terre soigneusement te charnel des coins oiseaux et
~~par principe~~ (par principe) de la racine à la terre soigneusement te charnel des coins oiseaux et
~~par principe~~ (par principe) de la racine à la terre soigneusement te charnel des coins oiseaux et
~~par principe~~ (par principe) de la racine à la terre soigneusement te charnel des coins oiseaux et
~~par principe~~ (par principe) de la racine à la terre soigneusement te charnel des coins oiseaux et
~~par principe~~ (par principe) de la racine à la terre soigneusement te charnel des coins oiseaux et
~~par principe~~ (par principe) de la racine à la terre soigneusement te charnel des coins oiseaux et
~~par principe~~ (par principe) de la racine à la terre soigneusement te charnel des coins oiseaux et
~~par principe~~ (par principe) de la racine à la terre soigneusement te charnel des coins oiseaux et
~~par principe~~ (par principe) de la racine à la terre soigneusement te charnel des coins oiseaux et
~~par principe~~ (par principe) de la racine à la terre soigneusement te charnel des coins oiseaux et
~~par principe~~ (par principe) de la racine à la terre soigneusement te charnel des coins oiseaux et
~~par principe~~ (par principe) de la racine à la terre soigneusement te charnel des coins oiseaux et
~~par principe~~ (par principe) de la racine à la terre soigneusement te charnel des coins oiseaux et
~~par principe~~ (par principe) de la racine à la terre soigneusement te charnel des coins oiseaux et
~~par principe~~ (par principe) de la racine à la terre soigneusement te charnel des coins oiseaux et
~~par principe~~ (par principe) de la racine à la terre soigneusement te charnel des coins oiseaux et
~~par principe~~ (par principe) de la racine à la terre soigneusement te charnel des coins oiseaux et
~~par principe~~ (par principe) de la racine à la terre soigneusement te charnel des coins oiseaux

parti pris éclipse la pure et brillante comète parti pris éclipse la pure et brillante comète parti pris
éclipse la pure et brillante comète parti pris éclipse la pure et brillante comète parti pris éclipse la
pure et brillante comète parti pris éclipse la pure et brillante comète parti pris éclipse la pure et
brillante comète parti pris éclipse la pure et brillante comète parti pris éclipse la pure et brillante
comète parti pris éclipse la pure et brillante comète parti pris éclipse la pure et brillante comète
parti pris éclipse la pure et brillante comète parti pris éclipse la pure et brillante comète parti pris
éclipse la pure et brillante comète parti pris éclipse la pure et brillante comète parti pris éclipse la
pure et brillante comète parti pris éclipse la pure et brillante comète parti pris éclipse la pure et
brillante comète parti pris éclipse la pure et brillante comète parti pris éclipse la pure et brillante
comète parti pris éclipse la pure et brillante comète parti pris éclipse la pure et brillante comète
parti pris éclipse la pure et brillante comète parti pris éclipse la pure et brillante comète parti pris
éclipse la pure et brillante comète parti pris éclipse la pure et brillante comète parti pris éclipse la
pure et brillante comète parti pris éclipse la pure et brillante comète parti pris éclipse la pure et
brillante comète parti pris éclipse la pure et brillante comète parti pris éclipse la pure et brillante
comète parti pris éclipse la pure et brillante comète parti pris éclipse la pure et brillante comète
parti pris éclipse la pure et brillante comète parti pris éclipse la pure et brillante comète parti pris
éclipse la pure et brillante comète parti pris éclipse la pure et brillante comète parti pris éclipse la
pure et brillante comète parti pris éclipse la pure et brillante comète parti pris éclipse la pure et
brillante comète parti pris éclipse la pure et brillante comète parti pris éclipse la pure et brillante
comète parti pris éclipse la pure et brillante comète parti pris éclipse la pure et brillante comète
parti pris éclipse la pure et brillante comète parti pris éclipse la pure et brillante comète parti pris
éclipse la pure et brillante comète parti pris éclipse la pure et brillante comète parti pris éclipse la
pure et brillante comète parti pris éclipse la pure et brillante comète parti pris éclipse la pure et
brillante comète parti pris éclipse la pure et brillante comète parti pris éclipse la pure et brillante
comète parti pris éclipse la pure et brillante comète parti pris éclipse la pure et brillante comète
parti pris éclipse la pure et brillante comète parti pris éclipse la pure et brillante comète parti pris
éclipse la pure et brillante comète parti pris éclipse la pure et brillante comète parti pris éclipse la
pure et brillante comète parti pris éclipse la pure et brillante comète parti pris éclipse la pure et
brillante comète parti pris éclipse la pure et brillante comète parti pris éclipse la pure et brillante
comète parti pris éclipse la pure et brillante comète parti pris éclipse la pure et brillante comète
parti pris éclipse la pure et brillante comète parti pris éclipse la pure et brillante comète parti pris
éclipse la pure et brillante comète parti pris éclipse la pure et brillante comète parti pris éclipse la
pure et brillante comète parti pris éclipse la pure et brillante comète parti pris éclipse la pure et
brillante comète parti pris éclipse la pure et brillante comète parti pris éclipse la pure et brillante
comète parti pris éclipse la pure et brillante comète parti pris éclipse la pure et brillante comète
parti pris éclipse la pure et brillante comète parti pris éclipse la pure et brillante comète parti pris
éclipse la pure et brillante comète parti pris éclipse la pure et brillante comète parti pris éclipse la
pure et brillante comète parti pris éclipse la pure et brillante comète parti pris éclipse la pure et
brillante comète parti pris éclipse la pure et brillante comète parti pris éclipse la pure et brillante
comète parti pris éclipse la pure et brillante comète parti pris éclipse la pure et brillante comète
parti pris éclipse la pure et brillante comète parti pris éclipse la pure et brillante comète parti pris
éclipse la pure et brillante comète parti pris éclipse la pure et brillante comète parti pris éclipse la
pure et brillante comète parti pris éclipse la pure et brillante comète parti pris éclipse la pure et
brillante comète parti pris éclipse la pure et brillante comète parti pris éclipse la pure et brillante
comète parti pris éclipse la pure et brillante comète parti pris éclipse la pure et brillante comète
parti pris éclipse la pure et brillante comète parti pris éclipse la pure et brillante comète parti pris
éclipse la pure et brillante comète parti pris éclipse la pure et brillante comète parti pris éclipse la
pure et brillante comète parti pris éclipse la pure et brillante comète parti pris éclipse la pure et
brillante comète parti pris éclipse la pure et brillante comète parti pris éclipse la pure et brillante
comète parti pris éclipse la pure et brillante comète parti pris éclipse la pure et brillante comète
parti pris éclipse la pure et brillante comète parti pris éclipse la pure et brillante comète parti pris
éclipse la pure et brillante comète parti pris éclipse la pure et brillante comète parti pris éclipse la
pure et brillante comète parti pris éclipse la pure et brillante comète parti pris éclipse la pure et
brillante comète parti pris éclipse la pure et brillante comète parti pris éclipse la pure et brillante
comète parti pris éclipse la pure et brillante comète parti pris éclipse la pure et brillante comète
parti pris éclipse la pure et brillante comète parti pris éclipse la pure et brillante comète parti pris
éclipse la pure et brillante comète parti pris éclipse la brillante comète parti pris éclipse la pure et
brillante comète parti pris éclipse la pure et brillante comète parti pris éclipse la pure et brillante

et la tête brusquement fatale éclipse la pure et brillante comète
et la tête brusquement fatale éclipse la pure et brillante comète
et la tête brusquement fatale éclipse la pure et brillante comète
et la tête brusquement fatale éclipse la pure et brillante comète
et la tête brusquement fatale éclipse la pure et brillante comète
et la tête brusquement fatale éclipse la pure et brillante comète
et la tête brusquement fatale éclipse la pure et brillante comète
et la tête brusquement fatale éclipse la pure et brillante comète
et la tête brusquement fatale éclipse la pure et brillante comète
et la tête brusquement fatale éclipse la pure et brillante comète
et la tête brusquement fatale éclipse la pure et brillante comète
et la tête brusquement fatale éclipse la pure et brillante comète
et la tête brusquement fatale éclipse la pure et brillante comète
et la tête brusquement fatale éclipse la pure et brillante comète
et la tête brusquement fatale éclipse la pure et brillante comète
et la tête brusquement fatale éclipse la pure et brillante comète
et la tête brusquement fatale éclipse la pure et brillante comète
et la tête brusquement fatale éclipse la pure et brillante comète
et la tête brusquement fatale éclipse la pure et brillante comète
et la tête brusquement fatale éclipse la pure et brillante comète
et la tête brusquement fatale éclipse la pure et brillante comète
et la tête brusquement fatale éclipse la pure et brillante comète
et la tête brusquement fatale éclipse la pure et brillante comète
et la tête brusquement fatale éclipse la pure et brillante comète
et la tête brusquement fatale éclipse la pure et brillante comète
et la tête brusquement fatale éclipse la pure et brillante comète
et la tête brusquement fatale éclipse la pure et brillante comète
et la tête brusquement fatale éclipse la pure et brillante comète
et la tête brusquement fatale éclipse la pure et brillante comète
et la tête brusquement fatale éclipse la pure et brillante comète
et la tête brusquement fatale éclipse la pure et brillante comète
et la tête brusquement fatale éclipse la pure et brillante comète
et la tête brusquement fatale éclipse la pure et brillante comète
et la tête brusquement fatale éclipse la pure et brillante comète
et la tête brusquement fatale éclipse la pure et brillante comète
et la tête brusquement fatale éclipse la pure et brillante comète
et la tête brusquement fatale éclipse la pure et brillante comète
et la tête brusquement fatale éclipse la pure et brillante comète
et la tête brusquement fatale éclipse la pure et brillante comète
et la tête brusquement fatale éclipse la pure et brillante comète
et la tête brusquement fatale éclipse la pure et brillante comète
et la tête brusquement fatale éclipse la pure et brillante comète
et la tête brusquement fatale éclipse la pure et brillante comète
et la tête brusquement fatale éclipse la pure et brillante comète
et la tête brusquement fatale éclipse la pure et brillante comète
et la tête brusquement fatale éclipse la pure et brillante comète
et la tête brusquement fatale éclipse la pure et brillante comète
et la tête brusquement fatale éclipse la pure et brillante comète
et la tête brusquement fatale éclipse la pure et brillante comète
et la tête brusquement fatale éclipse la pure et brillante comète
et la tête brusquement fatale éclipse la pure et brillante comète
et la tête brusquement fatale éclipse la pure et brillante comète
et la tête brusquement fatale éclipse la pure et brillante comète
et la tête brusquement fatale éclipse la pure et brillante comète
et la tête brusquement fatale éclipse la pure et brillante comète
et la tête brusquement fatale éclipse la pure et brillante comète
et la tête brusquement fatale éclipse la pure et brillante comète
et la tête brusquement fatale éclipse la pure et brillante comète
et la tête brusquement fatale éclipse la pure et brillante comète
et la tête brusquement fatale éclipse la pure et brillante comète
et la tête brusquement fatale éclipse la pure et brillante comète
et la tête brusquement fatale éclipse la pure et brillante comète
et la tête brusquement fatale éclipse la pure et brillante comète

parti pris éclipse la pure et brillante comète parti pris éclipse la pure et brillante comète parti pris
et la tête brusquement fatale éclipse la pure et brillante comète
éclipse la pure et brillante comète parti pris éclipse la pure et brillante comète parti pris éclipse la
et la tête brusquement fatale éclipse la pure et brillante comète
pure et brillante comète parti pris éclipse la pure et brillante comète parti pris éclipse la pure et
et la tête brusquement fatale éclipse la pure et brillante comète
brillante comète parti pris éclipse la pure et brillante comète parti pris éclipse la pure et brillante
et la tête brusquement fatale éclipse la pure et brillante comète
comète parti pris éclipse la pure et brillante comète parti pris éclipse la pure et brillante comète
et la tête brusquement fatale éclipse la pure et brillante comète
parti pris éclipse la pure et brillante comète parti pris éclipse la pure et brillante comète parti pris
et la tête brusquement fatale éclipse la pure et brillante comète
éclipse la pure et brillante comète parti pris éclipse la pure et brillante comète parti pris éclipse la
et la tête brusquement fatale éclipse la pure et brillante comète
pure et brillante comète parti pris éclipse la pure et brillante comète parti pris éclipse la pure et
et la tête brusquement fatale éclipse la pure et brillante comète
brillante comète parti pris éclipse la pure et brillante comète parti pris éclipse la pure et brillante
et la tête brusquement fatale éclipse la pure et brillante comète
comète parti pris éclipse la pure et brillante comète parti pris éclipse la pure et brillante comète
et la tête brusquement fatale éclipse la pure et brillante comète
parti pris éclipse la pure et brillante comète parti pris éclipse la pure et brillante comète parti pris
et la tête brusquement fatale éclipse la pure et brillante comète
éclipse la pure et brillante comète parti pris éclipse la pure et brillante comète parti pris éclipse la
et la tête brusquement fatale éclipse la pure et brillante comète
pure et brillante comète parti pris éclipse la pure et brillante comète parti pris éclipse la pure et
et la tête brusquement fatale éclipse la pure et brillante comète
brillante comète parti pris éclipse la pure et brillante comète parti pris éclipse la pure et brillante
et la tête brusquement fatale éclipse la pure et brillante comète
comète parti pris éclipse la pure et brillante comète parti pris éclipse la pure et brillante comète
et la tête brusquement fatale éclipse la pure et brillante comète
parti pris éclipse la pure et brillante comète parti pris éclipse la pure et brillante comète parti pris
et la tête brusquement fatale éclipse la pure et brillante comète
éclipse la pure et brillante comète parti pris éclipse la pure et brillante comète parti pris éclipse la
et la tête brusquement fatale éclipse la pure et brillante comète
pure et brillante comète parti pris éclipse la pure et brillante comète parti pris éclipse la pure et
et la tête brusquement fatale éclipse la pure et brillante comète
brillante comète parti pris éclipse la pure et brillante comète parti pris éclipse la pure et brillante
et la tête brusquement fatale éclipse la pure et brillante comète
comète parti pris éclipse la pure et brillante comète parti pris éclipse la pure et brillante comète
et la tête brusquement fatale éclipse la pure et brillante comète
parti pris éclipse la pure et brillante comète parti pris éclipse la pure et brillante comète parti pris
et la tête brusquement fatale éclipse la pure et brillante comète
éclipse la pure et brillante comète parti pris éclipse la pure et brillante comète parti pris éclipse la
et la tête brusquement fatale éclipse la pure et brillante comète
pure et brillante comète parti pris éclipse la pure et brillante comète parti pris éclipse la pure et
et la tête brusquement fatale éclipse la pure et brillante comète
brillante comète parti pris éclipse la pure et brillante comète parti pris éclipse la pure et brillante
et la tête brusquement fatale éclipse la pure et brillante comète
comète parti pris éclipse la pure et brillante comète parti pris éclipse la pure et brillante comète
et la tête brusquement fatale éclipse la pure et brillante comète
parti pris éclipse la pure et brillante comète parti pris éclipse la pure et brillante comète parti pris
et la tête brusquement fatale éclipse la pure et brillante comète
éclipse la pure et brillante comète parti pris éclipse la pure et brillante comète parti pris éclipse la
et la tête brusquement fatale éclipse la pure et brillante comète
pure et brillante comète parti pris éclipse la pure et brillante comète parti pris éclipse la pure et
et la tête brusquement fatale éclipse la pure et brillante comète
brillante comète parti pris éclipse la pure et brillante comète parti pris éclipse la pure et brillante
et la tête brusquement fatale éclipse la pure et brillante comète
comète parti pris éclipse la pure et brillante comète parti pris éclipse la pure et brillante comète
et la tête brusquement fatale éclipse la pure et brillante comète
parti pris éclipse la pure et brillante comète parti pris éclipse la pure et brillante comète parti pris
et la tête brusquement fatale éclipse la pure et brillante comète
éclipse la pure et brillante comète parti pris éclipse la pure et brillante comète parti pris éclipse la
et la tête brusquement fatale éclipse la pure et brillante comète
pure et brillante comète parti pris éclipse la pure et brillante comète parti pris éclipse la pure et
et la tête brusquement fatale éclipse la pure et brillante comète
brillante comète parti pris éclipse la pure et brillante comète parti pris éclipse la pure et brillante
et la tête brusquement fatale éclipse la pure et brillante comète
comète parti pris éclipse la pure et brillante comète parti pris éclipse la pure et brillante comète
et la tête brusquement fatale éclipse la pure et brillante comète
parti pris éclipse la pure et brillante comète parti pris éclipse la pure et brillante comète parti pris
et la tête brusquement fatale éclipse la pure et brillante comète
éclipse la pure et brillante comète parti pris éclipse la pure et brillante comète parti pris éclipse la
et la tête brusquement fatale éclipse la pure et brillante comète
pure et brillante comète parti pris éclipse la pure et brillante comète parti pris éclipse la pure et
et la tête brusquement fatale éclipse la pure et brillante comète
brillante comète parti pris éclipse la pure et brillante comète parti pris éclipse la pure et brillante
et la tête brusquement fatale éclipse la pure et brillante comète
comète parti pris éclipse la pure et brillante comète parti pris éclipse la pure et brillante comète
et la tête brusquement fatale éclipse la pure et brillante comète
parti pris éclipse la pure et brillante comète parti pris éclipse la pure et brillante comète parti pris
et la tête brusquement fatale éclipse la pure et brillante comète
éclipse la pure et brillante comète parti pris éclipse la pure et brillante comète parti pris éclipse la
et la tête brusquement fatale éclipse la pure et brillante comète
pure et brillante comète parti pris éclipse la pure et brillante comète parti pris éclipse la pure et
et la tête brusquement fatale éclipse la pure et brillante comète
brillante comète parti pris éclipse la pure et brillante comète parti pris éclipse la pure et brillante
et la tête brusquement fatale éclipse la pure et brillante comète
comète parti pris éclipse la pure et brillante comète parti pris éclipse la pure et brillante comète
et la tête brusquement fatale éclipse la pure et brillante comète
parti pris éclipse la pure et brillante comète parti pris éclipse la pure et brillante comète parti pris
et la tête brusquement fatale éclipse la pure et brillante comète
éclipse la pure et brillante comète parti pris éclipse la pure et brillante comète parti pris éclipse la
et la tête brusquement fatale éclipse la pure et brillante comète
pure et brillante comète parti pris éclipse la pure et brillante comète parti pris éclipse la pure et
et la tête brusquement fatale éclipse la pure et brillante comète

parti pris éclipse la pure et brillante comète parti pris éclipse la pure et brillante comète parti pris
éclipse la pure et brillante comète parti pris éclipse la pure et brillante comète parti pris éclipse la
pure et brillante comète parti pris éclipse la pure et brillante comète parti pris éclipse la pure et
brillante comète parti pris éclipse la pure et brillante comète parti pris éclipse la pure et brillante
comète parti pris éclipse la pure et brillante comète parti pris éclipse la pure et brillante comète
parti pris éclipse la pure et brillante comète parti pris éclipse la pure et brillante comète parti pris
éclipse la pure et brillante comète parti pris éclipse la pure et brillante comète parti pris éclipse la
pure et brillante comète parti pris éclipse la pure et brillante comète parti pris éclipse la pure et
brillante comète parti pris éclipse la pure et brillante comète parti pris éclipse la pure et brillante
comète parti pris éclipse la pure et brillante comète parti pris éclipse la pure et brillante comète
parti pris éclipse la pure et brillante comète parti pris éclipse la pure et brillante comète parti pris
éclipse la pure et brillante comète parti pris éclipse la pure et brillante comète parti pris éclipse la
pure et brillante comète parti pris éclipse la pure et brillante comète parti pris éclipse la pure et
brillante comète parti pris éclipse la pure et brillante comète parti pris éclipse la pure et brillante
comète parti pris éclipse la pure et brillante comète parti pris éclipse la pure et brillante comète
parti pris éclipse la pure et brillante comète parti pris éclipse la pure et brillante comète parti pris
éclipse la pure et brillante comète parti pris éclipse la pure et brillante comète parti pris éclipse la
pure et brillante comète parti pris éclipse la pure et brillante comète parti pris éclipse la pure et
brillante comète parti pris éclipse la pure et brillante comète parti pris éclipse la pure et brillante
comète parti pris éclipse la pure et brillante comète parti pris éclipse la pure et brillante comète
parti pris éclipse la pure et brillante comète parti pris éclipse la pure et brillante comète parti pris
éclipse la pure et brillante comète parti pris éclipse la pure et brillante comète parti pris éclipse la
pure et brillante comète parti pris éclipse la pure et brillante comète parti pris éclipse la pure et
brillante comète parti pris éclipse la pure et brillante comète parti pris éclipse la pure et brillante
comète parti pris éclipse la pure et brillante comète parti pris éclipse la pure et brillante comète
parti pris éclipse la pure et brillante comète parti pris éclipse la pure et brillante comète parti pris
éclipse la pure et brillante comète parti pris éclipse la pure et brillante comète parti pris éclipse la
pure et brillante comète parti pris éclipse la pure et brillante comète parti pris éclipse la pure et
brillante comète parti pris éclipse la pure et brillante comète parti pris éclipse la pure et brillante
comète parti pris éclipse la pure et brillante comète parti pris éclipse la pure et brillante comète
parti pris éclipse la pure et brillante comète parti pris éclipse la pure et brillante comète parti pris
éclipse la pure et brillante comète parti pris éclipse la pure et brillante comète parti pris éclipse la
pure et brillante comète parti pris éclipse la pure et brillante comète parti pris éclipse la pure et
brillante comète parti pris éclipse la pure et brillante comète parti pris éclipse la pure et brillante
comète parti pris éclipse la pure et brillante comète parti pris éclipse la pure et brillante comète
parti pris éclipse la pure et brillante comète parti pris éclipse la pure et brillante comète parti pris
éclipse la pure et brillante comète parti pris éclipse la pure et brillante comète parti pris éclipse la
pure et brillante comète parti pris éclipse la pure et brillante comète parti pris éclipse la pure et
brillante comète parti pris éclipse la pure et brillante comète parti pris éclipse la pure et brillante
comète parti pris éclipse la pure et brillante comète parti pris éclipse la pure et brillante comète
parti pris éclipse la pure et brillante comète parti pris éclipse la pure et brillante comète parti pris
éclipse la pure et brillante comète parti pris éclipse la pure et brillante comète parti pris éclipse la
pure et brillante comète parti pris éclipse la pure et brillante comète parti pris éclipse la pure et
brillante comète parti pris éclipse la pure et brillante comète parti pris éclipse la pure et brillante
comète parti pris éclipse la pure et brillante comète parti pris éclipse la pure et brillante comète
parti pris éclipse la pure et brillante comète parti pris éclipse la pure et brillante comète parti pris
éclipse la pure et brillante comète parti pris éclipse la pure et brillante comète parti pris éclipse la
pure et brillante comète parti pris éclipse la pure et brillante comète parti pris éclipse la pure et
brillante comète parti pris éclipse la pure et brillante comète parti pris éclipse la pure et brillante
comète parti pris éclipse la pure et brillante comète parti pris éclipse la pure et brillante comète
parti pris éclipse la pure et brillante comète parti pris éclipse la pure et brillante comète parti pris
éclipse la pure et brillante comète parti pris éclipse la pure et brillante comète parti pris éclipse la
pure et brillante comète parti pris éclipse la pure et brillante comète parti pris éclipse la pure et
brillante comète parti pris éclipse la pure et brillante comète parti pris éclipse la pure et brillante
comète parti pris éclipse la pure et brillante comète parti pris éclipse la pure et brillante comète
parti pris éclipse la pure et brillante comète parti pris éclipse la pure et brillante comète parti pris
éclipse la pure et brillante comète parti pris éclipse la pure et brillante comète parti pris éclipse la
pure et brillante comète parti pris éclipse la pure et brillante comète parti pris éclipse la pure et
brillante comète parti pris éclipse la pure et brillante comète parti pris éclipse la pure et brillante
comète parti pris éclipse la pure et brillante comète parti pris éclipse la pure et brillante comète
parti pris éclipse la pure et brillante comète parti pris éclipse la pure et brillante comète parti pris
éclipse la pure et brillante comète parti pris éclipse la pure et brillante comète parti pris éclipse la
pure et brillante comète parti pris éclipse la pure et brillante comète parti pris éclipse la pure et

Tendue Astrale, Trace de fuite Pétale, Tendue Astrale, Trace de fuite Pétale, Tendue Astrale,
Trace de fuite Pétale, Tendue Astrale, Trace de fuite Pétale, Tendue Astrale, Trace de fuite
Pétale, Tendue Astrale, Trace de fuite Pétale, Tendue Astrale, Trace de fuite Pétale, Tendue
Astrale, Trace de fuite Pétale, Tendue Astrale, Trace de fuite Pétale, Tendue Astrale, Trace de
fuite Pétale, Tendue Astrale, Trace de fuite Pétale, Tendue Astrale, Trace de fuite Pétale,
Tendue Astrale, Trace de fuite Pétale, Tendue Astrale, Trace de fuite Pétale, Tendue Astrale,
Trace de fuite Pétale, Tendue Astrale, Trace de fuite Pétale, Tendue Astrale, Trace de fuite
Pétale, Tendue Astrale, Trace de fuite Pétale, Tendue Astrale, Trace de fuite Pétale, Tendue
Astrale, Trace de fuite Pétale, Tendue Astrale, Trace de fuite Pétale, Tendue Astrale, Trace de
fuite Pétale, Tendue Astrale, Trace de fuite Pétale, Tendue Astrale, Trace de fuite Pétale,
Tendue Astrale, Trace de fuite Pétale, Tendue Astrale, Trace de fuite Pétale, Tendue Astrale,
Trace de fuite Pétale, Tendue Astrale, Trace de fuite Pétale, Tendue Astrale, Trace de fuite
Pétale, Tendue Astrale, Trace de fuite Pétale, Tendue Astrale, Trace de fuite Pétale, Tendue
Astrale, Trace de fuite Pétale, Tendue Astrale, Trace de fuite Pétale, Tendue Astrale, Trace de
fuite Pétale, Tendue Astrale, Trace de fuite Pétale, Tendue Astrale, Trace de fuite Pétale,
Tendue Astrale, Trace de fuite Pétale, Tendue Astrale, Trace de fuite Pétale, Tendue Astrale,
Trace de fuite Pétale, Tendue Astrale, Trace de fuite Pétale, Tendue Astrale, Trace de fuite
Pétale, Tendue Astrale, Trace de fuite Pétale, Tendue Astrale, Trace de fuite Pétale, Tendue
Astrale, Trace de fuite Pétale, Tendue Astrale, Trace de fuite Pétale, Tendue Astrale, Trace de
fuite Pétale, Tendue Astrale, Trace de fuite Pétale, Tendue Astrale, Trace de fuite Pétale,
Tendue Astrale, Trace de fuite Pétale, Tendue Astrale, Trace de fuite Pétale, Tendue Astrale,
Trace de fuite Pétale, Tendue Astrale, Trace de fuite Pétale, Tendue Astrale, Trace de fuite
Pétale, Tendue Astrale, Trace de fuite Pétale, Tendue Astrale, Trace de fuite Pétale, Tendue
Astrale, Trace de fuite Pétale, Tendue Astrale, Trace de fuite Pétale, Tendue Astrale, Trace de
fuite Pétale, Tendue Astrale, Trace de fuite Pétale, Tendue Astrale, Trace de fuite Pétale,
Tendue Astrale, Trace de fuite Pétale, Tendue Astrale, Trace de fuite Pétale, Tendue Astrale,
Trace de fuite Pétale, Tendue Astrale, Trace de fuite Pétale, Tendue Astrale, Trace de fuite
Pétale, Tendue Astrale, Trace de fuite Pétale, Tendue Astrale, Trace de fuite Pétale, Tendue
Astrale, Trace de fuite Pétale, Tendue Astrale, Trace de fuite Pétale, Tendue Astrale, Trace de
fuite Pétale, Tendue Astrale, Trace de fuite Pétale, Tendue Astrale, Trace de fuite Pétale,
Tendue Astrale, Trace de fuite Pétale, Tendue Astrale, Trace de fuite Pétale, Tendue Astrale,
Trace de fuite Pétale, Tendue Astrale, Trace de fuite Pétale, Tendue Astrale, Trace de fuite
Pétale, Tendue Astrale, Trace de fuite Pétale, Tendue Astrale, Trace de fuite Pétale, Tendue
Astrale, Trace de fuite Pétale, Tendue Astrale, Trace de fuite Pétale, Tendue Astrale, Trace de
fuite Pétale, Tendue Astrale, Trace de fuite Pétale, Tendue Astrale, Trace de fuite Pétale,
Tendue Astrale, Trace de fuite Pétale, Tendue Astrale, Trace de fuite Pétale, Tendue Astrale,
Trace de fuite Pétale, Tendue Astrale, Trace de fuite Pétale, Tendue Astrale, Trace de fuite
Pétale, Tendue Astrale, Trace de fuite Pétale, Tendue Astrale, Trace de fuite Pétale, Tendue
Astrale, Trace de fuite Pétale, Tendue Astrale, Trace de fuite Pétale, Tendue Astrale, Trace de
fuite Pétale, Tendue Astrale, Trace de fuite Pétale, Tendue Astrale, Trace de fuite Pétale,
Tendue Astrale, Trace de fuite Pétale, Tendue Astrale, Trace de fuite Pétale, Tendue Astrale,
Trace de fuite Pétale, Tendue Astrale, Trace de fuite Pétale, Tendue Astrale, Trace de fuite
Pétale, Tendue Astrale, Trace de fuite Pétale, Tendue Astrale, Trace de fuite Pétale, Tendue
Astrale, Trace de fuite Pétale, Tendue Astrale, Trace de fuite Pétale, Tendue Astrale, Trace de
fuite Pétale, Tendue Astrale, Trace de fuite Pétale, Tendue Astrale, Trace de fuite Pétale,
Tendue Astrale, Trace de fuite Pétale, Tendue Astrale, Trace de fuite Pétale, Tendue Astrale,
Trace de fuite Pétale, Tendue Astrale, Trace de fuite Pétale, Tendue Astrale, Trace de fuite
Pétale, Tendue Astrale, Trace de fuite Pétale, Tendue Astrale, Trace de fuite Pétale, Tendue
Astrale, Trace de fuite Pétale, Tendue Astrale, Trace de fuite Pétale, Tendue Astrale, Trace de
fuite Pétale, Tendue Astrale, Trace de fuite Pétale, Tendue Astrale, Trace de fuite Pétale,
Tendue Astrale, Trace de fuite Pétale, Tendue Astrale, Trace de fuite Pétale, Tendue Astrale,
Trace de fuite Pétale, Tendue Astrale, Trace de fuite Pétale, Tendue Astrale, Trace de fuite
Pétale, Tendue Astrale, Trace de fuite Pétale, Tendue Astrale, Trace de fuite Pétale, Tendue

l e s

p i e r r e s

d é j à

a u

P o i n t

É t e r n e l

I n i t i a l

SE
CONTRÔLER
LES
CHAIRS
BRUYANTES
MARCHANDENT
LA
MORT
EN
HOLOCAUSTE

p.r.é.s.e.n.c.e.a.b.o.u.t.i.e.c.o.r.p.s.m.o.d.e.l.é.p.e.r.m.e.t.l.’.e.s.p.a.c.e.a.d.v.e.r.s.e.p.r.é.s.e.n.c.e
.a.b.o.u.t.i.e.c.o.r.p.s.m.o.d.e.l.é.p.e.r.m.e.t.l.’.e.s.p.a.c.e.a.d.v.e.r.s.e.p.r.é.s.e.n.c.e.a.b.o.u.t.i.e.c
.o.r.p.s.m.o.d.e.l.é.p.e.r.m.e.t.l.’.e.s.p.a.c.e.a.d.v.e.r.s.e.p.r.é.s.e.n.c.e.a.b.o.u.t.i.e.c.o.r.p.s.m.o.d.
e.l.é.p.e.r.m.e.t.l.’.e.s.p.a.c.e.a.d.v.e.r.s.e.p.r.é.s.e.n.c.e.a.b.o.u.t.i.e.c.o.r.p.s.m.o.d.e.l.é.p.e.r.m.e
.t.l.’.e.s.p.a.c.e.a.d.v.e.r.s.e.p.r.é.s.e.n.c.e.a.b.o.u.t.i.e.c.o.r.p.s.m.o.d.e.l.é.p.e.r.m.e.t.l.’.e.s.p.a.c.
e.a.d.v.e.r.s.e.p.r.é.s.e.n.c.e.a.b.o.u.t.i.e.c.o.r.p.s.m.o.d.e.l.é.p.e.r.m.e.t.l.’.e.s.p.a.c.e.a.d.v.e.r.s.e
.p.r.é.s.e.n.c.e.a.b.o.u.t.i.e.c.o.r.p.s.m.o.d.e.l.é.p.e.r.m.e.t.l.’.e.s.p.a.c.e.a.d.v.e.r.s.e.p.r.é.s.e.n.c.
e.a.b.o.u.t.i.e.c.o.r.p.s.m.o.d.e.l.é.p.e.r.m.e.t.l.’.e.s.p.a.c.e.a.d.v.e.r.s.e.p.r.é.s.e.n.c.e.a.b.o.u.t.i.e.
c.o.r.p.s.m.o.d.e.l.é.p.e.r.m.e.t.l.’.e.s.p.a.c.e.a.d.v.e.r.s.e.p.r.é.s.e.n.c.e.a.b.o.u.t.i.e.c.o.r.p.s.m.o.d
.e.l.é.p.e.r.m.e.t.l.’.e.s.p.a.c.e.a.d.v.e.r.s.e.p.r.é.s.e.n.c.e.a.b.o.u.t.i.e.c.o.r.p.s.m.o.d.e.l.é.p.e.r.m.
e.t.l.’.e.s.p.a.c.e.a.d.v.e.r.s.e.p.r.é.s.e.n.c.e.a.b.o.u.t.i.e.c.o.r.p.s.m.o.d.e.l.é.p.e.r.m.e.t.l.’.e.s.p.a.c
.e.a.d.v.e.r.s.e.p.r.é.s.e.n.c.e.a.b.o.u.t.i.e.c.o.r.p.s.m.o.d.e.l.é.p.e.r.m.e.t.l.’.e.s.p.a.c.e.a.d.v.e.r.s.
e.p.r.é.s.e.n.c.e.a.b.o.u.t.i.e.c.o.r.p.s.m.o.d.e.l.é.p.e.r.m.e.t.l.’.e.s.p.a.c.e.a.d.v.e.r.s.e.p.r.é.s.e.n.c
.e.a.b.o.u.t.i.e.c.o.r.p.s.m.o.d.e.l.é.p.e.r.m.e.t.l.’.e.s.p.a.c.e.a.d.v.e.r.s.e.p.r.é.s.e.n.c.e.a.b.o.u.t.i.e
.c.o.r.p.s.m.o.d.e.l.é.p.e.r.m.e.t.l.’.e.s.p.a.c.e.a.d.v.e.r.s.e.p.r.é.s.e.n.c.e.a.b.o.u.t.i.e.c.o.r.p.s.m.o.
d.e.l.é.p.e.r.m.e.t.l.’.e.s.p.a.c.e.a.d.v.e.r.s.e.p.r.é.s.e.n.c.e.a.b.o.u.t.i.e.c.o.r.p.s.m.o.d.e.l.é.p.e.r.m
.e.t.l.’.e.s.p.a.c.e.a.d.v.e.r.s.e.p.r.é.s.e.n.c.e.a.b.o.u.t.i.e.c.o.r.p.s.m.o.d.e.l.é.p.e.r.m.e.t.l.’.e.s.p.a.
c.e.a.d.v.e.r.s.e.p.r.é.s.e.n.c.e.a.b.o.u.t.i.e.c.o.r.p.s.m.o.d.e.l.é.p.e.r.m.e.t.l.’.e.s.p.a.c.e.a.d.v.e.r.s.
e.p.r.é.s.e.n.c.e.a.b.o.u.t.i.e.c.o.r.p.s.m.o.d.e.l.é.p.e.r.m.e.t.l.’.e.s.p.a.c.e.a.d.v.e.r.s.e.p.r.é.s.e.n.c
.e.a.b.o.u.t.i.e.c.o.r.p.s.m.o.d.e.l.é.p.e.r.m.e.t.l.’.e.s.p.a.c.e.a.d.v.e.r.s.e.p.r.é.s.e.n.c.e.a.b.o.u.t.i.e
.c.o.r.p.s.m.o.d.e.l.é.p.e.r.m.e.t.l.’.e.s.p.a.c.e.a.d.v.e.r.s.e.p.r.é.s.e.n.c.e.a.b.o.u.t.i.e.c.o.r.p.s.m.o.
d.e.l.é.p.e.r.m.e.t.l.’.e.s.p.a.c.e.a.d.v.e.r.s.e.p.r.é.s.e.n.c.e.a.b.o.u.t.i.e.c.o.r.p.s.m.o.d.e.l.é.p.e.r.m
.e.t.l.’.e.s.p.a.c.e.a.d.v.e.r.s.e.p.r.é.s.e.n.c.e.a.b.o.u.t.i.e.c.o.r.p.s.m.o.d.e.l.é.p.e.r.m.e.t.l.’.e.s.p.a.
c.e.a.d.v.e.r.s.e.p.r.é.s.e.n.c.e.a.b.o.u.t.i.e.c.o.r.p.s.m.o.d.e.l.é.p.e.r.m.e.t.l.’.e.s.p.a.c.e.a.d.v.e.r.s.
e.p.r.é.s.e.n.c.e.a.b.o.u.t.i.e.c.o.r.p.s.m.o.d.e.l.é.p.e.r.m.e.t.l.’.e.s.p.a.c.e.a.d.v.e.r.s.e.p.r.é.s.e.n.c
.e.a.b.o.u.t.i.e.c.o.r.p.s.m.o.d.e.l.é.p.e.r.m.e.t.l.’.e.s.p.a.c.e.a.d.v.e.r.s.e.p.r.é.s.e.n.c.e.a.b.o.u.t.i.e
.c.o.r.p.s.m.o.d.e.l.é.p.e.r.m.e.t.l.’.e.s.p.a.c.e.a.d.v.e.r.s.e.p.r.é.s.e.n.c.e.a.b.o.u.t.i.e.c.o.r.p.s.m.o.
d.e.l.é.p.e.r.m.e.t.l.’.e.s.p.a.c.e.a.d.v.e.r.s.e.p.r.é.s.e.n.c.e.a.b.o.u.t.i.e.c.o.r.p.s.m.o.d.e.l.é.p.e.r.m
.e.t.l.’.e.s.p.a.c.e.a.d.v.e.r.s.e.p.r.é.s.e.n.c.e.a.b.o.u.t.i.e.c.o.r.p.s.m.o.d.e.l.é.p.e.r.m.e.t.l.’.e.s.p.a.
c.e.a.d.v.e.r.s.e.p.r.é.s.e.n.c.e.a.b.o.u.t.i.e.c.o.r.p.s.m.o.d.e.l.é.p.e.r.m.e.t.l.’.e.s.p.a.c.e.a.d.v.e.r.s.
e.p.r.é.s.e.n.c.e.a.b.o.u.t.i.e.c.o.r.p.s.m.o.d.e.l.é.p.e.r.m.e.t.l.’.e.s.p.a.c.e.a.d.v.e.r.s.e.p.r.é.s.e.n.c
.e.a.b.o.u.t.i.e.c.o.r.p.s.m.o.d.e.l.é.p.e.r.m.e.t.l.’.e.s.p.a.c.e.a.d.v.e.r.s.e.p.r.é.s.e.n.c.e.a.b.o.u.t.i.e
.c.o.r.p.s.m.o.d.e.l.é.p.e.r.m.e.t.l.’.e.s.p.a.c.e.a.d.v.e.r.s.e.p.r.é.s.e.n.c.e.a.b.o.u.t.i.e.c.o.r.p.s.m.o.
d.e.l.é.p.e.r.m.e.t.l.’.e.s.p.a.c.e.a.d.v.e.r.s.e.p.r.é.s.e.n.c.e.a.b.o.u.t.i.e.c.o.r.p.s.m.o.d.e.l.é.p.e.r.m
.e.t.l.’.e.s.p.a.c.e.a.d.v.e.r.s.e.p.r.é.s.e.n.c.e.a.b.o.u.t.i.e.c.o.r.p.s.m.o.d.e.l.é.p.e.r.m.e.t.l.’.e.s.p.a.
c.e.a.d.v.e.r.s.e.p.r.é.s.e.n.c.e.a.b.o.u.t.i.e.c.o.r.p.s.m.o.d.e.l.é.p.e.r.m.e.t.l.’.e.s.p.a.c.e.a.d.v.e.r.s.
e.p.r.é.s.e.n.c.e.a.b.o.u.t.i.e.c.o.r.p.s.m.o.d.e.l.é.p.e.r.m.e.t.l.’.e.s.p.a.c.e.a.d.v.e.r.s.e.p.r.é.s.e.n.c
.e.a.b.o.u.t.i.e.c.o.r.p.s.m.o.d.e.l.é.p.e.r.m.e.t.l.’.e.s.p.a.c.e.a.d.v.e.r.s.e.p.r.é.s.e.n.c.e.a.b.o.u.t.i.e
.c.o.r.p.s.m.o.d.e.l.é.p.e.r.m.e.t.l.’.e.s.p.a.c.e.a.d.v.e.r.s.e.p.r.é.s.e.n.c.e.a.b.o.u.t.i.e.c.o.r.p.s.m.o.
d.e.l.é.p.e.r.m.e.t.l.’.e.s.p.a.c.e.a.d.v.e.r.s.e.p.r.é.s.e.n.c.e.a.b.o.u.t.i.e.c.o.r.p.s.m.o.d.e.l.é.p.e.r.m
.e.t.l.’.e.s.p.a.c.e.a.d.v.e.r.s.e.p.r.é.s.e.n.c.e.a.b.o.u.t.i.e.c.o.r.p.s.m.o.d.e.l.é.p.e.r.m.e.t.l.’.e.s.p.a.
c.e.a.d.v.e.r.s.e.p.r.é.s.e.n.c.e.a.b.o.u.t.i.e.c.o.r.p.s.m.o.d.e.l.é.p.e.r.m.e.t.l.’.e.s.p.a.c.e.a.d.v.e.r.s.
e.p.r.é.s.e.n.c.e.a.b.o.u.t.i.e.c.o.r.p.s.m.o.d.e.l.é.p.e.r.m.e.t.l.’.e.s.p.a.c.e.a.d.v.e.r.s.e.p.r.é.s.e.n.c
.e.a.b.o.u.t.i.e.c.o.r.p.s.m.o.d.e.l.é.p.e.r.m.e.t.l.’.e.s.p.a.c.e.a.d.v.e.r.s.e.p.r.é.s.e.n.c.e.a.b.o.u.t.i.e
.c.o.r.p.s.m.o.d.e.l.é.p.e.r.m.e.t.l.’.e.s.p.a.c.e.a.d.v.e.r.s.e.p.r.é.s.e.n.c.e.a.b.o.u.t.i.e.c.o.r.p.s.m.o.
d.e.l.é.p.e.r.m.e.t.l.’.e.s.p.a.c.e.a.d.v.e.r.s.e.p.r.é.s.e.n.c.e.a.b.o.u.t.i.e.c.o.r.p.s.m.o.d.e.l.é.p.e.r.m
.e.t.l.’.e.s.p.a.c.e.a.d.v.e.r.s.e.p.r.é.s.e.n.c.e.a.b.o.u.t.i.e.c.o.r.p.s.m.o.d.e.l.é.p.e.r.m.e.t.l.’.e.s.p.a.
c.e.a.d.v.e.r.s.e.p.r.é.s.e.n.c.e.a.b.o.u.t.i.e.c.o.r.p.s.m.o.d.e.l.é.p.e.r.m.e.t.l.’.e.s.p.a.c.e.a.d.v.e.r.s.
e.p.r.é.s.e.n.c.e.a.b.o.u.t.i.e.c.o.r.p.s.m.o.d.e.l.é.p.e.r.m.e.t.l.’.e.s.p.a.c.e.a.d.v.e.r.s.e.p.r.é.s.e.n.c
.e.a.b.o.u.t.i.e.c.o.r.p.s.m.o.d.e.l.é.p.e.r.m.e.t.l.’.e.s.p.a.c.e.a.d.v.e.r.s.e.p.r.é.s.e.n.c.e.a.b.o.u.t.i.e
.c.o.r.p.s.m.o.d.e.l.é.p.e.r.m.e.t.l.’.e.s.p.a.c.e.a.d.v.e.r.s.e.p.r.é.s.e.n.c.e.a.b.o.u.t.i.e.c.o.r.p.s.

temps croix l’Éternité le temps croix l’Éternité le temps croix l’Éternité le temps croix l’Éternité
temps croix l’Éternité ~~**LE TEMPS**~~ croix l’Éternité le temps croix l’Éternité le temps croix l’Éternité
temps croix l’Éternité le temps croix l’Éternité le temps croix l’Éternité le temps croix l’Éternité
temps croix l’Éternité le temps croix l’Éternité le temps croix l’Éternité le temps croix l’Éternité
temps croix l’Éternité le temps croix l’Éternité le temps croix l’Éternité le temps croix l’Éternité
temps croix l’Éternité le temps croix l’Éternité le temps croix l’Éternité le temps croix l’Éternité
temps croix l’Éternité le temps croix l’Éternité le temps croix l’Éternité le temps croix l’Éternité
temps croix l’Éternité le temps croix l’Éternité le temps croix l’Éternité le temps croix l’Éternité
temps croix l’Éternité le temps croix l’Éternité le temps croix l’Éternité le temps croix l’Éternité
temps croix l’Éternité le temps croix l’Éternité le temps croix l’Éternité le temps croix l’Éternité
temps croix l’Éternité le temps croix l’Éternité le temps croix l’Éternité le temps croix l’Éternité
temps croix l’Éternité le temps croix l’Éternité le temps croix l’Éternité le temps croix l’Éternité
temps croix l’Éternité le temps croix l’Éternité le temps croix l’Éternité le temps croix l’Éternité
temps croix l’Éternité le temps croix l’Éternité le temps croix l’Éternité le temps croix l’Éternité
temps croix l’Éternité le temps croix l’Éternité le temps croix l’Éternité le temps croix l’Éternité
temps croix l’Éternité le temps croix l’Éternité le temps croix l’Éternité le temps croix l’Éternité
temps croix l’Éternité le temps croix l’Éternité le temps ~~**CROIX**~~ l’Éternité le temps croix l’Éternité
temps croix l’Éternité le temps croix l’Éternité le temps croix l’Éternité le temps croix l’Éternité
temps croix l’Éternité le temps croix l’Éternité le temps croix l’Éternité le temps croix l’Éternité
temps croix l’Éternité le temps croix l’Éternité le temps croix l’Éternité le temps croix l’Éternité
temps croix l’Éternité le temps croix l’Éternité le temps croix l’Éternité le temps croix l’Éternité
temps croix l’Éternité le temps croix l’Éternité le temps croix l’Éternité le temps croix l’Éternité
temps croix l’Éternité le temps croix l’Éternité le temps croix l’Éternité le temps croix l’Éternité
temps croix l’Éternité le temps croix l’Éternité le temps croix l’Éternité le temps croix l’Éternité
temps croix l’Éternité le temps croix l’Éternité le temps croix l’Éternité le temps croix l’Éternité
temps croix l’Éternité le temps croix l’Éternité le temps croix l’Éternité le temps croix l’Éternité
temps croix l’Éternité le temps croix l’Éternité le temps croix l’Éternité le temps croix l’Éternité
temps croix l’Éternité le temps croix l’Éternité le temps croix l’Éternité le temps croix l’Éternité
temps croix l’Éternité le temps croix l’Éternité le temps croix l’Éternité le temps croix l’Éternité
temps croix l’Éternité le temps croix l’Éternité le temps croix l’Éternité le temps croix l’Éternité
temps croix l’Éternité le temps croix l’Éternité le temps croix l’Éternité le temps croix l’Éternité
temps croix l’Éternité le temps croix l’Éternité le temps croix l’Éternité le temps croix l’Éternité
temps croix l’Éternité le temps croix l’Éternité le temps croix l’Éternité le temps croix l’Éternité
temps croix l’Éternité le temps croix l’Éternité le temps croix l’Éternité le temps croix l’Éternité
temps croix l’Éternité le temps croix l’Éternité le temps croix l’Éternité le temps croix l’Éternité
temps croix l’Éternité le temps croix l’Éternité le temps croix l’Éternité le temps croix l’Éternité
temps croix l’Éternité le temps croix l’Éternité le temps croix l’Éternité le temps croix l’Éternité
temps croix l’Éternité le temps croix l’Éternité le temps croix l’Éternité le temps croix l’Éternité
temps croix l’Éternité le temps croix l’Éternité le temps croix l’Éternité le temps croix l’Éternité
temps croix l’Éternité le temps croix l’Éternité le temps croix l’Éternité le temps croix l’Éternité
temps croix l’Éternité le temps croix l’Éternité le temps croix l’Éternité le temps croix l’Éternité
temps croix l’Éternité le temps croix l’Éternité le temps croix l’Éternité le temps croix l’Éternité
temps croix l’Éternité le temps croix l’Éternité le temps croix l’Éternité le temps croix ~~**L’ÉTERNITÉ**~~
temps croix l’Éternité le temps croix l’Éternité le temps croix l’Éternité le temps croix l’Éternité
temps croix l’Éternité le temps croix l’Éternité le temps croix l’Éternité le temps croix l’Éternité
temps croix l’Éternité le temps croix l’Éternité le temps croix l’Éternité le temps croix l’Éternité
temps croix l’Éternité le temps croix l’Éternité le temps croix l’Éternité le temps croix l’Éternité
temps croix l’Éternité le temps croix l’Éternité le temps croix l’Éternité le temps croix l’Éternité
temps croix l’Éternité le temps croix l’Éternité le temps croix l’Éternité le temps croix l’Éternité
temps croix l’Éternité le temps croix l’Éternité le temps croix l’Éternité le temps croix l’Éternité
temps croix l’Éternité le temps croix l’Éternité le temps croix l’Éternité le temps croix l’Éternité
temps croix l’Éternité le temps croix l’Éternité le temps croix l’Éternité le temps croix l’Éternité
temps croix l’Éternité le temps croix l’Éternité le temps croix l’Éternité le temps croix l’Éternité
temps croix l’Éternité le temps croix l’Éternité le temps croix l’Éternité le temps croix l’Éternité
temps croix l’Éternité le temps croix l’Éternité le temps croix l’Éternité le temps croix l’Éternité
temps croix l’Éternité le temps croix l’Éternité le temps croix l’Éternité le temps croix l’Éternité
temps croix l’Éternité le temps croix l’Éternité le temps croix l’Éternité le temps croix l’Éternité
temps croix l’Éternité le temps croix l’Éternité le temps croix l’Éternité le temps croix l’Éternité
temps croix l’Éternité le temps croix l’Éternité le temps croix l’Éternité le temps croix l’Éternité
temps croix l’Éternité le temps croix l’Éternité le temps croix l’Éternité le temps croix l’Éternité
temps croix l’Éternité le temps croix l’Éternité le temps croix l’Éternité le temps croix l’Éternité
temps croix l’Éternité le temps croix l’Éternité le temps croix l’Éternité le temps croix l’Éternité
temps croix l’Éternité le temps croix l’Éternité le temps croix l’Éternité le temps croix l’Éternité

CROCHETEZ ← L’INFINI ↔ CROCHETEZ ↑ L’INFINI → CROCHETEZ ↓ L’INFINI ↔
CROCHETEZ L’INFINI → CROCHETEZ ↓ L’INFINI ↔ CROCHETEZ ← L’INFINI ↔ CROCHETEZ
↑ L’INFINI CROCHETEZ ↓ L’INFINI ↔ CROCHETEZ ↑ L’INFINI → CROCHETEZ ↓ L’INFINI ↔
CROCHETEZ L’INFINI ↔ CROCHETEZ ↑ L’INFINI → CROCHETEZ ↓ L’INFINI ↔ CROCHETEZ ↑
L’INFINI CROCHETEZ ↓ L’INFINI ↔ CROCHETEZ ← L’INFINI ↔ CROCHETEZ ↑ L’INFINI →
CROCHETEZ L’INFINI ↔ CROCHETEZ ↑ L’INFINI → CROCHETEZ ↓ L’INFINI
↔ CROCHETEZ ← L’INFINI CROCHETEZ ↑ L’INFINI → CROCHETEZ ↓ L’INFINI ↔
CROCHETEZ ↑ L’INFINI → CROCHETEZ L’INFINI ↔ CROCHETEZ ← L’INFINI ↔
CROCHETEZ ↑ L’INFINI → CROCHETEZ ↓ L’INFINI CROCHETEZ ↑ L’INFINI → CROCHETEZ ↓
L’INFINI ↔ CROCHETEZ ← L’INFINI ↔ CROCHETEZ L’INFINI → CROCHETEZ ↓ L’INFINI ↔
CROCHETEZ ↑ L’INFINI → CROCHETEZ ↓ L’INFINI CROCHETEZ ←
→ CROCHETEZ ↓ L’INFINI ↔ CROCHETEZ ↑ L’INFINI → CROCHETEZ ↓ L’INFINI
CROCHETEZ ← L’INFINI ↔ CROCHETEZ ↑ L’INFINI → CROCHETEZ ↓ L’INFINI ↔
CROCHETEZ L’INFINI → CROCHETEZ ← L’INFINI ↔ CROCHETEZ ↑ L’INFINI → CROCHETEZ
↓ L’INFINI ↔ CROCHETEZ L’INFINI → CROCHETEZ ↓ L’INFINI ↔ CROCHETEZ ← L’INFINI ↔
CROCHETEZ ↑ L’INFINI CROCHETEZ ↓ L’INFINI ↔ CROCHETEZ ↑ L’INFINI → CROCHETEZ ↓
L’INFINI ↔ CROCHETEZ L’INFINI ↔ CROCHETEZ ↑ L’INFINI → CROCHETEZ ↓ L’INFINI ↔
CROCHETEZ ↑ L’INFINI CROCHETEZ ↓ L’INFINI ↔ CROCHETEZ ← L’INFINI ↔ CROCHETEZ ↑
L’INFINI → CROCHETEZ L’INFINI ↔ CROCHETEZ ↑ L’INFINI → CROCHETEZ ↓ L’INFINI
↔ CROCHETEZ ← L’INFINI CROCHETEZ ↑ L’INFINI → CROCHETEZ ↓ L’INFINI ↔
CROCHETEZ ↑ L’INFINI → CROCHETEZ L’INFINI ↔ CROCHETEZ ← L’INFINI ↔
CROCHETEZ ↑ L’INFINI → CROCHETEZ ↓ L’INFINI CROCHETEZ ↑ L’INFINI → CROCHETEZ ↓
L’INFINI ↔ CROCHETEZ ← L’INFINI ↔ CROCHETEZ L’INFINI → CROCHETEZ ↓ L’INFINI ↔
CROCHETEZ ↑ L’INFINI → CROCHETEZ ↓ L’INFINI CROCHETEZ ←
→ CROCHETEZ ↓ L’INFINI ↔ CROCHETEZ ↑ L’INFINI → CROCHETEZ ↓ L’INFINI CROCHETEZ
← L’INFINI ↔ CROCHETEZ ↑ L’INFINI → CROCHETEZ ↓ L’INFINI ↔ CROCHETEZ L’INFINI →
CROCHETEZ ← L’INFINI ↔ CROCHETEZ ↑ L’INFINI → CROCHETEZ ↓ L’INFINI ↔
CROCHETEZ L’INFINI → CROCHETEZ ↓ L’INFINI ↔ CROCHETEZ ← L’INFINI ↔ CROCHETEZ
↑ L’INFINI CROCHETEZ ↓ L’INFINI ↔ CROCHETEZ ↑ L’INFINI → CROCHETEZ ↓ L’INFINI ↔
CROCHETEZ L’INFINI ↔ CROCHETEZ ↑ L’INFINI → CROCHETEZ ↓ L’INFINI ↔ CROCHETEZ ↑
L’INFINI CROCHETEZ ↓ L’INFINI ↔ CROCHETEZ ← L’INFINI ↔ CROCHETEZ ↑ L’INFINI →
CROCHETEZ L’INFINI ↔ CROCHETEZ ↑ L’INFINI → CROCHETEZ ↓ L’INFINI
↔ CROCHETEZ ← L’INFINI CROCHETEZ ↑ L’INFINI → CROCHETEZ ↓ L’INFINI ↔
CROCHETEZ ↑ L’INFINI → CROCHETEZ L’INFINI ↔ CROCHETEZ ← L’INFINI ↔
CROCHETEZ ↑ L’INFINI → CROCHETEZ ↓ L’INFINI CROCHETEZ ↑ L’INFINI → CROCHETEZ ↓
L’INFINI ↔ CROCHETEZ ← L’INFINI ↔ CROCHETEZ L’INFINI → CROCHETEZ ↓ L’INFINI ↔
CROCHETEZ ↑ L’INFINI → CROCHETEZ ↓ L’INFINI CROCHETEZ ←
→ CROCHETEZ ↓ L’INFINI ↔ CROCHETEZ ↑ L’INFINI → CROCHETEZ ↓ L’INFINI
CROCHETEZ ← L’INFINI ↔ CROCHETEZ ↑ L’INFINI → CROCHETEZ ↓ L’INFINI ↔
CROCHETEZ L’INFINI →CROCHETEZ ← L’INFINI ↔ CROCHETEZ ↑ L’INFINI → CROCHETEZ
↓ L’INFINI ↔ CROCHETEZ L’INFINI → CROCHETEZ ↓ L’INFINI ↔ CROCHETEZ ← L’INFINI ↔
CROCHETEZ ↑ L’INFINI CROCHETEZ ↓ L’INFINI ↔ CROCHETEZ ↑ L’INFINI → CROCHETEZ ↓
L’INFINI ↔ CROCHETEZ L’INFINI ↔ CROCHETEZ ↑ L’INFINI → CROCHETEZ ↓ L’INFINI ↔
CROCHETEZ ↑ L’INFINI CROCHETEZ ↓ L’INFINI ↔ CROCHETEZ ← L’INFINI ↔ CROCHETEZ ↑
L’INFINI → CROCHETEZ L’INFINI ↔ CROCHETEZ ↑ L’INFINI → CROCHETEZ ↓ L’INFINI
↔ CROCHETEZ ← L’INFINI CROCHETEZ ↑ L’INFINI → CROCHETEZ ↓ L’INFINI ↔
CROCHETEZ ↑ L’INFINI → CROCHETEZ L’INFINI ↔ CROCHETEZ ← L’INFINI ↔
CROCHETEZ ↑ L’INFINI → CROCHETEZ ↓ L’INFINI CROCHETEZ ↑ L’INFINI → CROCHETEZ ↓
L’INFINI ↔ CROCHETEZ ← L’INFINI ↔ CROCHETEZ L’INFINI → CROCHETEZ ↓ L’INFINI ↔
CROCHETEZ ↑ L’INFINI → CROCHETEZ ↓ L’INFINI CROCHETEZ ←
→ CROCHETEZ ↓ L’INFINI ↔ CROCHETEZ ↑ L’INFINI → CROCHETEZ ↓ L’INFINI
CROCHETEZ ← L’INFINI ↔ CROCHETEZ ↑ L’INFINI → CROCHETEZ ↓ L’INFINI ↔
CROCHETEZ L’INFINI →CROCHETEZ ← L’INFINI ↔ CROCHETEZ ↑ L’INFINI → CROCHETEZ
↓ L’INFINI ↔ CROCHETEZ L’INFINI → CROCHETEZ ↓ L’INFINI ↔ CROCHETEZ ← L’INFINI ↔
CROCHETEZ ↑ L’INFINI CROCHETEZ ↓ L’INFINI ↔ CROCHETEZ ↑ L’INFINI → CROCHETEZ ↓
L’INFINI ↔ CROCHETEZ L’INFINI ↔ CROCHETEZ ↑ L’INFINI → CROCHETEZ ↓ L’INFINI ↔
CROCHETEZ ↑ L’INFINI CROCHETEZ ↓ L’INFINI ↔ CROCHETEZ ← L’INFINI ↔ CROCHETEZ ↑
L’INFINI → CROCHETEZ L’INFINI ↔ CROCHETEZ ↑ L’INFINI → CROCHETEZ ↓ L’INFINI

CROCHETEZ ← L’INFINI ↔ CROCHETEZ ↑ L’INFINI → CROCHETEZ ↓ L’INFINI ↔
CROCHETEZ L’INFINI → CROCHETEZ ↓ L’INFINI ↔ CROCHETEZ ← L’INFINI ↔ CROCHETEZ
↑ L’INFINI CROCHETEZ ↓ L’INFINI ↔ CROCHETEZ ↑ L’INFINI → CROCHETEZ ↓ L’INFINI ↔
CROCHETEZ L’INFINI ↔ CROCHETEZ ↑ L’INFINI → CROCHETEZ ↓ L’INFINI ↔ CROCHETEZ ↑
L’INFINI CROCHETEZ ↓ L’INFINI ↔ CROCHETEZ ← L’INFINI ↔ CROCHETEZ ↑ L’INFINI →
CROCHETEZ L’INFINI ↔ CROCHETEZ ↑ L’INFINI → CROCHETEZ ↓ L’INFINI
↔ CROCHETEZ ← L’INFINI CROCHETEZ ↑ L’INFINI → CROCHETEZ ↓ L’INFINI ↔
CROCHETEZ ↑ L’INFINI → CROCHETEZ L’INFINI ↔ CROCHETEZ ← L’INFINI ↔
CROCHETEZ ↑ L’INFINI → CROCHETEZ ↓ L’INFINI CROCHETEZ ↑ L’INFINI → CROCHETEZ ↓
L’INFINI ↔ CROCHETEZ ← L’INFINI ↔ CROCHETEZ L’INFINI → CROCHETEZ ↓ L’INFINI ↔
CROCHETEZ ↑ L’INFINI → CROCHETEZ ↓ L’INFINI CROCHETEZ ←
→ CROCHETEZ ↓ L’INFINI ↔ CROCHETEZ ↑ L’INFINI → CROCHETEZ ↓ L’INFINI
CROCHETEZ ← L’INFINI ↔ CROCHETEZ ↑ L’INFINI → CROCHETEZ ↓ L’INFINI ↔
CROCHETEZ L’INFINI → CROCHETEZ ← L’INFINI ↔ CROCHETEZ ↑ L’INFINI → CROCHETEZ
↓ L’INFINI ↔ CROCHETEZ L’INFINI → CROCHETEZ ↓ L’INFINI ↔ CROCHETEZ ← L’INFINI ↔
CROCHETEZ ↑ L’INFINI CROCHETEZ ↓ L’INFINI ↔ CROCHETEZ ↑ L’INFINI → CROCHETEZ ↓
L’INFINI ↔ CROCHETEZ L’INFINI ↔ CROCHETEZ ↑ L’INFINI → CROCHETEZ ↓ L’INFINI ↔
CROCHETEZ ↑ L’INFINI CROCHETEZ ↓ L’INFINI ↔ CROCHETEZ ← L’INFINI ↔ CROCHETEZ ↑
L’INFINI → CROCHETEZ L’INFINI ↔ CROCHETEZ ↑ L’INFINI → CROCHETEZ ↓ L’INFINI
↔ CROCHETEZ ← L’INFINI CROCHETEZ ↑ L’INFINI → CROCHETEZ ↓ L’INFINI ↔
CROCHETEZ ↑ L’INFINI → CROCHETEZ L’INFINI ↔ CROCHETEZ ← L’INFINI ↔
CROCHETEZ ↑ L’INFINI → CROCHETEZ ↓ L’INFINI CROCHETEZ ↑ L’INFINI → CROCHETEZ ↓
L’INFINI ↔ CROCHETEZ ← L’INFINI ↔ CROCHETEZ L’INFINI → CROCHETEZ ↓ L’INFINI ↔
CROCHETEZ ↑ L’INFINI → CROCHETEZ ↓ L’INFINI CROCHETEZ ←
→ CROCHETEZ ↓ L’INFINI ↔ CROCHETEZ ↑ L’INFINI → CROCHETEZ ↓ L’INFINI CROCHETEZ
← L’INFINI ↔ CROCHETEZ ↑ L’INFINI → CROCHETEZ ↓ L’INFINI ↔ CROCHETEZ L’INFINI →
CROCHETEZ ← L’INFINI ↔ CROCHETEZ ↑ L’INFINI → CROCHETEZ ↓ L’INFINI ↔
CROCHETEZ L’INFINI → CROCHETEZ ↓ L’INFINI ↔ CROCHETEZ ← L’INFINI ↔ CROCHETEZ
↑ L’INFINI CROCHETEZ ↓ L’INFINI ↔ CROCHETEZ ↑ L’INFINI → CROCHETEZ ↓ L’INFINI ↔
CROCHETEZ L’INFINI ↔ CROCHETEZ ↑ L’INFINI → CROCHETEZ ↓ L’INFINI ↔ CROCHETEZ ↑
L’INFINI CROCHETEZ ↓ L’INFINI ↔ CROCHETEZ ← L’INFINI ↔ CROCHETEZ ↑ L’INFINI →
CROCHETEZ L’INFINI ↔ CROCHETEZ ↑ L’INFINI → CROCHETEZ ↓ L’INFINI
↔ CROCHETEZ ← L’INFINI CROCHETEZ ↑ L’INFINI → CROCHETEZ ↓ L’INFINI ↔
CROCHETEZ ↑ L’INFINI → CROCHETEZ L’INFINI ↔ CROCHETEZ ← L’INFINI ↔
CROCHETEZ ↑ L’INFINI → CROCHETEZ ↓ L’INFINI CROCHETEZ ↑ L’INFINI → CROCHETEZ ↓
L’INFINI ↔ CROCHETEZ ← L’INFINI ↔ CROCHETEZ L’INFINI → CROCHETEZ ↓ L’INFINI ↔
CROCHETEZ ↑ L’INFINI → CROCHETEZ ↓ L’INFINI CROCHETEZ ←

????????????????????????????????????? ? qui a été froissé à propos du détail concernant la réponse entêtée des montagnes froissées??????????????????? ????????????????????????????????????? ? qui a été froissé à propos du détail concernant la réponse entêtée des montagnes froissées??????????????????? ????????????????????????????????????? ? qui a été froissé à propos du détail concernant la réponse entêtée des montagnes froissées??????????????????? ????????????????????????????????????? ? qui a été froissé à propos du détail concernant la réponse entêtée des montagnes froissées??????????????????? ????????????????????????????????????? ? qui a été froissé à propos du détail concernant la réponse entêtée des montagnes froissées??????????????????? ????????????????????????????????????? ? qui a été froissé à propos du détail concernant la réponse entêtée des montagnes froissées??????????????????? ????????????????????????????????????? ? qui a été froissé à propos du détail concernant la réponse entêtée des montagnes froissées??????????????????? ????????????????????????????????????? ? qui a été froissé à propos du détail concernant la réponse entêtée des montagnes froissées??????????????????? ????????????????????????????????????? ? qui a été froissé à propos du détail concernant la réponse entêtée des montagnes froissées??????????????????? ????????????????????????????????????? ? qui a été froissé à propos du détail concernant la réponse entêtée des montagnes froissées??????????????????? ????????????????????????????????????? ? qui a été froissé à propos du détail concernant la réponse entêtée des montagnes froissées??????????????????? ????????????????????????????????????? ? qui a été froissé à propos du détail concernant la réponse entêtée des montagnes froissées??????????????????? ????????????????????????????????????? ? qui a été froissé à propos du détail concernant la réponse entêtée des montagnes froissées??????????????????? ????????????????????????????????????? ? qui a été froissé à propos du détail concernant la réponse entêtée des montagnes froissées??????????????????? ????????????????????????????????????? ? qui a été froissé à propos du détail concernant la réponse entêtée des montagnes froissées??????????????????? ????????????????????????????????????? ? qui a été froissé à propos du détail concernant la réponse entêtée des montagnes froissées??????????????????? ????????????????????????????????????? ? qui a été froissé à propos du détail concernant la réponse entêtée des montagnes froissées??????????????????? ????????????????????????????????????? ? qui a été froissé à propos du détail concernant la réponse entêtée des montagnes froissées??????????????????? ????????????????????????????????????? ? qui a été froissé à propos du détail concernant la réponse entêtée des montagnes froissées??????????????????? ????????????????????????????????????? ? qui a été froissé à propos du détail concernant la réponse entêtée des montagnes froissées??????????????????? ????????????????????????????????????? ? qui a été froissé à propos du détail concernant la réponse entêtée des montagnes froissées??????????????????? ????????????????????????????????????? ? qui a été froissé à propos du détail concernant la réponse entêtée des montagnes froissées??????????????????? ????????????????????????????????????? ? qui a été froissé à propos du détail concernant la réponse entêtée des montagnes froissées??????????????????? ????????????????????????????????????? ? qui a été froissé à propos du détail concernant la réponse entêtée des montagnes froissées??????????????????? ????????????????????????????????????? ? qui a été froissé à propos du détail concernant la réponse entêtée des montagnes froissées??????????????????? ????????????????????????????????????? ? qui a été froissé à propos du détail concernant la réponse entêtée des montagnes froissées??????????????????? ????????????????????????????????????? ? qui a été froissé à propos du détail concernant la réponse entêtée des montagnes froissées??????????????????? ????????????????????????????????????? ? qui a été froissé à propos du détail concernant la réponse entêtée des montagnes froissées??????????????????? ????????????????????????????????????? ? qui a été froissé à propos du détail concernant la réponse entêtée des montagnes froissées??????????????????? ????????????????????????????????????? ? qui a été froissé à propos du détail concernant la réponse entêtée des montagnes froissées??????????????????? ????????????????????????????????????? ? qui a été froissé à propos du détail concernant la réponse entêtée des montagnes froissées??????????????????? ?????????????????????????????????????

????????????? ? qui a été
????????????? ? qui a été
????????????? ? qui a été
????????????? ? qui a été
????????????? ? qui a été
????????????? ? qui a été
????????????? ? qui a été
????????????? ? qui a été
????????????? ? qui a été
????????????? ? qui a été
????????????? ? qui a été
????????????? ? qui a été
????????????? ? qui a été
????????????? ? qui a été
????????????? ? qui a été
????????????? ? qui a été
????????????? ? qui a été
????????????? ? qui a été
????????????? ? qui a été
????????????? ? qui a été
????????????? ? qui a été
????????????? ? qui a été
????????????? ? qui a été
????????????? ? qui a été
????????????? ? qui a été
????????????? ? qui a été
????????????? ? qui a été
????????????? ? qui a été
????????????? ? qui a été
????????????? ? qui a été
????????????? ? qui a été
????????????? ? qui a été
????????????? ? qui a été
????????????? ? qui a été
????????????? ? qui a été
????????????? ? qui a été
????????????? ? qui a été
????????????? ? qui a été
????????????? ? qui a été
????????????? ? qui a été
????????????? ? qui a été
????????????? ? qui a été
????????????? ? qui a été
????????????? ? qui a été
????????????? ? qui a été
????????????? ? qui a été
????????????? ? qui a été
????????????? ? qui a été
????????????? ? qui a été
????????????? ? qui a été
????????????? ? qui a été
????????????? ? qui a été
????????????? ? qui a été
????????????? ? qui a été
????????????? ? qui a été
????????????? ? qui a été
????????????? ? qui a été
????????????? ? qui a été
????????????? ? qui a été
????????????? ? qui a été
????????????? ? qui a été
????????????? ? qui a été
????????????? ? qui a été

IMAGE FIXE

ozone ozone ozone ozone ozone ozone ozone ozone ozone ozone ozone ozone / sceptre / dans les vestiaires nitreux ozone ozone ozone ozone
ozone ozone ozone dans les vestiaires carrelés déserts / sceptre / ozone ozone ozone ozone ozone ozone ozone ozone ozone ozone ozone
ozone ozone ozone ozone ozone ozone ozone ozone ozone ozone ozone ozone / sceptre / dans les vestiaires nitreux ozone ozone ozone ozone
ozone ozone ozone dans les vestiaires carrelés déserts / sceptre / ozone ozone ozone ozone ozone ozone ozone ozone ozone ozone ozone
ozone ozone ozone ozone ozone ozone ozone ozone ozone ozone ozone ozone / sceptre / dans les vestiaires nitreux ozone ozone ozone ozone
ozone ozone ozone dans les vestiaires carrelés déserts / sceptre / ozone ozone ozone ozone ozone ozone ozone ozone ozone ozone ozone
ozone ozone ozone ozone ozone ozone ozone ozone ozone ozone ozone ozone / sceptre / dans les vestiaires nitreux ozone ozone ozone ozone
ozone ozone ozone dans les vestiaires carrelés déserts / sceptre / ozone ozone ozone ozone ozone ozone ozone ozone ozone ozone ozone
ozone ozone ozone ozone ozone ozone ozone ozone ozone ozone ozone ozone / sceptre / dans les vestiaires nitreux ozone ozone ozone ozone
ozone ozone ozone dans les vestiaires carrelés déserts / sceptre / ozone ozone ozone ozone ozone ozone ozone ozone ozone ozone ozone
ozone ozone ozone ozone ozone ozone ozone ozone ozone ozone ozone ozone / sceptre / dans les vestiaires nitreux ozone ozone ozone ozone
ozone ozone ozone dans les vestiaires carrelés déserts / sceptre / ozone ozone ozone ozone ozone ozone ozone ozone ozone ozone ozone
ozone ozone ozone ozone ozone ozone ozone ozone ozone ozone ozone ozone / sceptre / dans les vestiaires nitreux ozone ozone ozone ozone
ozone ozone ozone dans les vestiaires carrelés déserts / sceptre / ozone ozone ozone ozone ozone ozone ozone ozone ozone ozone ozone
ozone ozone ozone ozone ozone ozone ozone ozone ozone ozone ozone ozone / sceptre / dans les vestiaires nitreux ozone ozone ozone ozone
ozone ozone ozone dans les vestiaires carrelés déserts / sceptre / ozone ozone ozone ozone ozone ozone ozone ozone ozone ozone ozone
ozone ozone ozone ozone ozone ozone ozone ozone ozone ozone ozone ozone / sceptre / dans les vestiaires nitreux ozone ozone ozone ozone
ozone ozone ozone dans les vestiaires carrelés déserts / sceptre / ozone ozone ozone ozone ozone ozone ozone ozone ozone ozone ozone
ozone ozone ozone ozone ozone ozone ozone ozone ozone ozone ozone ozone / sceptre / dans les vestiaires nitreux ozone ozone ozone ozone
ozone ozone ozone dans les vestiaires carrelés déserts / sceptre / ozone ozone ozone ozone ozone ozone ozone ozone ozone ozone ozone
ozone ozone ozone ozone ozone ozone ozone ozone ozone ozone ozone ozone / sceptre / dans les vestiaires nitreux ozone ozone ozone ozone
ozone ozone ozone dans les vestiaires carrelés déserts / sceptre / ozone ozone ozone ozone ozone ozone ozone ozone ozone ozone ozone
ozone ozone ozone ozone ozone ozone ozone ozone ozone ozone ozone ozone / sceptre / dans les vestiaires nitreux ozone ozone ozone ozone
ozone ozone ozone dans les vestiaires carrelés déserts / sceptre / ozone ozone ozone ozone ozone ozone ozone ozone ozone ozone ozone
ozone ozone ozone ozone ozone ozone ozone ozone ozone ozone ozone ozone / sceptre / dans les vestiaires nitreux ozone ozone ozone ozone
ozone ozone ozone dans les vestiaires carrelés déserts / sceptre / ozone ozone ozone ozone ozone ozone ozone ozone ozone ozone ozone
ozone ozone ozone ozone ozone ozone ozone ozone ozone ozone ozone ozone / sceptre / dans les vestiaires nitreux ozone ozone ozone ozone
ozone ozone ozone dans les vestiaires carrelés déserts / sceptre / ozone ozone ozone ozone ozone ozone ozone ozone ozone ozone ozone
ozone ozone ozone ozone ozone ozone ozone ozone ozone ozone ozone ozone / sceptre / dans les vestiaires nitreux ozone ozone ozone ozone
ozone ozone ozone dans les vestiaires carrelés déserts / sceptre / ozone ozone ozone ozone ozone ozone ozone ozone ozone ozone ozone
ozone ozone ozone ozone ozone ozone ozone ozone ozone ozone ozone ozone / sceptre / dans les vestiaires nitreux ozone ozone ozone ozone
ozone ozone ozone dans les vestiaires carrelés déserts / sceptre / ozone ozone ozone ozone ozone ozone ozone ozone ozone ozone ozone
ozone ozone ozone ozone ozone ozone ozone ozone ozone ozone ozone ozone / sceptre / dans les vestiaires nitreux ozone ozone ozone ozone
ozone ozone ozone dans les vestiaires carrelés déserts / sceptre / ozone ozone ozone ozone ozone ozone ozone ozone ozone ozone ozone
ozone ozone ozone ozone ozone ozone ozone ozone ozone ozone ozone ozone / sceptre / dans les vestiaires nitreux ozone ozone ozone ozone
ozone ozone ozone dans les vestiaires carrelés déserts / sceptre / ozone ozone ozone ozone ozone ozone ozone ozone ozone ozone ozone
ozone ozone ozone ozone ozone ozone ozone ozone ozone ozone ozone ozone / sceptre / dans les vestiaires nitreux ozone ozone ozone ozone
ozone ozone ozone dans les vestiaires carrelés déserts / sceptre / ozone ozone ozone ozone ozone ozone ozone ozone ozone ozone ozone
ozone ozone ozone ozone ozone ozone ozone ozone ozone ozone ozone ozone / sceptre / dans les vestiaires nitreux ozone ozone ozone ozone
ozone ozone ozone dans les vestiaires carrelés déserts / sceptre / ozone ozone ozone ozone ozone ozone ozone ozone ozone ozone ozone
ozone ozone ozone ozone ozone ozone ozone ozone ozone ozone ozone ozone / sceptre / dans les vestiaires nitreux ozone ozone ozone ozone
ozone ozone ozone dans les vestiaires carrelés déserts / sceptre / ozone ozone ozone ozone ozone ozone ozone ozone ozone ozone ozone
ozone ozone ozone ozone ozone ozone ozone ozone ozone ozone ozone ozone / sceptre / dans les vestiaires nitreux ozone ozone ozone ozone
ozone ozone ozone dans les vestiaires carrelés déserts / sceptre / ozone ozone ozone ozone ozone ozone ozone ozone ozone ozone ozone
ozone ozone ozone ozone ozone ozone ozone ozone ozone ozone ozone ozone / sceptre / dans les vestiaires nitreux ozone ozone ozone ozone
ozone ozone ozone dans les vestiaires carrelés déserts / sceptre / ozone ozone ozone ozone ozone ozone ozone ozone ozone ozone ozone
ozone ozone ozone ozone ozone ozone ozone ozone ozone ozone ozone ozone / sceptre / dans les vestiaires nitreux ozone ozone ozone ozone
ozone ozone ozone dans les vestiaires carrelés déserts / sceptre / ozone ozone ozone ozone ozone ozone ozone ozone ozone ozone ozone
ozone ozone ozone ozone ozone ozone ozone ozone ozone ozone ozone ozone / sceptre / dans les vestiaires nitreux ozone ozone ozone ozone
ozone ozone ozone dans les vestiaires carrelés déserts / sceptre / ozone ozone ozone ozone ozone ozone ozone ozone ozone ozone ozone
ozone ozone ozone ozone ozone ozone ozone ozone ozone ozone ozone ozone / sceptre / dans les vestiaires nitreux ozone ozone ozone ozone
ozone ozone ozone dans les vestiaires carrelés déserts / sceptre / ozone ozone ozone ozone ozone ozone ozone ozone ozone ozone ozone
ozone ozone ozone ozone ozone ozone ozone ozone ozone ozone ozone ozone / sceptre / dans les vestiaires nitreux ozone ozone ozone ozone
ozone ozone ozone dans les vestiaires carrelés déserts / sceptre / ozone ozone ozone ozone ozone ozone ozone ozone ozone ozone ozone
ozone ozone ozone ozone ozone ozone ozone ozone ozone ozone ozone ozone / sceptre / dans les vestiaires nitreux ozone ozone ozone ozone
ozone ozone ozone dans les vestiaires carrelés déserts / sceptre / ozone ozone ozone ozone ozone ozone ozone ozone ozone ozone ozone
ozone ozone ozone ozone ozone ozone ozone ozone ozone ozone ozone ozone / sceptre / dans les vestiaires nitreux ozone ozone ozone ozone
ozone ozone ozone dans les vestiaires carrelés déserts / sceptre / ozone ozone ozone ozone ozone ozone ozone ozone ozone ozone ozone
ozone ozone ozone ozone ozone ozone ozone ozone ozone ozone ozone ozone / sceptre / dans les vestiaires nitreux ozone ozone ozone ozone
ozone ozone ozone dans les vestiaires carrelés déserts / sceptre / ozone ozone ozone ozone ozone ozone ozone ozone ozone ozone ozone
ozone ozone ozone ozone ozone ozone ozone ozone ozone ozone ozone ozone / sceptre / dans les vestiaires nitreux ozone ozone ozone ozone
ozone ozone ozone dans les vestiaires carrelés déserts / sceptre / ozone ozone ozone ozone ozone ozone ozone ozone ozone ozone ozone
ozone ozone ozone ozone ozone ozone ozone ozone ozone ozone ozone ozone / sceptre / dans les vestiaires nitreux ozone ozone ozone ozone

la Mémoire EnFin ViolHantée la Mémoire EnFin la Mémoire ViolHantée EnFin ViolHantée la
Mémoire EnFin la Mémoire ViolHantée EnFin ViolHantée la Mémoire EnFin la Mémoire ViolHantée
EnFin ViolHantée la Mémoire EnFin la Mémoire ViolHantée EnFin ViolHantée la Mémoire EnFin la
Mémoire ViolHantée EnFin ViolHantée la Mémoire EnFin la Mémoire ViolHantée EnFin ViolHantée
la Mémoire EnFin la Mémoire ViolHantée EnFin ViolHantée la Mémoire EnFin la Mémoire
ViolHantée EnFin ViolHantée la Mémoire EnFin la Mémoire ViolHantée EnFin ViolHantée la
Mémoire EnFin la Mémoire ViolHantée EnFin ViolHantée la Mémoire EnFin la Mémoire ViolHantée
EnFin ViolHantée la Mémoire EnFin la Mémoire ViolHantée EnFin ViolHantée la Mémoire EnFin la
Mémoire ViolHantée EnFin ViolHantée la Mémoire EnFin la Mémoire ViolHantée EnFin ViolHantée
la Mémoire EnFin la Mémoire ViolHantée EnFin ViolHantée la Mémoire EnFin la Mémoire
ViolHantée EnFin ViolHantée la Mémoire EnFin la Mémoire ViolHantée EnFin ViolHantée la
Mémoire EnFin la Mémoire ViolHantée EnFin ViolHantée la Mémoire EnFin la Mémoire ViolHantée
EnFin ViolHantée la Mémoire EnFin la Mémoire ViolHantée EnFin ViolHantée la Mémoire EnFin la
Mémoire ViolHantée EnFin ViolHantée la Mémoire EnFin la Mémoire ViolHantée EnFin ViolHantée
la Mémoire EnFin la Mémoire ViolHantée EnFin ViolHantée la Mémoire EnFin la Mémoire
ViolHantée EnFin ViolHantée la Mémoire EnFin la Mémoire ViolHantée EnFin ViolHantée la
Mémoire EnFin la Mémoire ViolHantée EnFin ViolHantée la Mémoire EnFin la Mémoire ViolHantée
EnFin ViolHantée la Mémoire EnFin la Mémoire ViolHantée EnFin ViolHantée la Mémoire EnFin la
Mémoire ViolHantée EnFin ViolHantée la Mémoire EnFin la Mémoire ViolHantée EnFin ViolHantée
la Mémoire EnFin la Mémoire ViolHantée EnFin ViolHantée la Mémoire EnFin la Mémoire
ViolHantée EnFin ViolHantée la Mémoire EnFin la Mémoire ViolHantée EnFin ViolHantée la
Mémoire EnFin la Mémoire ViolHantée EnFin ViolHantée la Mémoire EnFin la Mémoire ViolHantée
EnFin ViolHantée la Mémoire EnFin la Mémoire ViolHantée EnFin ViolHantée la Mémoire EnFin la
Mémoire ViolHantée EnFin ViolHantée la Mémoire EnFin la Mémoire ViolHantée EnFin ViolHantée
la Mémoire EnFin la Mémoire ViolHantée EnFin ViolHantée la Mémoire EnFin la Mémoire
ViolHantée EnFin ViolHantée la Mémoire EnFin la Mémoire ViolHantée EnFin ViolHantée la
Mémoire EnFin la Mémoire ViolHantée EnFin ViolHantée la Mémoire EnFin la Mémoire ViolHantée
EnFin ViolHantée la Mémoire EnFin la Mémoire ViolHantée EnFin ViolHantée la Mémoire EnFin la
Mémoire ViolHantée EnFin ViolHantée la Mémoire EnFin la Mémoire ViolHantée EnFin ViolHantée
la Mémoire EnFin la Mémoire ViolHantée EnFin ViolHantée la Mémoire EnFin la Mémoire
ViolHantée EnFin ViolHantée la Mémoire EnFin la Mémoire ViolHantée EnFin ViolHantée la
Mémoire EnFin la Mémoire ViolHantée EnFin ViolHantée la Mémoire EnFin la Mémoire ViolHantée
EnFin ViolHantée la Mémoire EnFin la Mémoire ViolHantée EnFin ViolHantée la Mémoire EnFin la
Mémoire ViolHantée EnFin ViolHantée la Mémoire EnFin la Mémoire ViolHantée EnFin ViolHantée
la Mémoire EnFin la Mémoire ViolHantée EnFin ViolHantée la Mémoire EnFin la Mémoire
ViolHantée EnFin ViolHantée la Mémoire EnFin la Mémoire ViolHantée EnFin ViolHantée la
Mémoire EnFin la Mémoire ViolHantée EnFin ViolHantée la Mémoire EnFin la Mémoire ViolHantée
EnFin ViolHantée la Mémoire EnFin la Mémoire ViolHantée EnFin ViolHantée la Mémoire EnFin la
Mémoire ViolHantée EnFin ViolHantée la Mémoire EnFin la Mémoire ViolHantée EnFin ViolHantée
la Mémoire EnFin la Mémoire ViolHantée EnFin ViolHantée la Mémoire EnFin la Mémoire
ViolHantée EnFin ViolHantée la Mémoire EnFin la Mémoire ViolHantée EnFin ViolHantée la
Mémoire EnFin la Mémoire ViolHantée EnFin ViolHantée la Mémoire EnFin la Mémoire ViolHantée
EnFin ViolHantée la Mémoire EnFin la Mémoire ViolHantée EnFin ViolHantée la Mémoire EnFin la
Mémoire ViolHantée EnFin ViolHantée la Mémoire EnFin la Mémoire ViolHantée EnFin ViolHantée
la Mémoire EnFin la Mémoire ViolHantée EnFin ViolHantée la Mémoire EnFin la Mémoire
ViolHantée EnFin ViolHantée la Mémoire EnFin la Mémoire ViolHantée EnFin ViolHantée la
Mémoire EnFin la Mémoire ViolHantée EnFin ViolHantée la Mémoire EnFin la Mémoire ViolHantée
EnFin ViolHantée la Mémoire EnFin la Mémoire ViolHantée EnFin ViolHantée la Mémoire EnFin la
Mémoire ViolHantée EnFin ViolHantée la Mémoire EnFin la Mémoire ViolHantée EnFin ViolHantée
la Mémoire EnFin la Mémoire ViolHantée EnFin ViolHantée la Mémoire EnFin la Mémoire
ViolHantée EnFin ViolHantée la Mémoire EnFin la Mémoire ViolHantée EnFin ViolHantée la
Mémoire EnFin la Mémoire ViolHantée EnFin ViolHantée la Mémoire EnFin la Mémoire ViolHantée
EnFin ViolHantée la Mémoire EnFin la Mémoire ViolHantée EnFin ViolHantée la Mémoire EnFin la
Mémoire ViolHantée EnFin ViolHantée la Mémoire EnFin la Mémoire ViolHantée EnFin ViolHantée
la Mémoire EnFin la Mémoire ViolHantée EnFin ViolHantée la Mémoire EnFin la Mémoire
ViolHantée EnFin ViolHantée la Mémoire EnFin la Mémoire ViolHantée EnFin ViolHantée la
Mémoire EnFin la Mémoire ViolHantée EnFin ViolHantée la Mémoire EnFin la Mémoire ViolHantée
EnFin ViolHantée la Mémoire EnFin la Mémoire ViolHantée EnFin ViolHantée la Mémoire EnFin la
Mémoire ViolHantée EnFin ViolHantée la Mémoire EnFin la Mémoire ViolHantée EnFin ViolHantée
la Mémoire EnFin la Mémoire ViolHantée EnFin ViolHantée la Mémoire EnFin la Mémoire
ViolHantée EnFin ViolHantée la Mémoire EnFin la Mémoire ViolHantée EnFin ViolHantée la
Mémoire EnFin la Mémoire ViolHantée EnFin ViolHantée la Mémoire EnFin la Mémoire ViolHantée
EnFin ViolHantée la Mémoire EnFin la Mémoire ViolHantée EnFin ViolHantée la Mémoire EnFin -

~~Sublime~~DiminuéeSublime~~Diminuée~~SublimeDiminuée~~Sublime~~DiminuéeSublime~~Diminuée~~Sub
limeDiminuée~~Sublime~~DiminuéeSublime~~Diminuée~~SublimeDiminuée~~Sublime~~DiminuéeSublime
~~Diminuée~~SublimeDiminuée~~Sublime~~DiminuéeSublime~~Diminuée~~SublimeDiminuée~~Sublime~~Dim
inuéeSublime~~Diminuée~~SublimeDiminuée~~Sublime~~DiminuéeSublime~~Diminuée~~SublimeDiminué
e~~Sublime~~DiminuéeSublime~~Diminuée~~SublimeDiminuée~~Sublime~~DiminuéeSublime~~Diminuée~~Su
blimeDiminuée~~Sublime~~DiminuéeSublime~~Diminuée~~SublimeDiminuée~~Sublime~~DiminuéeSublim
e~~Diminuée~~SublimeDiminuée~~Sublime~~DiminuéeSublime~~Diminuée~~SublimeDiminuée~~Sublime~~Di
minuéeSublime~~Diminuée~~SublimeDiminuée~~Sublime~~DiminuéeSublime~~Diminuée~~SublimeDimin
uée~~Sublime~~DiminuéeSublime~~Diminuée~~SublimeDiminuée~~Sublime~~DiminuéeSublime~~Diminuée~~
SublimeDiminuée~~Sublime~~DiminuéeSublime~~Diminuée~~SublimeDiminuée~~Sublime~~DiminuéeSub
lime~~Diminuée~~SublimeDiminuée~~Sublime~~DiminuéeSublime~~Diminuée~~SublimeDiminuée~~Sublime~~
DiminuéeSublime~~Diminuée~~SublimeDiminuée~~Sublime~~DiminuéeSublime~~Diminuée~~SublimeDim
inuée~~Sublime~~DiminuéeSublime~~Diminuée~~SublimeDiminuée~~Sublime~~DiminuéeSublime~~Diminué~~
~~e~~SublimeDiminuée~~Sublime~~DiminuéeSublime~~Diminuée~~SublimeDiminuée~~Sublime~~DiminuéeSu
blime~~Diminuée~~SublimeDiminuée~~Sublime~~DiminuéeSublime~~Diminuée~~SublimeDiminuée~~Sublim~~
~~e~~DiminuéeSublime~~Diminuée~~SublimeDiminuée~~Sublime~~DiminuéeSublime~~Diminuée~~SublimeDi
minuée~~Sublime~~DiminuéeSublime~~Diminuée~~SublimeDiminuée~~Sublime~~DiminuéeSublime~~Dimin~~
~~uée~~SublimeDiminuée~~Sublime~~DiminuéeSublime~~Diminuée~~SublimeDiminuée~~Sublime~~Diminuée
Sublime~~Diminuée~~SublimeDiminuée~~Sublime~~DiminuéeSublime~~Diminuée~~SublimeDiminuée~~Sub~~
~~lime~~DiminuéeSublime~~Diminuée~~SublimeDiminuée~~Sublime~~DiminuéeSublime~~Diminuée~~Sublime
Diminuée~~Sublime~~DiminuéeSublime~~Diminuée~~SublimeDiminuée~~Sublime~~DiminuéeSublime~~Dim~~
~~inuée~~SublimeDiminuée~~Sublime~~DiminuéeSublime~~Diminuée~~SublimeDiminuée~~Sublime~~Diminué
eSublime~~Diminuée~~SublimeDiminuée~~Sublime~~DiminuéeSublime~~Diminuée~~SublimeDiminuée~~Su~~
~~blime~~DiminuéeSublime~~Diminuée~~SublimeDiminuée~~Sublime~~DiminuéeSublime~~Diminuée~~Sublim
eDiminuée~~Sublime~~DiminuéeSublime~~Diminuée~~SublimeDiminuée~~Sublime~~DiminuéeSublime~~Di~~
~~minuée~~SublimeDiminuée~~Sublime~~DiminuéeSublime~~Diminuée~~SublimeDiminuée~~Sublime~~Dimin
uéeSublime~~Diminuée~~SublimeDiminuée~~Sublime~~DiminuéeSublime~~Diminuée~~SublimeDiminuée
~~Sublime~~DiminuéeSublime~~Diminuée~~SublimeDiminuée~~Sublime~~DiminuéeSublime~~Diminuée~~Sub
limeDiminuée~~Sublime~~DiminuéeSublime~~Diminuée~~SublimeDiminuée~~Sublime~~DiminuéeSublime
~~Diminuée~~SublimeDiminuée~~Sublime~~DiminuéeSublime~~Diminuée~~SublimeDiminuée~~Sublime~~Dim
inuéeSublime~~Diminuée~~SublimeDiminuée~~Sublime~~DiminuéeSublime~~Diminuée~~SublimeDiminué
e~~Sublime~~DiminuéeSublime~~Diminuée~~SublimeDiminuée~~Sublime~~DiminuéeSublime~~Diminuée~~Su
blimeDiminuée~~Sublime~~DiminuéeSublime~~Diminuée~~SublimeDiminuée~~Sublime~~DiminuéeSublim
e~~Diminuée~~SublimeDiminuée~~Sublime~~DiminuéeSublime~~Diminuée~~SublimeDiminuée~~Sublime~~Di
minuéeSublime~~Diminuée~~SublimeDiminuée~~Sublime~~DiminuéeSublime~~Diminuée~~SublimeDimin
uée~~Sublime~~DiminuéeSublime~~Diminuée~~SublimeDiminuée~~Sublime~~DiminuéeSublime~~Diminuée~~
SublimeDiminuée~~Sublime~~DiminuéeSublime~~Diminuée~~SublimeDiminuée~~Sublime~~DiminuéeSub
lime~~Diminuée~~SublimeDiminuée~~Sublime~~DiminuéeSublime~~Diminuée~~SublimeDiminuée~~Sublime~~
DiminuéeSublime~~Diminuée~~SublimeDiminuée~~Sublime~~DiminuéeSublime~~Diminuée~~SublimeDim
inuée~~Sublime~~DiminuéeSublime~~Diminuée~~SublimeDiminuée~~Sublime~~DiminuéeSublime~~Diminué~~
~~e~~SublimeDiminuée~~Sublime~~DiminuéeSublime~~Diminuée~~SublimeDiminuée~~Sublime~~DiminuéeSu
blime~~Diminuée~~SublimeDiminuée~~Sublime~~DiminuéeSublime~~Diminuée~~SublimeDiminuée~~Sublim~~
~~e~~DiminuéeSublime~~Diminuée~~SublimeDiminuée~~Sublime~~DiminuéeSublime~~Diminuée~~SublimeDi
minuée~~Sublime~~DiminuéeSublime~~Diminuée~~SublimeDiminuée~~Sublime~~DiminuéeSublime~~Dimin~~
~~uée~~SublimeDiminuée~~Sublime~~DiminuéeSublime~~Diminuée~~SublimeDiminuée~~Sublime~~Diminuée
Sublime~~Diminuée~~SublimeDiminuée~~Sublime~~DiminuéeSublime~~Diminuée~~SublimeDiminuée~~Sub~~
~~lime~~DiminuéeSublime~~Diminuée~~SublimeDiminuée~~Sublime~~DiminuéeSublime~~Diminuée~~Sublime
Diminuée~~Sublime~~DiminuéeSublime~~Diminuée~~SublimeDiminuée~~Sublime~~DiminuéeSublime~~Dim~~
~~inuée~~SublimeDiminuée~~Sublime~~DiminuéeSublime~~Diminuée~~SublimeDiminuée~~Sublime~~Diminué
eSublime~~Diminuée~~SublimeDiminuée~~Sublime~~DiminuéeSublime~~Diminuée~~SublimeDiminuée~~Su~~
~~blime~~DiminuéeSublime~~Diminuée~~SublimeDiminuée~~Sublime~~DiminuéeSublime~~Diminuée~~Sublim
eDiminuée~~Sublime~~DiminuéeSublime~~Diminuée~~SublimeDiminuée~~Sublime~~DiminuéeSublime~~Di~~
~~minuée~~SublimeDiminuée~~Sublime~~DiminuéeSublime~~Diminuée~~SublimeDiminuée~~Sublime~~Dimin
uéeSublime~~Diminuée~~SublimeDiminuée~~Sublime~~DiminuéeSublime~~Diminuée~~SublimeDiminuée
~~Sublime~~DiminuéeSublime~~Diminuée~~SublimeDiminuée~~Sublime~~DiminuéeSublime~~Diminuée~~Sub
limeDiminuée~~Sublime~~DiminuéeSublime~~Diminuée~~SublimeDiminuée~~Sublime~~DiminuéeSublime
~~Diminuée~~SublimeDiminuée~~Sublime~~DiminuéeSublime~~Diminuée~~SublimeDiminuée~~Sublime~~Dim
inuéeSublime~~Diminuée~~SublimeDiminuée~~Sublime~~DiminuéeSublime~~Diminuée~~SublimeDiminué
e~~Sublime~~DiminuéeSublime~~Diminuée~~SublimeDiminuée~~Sublime~~DiminuéeSublime~~Diminuée~~Su
blimeDiminuée~~Sublime~~DiminuéeSublime~~Diminuée~~SublimeDiminuée~~Sublime~~DiminuéeSublim
e~~Diminuée~~SublimeDiminuée~~Sublime~~DiminuéeSublime~~Diminuée~~SublimeDiminuée~~Sublime~~Di
minuéeSublime~~Diminuée~~SublimeDiminuée~~Sublime~~DiminuéeSublime~~Diminuée~~SublimeDimin
uée~~Sublime~~DiminuéeSublime~~Diminuée~~SublimeDiminuée~~Sublime~~DiminuéeSublime~~Diminuée~~

~~vision scellée...d'hébétude vision scellée...d'hébétude vision scellée...d'hébétude vision scellée...d'hébétude vision~~
~~scellée...d'hébétude vision scellée...d'hébétude vision scellée...d'hébétude vision scellée... d'hébétude vision scellée...~~
~~d'hébétude vision scellée...d'hébétude vision scellée...d'hébétude vision scellée...d'hébétude vision scellée...d'hébétude~~
~~vision scellée...d'hébétude vision scellée...d'hébétude vision scellée...d'hébétude vision scellée...d'hébétude vision~~
~~scellée...d'hébétude vision scellée...d'hébétude vision scellée...d'hébétude vision scellée... d'hébétude vision scellée...~~
~~d'hébétude vision scellée...d'hébétude vision scellée...d'hébétude vision scellée...d'hébétude vision scellée...d'hébétude~~
~~vision scellée...d'hébétude vision scellée...d'hébétude vision scellée...d'hébétude vision scellée...d'hébétude vision~~
~~scellée...d'hébétude vision scellée...d'hébétude vision scellée...d'hébétude vision scellée... d'hébétude vision scellée...~~
~~d'hébétude vision scellée...d'hébétude vision scellée...d'hébétude vision scellée...d'hébétude vision scellée...d'hébétude~~
~~vision scellée...d'hébétude vision scellée...d'hébétude vision scellée...d'hébétude vision scellée...d'hébétude vision~~
~~scellée...d'hébétude vision scellée...d'hébétude vision scellée...d'hébétude vision scellée... d'hébétude vision scellée...~~
~~d'hébétude vision scellée...d'hébétude vision scellée...d'hébétude vision scellée...d'hébétude vision scellée...d'hébétude~~
~~vision scellée...d'hébétude vision scellée...d'hébétude vision scellée...d'hébétude vision scellée...d'hébétude vision~~
~~scellée...d'hébétude vision scellée...d'hébétude vision scellée...d'hébétude vision scellée... d'hébétude vision scellée...~~
~~d'hébétude vision scellée...d'hébétude vision scellée...d'hébétude vision scellée...d'hébétude vision scellée...d'hébétude~~
~~vision scellée...d'hébétude vision scellée...d'hébétude vision scellée...d'hébétude vision scellée...d'hébétude vision~~
~~scellée...d'hébétude vision scellée...d'hébétude vision scellée...d'hébétude vision scellée... d'hébétude vision scellée...~~
~~d'hébétude vision scellée...d'hébétude vision scellée...d'hébétude vision scellée...d'hébétude vision scellée...d'hébétude~~
~~vision scellée...d'hébétude vision scellée...d'hébétude vision scellée...d'hébétude vision scellée...d'hébétude vision~~
~~scellée...d'hébétude vision scellée...d'hébétude vision scellée...d'hébétude vision scellée... d'hébétude vision scellée...~~
~~d'hébétude vision scellée...d'hébétude vision scellée...d'hébétude vision scellée...d'hébétude vision scellée...d'hébétude~~
~~vision scellée...d'hébétude vision scellée...d'hébétude vision scellée...d'hébétude vision scellée...d'hébétude vision~~
~~scellée...d'hébétude vision scellée...d'hébétude vision scellée...d'hébétude vision scellée... d'hébétude vision scellée...~~
~~d'hébétude vision scellée...d'hébétude vision scellée...d'hébétude vision scellée...d'hébétude vision scellée...d'hébétude~~
~~vision scellée...d'hébétude vision scellée...d'hébétude vision scellée...d'hébétude vision scellée...d'hébétude vision~~
~~scellée...d'hébétude vision scellée...d'hébétude vision scellée...d'hébétude vision scellée... d'hébétude vision scellée...~~
~~d'hébétude vision scellée...d'hébétude vision scellée...d'hébétude vision scellée...d'hébétude vision scellée...d'hébétude~~
~~vision scellée...d'hébétude vision scellée...d'hébétude vision scellée...d'hébétude vision scellée...d'hébétude vision~~
~~scellée...d'hébétude vision scellée...d'hébétude vision scellée...d'hébétude vision scellée... d'hébétude vision scellée...~~
~~d'hébétude vision scellée...d'hébétude vision scellée...d'hébétude vision scellée...d'hébétude vision scellée...d'hébétude~~
~~vision scellée...d'hébétude vision scellée...d'hébétude vision scellée...d'hébétude vision scellée...d'hébétude vision~~
~~scellée...d'hébétude vision scellée...d'hébétude vision scellée...d'hébétude vision scellée... d'hébétude vision scellée...~~
~~d'hébétude vision scellée...d'hébétude vision scellée...d'hébétude vision scellée...d'hébétude vision scellée...d'hébétude~~
~~vision scellée...d'hébétude vision scellée...d'hébétude vision scellée...d'hébétude vision scellée...d'hébétude vision~~
~~scellée...d'hébétude vision scellée...d'hébétude vision scellée...d'hébétude vision scellée... d'hébétude vision scellée...~~
~~d'hébétude vision scellée...d'hébétude vision scellée...d'hébétude vision scellée...d'hébétude vision scellée...d'hébétude~~
~~vision scellée...d'hébétude vision scellée...d'hébétude vision scellée...d'hébétude vision scellée...d'hébétude vision~~
~~scellée...d'hébétude vision scellée...d'hébétude vision scellée...d'hébétude vision scellée... d'hébétude vision scellée...~~
~~d'hébétude vision scellée...d'hébétude vision scellée...d'hébétude vision scellée...d'hébétude vision scellée...d'hébétude~~
~~vision scellée...d'hébétude vision scellée...d'hébétude vision scellée...d'hébétude vision scellée...d'hébétude vision~~
~~scellée...d'hébétude vision scellée...d'hébétude vision scellée...d'hébétude vision scellée... d'hébétude vision scellée...~~
~~d'hébétude vision scellée...d'hébétude vision scellée...d'hébétude vision scellée...d'hébétude vision scellée...d'hébétude~~
~~vision scellée...d'hébétude vision scellée...d'hébétude vision scellée...d'hébétude vision scellée...d'hébétude vision~~
~~scellée...d'hébétude vision scellée...d'hébétude vision scellée...d'hébétude vision scellée... d'hébétude vision scellée...~~
~~d'hébétude vision scellée...d'hébétude vision scellée...d'hébétude vision scellée...d'hébétude vision scellée...d'hébétude~~
~~vision scellée...d'hébétude vision scellée...d'hébétude vision scellée...d'hébétude vision scellée...d'hébétude vision~~
~~scellée...d'hébétude vision scellée...d'hébétude vision scellée...d'hébétude vision scellée... d'hébétude vision scellée...~~
~~d'hébétude vision scellée...d'hébétude vision scellée...d'hébétude vision scellée...d'hébétude vision scellée...d'hébétude~~
~~vision scellée...d'hébétude vision scellée...d'hébétude vision scellée...d'hébétude vision scellée...d'hébétude vision~~
~~scellée...d'hébétude vision scellée...d'hébétude vision scellée...d'hébétude vision scellée... d'hébétude vision scellée...~~
~~d'hébétude vision scellée...d'hébétude vision scellée...d'hébétude vision scellée...d'hébétude vision scellée...d'hébétude~~
~~vision scellée...d'hébétude vision scellée...d'hébétude vision scellée...d'hébétude vision scellée...d'hébétude vision~~
~~scellée...d'hébétude vision scellée...d'hébétude vision scellée...d'hébétude vision scellée... d'hébétude vision scellée...~~
~~d'hébétude vision scellée...d'hébétude vision scellée...d'hébétude vision scellée...d'hébétude vision scellée...d'hébétude~~
~~vision scellée...d'hébétude vision scellée...d'hébétude vision scellée...d'hébétude vision scellée...d'hébétude vision~~
~~scellée...d'hébétude vision scellée...d'hébétude vision scellée...d'hébétude vision scellée... d'hébétude vision scellée...~~
~~d'hébétude vision scellée...d'hébétude vision scellée...d'hébétude vision scellée...d'hébétude vision scellée...d'hébétude~~
~~vision scellée...d'hébétude vision scellée...d'hébétude vision scellée...d'hébétude vision scellée...d'hébétude vision~~
~~scellée...d'hébétude vision scellée...d'hébétude vision scellée...d'hébétude vision scellée... d'hébétude vision scellée...~~
~~d'hébétude vision scellée...d'hébétude vision scellée...d'hébétude vision scellée...d'hébétude vision scellée...d'hébétude~~
~~vision scellée...d'hébétude vision scellée...d'hébétude vision scellée...d'hébétude vision scellée...d'hébétude vision~~
~~scellée...d'hébétude vision scellée...d'hébétude vision scellée...d'hébétude vision scellée... d'hébétude vision scellée...~~
~~d'hébétude vision scellée...d'hébétude vision scellée...d'hébétude vision scellée...d'hébétude vision scellée...d'hébétude~~
~~vision scellée...d'hébétude vision scellée...d'hébétude vision scellée...d'hébétude vision scellée...d'hébétude vision~~
~~scellée...d'hébétude vision scellée...d'hébétude vision scellée...d'hébétude vision scellée... d'hébétude vision scellée...~~
~~d'hébétude vision scellée...d'hébétude vision scellée...d'hébétude vision scellée...d'hébétude vision scellée...d'hébétude~~
~~vision scellée...d'hébétude vision scellée...d'hébétude vision scellée...d'hébétude vision scellée...d'hébétude vision~~
~~scellée...d'hébétude vision scellée...d'hébétude vision scellée...d'hébétude vision scellée... d'hébétude vision scellée...~~
~~d'hébétude vision scellée...d'hébétude vision scellée...d'hébétude vision scellée...d'hébétude vision scellée...d'hébétude~~
~~vision scellée...d'hébétude vision scellée...d'hébétude vision scellée...d'hébétude vision scellée...d'hébétude vision~~
~~scellée...d'hébétude vision scellée...d'hébétude vision scellée...d'hébétude vision scellée... d'hébétude vision scellée...~~
~~d'hébétude vision scellée...d'hébétude vision scellée...d'hébétude vision scellée...d'hébétude vision scellée...d'hébétude~~
~~vision scellée...d'hébétude vision scellée...d'hébétude vision scellée...d'hébétude vision scellée...d'hébétude vision~~
~~scellée...d'hébétude vision scellée...d'hébétude vision scellée...d'hébétude vision scellée... d'hébétude vision scellée...~~
~~d'hébétude vision scellée...d'hébétude vision scellée...d'hébétude vision scellée...d'hébétude vision scellée...d'hébétude~~
~~vision scellée...d'hébétude vision scellée...d'hébétude vision scellée...d'hébétude vision scellée...d'hébétude vision~~
~~scellée...d'hébétude vision scellée...d'hébétude vision scellée... d'hébétude vision scellée... d'hébétude vision scellée...~~

~~et les cafards grôlés de cicatrices les cafards grôlés de cicatrices les cafards grôlés de cicatrices les cafards grôlés de cicatrices les~~
~~cafards grôlés de cicatrices les cafards grôlés de cicatrices les cafards grôlés de cicatrices les cafards grôlés de cicatrices les~~
~~cafards grôlés de cicatrices les cafards grôlés de cicatrices les cafards grôlés de cicatrices les cafards grôlés de cicatrices les~~
~~cafards grôlés de cicatrices les cafards grôlés de cicatrices les cafards grôlés de cicatrices les cafards grôlés de cicatrices les~~
~~cafards grôlés de cicatrices les cafards grôlés de cicatrices les cafards grôlés de cicatrices les cafards grôlés de cicatrices les~~
~~cafards grôlés de cicatrices les cafards grôlés de cicatrices les cafards grôlés de cicatrices les cafards grôlés de cicatrices les~~
~~cafards grôlés de cicatrices les cafards grôlés de cicatrices les cafards grôlés de cicatrices les cafards grôlés de cicatrices les~~
~~cafards grôlés de cicatrices les cafards grôlés de cicatrices les cafards grôlés de cicatrices les cafards grôlés de cicatrices les~~
~~cafards grôlés de cicatrices les cafards grôlés de cicatrices les cafards grôlés de c.i.c.a.t.r.i.c.e.s. les cafards grôlés de cicatrices les~~
~~cafards grôlés de cicatrices les cafards grôlés de cicatricesles cafards grôlés de cicatrices les cafards grôlés de cicatrices les cafards~~
~~grôlés de cicatrices les cafards grôlés de cicatrices les cafards grôlés de cicatrices les cafards grôlés de cicatrices les cafards grôlés~~
~~de cicatrices les cafards grôlés de cicatrices les cafards grôlés de cicatrices les cafards grôlés de cicatrices les cafards grôlés de~~
~~cicatrices les cafards grôlés de cicatrices les cafards grôlés de cicatrices les cafards grôlés de cicatrices les cafards grôlés de~~
~~cicatrices les cafards grôlés de cicatrices les cafards grôlés de cicatrices les cafards grôlés de cicatrices les cafards grôlés de~~
~~cicatrices les cafards grôlés de cicatrices les cafards grôlés de cicatrices les cafards grôlés de cicatrices les cafards grôlés de~~
~~cicatrices les cafards grôlés de cicatrices les cafards grôlés de cicatrices les cafards grôlés de cicatrices les cafards grôlés de~~
~~cicatrices les cafards grôlés de cicatrices les cafards grôlés de cicatrices les cafards grôlés de cicatrices les cafards grôlés de~~
~~cicatrices les cafards grôlés de cicatrices les cafards grôlés de cicatrices les cafards grôlés de cicatrices les cafards grôlés de~~
~~cicatrices les cafards grôlés de cicatrices les cafards grôlés de cicatrices les cafards grôlés de cicatrices les cafards grôlés de~~
~~cicatrices les cafards grôlés de cicatrices les cafards grôlés de cicatrices les cafards grôlés de cicatrices les cafards grôlés de~~
~~cicatrices les cafards grôlés de cicatrices les cafards grôlés de cicatrices les cafards grôlés de cicatrices les cafards grôlés de~~
~~cicatrices les cafards grôlés de cicatrices les cafards grôlés de cicatrices les cafards grôlés de cicatrices les cafards grôlés de~~
~~cicatrices les cafards grôlés de cicatrices les cafards grôlés de cicatrices les cafards grôlés de cicatrices les cafards grôlés de~~
~~cicatrices les cafards grôlés de cicatrices les cafards grôlés de c.i.c.a.t.r.i.c.e.s. les cafards grôlés de cicatrices les cafards grôlés de~~
~~cicatrices les cafards grôlés de cicatrices les cafards grôlés de cicatrices les cafards grôlés de cicatrices les cafards grôlés de~~
~~cicatrices les cafards grôlés de cicatrices les cafards grôlés de cicatrices les cafards grôlés de cicatrices les cafards grôlés de~~
~~cicatrices les cafards grôlés de cicatrices les cafards grôlés de cicatrices les cafards grôlés de c.i.c.a.t.r.i.c.e.s. les cafards grôlés de~~
~~cicatrices les cicatrices les cafards grôlés de cicatrices les cafards grôlés de cicatrices les cafards grôlés de cicatrices les cafards~~
~~grôlés de cicatrices les cafards grôlés de cicatrices les cafards grôlés de cicatrices les cafards grôlés de cicatrices les cafards grôlés~~
~~de cicatrices les cafards grôlés de cicatrices les cafards grôlés de cicatrices les cafards grôlés de cicatrices les cafards grôlés de~~
~~cicatrices les cafards grôlés de cicatrices les cafards grôlés de cicatrices les cafards grôlés de cicatrices les cafards grôlés de~~
~~cicatrices les cafards grôlés de cicatrices les cafards grôlés de cicatrices les cafards grôlés de cicatrices les cafards grôlés de~~
~~cicatrices les cafards grôlés de cicatrices les cafards grôlés de cicatrices les cafards grôlés de cicatrices les cafards grôlés de~~
~~cicatrices les cafards grôlés de cicatrices les cafards grôlés de cicatrices les cafards grôlés de cicatrices les cafards grôlés de~~
~~cicatrices les cafards grôlés de cicatrices les cafards grôlés de cicatrices les cafards grôlés de cicatrices lescafards grôlés de~~
~~cicatrices les cafards grôlés de cicatrices les cafards grôlés de cicatrices les cafards grôlés de cicatrices les cafards grôlés de~~
~~cicatrices les cafards grôlés de cicatrices les cafards grôlés de cicatrices les cafards grôlés de cicatrices les cafards grôlés de~~
~~cicatrices les cafards grôlés de cicatrices les cafards grôlés de cicatrices les cafards grôlés de cicatrices les cafards grôlés de~~
~~cicatrices les cafards grôlés de cicatrices les cafards grôlés de cicatrices les cafards grôlés de cicatrices les cafards grôlés de~~
~~cicatrices les cafards grôlés de cicatrices les cafards grôlés de cicatrices les cafards grôlés de c.i.c.a.t.r.i.c.e.s. les cafards grôlés de~~
~~cicatrices les cafards grôlés de cicatrices les cafards grôlés de cicatrices les cafards grôlés de cicatrices les cafards grôlés de~~
~~cicatrices les cafards grôlés de cicatrices les cafards grôlés de cicatrices les cafards grôlés de cicatrices les cafards grôlés de~~
~~cicatrices les cafards grôlés de cicatrices les cafards grôlés de cicatrices les cafards grôlés de cicatrices les cafards grôlés de~~
~~cicatrices les cafards grôlés de cicatrices les cafards grôlés de cicatrices les cafards grôlés de cicatrices les cafards grôlés de~~
~~cicatrices les cafards grôlés de cicatrices les cafards grôlés de cicatrices les cafards grôlés de cicatrices les cafards grôlés de~~
~~cicatrices les cafards grôlés de cicatrices les cafards grôlés de cicatrices les cafards grôlés de cicatrices les cafards grôlés de~~
~~cicatrices les cafards grôlés de cicatrices les cafards grôlés de cicatrices les cafards grôlés de cicatrices les cafards grôlés de~~
~~cicatrices les cafards grôlés de cicatrices les cafards grôlés de cicatrices les cafards grôlés de cicatrices les cafards grôlés de~~
~~cicatrices les cafards grôlés de cicatrices les cafards grôlés de cicatrices les cafards grôlés de cicatrices les cafards grôlés de~~
~~cicatrices les cafards grôlés de cicatrices les cafards grôlés de cicatrices les cafards grôlés de cicatrices les cafards grôlés de~~
~~cicatrices les cafards grôlés de cicatrices les cafards grôlés de cicatrices les cafards grôlés de cicatrices les cafards grôlés de~~
~~cicatrices les cafards grôlés de cicatrices les cafards grôlés de cicatrices les cafards grôlés de c.i.c.a.t.r.i.c.e.s. les cafards grôlés de~~
~~cicatrices les cafards grôlés de cicatrices les cafards grôlés de cicatricesles cafards grôlés de cicatrices les cafards grôlés de~~
~~cicatrices les cafards grôlés de cicatrices les cafards grôlés de cicatrices les cafards grôlés de cicatrices les cafards grôlés de~~
~~cicatrices les cafards grôlés cicatrices les cafards grôlés de cicatrices les cafards grôlés de cicatrices les cafards grôlés de cicatrices~~
~~les cafards grôlés de cicatrices les cafards grôlés de cicatrices les cafards grôlés de cicatrices les cafards grôlés de cicatrices les~~
~~cafards grôlés de cicatrices les cafards grôlés de cicatrices les cafards grôlés de cicatrices les cafards grôlés de cicatrices les~~
~~cafards grôlés de cicatrices les cafards grôlés de cicatrices les cafards grôlés de cicatrices les cafards grôlés de cicatrices les~~
~~cafards grôlés de cicatrices les cafards grôlés de cicatrices les cafards grôlés de cicatrices les cafards grôlés de cicatrices les~~
~~cafards grôlés de cicatrices les cafards grôlés de cicatrices les cafards grôlés de cicatrices les cafards grôlés de cicatrices les~~
~~cafards grôlés de cicatrices les cafards grôlés de cicatrices les cafards grôlés de cicatrices les cafards grôlés de cicatrices les~~
~~cafards grôlés de cicatrices les cafards grôlés de cicatrices les cafards grôlés de cicatrices les cafards grôlés de cicatrices les~~
~~cafards grôlés de cicatrices les cafards grôlés de cicatrices les cafards grôlés de cicatrices les cafards grôlés de cicatrices les~~
~~cafards grôlés de cicatrices les cafards grôlés de cicatrices les cafards grôlés de cicatrices les cafards grôlés de cicatrices les~~
~~cafards grôlés de cicatrices les cafards grôlés de cicatrices les cafards grôlés de cicatrices les cafards grôlés de cicatrices les~~
~~cafards grôlés de cicatrices les cafards grôlés de cicatrices les cafards grôlés de cicatrices les cafards grôlés de cicatrices lescafards~~
~~grôlés de cicatrices les cafards grôlés de cicatrices les cafards grôlés de cicatrices les cafards grôlés de cicatrices les cafards grôlés~~
~~de cicatrices les cafards grôlés de cicatrices les cafards grôlés de cicatrices les cafards grôlés de cicatrices les cafards grôlés de~~
~~cicatrices les cafards grôlés de cicatrices les cafards grôlés de cicatrices les cafards grôlés de cicatrices les cafards grôlés de~~
~~cicatrices les cafards grôlés de cicatrices les cafards grôlés de cicatrices les cafards grôlés de cicatrices les cafards grôlés de~~
~~cicatrices les cafards grôlés de cicatrices les cafards grôlés de cicatrices les cafards grôlés de c.i.c.a.t.r.i.c.e.s. les cafards grôlés de~~
~~cicatrices les cafards grôlés de cicatrices les cafards grôlés de cicatrices les cafards grôlés de cicatrices les cafards grôlés de~~
~~cicatrices les cafards grôlés de cicatrices les cafards grôlés de cicatrices les cafards grôlés de cicatrices les cafards grôlés de~~
~~cicatrices les cafards grôlés de cicatrices les cafards grôlés de cicatrices les cafards grôlés de cicatrices les cafards grôlés de~~
~~cicatrices les cafards grôlés de cicatrices les cafards grôlés de cicatrices les cafards grôlés de cicatrices les cafards grôlés de~~
~~cicatrices les cafards grôlés de cicatrices les cafards grôlés de cicatrices les cafards grôlés de cicatrices les cafards grôlés de~~
~~cicatrices les cafards grôlés de cicatrices les cafards grôlés de cicatrices les cafards grôlés de cicatrices les cafards grôlés de~~
~~cicatrices les cafards grôlés de cicatrices les cafards grôlés de cicatrices les cafards grôlés de cicatrices les cafards grôlés de~~
~~cicatrices les cafards grôlés de cicatrices les cafards grôlés de cicatrices les cafards grôlés de cicatrices les cafards grôlés de~~
~~cicatrices les cafards grôlés de cicatrices les cafards grôlés de cicatrices les cafards grôlés de cicatrices les cafards grôlés de~~
~~cicatrices les cafards grôlés de cicatrices les cafards grôlés de cicatrices les cafards grôlés de c.i.c.a.t.r.i.c.e.s. les cafards grôlés de~~
~~cicatrices les cafards grôlés de cicatrices les cafards grôlés de cicatrices les cafards grôlés de cicatrices les cafards grôlés de~~
~~cicatrices les cafards grôlés de cicatrices les cafards grôlés de cicatrices les cafards grôlés de cicatrices les cafards grôlés de~~
~~cicatrices les cafards grôlés de cicatrices les cafards grôlés de cicatrices les cafards grôlés de cicatrices les cafards grôlés de~~
~~cicatrices les cafards grôlés de cicatrices les cafards grôlés de cicatrices les cafards grôlés de cicatrices les cafards grôlés de~~
~~cicatrices les cafards grôlés de cicatrices les cafards grôlés de cicatrices les cafards grôlés de cicatrices les cafards grôlés de~~
~~cicatrices les cafards grôlés de cicatrices les cafards grôlés de cicatrices les cafards grôlés de cicatrices les cafards grôlés de~~
~~cicatrices les cafards grôlés de cicatrices les cafards grôlés de cicatrices les cafards grôlés de cicatrices les cafards grôlés de~~
~~cicatrices les cafards grôlés de cicatrices les cafards grôlés de cicatrices les cafards grôlés de cicatrices les cafards grôlés cafards~~
~~grôlés de cicatrices les cafards grôlés de cicatrices les cafards grôlés de cicatrices les cafards grôlés de cicatrices les cafards~~
~~grôlés de cicatrices les cafards grôlés de cicatrices les cafards grôlés de cicatrices les cafards grôlés de cicatrices les cafards~~
~~grôlés de cicatrices les cafards grôlés de cicatrices les cafards grôlés de cicatrices les cafards grôlés de cicatrices les cafards~~
~~grôlés de cicatrices les cafards grôlés de cicatrices les cafards grôlés de cicatrices les cafards grôlés de cicatrices les cafards~~
~~grôlés de cicatrices les cafards grôlés de cicatrices les cafards grôlés de cicatrices les cafards grôlés de cicatrices les cafards grôlés~~
~~de cicatrices les cafards grôlés de cicatrices les cafards grôlés de cicatrices les cafards grôlés de cicatrices les cafards grôlés de~~
~~cicatrices les cafards grôlés de cicatrices les cafards grôlés de cicatrices les cafards grôlés de cicatrices les cafards grôlés de~~
~~cicatrices les cafards grôlés de cicatrices les cafards grôlés de c.i.c.a.t.r.i.c.e.s. les cafards grôlés de cicatrices les cafards grôlés de~~
~~cicatrices les cafards grôlés de cicatrices les cafards grôlés de cicatrices les cafards grôlés de cicatrices les cafards grôlés de~~
~~cicatrices les cafards grôlés de cicatrices les cafards grôlés de cicatrices les cafards grôlés de cicatrices les cafards grôlés~~

c.l.i.g.n.o.t.e.n.t leur mauvaise humeur au *RRRRRRRRRRRR* rythme de l’hymne *clignotent* leur mauvaise humeur au *RRRRRRRR* rythme de l’hymne—
clignotent leur mauvaise humeur au *RRRRRRRRRRRR* rythme de l’hymne *clignotent* leur mauvaise humeur au *RRRRRRRRRRRR* rythme de l’hymne—
clignotent leur mauvaise humeur au *RRRRRRRRRRRRRRR* rythme de l’hymne *clignotent* leur mauvaise humeur au *RRRRRRRRRRRR* rythme de l’hymne—
clignotent leur mauvaise humeur au *RRRRRRRRRRRRRRRRR* rythme de l’hymne *c.l.i.g.n.o.t.e.n.t* leur mauvaise humeur au *RRRRRRRRRR* rythme de——
l’hymne *clignotent* leur mauvaise humeur au *RRRRRRRRRRRR* rythme de l’hymne *clignotent* leur mauvaise humeur au *RRRRRRRRRRRR* rythme de—
l’hymne— *clignotent* leur mauvaise humeur au *RRRRRRRRRRRR* rythme de l’hymne *clignotent* leur mauvaise humeur au *RRRRRRRRRRRR* rythme de—
l’hymne— *clignotent* leur mauvaise humeur au *RRRRRRRRRRR* rythme de l’hymne *c.l.i.g.n.o.t.e.n.t* leur mauvaise humeur au *RRRRRRRRRRRR* rythme de
l’hymne— *c.l.i.g.n.o.t.e.n.t* leur mauvaise humeur au *RRRRRRRRRRRR* rythme de l’hymne *clignotent* leur mauvaise humeur au *RRRRRRRR* rythme de
l’hymne— *clignotent* leur mauvaise humeur au *RRRRRRRRRRRR* rythme de l’hymne *clignotent* leur mauvaise humeur au *RRRRRRRRRRRR* rythme de—-
l’hymne—*clignotent* leur mauvaise humeur au *RRRRRRRRRRRRRRR* rythme de l’hymne *clignotent* leur mauvaise humeur au *RRRRRRRRRRRR* rythme de
— l’hymne—*clignotent* leur mauvaise humeur au *RRRRRRRRRRRRRRRRRR* rythme de l’hymne *c.l.i.g.n.o.t.e.n.t* leur mauvaise humeur au *RRRRRRRR*——
rythme de——l’hymne *clignotent* leur mauvaise humeur au *RRRRRRRRRRRRRRRRRRRRR* rythme de l’hymne *clignotent* leur mauvaise humeur au———-
RRRRRRRRRRR rythme de— l’hymne— *clignotent* leur mauvaise humeur au *RRRRRRRRRRRRRRRRRRR* rythme de l’hymne *clignotent* leur mauvaise—
humeur au *RRRRRRRRRRRR* rythme de— l’hymne— *clignotent* leur mauvaise humeur au *RRRRRRRRRRR* rythme de l’hymne *c.l.i.g.n.o.t.e.n.t* leur———
mauvaise humeur au RRRRRRRRR—- *RRRRRRRRRRRR* rythme de l’hymne— *c.l.i.g.n.o.t.e.n.t* leur mauvaise humeur au *RRRRRRRRRRRRRRRRR*
RRRRRRRRRRRRRRRRRRRRR rythme de l’hymne *clignotent* leur mauvaise humeur au *RRRRRRRR* rythme de l’hymne— *clignotent* leur mauvaise———
humeur au *RRRRRRRRRRRRRRRRR* rythme de l’hymne *clignotent* leur mauvaise humeur au *RRRRRRRRRRRR* rythme de l’hymne—*clignotent* leur ——
mauvaise humeur au *RRRRRRRRRRRRRRR* rythme de l’hymne *clignotent* leur mauvaise humeur au *RRRRRRRRRRRR* rythme de l’hymne—*clignotent* leur
mauvaise humeur au *RRRRRRRRRRRRRRRRR* rythme de l’hymne————- *c.l.i.g.n.o.t.e.n.t* leur mauvaise humeur au *RRRRRRRRRRRRRRRRRRRRR*
RRRRRRRRRRRRRRRRRRRRRRR rythme de— l’hymne— *clignotent* leur mauvaise humeur au *RRRRRRRRRR*— rythme de l’hymne *clignotent* leur———
mauvaise humeur au *RRRRRRRRRRRR* rythme de— l’hymne— *clignotent* leur mauvaise humeur au *RRRRRRRRRRR* rythme de l’hymne *c.l.i.g.n.o.t.e.n.t*
leur mauvaise humeur au *RRRRRRRRRRRR* rythme de l’hymne— *c.l.i.g.n.o.t.e.n.t* leur mauvaise humeur au *RRRR*—— *RRRRRRRR* rythme de l’hymne—
clignotent leur mauvaise humeur au *RRRRRRRR* rythme de l’hymne——-*c.l.i.g.n.o.t.e.n.t* leur mauvaise humeur au *RRRRRRRRRRRR* rythme de l’hymne—
clignotent leur mauvaise humeur au *RRRRRRRR* rythme de l’hymne— *clignotent* leur mauvaise humeur au *RRRRRRRRRRR* rythme de l’hymne———-
clignotent leur mauvaise humeur au *RRRRRRRRRRRR* rythme de l’hymne—*clignotent* leur mauvaise humeur au *RRRRRRRRRRRRRRR* rythme de l’hymne
clignotent leur mauvaise humeur au *RRRRRRRRRRRR* rythme de l’hymne—*clignotent* leur mauvaise humeur au *RRRRRRRRRRRRRRRRR* rythme de——
l’hymne *c.l.i.g.n.o.t.e.n.t* leur mauvaise humeur au *RRRRRRRRRR* rythme de—— *RRRRRRRRRRRRRRRRRRRRRRRRRRRRRRRRRRRRRRRRRR*————-
l’hymne *clignotent* leur mauvaise humeur au *RRRRRRRRRRRR* rythme de l’hymne *clignotent* leur mauvaise humeur au *RRRRRRRRRRRR* rythme de—
l’hymne— *clignotent* leur mauvaise humeur au *RRRRRRRRRRRR* rythme de l’hymne *clignotent* leur mauvaise humeur au *RRRRRRRRRRRR* rythme de—
l’hymne— *clignotent* leur mauvaise humeur au *RRRRRRRRRRR* rythme de l’hymne *c.l.i.g.n.o.t.e.n.t* leur mauvaise humeur au *RRRRRRRRRRRR* rythme de
l’hymne— *c.l.i.g.n.o.t.e.n.t* leur mauvaise humeur au *RRRRRRRRRRRR* rythme de l’hymne *clignotent* leur mauvaise humeur au *RRRRRRRR* rythme de
l’hymne— *clignotent* leur mauvaise humeur au *RRRRRRRRRRRR* rythme de l’hymne *clignotent* leur mauvaise humeur au *RRRRRRRRRRRR* rythme de—-
l’hymne—*clignotent* leur mauvaise humeur au *RRRRRRRRRRRRRRR* rythme de l’hymne *clignotent* leur mauvaise humeur au *RRRRRRRRRRRR* rythme de
— l’hymne—*clignotent* leur mauvaise humeur au *RRRRRRRRRRRRRRRRRR* rythme de l’hymne *c.l.i.g.n.o.t.e.n.t* leur mauvaise humeur au *RRRRRRRR*——
rythme de——l’hymne *clignotent* leur mauvaise humeur au *RRRRRRRRRRRRRRRRRRRRR* rythme de l’hymne *clignotent* leur mauvaise humeur au———-
RRRRRRRRRRR rythme de— l’hymne— *clignotent* leur mauvaise humeur au *RRRRRRRRRRRRRRRRRRR* rythme de l’hymne *clignotent* leur mauvaise—
humeur au *RRRRRRRRRRRR* rythme de— l’hymne— *clignotent* leur mauvaise humeur au *RRRRRRRRRRR* rythme de l’hymne *c.l.i.g.n.o.t.e.n.t* leur———
mauvaise humeur au RRRRRRRRR—- *RRRRRRRRRRRR* rythme de l’hymne— *c.l.i.g.n.o.t.e.n.t* leur mauvaise humeur au *RRRRRRRRRRRRRRRRR*
RRRRRRRRRRRRRRRRRRRRR rythme de l’hymne *clignotent* leur mauvaise humeur au *RRRRRRRR* rythme de l’hymne— *clignotent* leur mauvaise———
humeur au *RRRRRRRRRRRRRRRRR* rythme de l’hymne *clignotent* leur mauvaise humeur au *RRRRRRRRRRRR* rythme de l’hymne—*clignotent* leur ——
mauvaise humeur au *RRRRRRRRRRRRRRR* rythme de l’hymne *clignotent* leur mauvaise humeur au *RRRRRRRRRRRR* rythme de l’hymne—*clignotent* leur
mauvaise humeur au *RRRRRRRRRRRRRRRRR* rythme de l’hymne————- *c.l.i.g.n.o.t.e.n.t* leur mauvaise humeur au *RRRRRRRRRRRRRRRRRRRRR*
RRRRRRRRRRRRRRRRRRRRRRR rythme de— l’hymne— *clignotent* leur mauvaise humeur au *RRRRRRRRRR*— rythme de l’hymne *clignotent* leur———
mauvaise humeur au *RRRRRRRRRRRR* rythme de— l’hymne— *clignotent* leur mauvaise humeur au *RRRRRRRRRRR* rythme de l’hymne *c.l.i.g.n.o.t.e.n.t*
leur mauvaise humeur au *RRRRRRRRRRRR* rythme de l’hymne— *c.l.i.g.n.o.t.e.n.t* leur mauvaise humeur au *RRRR*—— *RRRRRRRR* rythme de l’hymne—
clignotent leur mauvaise humeur au *RRRRRRRR* rythme de l’hymne—- *c.l.i.g.n.o.t.e.n.t* leur mauvaise humeur au *RRRRRRRRRRRR* rythme de l’hymne
clignotent leur mauvaise humeur au *RRRRRRRR* rythme de l’hymne— *RRRRRRRRRRRRRRRRRRRRRRRRRRRRRRRRRRRRRRRRRRRR*———
clignotent leur mauvaise humeur au *RRRRRRRRRRRR* rythme de l’hymne *clignotent* leur mauvaise humeur au *RRRRRRRRRRRR* rythme de l’hymne—
clignotent leur mauvaise humeur au *RRRRRRRRRRRRRRR* rythme de l’hymne *clignotent* leur mauvaise humeur au *RRRRRRRRRRRR* rythme de l’hymne—
clignotent leur mauvaise humeur au *RRRRRRRRRRRRRRRRR* rythme de l’hymne *c.l.i.g.n.o.t.e.n.t* leur mauvaise humeur au *RRRRRRRRRR* rythme de——
l’hymne *clignotent* leur mauvaise humeur au *RRRRRRRRRRRR* rythme de l’hymne *clignotent* leur mauvaise humeur au *RRRRRRRRRRRR* rythme de—
l’hymne— *clignotent* leur mauvaise humeur au *RRRRRRRRRRRR* rythme de l’hymne *clignotent* leur mauvaise humeur au *RRRRRRRRRRRR* rythme de—
l’hymne— *clignotent* leur mauvaise humeur au *RRRRRRRRRRR* rythme de l’hymne *c.l.i.g.n.o.t.e.n.t* leur mauvaise humeur au *RRRRRRRRRRRR* rythme de
l’hymne— *c.l.i.g.n.o.t.e.n.t* leur mauvaise humeur au *RRRRRRRRRRRR* rythme de l’hymne *clignotent* leur mauvaise humeur au *RRRRRRRR* rythme de
l’hymne— *clignotent* leur mauvaise humeur au *RRRRRRRRRRRR* rythme de l’hymne *clignotent* leur mauvaise humeur au *RRRRRRRRRRRR* rythme de—-
l’hymne—*clignotent* leur mauvaise humeur au *RRRRRRRRRRRRRRR* rythme de l’hymne *clignotent* leur mauvaise humeur au *RRRRRRRRRRRR* rythme de
— l’hymne—*clignotent* leur mauvaise humeur au *RRRRRRRRRRRRRRRRRR* rythme de l’hymne *c.l.i.g.n.o.t.e.n.t* leur mauvaise humeur au *RRRRRRRR*——
rythme de——l’hymne *clignotent* leur mauvaise humeur au *RRRRRRRRRRRRRRRRRRRRR* rythme de l’hymne *clignotent* leur mauvaise humeur au———-
RRRRRRRRRRR rythme de— l’hymne— *clignotent* leur mauvaise humeur au *RRRRRRRRRRRRRRRRRRR* rythme de l’hymne *clignotent* leur mauvaise—
humeur au *RRRRRRRRRRRR* rythme de— l’hymne— *clignotent* leur mauvaise humeur au *RRRRRRRRRRR* rythme de l’hymne *c.l.i.g.n.o.t.e.n.t* leur———
mauvaise humeur au RRRRRRRRR—- *RRRRRRRRRRRR* rythme de l’hymne— *c.l.i.g.n.o.t.e.n.t* leur mauvaise humeur au *RRRRRRRRRRRRRRRRR*
RRRRRRRRRRRRRRRRRRRRR rythme de l’hymne *clignotent* leur mauvaise humeur au *RRRRRRRR* rythme de l’hymne— *clignotent* leur mauvaise———
humeur au *RRRRRRRRRRRRRRRRR* rythme de l’hymne *clignotent* leur mauvaise humeur au *RRRRRRRRRRRR* rythme de l’hymne—*clignotent* leur ——
mauvaise humeur au *RRRRRRRRRRRRRRR* rythme de l’hymne *clignotent* leur mauvaise humeur au *RRRRRRRRRRRR* rythme de l’hymne—*clignotent* leur
mauvaise humeur au *RRRRRRRRRRRRRRRRR* rythme de l’hymne————- *c.l.i.g.n.o.t.e.n.t* leur mauvaise humeur au *RRRRRRRRRRRRRRRRRRRRR*
RRRRRRRRRRRRRRRRRRRRRRR rythme de— l’hymne— *clignotent* leur mauvaise humeur au *RRRRRRRRRR*— rythme de l’hymne *clignotent* leur———
mauvaise humeur au *RRRRRRRRRRRR* rythme de— l’hymne— *clignotent* leur mauvaise humeur au *RRRRRRRRRRR* rythme de l’hymne *c.l.i.g.n.o.t.e.n.t*
leur mauvaise humeur au *RRRRRRRRRRRR* rythme de l’hymne— *c.l.i.g.n.o.t.e.n.t* leur mauvaise humeur au *RRRR*—— *RRRRRRRR* rythme de l’hymne—
clignotent leur mauvaise humeur au *RRRRRRRR* rythme de l’hymne——-*c.l.i.g.n.o.t.e.n.t* leur mauvaise humeur au *RRRRRRRRRRRR* rythme de l’hymne—
clignotent leur mauvaise humeur au *RRRRRRRR* rythme de l’hymne— *clignotent* leur mauvaise humeur au *RRRRRRRRRRR* rythme de l’hymne———
clignotent leur mauvaise humeur au *RRRRRRRRRRRR* rythme de l’hymne—*clignotent* leur mauvaise humeur au *RRRRRRRRRRRRRRR* rythme de l’hymne
clignotent leur mauvaise humeur au *RRRRRRRRRRRR* rythme de l’hymne—*clignotent* leur mauvaise humeur au *RRRRRRRRRRRRRRRRR* rythme de——
l’hymne *c.l.i.g.n.o.t.e.n.t* leur mauvaise humeur au *RRRRRRRRRR* rythme de—— *RRRRRRRRRRRRRRRRRRRRRRRRRRRRRRRRRRRRRRRRRR*————-
l’hymne *clignotent* leur mauvaise humeur au *RRRRRRRRRRRR* rythme de l’hymne *clignotent* leur mauvaise humeur au *RRRRRRRRRRRR* rythme de—
l’hymne— *clignotent* leur mauvaise humeur au *RRRRRRRRRRRR* rythme de l’hymne *clignotent* leur mauvaise humeur au *RRRRRRRRRRRR* rythme de—
l’hymne— *clignotent* leur mauvaise humeur au *RRRRRRRRRRR* rythme de l’hymne *c.l.i.g.n.o.t.e.n.t* leur mauvaise humeur au *RRRRRRRRRRRR* rythme de
l’hymne— *c.l.i.g.n.o.t.e.n.t* leur mauvaise humeur au *RRRRRRRRRRRR* rythme de l’hymne *clignotent* leur mauvaise humeur au *RRRRRRRR* rythme de
l’hymne— *clignotent* leur mauvaise humeur au *RRRRRRRRRRRR* rythme de l’hymne *clignotent* leur mauvaise humeur au *RRRRRRRRRRRR* rythme de—-
l’hymne—*clignotent* leur mauvaise humeur au *RRRRRRRRRRRRRRR* rythme de l’hymne *clignotent* leur mauvaise humeur au *RRRRRRRRRRRR* rythme de
— l’hymne—*clignotent* leur mauvaise humeur au *RRRRRRRRRRRRRRRRRR* rythme de l’hymne *c.l.i.g.n.o.t.e.n.t* leur mauvaise humeur au *RRRRRRRR*——
rythme de——l’hymne *clignotent* leur mauvaise humeur au *RRRRRRRRRRRRRRRRRRRRR* rythme de l’hymne *clignotent* leur mauvaise humeur au———-
RRRRRRRRRRR rythme de— l’hymne— *clignotent* leur mauvaise humeur au *RRRRRRRRRRRRRRRRRRR* rythme de l’hymne *clignotent* leur mauvaise—
humeur au *RRRRRRRRRRRR* rythme de— l’hymne— *clignotent* leur mauvaise humeur au *RRRRRRRRRRR* rythme de l’hymne *c.l.i.g.n.o.t.e.n.t* leur———
mauvaise humeur au RRRRRRRRR—- *RRRRRRRRRRRR* rythme de l’hymne— *c.l.i.g.n.o.t.e.n.t* leur mauvaise humeur au *RRRRRRRRRRRRRRRRR*
RRRRRRRRRRRRRRRRRRRRR rythme de l’hymne *clignotent* leur mauvaise humeur au *RRRRRRRR* rythme de l’hymne— *clignotent* leur mauvaise———
humeur au *RRRRRRRRRRRRRRRRR* rythme de l’hymne *clignotent* leur mauvaise humeur au *RRRRRRRRRRRR* rythme de l’hymne—*clignotent* leur ——
mauvaise humeur au *RRRRRRRRRRRRRRR* rythme de l’hymne *clignotent* leur mauvaise humeur au *RRRRRRRRRRRR* rythme de l’hymne—*clignotent* leur
mauvaise humeur au *RRRRRRRRRRRRRRRRR* rythme de l’hymne————- *c.l.i.g.n.o.t.e.n.t* leur mauvaise humeur au *RRRRRRRRRRRRRRRRRRRRR*
RRRRRRRRRRRRRRRRRRRRRRR rythme de— l’hymne— *clignotent* leur mauvaise humeur au *RRRRRRRRRR*— rythme de l’hymne *clignotent* leur———
mauvaise humeur au *RRRRRRRRRRRR* rythme de— l’hymne— *clignotent* leur mauvaise humeur au *RRRRRRRRRRR* rythme de l’hymne *c.l.i.g.n.o.t.e.n.t*
leur mauvaise humeur au *RRRRRRRRRRRR* rythme de l’hymne— *c.l.i.g.n.o.t.e.n.t* leur mauvaise humeur au *RRRR*—— *RRRRRRRR* rythme de l’hymne—
clignotent leur mauvaise humeur au *RRRRRRRR* rythme de l’hymne— *c.l.i.g.n.o.t.e.n.t* leur mauvaise humeur au *RRRRRRRRRRRR* rythme de l’hymne
clignotent leur mauvaise humeur au *RRRRRRRR* rythme de l’hymne— *RRRRRRRRRRRRRRRRRRRRRRRRRRRRRRRRRRRRRRRRRRRR*———-
clignotent leur mauvaise humeur au *RRRRRRRRRRRR* rythme de l’hymne *clignotent* leur mauvaise humeur au *RRRRRRRRRRRR* rythme de l’hymne—
clignotent leur mauvaise humeur au *RRRRRRRRRRRRRRR* rythme de l’hymne *clignotent* leur mauvaise humeur au *RRRRRRRRRRRR* rythme de l’hymne—
clignotent leur mauvaise humeur au *RRRRRRRRRRRRRRRRR* rythme de l’hymne *c.l.i.g.n.o.t.e.n.t* leur mauvaise humeur au *RRRRRRRRRR* rythme de——
l’hymne *clignotent* leur mauvaise humeur au *RRRRRRRRRRRR* rythme de l’hymne *clignotent* leur mauvaise humeur au *RRRRRRRRRRRR* rythme de——
l’hymne— *clignotent* leur mauvaise humeur au *RRRRRRRRRRRR* rythme de l’hymne *clignotent* leur mauvaise humeur au *RRRRRRRRRRRR* rythme de—
l’hymne— *clignotent* leur mauvaise humeur au *RRRRRRRRRRR* rythme de l’hymne *c.l.i.g.n.o.t.e.n.t* leur mauvaise humeur au *RRRRRRRRRRRR* rythme de
l’hymne— *c.l.i.g.n.o.t.e.n.t* leur mauvaise humeur au *RRRRRRRRRRRR* rythme de l’hymne *clignotent* leur mauvaise humeur au *RRRRRRRR* rythme de
l’hymne— *clignotent* leur mauvaise humeur au *RRRRRRRRRRRR* rythme de l’hymne *clignotent* leur mauvaise humeur au *RRRRRRRRRRRR* rythme de—-
l’hymne—*clignotent* leur mauvaise humeur au *RRRRRRRRRRRRRRR* rythme de l’hymne *clignotent* leur mauvaise humeur au *RRRRRRRRRRRR* rythme de
— l’hymne—*clignotent* leur mauvaise humeur au *RRRRRRRRRRRRRRRRRR* rythme de l’hymne *c.l.i.g.n.o.t.e.n.t* leur mauvaise humeur au *RRRRRRRR*——
rythme de——l’hymne *clignotent* leur mauvaise humeur au *RRRRRRRRRRRRRRRRRRRRR* rythme de l’hymne *clignotent* leur mauvaise humeur au———-
RRRRRRRRRRR rythme de— l’hymne— *clignotent* leur mauvaise humeur au *RRRRRRRRRRRRRRRRRRR* rythme de l’hymne *clignotent* leur mauvaise—
humeur au *RRRRRRRRRRRR* rythme de— l’hymne— *clignotent* leur mauvaise humeur au *RRRRRRRRRRR* rythme de l’hymne *c.l.i.g.n.o.t.e.n.t* leur———
mauvaise humeur au RRRRRRRRR—- *RRRRRRRRRRRR* rythme de l’hymne— *c.l.i.g.n.o.t.e.n.t* leur mauvaise humeur au *RRRRRRRRRRRRRRRRR*
RRRRRRRRRRRRRRRRRRRRR rythme de l’hymne *clignotent* leur mauvaise humeur au *RRRRRRRR* rythme de l’hymne— *clignotent* leur mauvaise———
humeur au *RRRRRRRRRRRRRRRRR* rythme de l’hymne *clignotent* leur mauvaise humeur au *RRRRRRRRRRRR* rythme de l’hymne—*clignotent* leur ——
mauvaise humeur au *RRRRRRRRRRRRRRR* rythme de l’hymne *clignotent* leur mauvaise humeur au *RRRRRRRRRRRR* rythme de l’hymne—*clignotent* leur
mauvaise humeur au *RRRRRRRRRRRRRRRRR* rythme de l’hymne————- *c.l.i.g.n.o.t.e.n.t* leur mauvaise humeur au *RRRRRRRRRRRRRRRRRRRRR*
RRRRRRRRRRRRRRRRRRRRRRR rythme de— l’hymne— *clignotent* leur mauvaise humeur au *RRRRRRRRRR*— rythme de l’hymne *clignotent* leur———
mauvaise humeur au *RRRRRRRRRRRR* rythme de— l’hymne— *clignotent* leur mauvaise humeur au *RRRRRRRRRRR* rythme de l’hymne *c.l.i.g.n.o.t.e.n.t*
leur mauvaise humeur au *RRRRRRRRRRRR* rythme de l’hymne— *c.l.i.g.n.o.t.e.n.t* leur mauvaise humeur au *RRRR*—— *RRRRRRRR* rythme de l’hymne—
clignotent leur mauvaise humeur au *RRRRRRRR* rythme de l’hymne——-*c.l.i.g.n.o.t.e.n.t* leur mauvaise humeur au *RRRRRRRRRRRR* rythme de l’hymne—
clignotent leur mauvaise humeur au *RRRRRRRR* rythme de l’hymne— *clignotent* leur mauvaise humeur au *RRRRRRRRRRRR* rythme de l’hymne———

ers

atz

alternative incontrôlable

Guido – écriture, concept / 'Lu – supervision, conseil, correction

d'après: Muhyi-d-din-Ibn 'Arabi – Valerio Adami – Gilles Aillaud – Albert – Jim Amaral – Barthélemy Amengual – Jean Anglade – Apollinaire – Aragon – Arakawa – Eduardo Arroyo – Antonin Artaud – Philippe Audoin – Paul Auster – Auteurs Anonymes – Dominique Autrand – Jacques Baron – Charles Baudelaire – Jean Baudrillard – Vicki Baum – Mary Beach – Samuel Beckett – Tahar Ben Jelloun – Jeanclaude Berger – Huub Beurskens – Joseph Beuys – L. Bhattacharya – Zeno Biann – William Blake – J. Blanc De Portugal – Heinrich Böll – Jorge Luis Borges – Giuseppe Antonio Borgese – Philippe Boyer – André Breton – Gérard-Philippe Broutin – Anthony Bryant – Yves Buin – Charles Bukowsky – William S. Burroughs – James Lee Byars – Nicolas Calas – Italo Calvino – Jorge Camacho – Françoise Canal – Truman Capote – Frank Capra – Shirley Carcassonne – Catherine Caron – Casanova – Micheline Catty – Hugo Claus – Louis-Ferdinand Céline – César – Pierre Chappuis – René Char – Henri Charrière – Andrée Chedid – Florent Chopin – Agatha Christie – Geneviève Clancy – – Leonardo Clerici – Michèle Cointe – Joseph Conrad – Pat Conroy – Gregory Corso – Edmond-Henri Crisinel – Jean-Paul Curtay – Jean Daive – Gilberte H. Dallas – Miguel De Cervantès Saaverda – M.-L. De Decker – Pierre de Massot – André de Richaud – Irena Dedicova – Jean Degottex – Michel Deguy – Georges Desportes – Conrad Detrez – Marc Devade – Daniel Dezeuze – Pierre Dhainaut – Jim Dine – Philippe Djian – Jean-Philippe Domecq – John Dos Passos – Théodor Dostoïevsky – Bernard Dufour – Jean- Pierre Duprey – Gérard Durozoi – Jacques Dyck – Umberto Eco – T. S. Eliot – Jean-Claude Eloy – Paul Eluard – Nikos Engonopoulos – Erasme – Erro – John Fante – Fardoulis-Lagrange – Sylvie Fauconnier – William Faulkner – Isabelle Fauquez – Elie Faure – Jean Pierre Faye – Mona Fillières – F. Scott Fitzgerald – Christian Fossier – José-Augusto França – Sam Francis – Ruth Francken – André Frédérique – Jean Fremon – Erich Fried – Gérard Fromanger – Pierre Gaste – Claude Gauvreau – Michel Gérard – Gilles Ghez – Francis Giauque – Jean-Pierre Gillard – Madeline Gins – Allen Ginsberg – John Giorno – Giovanna – André Glucksmann – Goethe – G. - A Goldschmidt – Jean-Michel Goutier – Julien Gracq – Antoine Grimaud – Pierre Gripari – Marie-France Grisard – Guido'Lu – Micheline Hachette – Hubert Haddad – Knut Hamsun – Peter Handke – Simon Hantai – Jim Harrison – Bernard Heidsieck – Jean Helion – Jacques Henric – Frank Herbert – Hermann Hesse – E T A Hoffmann – Sarah Holt – Aldous Huxley – Isidore Isou – Henry James – Ernst Jandl – Alfred Jarry – Karl Jaspers – Ted Joans – Alain Jouffroy – Pierre Jouvet – James Joyce – Olivier Kaeppelin – Franz Kafka – Mauricio Kagel – Peter Kalsen – Jack Kerouac – Soeren Kirkegaard – Raymond Klibansky – Arthur Koestler – Piotr Kowalski – Alexandre Koyré – Julia Kristeva – Milan Kundera – Jacques Lacarrière – Monique Laederach – G.-C. Lambert – Anna Langfus – Lautréamont – John Le Carré – Robert Lebel – Henri Lefèbvre – Gérard Legrand – Michel Leiris – Maurice Lemaître – Siegfried Lenz – Lichtenstein – Sergio Lima – Vera Linhartova – Ljuba – Martine Loeb – Jack London – Ghérasim Luca – Norman Mailer – Mallarmé – Thomas Mann – Joyce Mansour – Marquis de Sade – Titina Maselli – Jean-Marie Mathoul – Matta – Colum McCann – Stephen McCauley – Mark Mendel – Matthieu Messagier – Henri Michaux – Henry Miller – Roger Milliot – Miro – Molière – Sabine Monirys – Jacques Monory – J.-C. Montel – Maurice Mourier – Heiner Muller – Harouki Murakami – Michel Murat – Gérald Neveu – Dieter Noll – Hans Erich Nossack – Nostradamus – Meret Oppenheim – Joerg Ortner – George Orwell – F. - J. Ossang – Grey Owl – Pierre Pachet – Jacqueline Panhelleux – Erwin Panofsky – Jean-Luc Parant – Claude Parent – M. -J. Parra-Aledo – Boris Pasternak – Octavio Paz – Claude Pelieu – Olivier Perrelet – Lorenzo Pestelli – Francis Picabia – Luigi Pirandello – Marcelin Pleynet – Charles Plymell – Edgar Allan Poe – Nidra Poller – Gabriel Pomerand – Henri Poncet – Patrick Poulain – Ezra Pound – François Poyet – Jacques Prevel – Christian Prigent – Albert Py – Raymond Queneau – Bernard Raquin – Marcial Raysse – Erich-Maria Remarque – Pavel Reznicek – Rainer Maria Rilke – Roger-Arnould Rivière – Armand Robin – Denis Roche – Maurice Roche – Stanistas Rodanski – Pierre Rottenberg – Roland Sabatier – Ernesto Sabato – Jean-Philippe Salabreuil – Edoardo Sanguineti – Alain Satié – Serge Sautreau – Fritz Saxl – Sandra Scarnati – Jean Schuster – André Schwarz-Bart – Georges Sebbag – Antonio Segui – Philippe Sergeant – William Shakespeare – J-C Silbermann – Georges Simenon – Philippe Sollers – Philippe Soupault – John Steinbeck – Sam Szafran – Antonio Tabucchi – Jacqueline Tarkieltaub – Antoni Taulé – Anton Tchékhov – Hervé Télémaque – Williams Tennesee – Jean Thibaudeau – Hunter S. Thomson – Pierre Tilman – Gérard Titus-Carmel – Roland Topor – Ivan Tourgueniev – Ivan Tovar – Marina Tsvètaïeva – Janie Van Den Driessche – Laurence Vancreven – Gilbert Vaudey – V. Velickovic – André Velter – Tarjei Vesaas – Claude Viallat – Florence Villers – Alexandre Voisard – Ilarie Voronca – Joy Walda – Isabelle Waldberg – Pierre Weiss – Carl Weissner – H. G. Wells – Kenneth White – Walt Whitman – Virginia Woolf – …

Cet ouvrage a été publié avec le concours
du service des Arts plastiques de la Fédération Wallonie-Bruxelles

FÉDÉRATION
WALLONIE-BRUXELLES

www.lettrevolee.com

ISBN 978-2-87317-486-6
Dépôt légal : Bibliothèque royale de Belgique
2e trimestre 2017 - D/2017/5636/4

Ouvrage achevé d'imprimer
sur les presses de l'imprimerie Snel Grafics
à Vottem (Belgique) en juin 2017
pour le compte des éditions de La Lettre volée.